农民工进城：
就业安居保障制度创新设计

Rural Migrant Workers in Cities:
An Innovative Design in the Security Systems of
Employment and Resettlement

陈其安　唐凯娥　李忠云　著

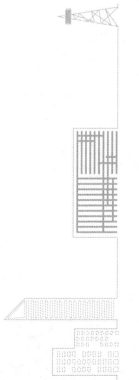

社会科学文献出版社
SOCIAL SCIENCES ACADEMIC PRESS (CHINA)

前　言

　　农民工是继农村家庭联产承包责任制和乡镇企业崛起之后，解放农村生产力的又一伟大创举，是联系城乡和解决"三农"问题的重要载体，是中国现代化建设的一支重要力量，对经济和社会发展做出了巨大贡献。但我国2亿多农民工一直处于城镇社会最底层，是一个无组织的弱势群体，其应有权益未能得到有效维护。农民工问题已经成为统筹城乡发展和构建和谐社会的核心内容之一，引起了党中央、国务院以及社会各方面的广泛关注和牵挂，成为改革开放以来的焦点话题和影响深远的社会现象，是我国实现统筹城乡发展必须解决的重大课题。实现城乡统筹发展，就是要消除城乡差别，实现农村居民、进城农民工及其家属与城镇居民一样享受均等化的公共服务、享有同质化的生活条件的目标。推进和保障农民工进城稳定就业和乐于安居，不但能有效缓解农村富余劳动力就业压力，而且有利于推动城市建设和经济发展，加快工业化和城镇化进程，促进城乡交流，推进城乡统筹发展。保障农民工进城就业安居是统筹城乡发展最核心的工作，但现行制度环境对农民工进城就业安居形成了严重制约，在一定程度上构成了阻碍农民工进城就业安居的制度壁垒。近年来，我国政府已陆续出台了一些保障农民工进城就业安居的政策，但是，由于政策的不完善以及执行不力等原因，农民工进城就业安居的各种问题并未得到彻底解决。因此，打破现行制度障碍、创新设计保障农民工进城就业安居的新政策、新措施，就显得非常必要和重要。本书研究旨在解决该问题，以促进农民工顺利、稳妥进城就业安居，加快城乡统筹发展。

本书的主要研究内容和特色创新体现在以下几个方面：

（1）农民工问题是中国改革开放和社会制度演进的必然产物，西方发达资本主义国家和地区不存在农民工问题，所以目前还没有对中国农民工进城就业安居问题进行专门研究的国外研究文献。国内相关研究文献虽然从农民工户籍、农民工就业、农民工住房、农民工子女教育、农民工社会保障、农民工土地以及其他方面对农民工进城就业安居问题进行了研究，但现有相关研究成果在研究内容的全面性和系统性、研究思路的条理性和逻辑性、研究结果的针对性和可操作性等方面还存在较多的缺陷和不足，这构成了本书的逻辑起点和研究动因。本书采用文献研究与理论分析相结合，问卷调查、实地访谈与统计分析相结合，定性推理与归纳演绎相结合的方法，按照文献评述——现实问题分析——制度障碍剖析——制度障碍成因——制度创新和设计——社会经济效应分析——结论和政策建议的思路和行文脉络，对农民工进城就业安居保障制度创新问题展开研究，以期通过创新农民工进城就业安居保障制度，为解决"三农"问题、消除城乡差别、实现共同富裕提供制度保障。这在研究视角和研究内容上充分把握了农民工进城就业安居的关键性问题，突出了农民工进城就业安居问题研究的全面性和系统性；在研究方法和研究思路上形成了清晰的逻辑脉络，突出了农民工进城就业安居问题研究的条理性和逻辑性；在研究结果和研究价值上更加注重理论与实践相结合，突出了农民工进城就业安居问题研究的针对性和可操作性。本书研究成果在理论上丰富和发展了农民工进城就业安居理论体系，在实践上为解决"三农"问题、推动我国统筹城乡发展、构建和谐社会提供了可靠的决策依据，具有较大的创新性。

（2）基于问卷调查和实地访谈数据，从队伍组织和社会地位、就业机会、职业危险性、工资待遇不平等性、工作稳定性、居住环境、医疗卫生条件、子女教育、社会保障和潜在社会稳定风险等方面，探明了农民工进城就业安居存在的现实问题。

（3）基于现行相关法律法规，从户籍与落户准入制度、就业制度、用工制度、工资制度、住房制度、子女教育制度、社会保障制度、土地制度、医疗卫生防疫制度、权益保障制度、公共服务制度等方面，弄清了农民工进城就业安居的制度障碍；从城乡分割的二元结构和户籍制度存在缺陷、经济发展水平有待进一步提高、政府职能转变不到位、政府部门理念偏差与地方保护主义严重、社会公众的偏见和冷漠歧视没有消除、农民工自身综合素质较低、相关法律法规不够完善、法律法规执行力度有待加强等方面，阐明了农民工进城就业安居制度障碍的成因。

（4）基于农民工进城就业安居存在的现实问题、制度障碍及成因，提出了农民工进城就业安居保障制度创新与设计的指导思想、基本原则、政策和实践依据、实现目标，并在此基础上构建了涵盖户籍制度、劳动就业制度、住房制度、子女教育制度、社会保障制度、土地流转制度以及权益保障制度、行政管理制度、参军与转业安置制度、公共财政制度、公共服务体系和法治环境在内的，适合农民工进城就业安居的多层次、立体化制度创新体系。

（5）对前面设计的农民工进城就业安居保障创新制度可能产生的社会经济正负效应进行了分析与预测，从进城就业农民工收入和生活水平提高效应、农村社会经济转型和快速发展推动效应、城镇社会经济发展新活力注入和经济竞争力提升效应、城镇化进程推动效应、城乡统筹发展促进效应以及人口素质提高和优化效应等方面，理清了农民工进城就业安居保障制度创新可能产生的社会经济正效应；从城市就业压力增大和挤压效应、政府财政压力增大效应、城镇社会保障体系冲击效应以及城镇社会稳定扰动效应等方面，明确了农民工进城就业安居保障制度创新可能产生的社会经济负效应。

（6）基于农民工进城就业安居问题的复杂性和系统性、紧迫性和政治性、长期性和艰巨性，提出了促进农民工进城就业安居的、有针对性和可操作性的政策建议。针对农民工进城就业安居问题的复杂性和系统性，各级政府和全社会应该在解决过程中，充分利用系统工程的理论和方法进行全盘考虑和周密谋划。针对农民工进城就业安居问题的紧迫性和政治性，各级政府应该以社会公众利益和需求为基础，以改革发展和公平统一为总纲，以法规完善和制度建设为先导，以政府引导和市场运作为手段，平稳、快速、持续地推进农民工进城就业安居。针对农民工进城就业安居问题的长期性和艰巨性，各级政府应该基于我国城乡发展的现实情况和社会经济发展水平，稳扎稳打，逐步有序推进；应该树立"持久战"思想，充分认识农民工进城就业安居问题的长期性和艰巨性；应该加大宣传力度，逐步提升全社会对农民工进城就业安居的认同感；应该加强制度建设，逐步改善农民工进城就业安居的制度环境；应该推动经济快速发展，逐步夯实农民工进城就业安居的经济基础；应该拓展教育广度和深度，逐步提升全社会文化素质和人力资本价值，增强农民工进城就业安居的能力和稳定性。

目　　录

1

绪　　论

1.1　研究背景和意义

农民工是我国现代化建设的重要力量，对经济和社会发展做出了巨大贡献。但我国2亿多农民工一直处于城镇社会的最底层，是一个无组织的弱势群体，其应有的权益得不到有力的维护。农民工问题已成为统筹城乡发展和构建和谐社会的核心内容，引起了党中央、国务院的高度关注。有效推进和保障农民工进城稳定就业和乐于安居，不仅有利于缓解农村富余劳动力的就业压力，发展农村经济，解决"三农"问题，而且有利于加强城市经济建设，加快工业化和城镇化进程，促进城乡交流，推进城乡统筹发展。

近年来，随着我国社会经济的快速发展，政府和学术界都非常关注农民工问题。国务院研究室牵头的中国农民工问题研究总报告起草组研究并发布的权威研究报告——《中国农民工问题研究总报告》，对进城就业农民工现状、作用、发展趋势、突出问题、深层次原因以及解决思路等进行了研究；很多学者也对进城就业农民工就业问题、住房问题、子女教育问题和社会保障问题等进行了大量探讨，得到了一些具有创新性和参考价值的研究成果。这些研究成果对于推进农民工进城就业安居问题的解决无疑具有重要作用，但是现有研究成果至少存在如下三方面的不足：一是只分析农民工问题的表象，没有深入、系统研究农民工问题的实质；二是没有弄清农民工进城就业安居的制度障碍与歧视性规定，无法做到有的放矢；三是提出的政策措施建议都只是原则上的，比较笼统，在可操作性上还有所欠缺，无法较好地指导实践。

本书运用经济学、管理学、法学和系统工程理论等多种理论与方法，从实证与理论两个层面对农民工进城就业安居的各个方面进行深入、系统的研究，弄清农民工进城就业安居的制度障碍，深刻分析形成这些制度障碍的主客观成因，结合我国经济发展实际、农民工自身需要与统筹城乡发展要求，对涉及农民工的各项制度进行创新与设计，为农民工创造良好的制度环境，推动农民工自然而然地进城稳定就业、乐于安居。本书研究既注重理论，更注重实践，具有较强的理论性和现实性，设计的新制度新政策具有很强的创新性、实用性和可操作性；其研究成果既在理论上丰富和发展了农民工进城就业安居理论体系，又在实践上解决了农民工进城就业安居的长期困惑，对我国统筹城乡发展、构建和谐社会具有重要的理论意义和应用价值。

1.2 研究目标

探明农民工进城就业安居存在的现实问题、弄清农民工进城就业安居的制度障碍及其成因、对农民工进城就业安居保障制度进行创新和设计、阐明农民工进城就业安居保障制度创新可能产生的社会经济效应是本书研究的主要目标，具体阐述如下：

（1）基于问卷调查和实地访谈数据，从队伍组织和社会地位、就业机会、职业危险性、工资待遇不平等性、工作稳定性、居住环境、医疗卫生条件、子女教育、社会保障和潜在社会稳定风险等方面，探明农民工进城就业安居存在的现实问题。

（2）基于现行相关法律法规，从户籍与落户准入制度、就业制度、用工制度、工资制度、住房制度、子女教育制度、社会保障制度、土地制度、医疗卫生防疫制度、权益保障制度、公共服务制度等方面，弄清农民工进城就业安居的制度障碍。

（3）从城乡分割的二元结构和户籍制度存在缺陷、经济发展水平有待进一步提高、政府职能转变不到位、政府部门理念偏差与地方保护主义严重、社会公众的偏见和冷漠歧视没有消除、农民工自身综合素质较低、相关法律法规不够完善、法律法规执行力度有待加强等方面，阐明农民工进城就业安居制度障碍的成因。

（4）基于农民工进城就业安居存在的现实问题、制度障碍及成因，提出农民工进城就业安居保障制度创新与设计的指导思想、基本原则、政策和实践依据、实现目标，并在此基础上对农民工进城就业安居保障制度进行创新，以设计出适合农民工进城就业安居的户籍制度、劳动就业制度、住房制度、子女教育制度、社会保障制度、土地流转制度以及权益保障制度、行政管理制度、参军与转业安置制度、公共财政制度、公共服务体系和法治环境。

（5）厘清农民工进城就业安居保障制度创新可能产生的社会经济正效应和负效应，以确保保障农民工进城就业安居的新制度新政策能够顺利实施，并在不牺牲原有城镇居民既得利益的条件下，因地制宜地分步解决农民工进城就业安居问题。

1.3 主要研究内容和框架结构

根据研究目标，本书包括绪论在内，总共分八部分展开研究。

第1章 绪论。主要阐明本书研究的背景、意义和目标，提出本书研究的主要内容和框架结构，介绍本书研究的主要方法，进而为本书后续研究提供清晰的分析思路和行文架构。

第2章 相关研究文献评述。在对农民工户籍、农民工就业、农民工住房、农民工子女教育、农民工社会保障、农民工土地以及有关农民工进城就业安居的其他相关研究文献进行梳理和评述的基础上，从研究内容的全面性和系统性、研究思路的条理性和逻辑性、研究结果的针对性和可操作性等方面，指出现有相关研究成果的缺陷和不足，进而形成本书研究的逻辑起点和研究动因。

第3章 农民工进城就业安居的现实问题。通过问卷调查和实地访谈，从队伍组织和社会地位、就业机会、职业危险性、工资待遇不平等性、工作稳定性、居住环境、医疗卫生条件、子女教育、社会保障和潜在社会稳定风险等方面阐明农民工进城就业安居普遍存在的现实问题，弄清农民工地位低下、就业无保障、劳动无保险、居住环境恶劣、后顾之忧难以解决、同工不同酬、同命不同价、权益保护缺乏等问题的实质与根源，为研究农民工进城就业安居保障制度创新和设计问题奠定现实基础。

第4章 农民工进城就业安居的制度障碍。基于农民工进城就业安居存在的现实问题和现行相关法律法规，结合问卷调查和实地访谈结果，从户籍与落户准入制度、就业制度、用工制度、工资制度、住房制度、子女教育制度、社会保障制度、土地制度、医疗卫生防疫制度、权益保障制度、公共服务制度等方面，剖析农民工进城就业安居的制度障碍。

第5章 农民工进城就业安居制度障碍的成因。农民工进城就业安居制度障碍形成的原因是多方面的，既有体制、机制和制度等方面的原因，也有经济、意识和法治等方面的原因。本章从城乡分割的二元结构和户籍制度存在缺陷、经济发展水平有待进一步提高、政府职能转变不到位、政府部门理念偏差与地方保护主义严重、社会公众的偏见和冷漠歧视没有消除、农民工自身综合素质较低、相关法律法规不够完善、法律法规执行力度有待加强等方面，分析农民工进城就业安居制度障碍的成因。

第6章 农民工进城就业安居保障制度创新与设计。在对农民工进城就业安居保障制度创新和设计的指导思想、基本原则、政策和实践依据以及实现目标进行分析的基础上，从户籍制度改革的必要性、总体思想、难点重点、实施办法、实施步骤、实现路径、改革目标等方面创新和设计城乡真正统一的户籍制度；从就业制度、培训制度、用工制度、工资制度等方面创新和设计公平有效无歧视的劳动就业制度，并提出促进农民工进城就业的具体对策措施；基于完善农民工住房制度的总体思想，从将农民工住房问题纳入社会经济发展规划与城镇建设规划、建立多元化的农民工住房供给制度、分层分类解决进城就业农民工住房问题以及建立相对公平的进城就业农民工住房分配制度等方面创新和设计惠及农民工的住房制度；从建立新型教育管理制度、新型就近上学制度、新型教育经费筹集与配置制度以及进城就业农民工子女教育援助制度等方面创新和设计一视同仁的子女教育制度；基于建立公平统一社会保障制度的总体思想、依据、原则、目标和模式选择，从强制实施工伤保险、大力实施医疗保险、加快完善养老保险、推进实施生育保险、逐步实施失业保险、全面推行最低生活保障制度等方面创新和设计公平统一的社会保障制度，并提出完善社会保障体系的具体对策措施；从农民工住房的土地政策和农民工农村承包地的土地政策两个方面创新和设计可流转的土地制度；从权益保障制度优化、行政管理制度优化、参军与转业安置制度优化、公共财政制度优化、公共服务体系完善、法治环境改善等方面对农民工进城就业安居的相关配套制度政策、服务体系和法治环境进行优化设计。

第7章　农民工进城就业安居保障制度创新的社会经济效应。基于前面提出的保障农民工进城就业安居的新制度和新政策，从进城就业农民工收入和生活水平提高效应、农村社会经济转型和快速发展推动效应、城镇社会经济发展新活力注入和经济竞争力提升效应、城镇化进程推动效应、城乡统筹发展促进效应以及人口素质提高和优化效应等方面分析农民工进城就业安居保障制度创新可能产生的社会经济正效应；从城市就业压力增大和挤压效应、政府财政压力增大效应、城镇社会保障体系冲击效应以及城镇社会稳定扰动效应等方面分析农民工进城就业安居保障制度创新可能产生的负效应。

第8章　主要研究结论与政策建议。在对本书研究结果进行总结的基础上，基于农民工进城就业安居问题的复杂性和系统性、紧迫性和政治性以及长期性和艰巨性提出促进农民工进城就业安居的相关政策建议。

本书研究的总体框架结构和技术路线如图 1-1 所示。

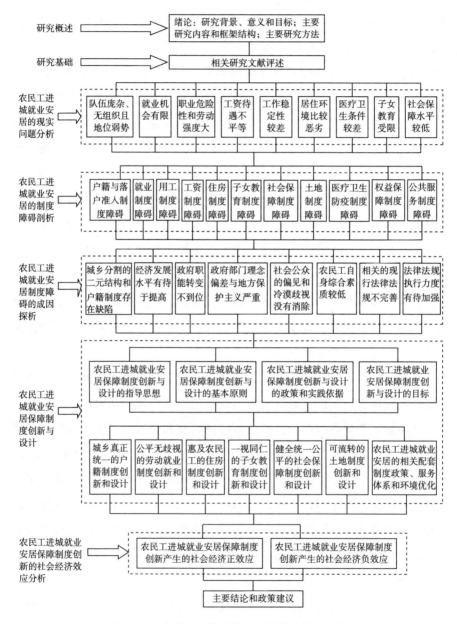

图 1-1　本书研究的总体框架结构和技术路线

1.4 主要研究方法

本书沿着文献评述——现实问题分析——制度障碍剖析——制度障碍成因——制度创新和设计——社会经济效应分析——结论和政策建议的思路和行文脉络展开研究，采用的主要研究方法如下：

（1）文献研究与理论分析相结合的方法

本书在广泛参阅相关研究文献的基础上，从农民工户籍、农民工就业、农民工住房、农民工子女教育、农民工社会保障、农民工土地以及农民工进城就业安居的其他问题等方面，对农民工进城就业安居的相关理论和应用研究成果进行了梳理和评述，并在此基础上从研究内容的全面性和系统性、研究思路的条理性和逻辑性、研究结果的针对性和可操作性等方面总结了现有相关研究成果的缺陷和不足，形成了本书研究的逻辑起点和研究基础。

（2）问卷调查、实地访谈与统计分析相结合的方法

本书采用问卷调查和实地访谈相结合的方法，对遍布全国各地的数百名农民工进行了面对面的访谈和调查，参与访谈和调查的农民工户口所在地覆盖了重庆、四川、云南、广西、江西、湖南、河南、河北、安徽、福建、山东、浙江和江苏等10余个省、自治区和直辖市，工作地分布在江苏、北京、福建、广东、浙江、贵州、河北、河南、湖北、湖南、山东、江西、辽宁、安徽、山西、陕西、上海、天津、重庆、新疆、四川、云南和广西等20余个省、自治区和直辖市，共获得了455份有效调查问卷，收集到了研究农民工进城就业安居保障制度创新问题所需的第一手数据和资料。本书基于问卷调查和实地访谈所获得的有效原始数据，对当前进城就业和生活的农民工的基本情况、就业与工作情况、住房情况、户籍与落户情况、社会保障情况、农村土地情况、子女教育情况、权益保护情况以及其他相关情况进行了统计分析，形成了全面反映农民工进城就业和生活状

况的调查结果统计分析报告；基于农民工进城就业和生活状况的调查统计分析结果，阐明了农民工进城就业安居普遍存在的现实问题。

（3）定性推理与归纳演绎相结合的方法

本书采用定性推理与归纳演绎相结合的方法，剖析了农民工进城就业安居的制度障碍以及产生这些制度障碍的成因，并基于农民工进城就业安居存在的现实问题、制度障碍及成因，提出了农民工进城就业安居保障制度创新与设计的指导思想、基本原则、政策和实践依据、实现目标，构建了涵盖户籍制度、劳动就业制度、住房制度、子女教育制度、社会保障制度、土地流转制度以及权益保障制度、行政管理制度、参军与转业安置制度、公共财政制度、公共服务体系和法治环境在内的、适合于农民工进城就业安居的多层次、立体化制度创新体系，分析和预测了农民工进城就业安居保障制度创新可能产生的社会经济正效应和负效应。

2

相关研究文献综述

随着中国改革开放的不断深入和城镇化进程的不断加快，农民工市民化已经成为中国社会发展的重要趋势。农民工在中国城市建设和社会经济发展中发挥重要作用的同时，也产生了越来越多的社会经济问题。这些问题使农民工在进城就业和市民化过程中面临着高房价、户籍限制、就业空间有限、公共投入不足等诸多现实困境（李仕波、陈开江，2014），引起了各级政府和学术界的强烈关注。近年来，国内众多学者从农民工户籍、就业、住房、子女教育、社会保障、土地等多个方面对农民工问题进行了研究，得到了很多有实用价值的创新性研究成果，这些研究成果为本书研究提供了强有力的研究基础。

2.1 有关农民工户籍方面的研究

在改革开放后的工业化、城市化快速发展过程中，城乡二元户籍制度使农民工进城就业安居受到身份歧视的影响。姚先国和赖普清（2004）指出，除劳动合同方面外，农民工在工资、养老保险、医疗保险、失业保险以及工会参与等方面均遭到户籍歧视。秦莹和王宁（2012）认为，户籍是制约农民工融入城市的瓶颈，也是阻碍城乡统筹发展的顽石；户籍制度改革是农民工融入城市的前提，也是实现城乡统筹发展的要求。王竹林和王征兵（2008）指出，农民工市民化是农民工在职业、地域和身份上向市民转化的过程，这一过程包括农村退出、城市进入和城市融合三个相互联系的时序环节，每一环节的推进必须有相应的制度支持；由于特殊的二元制度使然，农民工市民化的制度缺失与制度不当同时并存，阻碍了市民化的进行；以正义与公平为逻辑起点，以制度变迁的低成本为原则，进行农民工市民化的土地退出制度、户籍进入制度、社会保障融合制度的改革与创新，是加快农民工市民化进程的关键。刘传江和程建林（2009）指出，由于户籍制度以及黏附在户籍制度上的其他相关制度安排，农民工的地域迁徙及其农民身份的彻底变更并没有实现，致使普遍出现了"人-居"分离、"职业身份-户籍身份"错位的格局；虽然目前"农民→农民工"已经成功穿越了"显性户籍墙"，但"农民工→市民"还未穿越韧性更强的"隐性户籍墙"，后者构成了农民工市民化的主要障碍；因此，推进农民工市民化，必须深化户籍制度改革，逐步拆除"隐形户籍墙"。唐骏和郭莉等（2011）在分析总结我国城乡二元户籍制度形成及改革实践的基础上，论证了以农民工为核心的户籍制度改革的必要性和紧迫性，提出了农民工户籍改革的推进模式和价值取向，分析了改革综合成本及分摊机制，评估了改革推进中可能面临的风险及防范措施。黄锟（2009）指出，深化户籍制度改革，必须以去利益化、城乡一体化、迁徙自由化为目标和方向，逐步剥离户籍制度的福利分配功能，恢复其本身的管理功能，同时改革嵌入户籍制度之中的其他二元制度，整体推进。姚先国和许庆明（2013）认为，中国长期存在的城乡分割体制及由此产生的特殊二元结构，使得农民工获取市民平等权利的过程必然受到现有利益格局与农民工自身能力的制约，农民工市民化不可能一蹴而就，而农民工的代际差异及其利益诉求的变化，又加剧了农民工市民化的紧迫性；因此，应该采取"多阶梯、渐进性"的农民工户籍改革思路，积极稳妥地推进农民工市民化进程。王琼和胡静（2013）指出，改革开放后，传统户籍制度改革经过了制度框架内的初步调整、小城镇户籍制度改革的全面展开、大中城市户籍制度改革的尝试和创新等过程，推动了农民工向城市市民的转化；然而，在此过程中也呈现农民工市民化需求结构与改革进程之间的矛盾、需求层次与改革配套推进之间的矛盾以及改革加速与地方政府公共资源供给之间的矛盾，要解决这些矛盾，需要协调户籍制度改革中各利益群体之间的关系，解决农民工市民化背后的成本分担问题以及提升服务型政府的能力。章元和高汉（2011）通过调查研究发现，农民工在城市二级市场上所受到的地域歧视和户籍歧视，分别比在一级市场上所受到的地域歧视和户籍歧视低18.5个百分点和27个百分点，因此，政府应分别对不同市场中性质不同的歧视制定具有针对性的政策。李强和胡宝荣（2013）在分析全国部分地区推行的严格控制型、有限开放型、全面放开型等各式各样户籍制度改革模式的基础上，提出了促进户籍管理的功能转换，逐步弱化人口迁移管理的功能，加强人口登记服务的功能；逐步剥离户口中附着的各种社会利益，淡化户口的价值；分类指导进行户籍政策改革，创造更广泛、更多元的市民化路径等政策建议。

另外，部分学者还探讨了农民工户籍制度对其行为的影响。宋高远（2013）研究发现，农民工的户籍歧视对其反生产行为有正向影响，减少对农民工的户籍歧视有利于阻止其反生产行为的发生；农民工的户籍歧视对其消极情绪有正向作用，对农民工的户籍歧视越严重，其消极情绪就越强烈；农民工的消极情绪对其反生产行为有正向影响，减轻农民工的消极情绪能有效地减少其反生产行为的发生；农民工的消极情绪在户籍歧视与反生产行为之间起着桥梁作用，即对农民工的户籍歧视不仅可以直接影响其反生产行为，而且还可以通过消极情绪对其反生产行为产生影响；农民工的归因风格对户籍歧视与反生产行为的关系起调节作用。冯虹和杨桂宏（2013）认为，户籍制度在不同时期对农民工就业歧视的影响并不相同，在农民工就业歧视形成之初，户籍制度对农民工在城市就业产生直接的身份歧视影响；而市场经济体制确立以来，尤其是全国劳动力市场建立以后，户籍制度对农民工就业歧视的影响慢慢被市场化机制所消解。杨桂宏和熊煜（2014）通过实证分析发现，在农民工就业比较集中的行业和企业，户籍制度对农民工的就业机会、就业待遇、就业福利、职位升迁与社会流动五个方面的影响不大，受教育程度对农民工就业的影响较大，这说明，在"准进入"门槛低的次级劳动力市场中，户籍制度的歧视影响在慢慢消解。张春泥（2011）认为，城乡身份分割是影响农民工频繁变换工作的关键因素，尽管存在人力资本和所处部门对其工作流动的影响，户籍歧视仍作为一个独立因素影响农民工的工作稳定性，但这种影响随着社会发展正在降低。

消除城市户籍门槛，让农民工能够将户口顺畅地从农村转移到所工作的城市，是加速城市化进程的重要举措，但是实施过程并不顺利。王崇举（2012）认为，现阶段农民工在向城市转移过程中还面临着诸多困难和问题：不能享受同工同酬，劳动权益得不到保障；不能享受与城市居民同等的城市福利和服务；进城农民工土地权益相关问题；等等。因此，城市管理者需及时转变观念，制定强制性政策，保障农民工的劳动权益；科学规划和建设城市经济、社会、资源三大系统，推进城市吸纳农村转移人口的工作；努力改善农民工福利、待遇；研讨和制定相关政策，保障转户入城农民工土地权益；引导农民工向大、中、小城市（镇）有序转移。王桂新和陈冠春等（2010）调查发现，教育程度和社会认同对农民工获得非农户口的意向影响显著。张雪和吕斌（2013）的研究不同于以往对农民工市民化的意愿或状态的研究，他们将关注点集中于市民化过程经历时间的差异，运用生存分析的方法定量分析了我国农民工获得城镇户口所需时间的影响因素，结果发现，农民工的年龄、受教育程度、首次就业单位的性质、是否为本地就业等因素对其市民化用时的影响显著，这反映现阶段由于我国农民工市民化的路径不同，其获得非农户口的过程存在一定程度的不均等现象，以土地换取城镇身份的做法降低了本地农民工的市民化意愿。2014年7月30日公布的《国务院关于进一步推进户籍制度改革的意见》特别强调，要切实保障农业转移人口及其他常住人口合法权益，现阶段，不得以退出土地承包经营权、宅基地使用权、集体收益分配权作为农民进城落户的条件，这为在户籍制度改革过程中切实保障农民工权益奠定了基础。

2.2 有关农民工就业方面的研究

作为一个特殊的社会群体，农民工在我国工业化、城镇化和现代化快速发展过程中做出了重要贡献，是推动中国经济和社会变革的巨大力量，但是他们亦面临突出的就业及城市融合问题。丁建兵（2008）认为，农村流动人口虽然进入了城市社会，但他们主要还是在不太成熟的市场层面与城市发生联系，只能在城市的次级劳动力市场就业，难以进入城市主流劳动力市场；农村人口在城市中，一直被当作纯粹的劳动力，被局限在次级劳动力市场，大多从事非正规行业，有限地参与城市的劳动分工，并没有与城市的社会、制度和文化系统实现有效的衔接，真正融入城市社会。江海潮（2014）提出了农民工城市就业融合概念、融合维度、指标体系和测度量表，实证测度了农民工城市就业融合水平，归纳出边缘型、交往型、竞争型和公民型四种基本就业融合模式与分布规律，发现农民工城市就业融合存在维度、个体与模式的非均衡性，农民工就业融合模式分布呈交往型比例偏大、边缘型和竞争型两端不平衡、公民型偏小格局，公民型农民工比例仅为 3.1%，说明农民工城市就业融合模式畸形，整体融合水平偏低。张庆（2013）指出，农民工目前普遍存在技能缺乏、文化程度低、被动性流动就业；一定程度的失业与就业不足、就业增长缓慢；农民工基本权益缺乏保障；在工资水平决定上基本没有定价权，收入水平偏低且有下降趋势；难以真正融入城市生活及职业发展前途有限等不容回避的问题。王建华和马玉婷等（2014）从信息不对称的理论视角深入考察了农民工个体的就业问题，深刻剖析了信息不对称在农民工就业中的表现及成因，并进一步探讨了宏观层面上的社会公平与和谐诉求问题，最后从构建社会资本、加强政策宣传、建立和完善就业服务机构、强化社会监管以及建立就业培训制度等五个方面提出了矫正信息不对称的具体措施。石丹淅和赖德胜等（2014）借助欧洲基金会就业质量评价指标体系，采用统计分析和计量分析相结合的方法，考察了当前新生代农民工的就业状况，研究发现，当前我国新生代农民工就业质量总体上不高，职业类型、工会、工资水平、工作强度、加班情况、培训状况等是影响就业质量的主要因素；建立通畅的信息传递机制，深入推进职业技能培训和职业教育，提高新生代农民工劳动关系和谐度，将有助于他们尽早实现高质量的就业和社会融合。陈至发和张玲等（2014）通过实证分析新生代农民工就业能力及其个体差异后发现，新生代农民工就业能力总体上偏低，不同年龄、不同受教育程度、不同外出务工时间和不同政府培训经历的新生代农民工就业能力存在极显著的个体差异；虽然新生代农民工就业能力水平将随着年龄增长、受教育程度提高、外出务工时间增加和接受政府培训次数增加而显著提高，但男女新生代农民工就业能力无显著的个体差异。

在农民工就业选择和稳定性方面，刘家强和王春蕊等（2011）利用多项选择 Logit（MNL）模型对农民工就业地选择的影响因素进行实证分析后发现，农民工就业地选择过程具有明显的年龄选择特征和技能遴选效应；与本地县域就业相比，技能优势主要体现在跨省就业选择中；家庭农业生产机械化程度越高，非农收入比例越大，农民工选择省外就业的概率就越低；居住地经济越发达，农民工越倾向于选择本地就业；此外，人均耕地、就业途径、居住地类型、交通便利度以及户籍制度也是影响农民工就业地选择的重要因素。葛晓巍和叶俊涛（2014）在考察我国沿海发达地区面临"刘易斯拐点"时的产业结构和农民工就业结构变化情况后发现，农民工就业主要集中在建筑业、批发零售贸易业、餐饮服务业和制造业等行业，并有从第一、第二产业向第三产业转移的趋势；从单位产值对农民工的吸纳量来看，与制造业相比，第三产业内的贸易餐饮业对农民工的吸纳能力更强；政府部门应该提供更多有助于提高农民工生活水平的服务以吸引并留住农民工，企业则应改变单纯投入生产要素的生产方式而转向提高生产率来保持企业发展的可持续性。张建武和李楠等（2012）研究发现，农民工的年龄、婚姻状况和日平均工作时间对于农民工就业流动有较为显著的影响；所处行业、工作环境、受教育程度、性别、企业内部人际关系等因素对农民工就业流动的影响较小。张艳华和沈琴琴（2013）认为，与城市劳动力相比，农民工工作转换更频繁，工作任期和与用人单位签订的劳动合同期限更短，就业稳定性更差。陈昭玖和谢秦华（2014）采用二元 Logistic 模型进行实证分析后发现，累计外出打工时间越长，农民工越可能发生就业流动；农民工对就业培训和讲座关注度越高，流动性越大；男性农民工具有较高的就业流动倾向；年龄小的农民工更愿意流动；文化程度越低的农民工流动性越大；农民工对当前工资的满意度越高，流动性越小；农民工就业地区的产业转型度越低，流动性可能会越大。姚缘和张广胜（2013）通过分析新生代农民工职业信息获取对职业流动的影响后发现，具有较高职业信息需求、信息获取渠道多、获取方法先进的新生代农民工职业流动次数多；运用网络求职、拥有较先进的信息获取方法以及多次的职业流动有利于新生代农民工职业的向上流动。石智雷和朱明宝（2014）基于2013年武汉市农民工调查数据实证分析了农民工就业稳定性及其对社会融合的影响效应，研究发现，就业区域稳定性对农民工增强自身"城市人"的身份认同感和务工在城市长居意愿有显著的促进作用，而就业稳定性不具有此效应；不管是人力资本存量高还是存量低的农民工，就业区域稳定性对他们的社会融合都有显著的促进作用，并且对人力资本存量低的农民工影响程度更大；而就业稳定性对人力资本存量较低的农民工会产生显著的正向影响，对人力资本存量较高的农民工影响效应则不显著。

在农民工职业培训教育方面，周小刚（2014）认为，提升人力资本能力和发挥培训迁移效用，是新生代农民工职业培训的主要目标；新生代农民工有较强培训意愿，但培训满意度普遍不高，特别表现在培训时间和培训费用方面；培训服务的短板因素主要在于培训课程设置和培训教师水平两个方面，这导致培训质量不高和培训迁移效果有限；通过以新生代农民工职业生涯发展为目标，建立"综合发展能力"导向的梯次结构培训体系；采取多元化的新型培训方式，集中与分散结合，整合培训资源，有效提高职业培训质量和发挥培训迁移效用，提高职业胜任力等措施，可有效提升新生代农民工职业培训质量。刘万霞（2013）在分析职业教育促进农民工就业的理论基础上，实证分析职业教育和不同类别的技能培训对农民工就业的影响，采用多重选择 Logit 概率模型和有序 Probit 模型进行分析后发现，职业教育和技能培训有助于农民工从事技术岗位及管理工作；技术培训对提高农民工工作满意度具有积极的正向作用；但不同类别的教育和技能培训对农民工就业选择的影响存在较大差异。张胜军（2012）提出，从制度结构的视角看，农民工培训的有效供给应重点抓好"核心制度"和"配套制度"建设，"核心制度"主要包括农民工培训的管理制度、职业资格制度、经费投入制度和督导检查制度，而"配套制度"的重点则是农民工的户籍制度、社会保障制度和劳动就业制度。杨秀丽和李录堂（2014）采用二分因变量模型对我国农民工职业化意愿的影响因素进行研究后发现，我国农民工职业化意愿受到农民工微观个体因素、中观环境因素和宏观政策因素影响，短期内应提高农民工收入和加大培训投入，长期应着力加大农民工人力资本投资，强化政策宣传和实施力度，改革不合理的户籍制度，从根本上改变我国农民工职业化水平低的现状。

在农民工工资待遇方面，冯虹和何勤等（2013）基于 2008～2010 年国家宏观统计数据，运用加权行业分割指数和因素分解模型，对以工资差距反映的农民工就业歧视问题进行分析后发现，中国劳动力市场确实存在农民工与城镇职工的行业分割性问题，这种分割对农民工与城镇职工工资差距的形成产生一定的影响，而且影响程度呈逐年加大的趋势。郭凤鸣和张世伟（2011）基于自然实验的工资差异分解方法分析个体特征差异、进入市场前教育歧视和进入市场后户籍歧视对城镇劳动力市场中城镇职工和农民工之间工资差异的影响后发现，城镇职工工资率是农民工工资率的1.79 倍，两类劳动力工资差异的 69.77%、14.01% 和 12.99% 分别是由个体特征差异、农民工进入市场前受到的教育歧视和进入市场后受到的户籍歧视导致的；因此，政府在设计和实施公平的就业制度和工资分配制度的同时，大力促进城乡教育事业的均衡发展，将有助于缩小城镇职工和农民工之间的工资差异。李承政和邱俊杰（2013）采用不同函数形式对中国最低工资的就业效应进行实证分析后发现，劳动力市场呈现买方垄断特征，最低工资对农民工就业存在正效应，因此，加强对最低工资执行状况的监管有助于提高农民工的就业水平。周小刚和李丽清（2012）通过建立区域分割、职业背景、户籍特征等变量与城市农民工收入水平的多元线性回归模型和协方差模型，对区域性特征、不同职业背景、流动人口户籍特征的先致性因素与农民工群体收入的层级差异展开研究，结果发现，农民工工资收入不仅受到受教育程度、工作经验和性别等个体微观因素的影响，同时也受到区域发展、行业差异和户籍特征的先致性因素的影响。冯虹和汪昕宇等（2013）通过研究发现，农民工对就业待遇的不满直接影响其行为的规范性，尤其是农民工在收入及收入保障、获得培训或受教育机会方面的待遇对农民工行为失范的影响最大；因此，需要正视当前农民工就业待遇的诉求，尽快改善与农民工行为失范关系密切的就业待遇需求，促进农民工行为的规范化和城市融合。

2.3 有关农民工住房方面的研究

近年来，农民工作为城镇中低收入群体的重要组成部分，其住房问题也日益凸显。城乡接合部或市郊的住房，因为租金低廉而成为农民工租住的聚居地。居住拥挤、设施简陋、卫生差、治安乱、教育医疗配套服务少，是"城中村"等农民工聚居地的普遍现象；有的农民工居住在窝棚、危房或地下室里，甚至连基本的居住安全都无法得到保障。但是，已有的农民工住房政策仍处于探索阶段，解决农民工住房问题的相关政策措施的实施效果十分有限。随着中国农村劳动力转移规模的扩大，农民工住房问题的解决就显得更加重要（董昕、张翼，2012）。朱磊（2013）指出，新生代农民工在居住方面存在居住权利的排斥、居住空间的隔离、居住选择的非自主性以及居住条件的绝对劣势等问题，表现出"居住在共同体之外"以及"居住的价值剥离"两大基本特征。周建华和周倩（2013）在对长沙市进行调查研究后发现，房价大幅攀升已经导致城市农民工居住空间分异并呈现加强的趋势，具体表现为其居住区位向城郊边缘分离，和城市居民相比，其居住形态呈"极化"倾向，与周边市民的居住隔离正在发展。李斌（2002），张建伟和胡隽（2005）从社会隔离、社会排斥、认识障碍、制度障碍以及农民工自身障碍等各个角度对农民工住房问题产生的原因进行了分析。刘功求和王健（2013）指出，城镇化水平低和城乡二元户籍制度的限制是导致湖南省农民工住房环境差、配套设施不完善、居住面积小等现状的主要原因。董昕（2013）系统梳理了 1978 ~ 2012 年的中国农民工住房政策后认为，农民工住房政策缺乏长期目标和城乡统筹的整体构想；政策没有基本法律作为保障，农民工住房问题的解决方式与现行土地政策之间存在一定矛盾；政府住房保障的范围、标准、方式等适度性问题有待于合理规范；责任主体不明确，住房保障资金来源不稳定，政策执行难度大；政策尚处于解决农民工住房问题的探索层面，实际作用有限。

从农民工住房消费来看，董昕和张翼（2012）利用全国 106 个城市的调查数据，对农民工在流入地住房消费的影响因素进行了分析，结果发现，农民工在流入地的收入对其住房消费影响较大，在老家的收入对其住房消费影响不显著，但农民工在老家有住房对其在流入地的住房消费存在显著的负向影响；代表人口规模、住房价格等地域因素的流入地城市行政级别对农民工住房消费影响较大；农民工家庭食品消费、子女教育等非住房支出对其住房消费影响较大，养老保险、医疗保险等社会保障因素对农民工住房消费影响显著但作用有限。周滔和吕萍（2011）基于农民工的住房消费特征，测算农民工的住房边际消费倾向及收入不确定性对住房消费的影响，分析农民工住房供给存在结构性失衡的原因，发现农民工的住房消费较城镇居民或农村居民更趋保守和谨慎，并且收入不确定性对农民工住房消费的影响较大，农民工收入增加对住房消费增长的刺激作用远小于对其他消费的刺激作用；因此，政府在制订农民工住房供给计划时，应充分考虑农民工的消费特征，采取综合措施，联合社会力量，多层面、多方位地实现农民工住房的有效供给。金三林（2010）详细阐述了统筹解决农民工住房问题在拉动经济增长、推进中国特色城镇化进程、改善民生、实现社会和谐等方面发挥的重要作用。郑思齐和廖俊平等（2011）通过构建农民工住房与经济增长关系的理论模型发现，针对农民工的单纯住房数量的供给在低端产业占主导时，对经济增长的推动作用明显，但在高技能产业的比重逐渐增加时，其效果逐渐衰减；相反，改善农民工居住环境的政策能够使住房供给对经济增长的推动力具有可持续性；同时，这类改良政策能够减少潜在的社会冲突所导致的社会资源非生产性损耗，使得分给城市原有居民的"蛋糕"份额也会变大，因此有希望成为一个可以自发实现的内生政策变迁过程，既有利于促进经济增长，又有利于实现城乡融合和社会和谐。

在农民工住房保障和政策方面，黄庆玲和张广胜（2013）认为，在农民工迁移流向逐渐变为以省内迁移为主、国家对中小城市户籍逐步放开的形势下，农民工就近就业、定居已成趋势；中小城市具有先天的"亲和性"和后天的发展优势，并且近年大多农民工已显示出定居中小城市的意愿；破解中小城市的就业"短板"，并不断促进农民工土地财产的资本化，是促进其在中小城市"乐业""安居"的要务之一。胡书芝（2012）指出，农民工在城市的住房获取是其立足城市、实现城市融入的关键。吕萍和周滔（2008）通过对包含农民工的统一住房保障政策体系的成本－效益分析框架进行研究后认为，将农民工住房纳入城市住房保障体系进行统一考虑的效益将大于成本，进而提出了建立统一住房保障体系的必要性。韩丹（2011）认为，我国目前城镇住房保障制度存在以下不足：一是住房保障制度的运行缺乏立法保障，二是政府在解决农民工住房保障问题方面存在一定程度的角色缺位，三是城镇住房保障方式单一。张志胜（2011）认为，在一定意义上，农民工住房保障的不足已经成为农民工市民化进程的"瓶颈"，解决新生代农民工的住房问题，保障其基本居住权利，已是城市建设的当务之急；着力提高农民工的收入水平，进一步推动户籍改革以及将农民工纳入城镇住房保障体系，提供多渠道的住房服务，是解决农民工市民化问题的根本途径。陈春和冯长春（2011）以重庆市为例研究农民工住房状况与留城意愿之间的关系后发现，住房状况、原籍是否为川渝两地、受教育年限、在重庆务工年限、年龄等因素对农民工留城意愿均有不同程度的影响，其中住房状况对农民工留城意愿的影响最大，年龄对农民工留城意愿的影响为负；政府部门应努力制定相应的农民工住房保障政策，对部分农民工的住房问题提供必要的救济和援助，尽快出台改善农民工居住条件的相关政策，对新生代农民工的住房问题进行重点研究。吕萍和甄辉（2012）构建了农民工住房需求的吸引力 - 吸纳力分析框架，对我国 31 个省份进行了实证模拟，将其分别按照对农民工吸引力和吸纳力的大小划为"四型九类"地区，并探索了不同地区的农民工住房问题解决路径。对农民工吸引力和吸纳力都比较高的 I 型地区是农民工住房矛盾较为突出的地区，可分别采取园区配建型、公共租赁型、市政改造型、商业配建型和市民化型方式解决农民工住房问题；对农民工吸引力和吸纳力都比较低的 II 型地区要充分挖掘住房市场潜力，结合公共租赁型方式共同促进农民工城市住房问题的解决；其他地区则要进一步规范租屋管理，同时采用准市民化型住房政策逐步解决农民工住房困难问题。周建华和刘建江（2014）指出，改善农民工居住条件，需基于农民工整体发展态势、农业转移人口市民化趋势、工业化城市化快速发展大势，从国家层面推动住房支持政策输入，搭构多方参与合力机制，实施差别化住房政策，最终形成适合农民工特点的多渠道住房供应体系。李晶（2008）首先依据多项调查数据明确农民工住房供需情况；其次从现行城镇住房政策角度分析造成农民工住房供应不足问题的主要原因；最后借鉴国际经验，比较日、英低收入住房供应政策，提出长期的居住地管理政策改革方向和短期的住房实物供应政策。田红艳和宋星等（2014）调查研究后发现，新生代农民工群体居住拥挤、条件简陋、教育医疗配套少，住房问题十分严峻，应该从调整户籍制度、实施阶梯式住房政策以及建立有针对性的保障措施等方面提升新生代农民工的住房保障水平；从政策过程的视角探讨将农民工住房问题纳入国家政策层面的可行性，可为解决农民工住房问题提供政策方向。李旻骐

（2013）在对农民工在城镇化中的地位作用及其住房问题进行分析研究的基础上，从统筹规划布局、土地制度创新、体制机制构建等方面提出了对策思路。赵君彦和郭洪生（2011）通过对河北省农民工住房现状及需求的调查与实证分析，认为廉租房保障制度是现阶段解决农民工住房问题的有效途径，并在此基础上剖析了廉租房制度应用于农民工的制约因素，从廉租房的管理制度、供给模式、供给途径等方面提出了建立健全农民工廉租房制度的政策建议。袁中友（2008）在分析我国当前流行的几种住房解决模式的基础上，提出短期以廉租房为主、经济适用房为辅和长期以经济适用房为主、廉租房为辅的解决农民工城镇住房的路径选择模式。丁富军和吕萍（2010）从杜布林冲突的系统分析模型出发，构建"黑匣子"公共政策过程分析模型，并运用成本－收益分析和政府分权理论从政策执行的角度检验政策方案，在此基础上提出，农民工住房政策的逻辑起点不是农民工住房质量，而是附加在户籍制度上的城乡二元体制结构，政府应当制定改革户籍制度的长远目标，坚持改革和创新，逐步实现住房保障的城乡一体化。孟繁瑜和李莉等（2009）认为，应借鉴小额信贷在国内外的发展模式，扶助解决农民工住房问题；他们通过对比不同行业就业条件下的农民工的工作、生活方式和居住条件，经过合理假设，设计了一个扶助解决城市农民工就业地居住问题的实验性住房小额信贷模式，并就模式的可行性、经济效益以及社会效益等方面进行了分析和展望。王星（2013）认为，新生代农民工有更强烈的城市化需求，"职业非农化－居所城市化－生活市民化"是其融入城市社会的基本步骤；创新社会管理体制、鼓励社会参与、构建住房资源动态配置体系是解决新生代农民工群体住房困境的根本出路。彭华民和唐慧慧（2012）通过对问卷资料和深访资料分析发现，低收入农民工因行业不同而呈现在住房面积、住房形式、住房内基本设施困境程度的不同，他们的住房质量低于城市居民最低标准；从社会排斥视角来分析，低收入农民工因行业不同而呈现在城市户籍制度、城市住房保障体系、城市租房市场、城市建设规划四个维度上被社会排斥程度的不同；排斥低收入农民工的多项制度互相嵌入，加强了低收入农民工被社会排斥的困境，形成制度性社会排斥，阻碍了他们在城市的社会融入；为此，要改革户籍制度、住房市场政策、住房保障政策和城市建设规划政策，以实现低收入农民工的社会融入，满足他们的需要。

2.4 有关农民工子女教育方面的研究

随着城市化进程的加快，越来越多的农民工涌入城市，其子女教育问题已显得日益突出。农民工子女在教育起点、教育过程、教育结果等方面都存在不公平的现象。雷万鹏（2013）通过对我国 6 个城市农民工的调查，探讨新生代农民工子女教育问题，发现新生代农民工对子女接受公办教育和优质教育有强烈需求，但流入地城市教育供给总量不足和供求结构性矛盾，导致新生代农民工子女"上学难""上学贵"的问题比较突出，学前教育阶段尤其明显。杨水红和徐芳（2013）发现，影响农民工子女教育公平性问题的主要因素有：户籍的门槛；农民工弱势群体的地位，城市边缘化；农民工子女教育的接受机制尚不完善；农民工子女自身存在的某些问题。

对此，李素梅和殷世东（2014）认为，从社会支持的主体角度思考农民工子女教育公平问题，就要明晰政府职责和义务，发挥政府的主导作用，构建以学校为核心、社会组织为载体、家庭为基础的立体化支持模式。祝志芬（2011）运用吉尔伯特社会福利政策框架，对当前农民工子女义务教育政策进行分析，强调国家有义务保障公民的受义务教育权，为农民工子女提供义务教育政策支持是政府不可推卸的责任。崔世泉和王红（2012）认为，农民工子女义务教育产品空间的外溢性特征决定了流入地政府负责制必然带来供给不足的缺陷，需要中央加大财政投入力度，也需要流入地和流出地政府之间建立良好的协作机制共同治理；同时，流入地政府代理人内部存在激励不相容和信息不对称的难题，需要进行制度完善和机制创新，改变流入地政府不作为和逆向选择的现状。王守恒和邵秀娟

（2011）认为，破解农民工子女的教育问题，应采取以下对策：建立财政转移支付专项资金，支持流入地政府为农民工子女提供公共教育服务；建立适应农民工子女频繁流动特点的学籍管理网络系统，为其学籍转移提供必要的便利；在教育过程中坚持"补偿原则"，努力缩小和消除农民工子女在教育和发展上的差距；制定和完善农民工子女接受义务教育后在流入地参加升学考试的办法，为其实现学段间的衔接创造必要条件。李慧和杨颖秀（2011）认为，农民工子女与流入地政府和学校的利益冲突在本质上是农民工子女强烈的入学需求与城市教育资源容纳力不足的矛盾，这也是解决农民工子女初中毕业后升学的症结所在；为此，制定农民工子女初中毕业后的升学政策要保障农民工子女的平等升学权利，要以放开城市高中阶段教育为基本价值取向，同时还要明晰各级政府的不同职责，做到权责明确，并规范各流入地政府和流出地政府建立教育资源配置的长效机制；政策的路径选择应立足于协调利益相关者的关系，在不同地区和城市放开城市高中阶段教育，进行分类规划，从而逐步实现政策目标。吴玲和刘玉安（2013）认为，政府必须担当责任，通过加大教育投入，提升义务教育投入和管理层级。熊易寒和杨肖光（2012）通过实证研究发现，公办学校的农民工子女更接近主流价值观，农民工子弟学校的学生与主流价值观表现出一定的距离；就读于公办学校的农民工子女更强烈地感受到城市主流社会的歧视，其对个人前景的预期低于农民工子弟学校的学生，具有更强的挫败感，因此单纯的教育吸纳对于促进农民工子女社会融合的作用极其有限。黄先政（2014）认为，作为发挥着主阵地和具体实施者功能的学校具有不可推卸的责任与义务，学校教育在促进农民工子女教育中有不可替代的作用与意义；我国应充分发挥各级各类学校教育的优势与功能，通过制定完善的农民工子女入学安置方案、利用学校优势发挥对农村留守儿童的管理作用、关注就读农民工子女心理问题等举措来履行自己的社会教育责任和功能。熊易寒（2012）认为，当前政府对农民工随迁子女融入城市社会的举措过于碎片化，为使农民工子女融入城市社会，政府应做到以下几点：第一，必须建立跨部门合作的机制和平台；第二，要帮助农民工子女克服升学和就业瓶颈；第三，要积极鼓励社会组织参与合作治理，为农民工子女提供教育和社会服务；第四，少先队、共青团组织应当加强对农民工子女的关怀和吸纳；第五，应以社区和学校为主要平台促进农民工子女社会融合。谢建社和牛喜霞（2011）通过对珠三角城镇流动人口的调查发现，珠三角城镇流动农民工随迁子女存在入学年龄大、就读民办学校比例高、转学率高、失学率高、犯罪率高和学习成绩差、升学率低、城镇认同感低等现象；他们针对现行的高考制度和短缺的教育资源，提出了教育公共资源与农民工随迁子女教育合理匹配的模式和机制等对策。胡秀锦（2011）经过调查发现，农民工随迁子女有强烈的在输入地城市高考升学的愿望，但现实存在的高考限制以及市民心理冲突等因素阻碍了农民工随迁子女的高考之路；分阶段研究并解决农民工随迁子女的高考升学问题，有条件地开放部分高等教育资源已成为必然。郑维勇（2012）结合我国国情，探讨了美国的流动教育计划（MEP）对解决我国农民工子女教育问题的可借鉴之处。周国华和郭元凯（2012）认为，当前我国农民工子女的教育政策开始进入转折时期，需要面对来自"量到质""大众化到个性化""短期接收到长效管理""阶段性到整体性""各自分割到相互对话"等五个方面的挑战；面对教育政策转折期到来的"拐点"，需要对已有的教育政策进行反思，要确立正确的公共教育政策价值取向，确保转折期后的政策能更加合理地分配教育机会和资源，促进公共服务的均等化。龚宝成和胡志琦等（2012）认为，经过多年的探索，农民工子女在义务教育阶段的就读问题已基本得到解决，但这一群体完成义务教育后的教育延伸又成为新的问题；随着教育均衡发展的深入推进，要给予农民工子女在完成义务教育后公平的教育机会，政府必须在制度调整、政策性扶植、引导公立高中接纳与认同等方面进行努力。

在农民工子女教育的研究方法上，肖庆华（2012）认为，教育学、心理学和社会学是农民工子女教育研究的学科立场，把农民工子女看作问题儿童，是一种解释性的研究框架，是对农民工子女整体人格的分割，这些学科为农民工子女教育提供的是背景知识，本身存在缺陷；因此需要转变立场，从学科立场转向实践立场，即在农民工子女教育研究中树立关注、关心和关爱的立场，建立农民工子女身心发展的关心关爱服务体系。王晓慧（2013）认为，现有研究方法过于注重问卷调查，缺乏宏观研究；理论提升与理论构建比较缺乏，问题化存在过度的隐忧，横断面研究过多，趋势研究较少；重复研究较多，新研究领域开辟不够；应该在理论层面更注重理论分析的深化和理论构建的拓展，使问题化向事实化转换，加强农民工子女教育的趋势研究，重视新生代农民工子女的教育。

2.5 有关农民工社会保障方面的研究

目前，简单地将农民工纳入当地城镇居民社会保障体系或为农民工群体统一建立"一揽子"综合社会保障制度的做法，不仅忽视了农民工收入水平较低、承受能力有限的事实，也不利于农民工的自由流动，不利于城乡统筹的社会保障体系的建立。农民工社会保障制度体系的不完善，严重影响了社会建设水平，与党的十八大提出的在改善民生和加强创新社会管理中加强社会建设的目标还存在较大差距。城市中的农民工还存在居无定所、就医困难、子女入学难等一系列社会保障问题，严重影响了社会公平，影响了和谐社会的构建（杨军，2013）。孙国峰和张旭晨（2013）在以甘肃省为例分析欠发达地区新生代农民工在融入城市社会过程中面临的社会保障问题后发现，农民工融入城市的基本成本主要包括医疗保险、养老保险、工伤保险、劳动就业和培训、基本住房保障、最低生活保障，迫切需要解决的问题主要有基本公共服务问题、同工同酬问题、劳动安全问题、劳资关系问题、农民工自身素质提高问题。张姝（2012）认为，专门的农民工社会保险制度容易加剧"碎片化"，而统一的社会保险制度可促进农民工转型；因此，应遵循农民工的本质属性和发展方向，加强劳动执法和社会保险执法，坚持社会保险制度的统一性，依法分类并逐步推进农民工社会保险权益的实现。岳华（2012）根据问卷调查的结果，分析了农民工的生活现状和特点，得出了农民工最需要的社会保障是工伤保险这个结论。李龙和贾让成（2012）以信息不对称对社会保障的影响为基础，建立了适合于农民工特点的最优社会保险机制模型，分析了信息不对称对社会保险制度公平性、社会生产效率和社会保险制度运作效率的影响。杨志平和刘军（2012）根据辽宁省情提出，完善政府－企业－农民工"三位一体"的社保体系思路，制定辽宁省内地区间农民工保险转移政策，提高辽宁省农民工工伤保险与失业保险的参保率，进一步加大社保的执法力度与宣传力度。韩俊强和孟颖颖等（2012）认为，在现有制度框架之下，可以根据不同类型农民工的群体特点与需求差异，通过放宽进入条件、创新管理方法、强化政策协调等措施，进一步完善农民工养老保险、医疗保险、失业保险、社会救助、工伤保险等制度。

农民工养老保险模式适应城乡统筹发展是实现城乡统筹的关键所在。目前部分省份试行的农民工养老保险制度带有明显的地域性、封闭性和过渡性。李友根和朱晓菱（2010）以城乡统筹为背景对现有农民工养老保险模式进行了分析，并在精算分析的基础上提出了相应的设计方案与建议。周长征（2012）发现，在法律实施过程中，农民工养老保险制度出现了私法化的趋势，这导致农民工养老保险权利从强制性保险变成了任意性保险，甚至从社会保险变成了商业保险，这必然会造成农民工在养老保险权利受到侵害时得不到充分有效的法律救济；只有尽快建立全国统一的养老保险制度，才能消除农民工养老保险制度私法化的根源。蒋云赟（2013）利用代际核算方法，从政府负担角度对我国农民工养老保险进行系统模拟分析后发现，当前我国政府责任的不完善和财政支持的缺乏严重阻碍了农民工养老保险的发展，农民工应该以较低的缴费基数和缴费比例参加养老保险体系；因此，只有建立农民工低缴费和低待遇的养老保险体系并辅以相关配套措施，才能推动农民工养老保险的发展。

农民工队伍已经成为产业工人中的一支生力军，同时又是城市中的弱势群体，他们的工作和生活环境是最差的，他们最需要医疗保障，又最容易失去医疗保障。谭恩和张步振等（2012）认为，加强和完善农民工医疗保障是稳定全民医保、实现医保事业可持续发展的一项重要而紧迫的任务。王琳（2012）认为，要改变我国农民工群体医疗保障水平仍然较低的现状，应当加大对农民工医疗保障的政策支持和财政补贴，完善不同地区和种类的医疗保险之间的衔接措施，逐步提高统筹层次，实现城乡统筹，完善中国农民工的医疗保障制度。

在农民工失业保险方面，陈金田（2012）认为，随着改革开放的不断深入，我国农民工失业保险制度长期缺失的现状与经济社会的发展越来越不合拍，因而，应从我国国情和农民工实际出发，尽快建立健全农民工失业保险制度，切实有效地解决农民工劳动权利和基本生活的保障问题。侯爱琴（2012）在分析当前中国农民工失业保险工作的主要问题及原因的基础上，探讨了建立农民工失业保险保障机制的对策。高和荣和杜选（2014）选取江苏、广东和福建三个省份分别实行的三种农民工失业保险模式进行统计分析后发现，江苏省的农民工个人缴费模式在公平性、有效性、可持续性方面都优于另两种模式；如果将此模式在其他农民工输入较多的省份实施，将不仅不会对地区财政构成负担，而且有利于推动失业保险制度的统一，更有利于农民工的市民化。

在女性农民工生育保险方面，胡仕勇和姜秀芬等（2012）发现，女性农民工参与生育保险率低，参与意愿强却难以找到参与途径，在生育权利受到危害时，不能及时意识到或找不到维权方法，使得她们的生育权益很难得到维护；因此，应该提高女性农民工生育保险意识，规范企业依法参与生育保险行为，促使政府制定和完善生育保险制度。

新生代农民工是我国城市化进程中的特有现象，其市民化程度的高低与社会保障问题的解决息息相关。郝保英（2014）认为，与第一代农民工相比，新生代农民工的社会保障问题既有一致的地方也有明显的不同，学术界对解决农民工的社会保障问题大体有"进城""回乡""另起炉灶"三种路径，在新形势下，解决新生代农民工的社会保障问题应更加注重选择"进城"的路径。罗辉（2013）通过对广州、长沙、南宁等三个城市的新生代农民工社会保障现状进行调查后发现，目前将新生代农民工全部纳入城镇社会保障体系是不现实的，各级政府应在强制推行工伤保险和医疗保险的基础上，根据新生代农民工的市民化程度，按需定制，分类分层将其纳入城乡社会保障体系。黄春华（2012）通过调查发现，许多新生代农民工缺乏合理的社会保障；为了维护新生代农民工的社会保障权益，需要加强新生代农民工的自身发展，改变城市社会对新生代农民工的看法，促进企业和员工共同发展，强化企业维护职工合法权利的意识，加强政府对社会保障的宣传力度和监督力度，完善社会保障立法，制定适合新生代农民工的合法合理的社会保障制度。杨哲和王小丽（2012）认为，新生代农民工有强烈的市民化需求，却因养老保险的缺失而严重受阻；应该基于新生代农民工养老保险构建过程中所面临的各种约束，完善以新生代农民工可持续就业为核心、以政府为主导、以土地流转为途径、以自身保障意识为前提的发展模式，确保新生代农民工养老权益得到有效保障。赵德铸（2012）认为，我国的社会保障体系制度设计将新生代农民工排除在制度之外，如何消除排斥、实现社会保障的公平是非常现实的问题。

2.6 有关农民工土地方面的研究

改革开放以来，我国经历了大规模的农村劳动力转移，但是我国土地流转规模远远滞后于农村劳动力非农流转规模，大量农民工既在城市中工作，又在农忙时返乡从事农业生产。谢勇（2012）通过研究农民工的三种土地处置方式：家庭耕种、土地流转和抛荒，发现家庭人口数与土地的家庭耕种之间存在显著的正相关关系；随着人力资本状况的改善、工资水平和就业稳定性的增加、回家路程时间的延长，农民工选择土地流转或抛荒的可能性将显著上升，因此应该改善农民工在城市中的就业状况，促进土地流转市场的发育和完善。何军和李庆（2014）通过分析农民工家庭的消费偏好与消费地点的关系来探讨农民工转移土地的影响因素，发现农民工是否转移土地取决于其对未来收入的预期，人力资本越高的农民工，越具有转移土地的倾向；二代农民工留有土地的概率要低于一代农民工，并且随着收入提高，其更具有转移土地的倾向；此外，进城务工时间长短也会影响农民工土地流转倾向。罗明忠和卢颖霞等（2012）基于广东的问卷调查数据发现，大多数农民工进城安家意愿强烈，希望享受城市生活的便利和优越的公共服务设施，让自己的子女能获得与城市人一样的教育；但是，面对进城安家落户存在的制度性障碍及未来的各种不确定性，不少农民工不愿意以放弃农村承包土地及宅基地为代价换取城市户籍和商品房；因此，必须在农村和城市进行双向改革，建立适宜的迁移生态，以激励相容的制度，推进农村土地的流转，这既可以增强农民工进城的能力，又可以为农村土地集约化规模经营创造条件。许恒周和郭玉燕等（2012）发现，对第一代农民工土地流转意愿产生较大影响的因素主要有年龄、受教育程度、有无专业培训经历或证书、农户家庭规模、家庭年龄结构、家庭劳力结构、农地流转的稳定性、流转地在养老保障中的作用、是否签订劳动合同、就业稳定性、单位性质及外出务工所利用的方式；对新生代农民工土地流转意愿产生较大影响的因素主要是性别、教育程度、有无专业培训经历或证书、农户家庭规模、家庭年龄结构、家庭劳力结构、是否签订劳动合同、单位性质及外出务工所利用的方式。王兆林和杨庆媛（2013）以重庆市1829户农户的调查数据为基础，研究农户土地退出风险发现，多数农户认为土地退出风险较高，同时农户对于退出承包地较宅基地存在更大的顾虑，农户更倾向退出宅基地；另外，多数农户规避土地退出风险能力较弱，相比承包地，农户具有更强的宅基地退出风险规避能力。许恒周和殷红春（2013）在2011年天津市农民工调查数据的基础上，建立了农民工宅基地退出影响因素的推拉分析框架，研究发现，在推力因素方面，对第一代农民工宅基地退出意愿产生较大影响的因素主要是年龄、受教育程度、宅基地在住房养老中的作用、供养系数和对农村基础设施满意程度，对新生代农民工宅基地退出意愿产生较大影响的因素主要是性别、教育程度、供养系数和对农村基础设施满意程度；在拉力因素方面，对第一代农民工宅基地退出意愿产生较大影响的因素主要是有无专业培训经历或证书、是否签订劳动合同、区位、单位性质和外出务工时所利用的方式，对新生代农民工宅基地退出意愿产生较大影响的因素主要是有无专业培训经历或证书、是否签订劳动合同、区位、单位性质、外出务工时所利用的方式以及是否同城里的人交过朋友。商春荣和王曾惠（2014）基于广东、江苏两省外出务工农民工的调查分析农户家庭土地转包情况后，发现，家庭中男性成员的非农就业并不必然导致农户发生土地转出，农户土地转出随已婚女性非农就业提高而上升；促进女性非农就业将进一步促进农户的分化和农村土地流转市场的发育。陈旭峰和钱民辉（2012）探讨了农民工资本状况对土地流转的影响，结果表明，经济资本变量最能解释农民工土地流转的情况，而社会资本和文化资本这两个变量对农民工土地流转情况的解释能力都很弱。陈会广和刘忠原等（2012）在将土地权益二分为资源禀赋性权益和社会保障性权益的基础上，把土地权益及其社会保险效应纳入经典的 Todaro 模型进行中国化改进，并利用南京市调查数据进行分析后认为，土地权益尤其是土地保障机制的发挥影响着农民工的城乡决策，只要土地的社会保障功能对农民工仍起作用，户籍、城镇社会保障就仍是其市民化的制度障碍，面向农民工市民化的土地退出机制设计应受此约束而不应贸然推进。黄锟（2011）认为，现行农村土地制度的根本缺陷在于：土地产权的缺陷导致了土地物权的虚置和缺失，进而造成了土地流转和土地征用的制度性缺失，从而导致了土地产权模糊、土地流转困难、土地价值低估和补偿标准过低，这些缺陷严重阻碍了新生代农民工的市民化进程；因此，为了促进新生代农民工市民化，农村土地制度改革必须按照有利于明确和保护土地物权的思路，建立以承包权为核心的农地产权制度、基于承包权的农地流转制度和基于土地物权的农地征用制度。傅晨和任辉（2014）认为，在农民分化背景下，土地对分化农民的功能多样性和重要性发生了变化，分化农民的土地产权诉求发生了改变，农村土地制度必须适时创新；因此，应该建立一个以农民分化为前提假设的分析框架，沿着"农民分化 - 农村土地功能变化 - 分化农民土地产权诉求变化 - 农村土地制度创新"的逻辑线索，揭示农业转移人口市民化背景下农村土地制度创新的机理。郭晓鸣和张克俊（2013）认为，目前农民的土地承包经营权、宅基地使用权、集体收益分配权具有财产权属性，但权能不完整、具有脆弱性；让农民带着土地财产权进城的目的是改革农村土地产权制度，赋予农民完整的土地财产权；因此，应该改革土地征用制度，破除农民获取土地财产收益的行政权障碍，并在此基础上使农民的土地财产权流转起来，通过产权整合实现增值。闫小欢和霍学喜（2013）发现，在不完全劳动力市场条件下，农民工就业机会和农村社会保障决定农村土地流转，土地提供了农户最大化使用家庭劳动力的机会；农户的土地流出程度与其劳动力非农就业及地权稳定性成正比；土地的社会保障功能使得依赖于土地的农户更愿意转入土地从事专业化农业生产；农村土地流转面临着很大的制约和困难，最主要的就是农村土地的社保功能难以和土地的生产功能相剥离。

2.7 其他有关农民工进城就业安居方面的研究

农民工是城乡统筹发展的主力军，解决好他们的权益保障问题，对我国社会稳定和经济发展意义深远。魏博洋和耿平等（2013）在阐述农民工权益保障重要性的基础上，分析了农民工权益保障的现状及权益缺失的原因，提出城乡二元结构是农民工权益保障缺失的根本原因，法律制度不健全是农民工权益保障缺失的直接原因，应当从法律上保障农民工的权益。何燕（2013）认为，要完善农民工权益保障，应当明确政府在保障农民工权益上的制度供给主体地位和责任，健全统筹城乡就业的管理体制，加大执法力度，切实维护农民工劳动权益，注重农村社会保障制度的系统性建设。史岩斐和刘恩财（2012）通过对辽宁省部分地区农民工生活状况与权益保障相关问题的问卷调查及数据分析，探讨了现阶段农民工生存状况与社会保障方面存在的问题及其成因，提出了政府应出台确保农民工合法权益的相关法律法规、加强有关农民工的社会信息服务系统建设等对策建议。李锐（2012）在借鉴国外劳工权益保障制度的基础上，认为完善中国农民工权益保障制度应当健全保障农民工权益的法律法规，建立完善的农民工社会保障体系，建立城乡合一的户籍制度。

当前，我国农民工享受公共服务的总体水平比较低，农民工公共服务需求与政府公共服务供给之间的矛盾依然十分尖锐，农民工公共服务均等化任重道远。徐增阳和翟延涛（2012）发现，农民工对公共服务的重要性认知度较高，公共服务均等化的意愿强烈，就业、住房和社会保险等基本公共服务是当前农民工最希望政府帮助解决的问题；但是，当前农民工享受公共服务的总体水平比较低，对政府提供公共服务的总体满意度不高，农民工日益增长的公共服务均等化需求与城市政府公共服务供给之间的矛盾十分突出。郭青（2011）认为，社会保障和公共服务的提供主要依靠政府，但目前我国财政分权体制的现状导致中央和地方政府的权责存在一定程度的不一致性，地方政府在为农民工提供社会保障和公共服务上缺乏主动性和积极性。徐增阳（2011）认为，解决问题的关键是建立农民工公共服务的获得机制，该机制的出发点就是农民工在当地的工作生活时间长短和履行义务多少、所做贡献大小决定他们应当获取的公共服务，因此应当具有渐进性、普惠性和可预期性；中山市实行的"积分制"就是一个可资参考的制度设计。

农民工在权益保障方面仍面临很多问题，不仅存在法律援助制度立法滞后、法律援助案件办理没有形成制约机制等制度性、体制性缺陷，而且农民工自身法律知识的缺乏，也降低了法律援助制度的功效。黄家亮和邢朝国（2012）通过对北京市建筑行业农民工法律意识问题进行实证研究后发现，农民工对法律知识的了解程度，对法律的公正性、客观性和平等性的评价、诉讼倾向以及维护自身利益的权利意识并没有明显的代际差异，新生代农民工的法律意识并不比老一代农民工高。王丽英（2012）结合河北省省情提出了因地制宜发展经济、多管齐下发展教育、优化法律环境和法律服务、创新普法形式并深化普法内容等提升河北省农民工法律意识的政策建议。张若恬和周敏（2013）指出，农民工法律援助制度是具有中国特色的法律救助机制和特殊的法律援助形式，具有典型的时代转型性和农民工群体特性；农民工法律援助制度有其内涵逻辑和价值意蕴，但也存在制度性、操作性局限；他们以西安市区农民工的问卷调查数据为支撑，对农民工法律援助制度的困境进行了制度、程序、经费和主体层面的解读，认为坚持健全制度、强化保障、完善渠道、加大普法的"四位一体"路径是当下优化农民工法律援助制度的应然之举。许丽英和李明然（2012）认为，对新生代农民工的法律援助亟须从完善立法、加强法制宣传教育、创新法律援助制度、加强法律援助机构建设和人员配置等方面予以完善，以适应统筹城乡经济和社会发展、构建社会主义和谐社会的要求。

新生代农民工市民化是我国当前的重大社会问题，了解新生代农民工市民化的需求与驱动力对促进其主动市民化，构建和谐社会具有重要意义。何亦名和王翠先（2012）通过面向珠三角地区的抽样调查与深度访谈发现，在"刘易斯拐点"日益临近的背景下，新生代农民工就业呈现新的时代特点和趋势，他们具有强烈的城市偏好，注重闲暇和工作生活质量，权利意识增强，工作搜寻的手段多样化，保留工资普遍较高，但他们仍然缺乏向上成长的渠道；两位作者通过从薪酬待遇、工作生活质量、就业稳定性、劳动关系等方面分析和评价新生代农民工就业质量，发现较低的就业质量制约了新生代农民工的城市化与市民化进程。钟德友和陈银容（2012）认为，农民工市民化面临诸多障碍，需要从户籍制度、农村土地流转制度、农民工进城安居制度、劳动就业制度、劳动培训制度、社会保障制度和城市公共服务制度等方面进行创新，才能为农民工市民化铺平道路。刘传江（2013）发现，农民工市民化进程面临着"双重户籍墙"、"三环节梗阻"和"四资本缺失"障碍，需要从农民工的农村退出、城市进入、城市融合三个环节协同推进，并基于农民工亚群体分化状况和市民化现状，实现城市公共产品与公共服务的普惠共享，构建推进农民工市民化急需的"四大资本"的投资和积累机制，提供协调农民工市民化意愿与市民化能力的制度安排与政策措施。潘烜和程名望（2014）基于上海1446份农民工调查数据建立有序 Probit 模型实证分析农民工市民化与就业满意度之间的关系及其影响因素后发现，农民工市民化与就业满意度显著相关，市民化程度越高就业满意度也就越高；户籍制度和农民工自身素质是影响农民工市民化的关键变量；农民工对市民化的诉求不仅表现在经济收入方面，更多地表现在基于政策因素的社会保障、权益平等、城市融入等方面；因此，我国农民工市民化的根本政策取向是消除政策不平等，提高农民工综合素质，实现农民工平等享有基本权益。吴适和王平安（2012）认为，让新生代农民工真正融入城市生活，需要政府、农民工和社会等多方面的共同努力；政府应大胆实施农民工战略，建立以政府主导、农民工自身为主体、社会积极参与的"三位一体"的长效机制；应科学构架制度体系，大打制度"组合拳"；应完善公共服务体系，降低成本分摊；应培育和优化社会环境，从而让新生代农民工彻底走出困境，真正达到"进得去，留得住，走得稳"。李丹和李玉凤（2012）利用四川省成都市的实地调查数据进行实证分析后认为，农民工市民化的过程就是其在城镇就业、定居、并不断提高生活满意程度的过程，生活满意度是新生代农民工市民化的实质驱动力；新生代农民工具有追求平等、发展与融入城市的强烈愿望，其生活满意程度取决于其在经济收入、社会福利、社会地位及社会关系等方面与城市人的横向比较结果；就业环境公平化、社会福利均等化、子女教育市民化等是促进农民工从经济、社会到心理全面融入城市社会的主要途径。王春蕊和姜伟（2013）利用河北省调查数据对当前农民工融入城市的影响因素进行分析后发现，农民工群体主要呈现年龄结构年轻化、就业方式灵活化、行业分布集中化、收入水平低端化等特点；在影响农民工融入城市的诸多因素中，就业、住房和子女教育三大因素居首，它们抑制了农民工融入城市的主动性；政府应做出更多的努力，完善城市发展政策，积极创造条件，为农民工融入城市创造良好环境，以有序推进农业转移人口市民化。单永旭和钟志明（2013）认为，建设以农民工市民化为核心的中国特色新型城镇化的基本思路是：首先，加快推进城镇户籍制度改革，有序解决农民工进城落户问题；其次，强化城镇政府全域服务理念，为农民工安居乐业提供良好政务环境；再次，深化以住房双轨制改革为重点的社会保障体系改革，为农民工在住有所居、学有所教、老有所养等问题上持续取得新进展；最后，积极发展城镇经济，为新型城镇化建设提供坚实基础。

2.8　现有相关研究文献的缺陷和不足

从上述分析可以看到，现有相关研究文献虽然从农民工户籍、农民工就业、农民工住房、农民工子女教育、农民工社会保障、农民工土地以及其他方面对农民工进城就业安居的相关问题进行了研究，但现有相关研究成果在研究内容的全面性和系统性、研究思路的条理性和逻辑性、研究结果的针对性和可操作性等方面还存在如下几个方面的缺陷和不足：

（1）由于农民工问题是中国改革开放和社会制度演进的特有产物，西方资本主义国家和地区几乎不存在农民工问题，所以目前还鲜有国外研究文献对中国农民工进城就业安居问题进行专门研究。

（2）现有相关研究文献虽然对农民工进城就业和生活存在的问题有过探讨和论述，但都不够系统和完善，都没有从队伍组织和社会地位、就业机会、职业危险性、工资待遇不平等性、工作稳定性、居住环境、医疗卫生条件、子女教育、社会保障和潜在社会稳定风险等方面全面阐明农民工进城就业安居普遍存在的现实问题。

（3）现有相关研究文献虽然对农民工进城就业和生活存在的制度障碍进行过一些研究，但都不够深入和全面，都没有从户籍与落户准入制度、就业制度、用工制度、工资制度、住房制度、子女教育制度、社会保障制度、土地制度、医疗卫生防疫制度、权益保障制度、公共服务制度等方面探明农民工进城就业安居的制度障碍，也没有从体制、机制和制度以及经济、意识和法治等方面对产生这些制度障碍的深层次原因进行分析。

（4）现有相关研究文献虽然对农民工进城就业安居保障制度的创新与设计问题有所涉及，但还不够全面和系统，还没有设计出涵盖户籍制度、劳动就业制度、住房制度、子女教育制度、社会保障制度、土地流转制度以及权益保障制度、行政管理制度、参军与转业安置制度、公共财政制度、公共服务体系和法治环境在内的、适合于农民工进城就业安居的多层次、立体化制度创新体系。

从总体上说，现有相关研究文献大多只分析了农民工问题的表象，而没有深入、系统地研究农民工问题的实质，没有弄清农民工进城就业与安居的制度障碍与歧视性规定，无法做到有的放矢，所提出的政策措施建议也比较有原则和笼统，大多不具有可操作性，无法指导实践。

正是基于对农民工进城就业安居问题研究成果不足的综合思考，形成了本书研究的逻辑起点和研究动因。本书通过大量调查，运用经济学、管理学、法学和系统工程理论等多种理论与方法，从理论和实践两个层面对农民工进城就业安居的各个方面进行全面、深入、细致的研究，全面弄清农民工进城就业安居存在的各种制度障碍，深刻分析形成这些制度障碍的主客观成因，结合我国经济发展实际、农民工自身需要与统筹城乡发展要求，对推进农民工进城稳定就业、乐于安居的制度和政策进行新的设计与构想，对农民工进城就业安居保障制度创新可能产生的社会经济效应进行分析，为农民工进城就业和生活创造良好的制度环境；进而在理论上丰富和发展农民工进城就业安居理论体系，在实践上为解决"三农"问题、推动我国城乡统筹发展、构建和谐社会提供可靠的决策依据和指导。

3

农民工进城就业安居的现实问题

农民工又称农村进城务工人员，专指那些户口在农村，完全脱离或基本脱离传统农业生产经营活动，在城镇各类企事业单位打工、经商以及从事其他非农活动的劳动者，他们兼具农村居民和城镇居民的双重身份特性，是农村居民中从事社会经济建设的生力军，是城镇社会经济发展不可缺少的重要力量。进城就业农民工已经对我国社会经济发展做出了重要贡献，并将在未来继续发挥重要作用。但是在传统城乡分割的二元结构体制影响下，我国城镇社会对进城就业农民工的态度一直是"经济接纳、社会拒入"，进城就业农民工普遍存在地位低下、就业无保障、劳动无保险、生活居住条件低质、后顾之忧难以解决、同工不同酬、同命不同价、权益保护缺乏等问题。身份待遇差别、社会福利差别和社会活动权利差别，使进城就业农民工成为了城镇社会的弱势群体和"边缘人"。本章拟从队伍组织和社会地位、就业机会、职业危险性、工资待遇不平等性、工作稳定性、居住环境、医疗卫生条件、子女教育、社会保障和潜在社会稳定风险等方面，分析农民工进城就业安居存在的现实问题。

3.1 队伍组织和社会地位问题

农民工队伍庞杂、无组织且处于弱势地位。首先，农民工队伍非常庞大。国家统计局 2013 年 5 月 27 日发布的《2012 年全国农民工监测调查报告》显示，2012 年全国农民工总量达到 26261 万人（其中举家外出农民工占外出农民工总数约 20%），比 2011 年增加了 983 万人，增长 3.7%。从输出地区来看，西部占 26%，东部占 42.6%，中部占 31.4%；从就业地区来看，西部占 17.4%，东部占 64.7%，中部占 17.9%；从性别来看，女性占 33.6%，男性占 66.4%；从年龄来看，16～20 岁占 4.9%，21～30 岁占 31.9%，31～40 岁占 22.5%，41～50 岁占 25.6%，50 岁及以上占 15.1%；从受教育程度来看，文盲占 1.5%，小学占 14.3%，初中占 60.5%，高中占 13.3%，大专及以上占 10.4%；从接受培训情况来看，接受过农业技术培训的占 10.2%，接受过非农职业技术培训的占 20.6%，既没有参加过农业技术培训也没有参加过非农职业技能培训的占 69.2%。2013 年，全国农民工总量为 26894 万人，比 2012 年增长 2.4%；其中，外出农民工 16610 万人，增长 1.7%；本地农民工 10284 万人，增长 3.6%。

其次，庞大的农民工队伍几乎无组织性。从就业性质来看，目前进城农民工主要以非正规就业为主，大多在一些以个人或家庭经营为基础组建，提供小规模商品生产、流通和服务的微型企业、家庭作坊和个体经营户等所谓的非正规单位就业，几乎享受不到"五险一金"等社会福利和劳动保障；部分通过老乡或亲朋好友介绍进入大中型企业、政府机构、大中小学校和医院等所谓正规单位就业的进城农民工，大多从事的也是一些工资收入较低、缺乏基本劳动保障和社会福利保障的短期临时工作、体力劳动工作（如清洁工、搬运工等）和手工装配工作（如小商品装配工等）。① 这些主要靠老乡或亲戚朋友介绍、分散就业的农民工几乎没有组织，在城镇不同的地方、不同的行业、不同的单位各做各的事、各找各的工作，主要是以乡缘、地缘、血缘关系等联系在一起。从就业方式而言，有"单兵作战"式就业，就是这些农民工以单一的项目"单兵作战"，如小摊、小贩、推销、拾荒、擦皮鞋、保姆、保洁、保安、修补、

---

① 当然，这不包括大学、高等技工学校、中等技工学校和职高等各级学校毕业的农民工子弟，这些来自各级学校的毕业生虽然可能户口还在农村，但是由于他们年轻且掌握了一定的技能和具备了较高的文化知识，所以他们在一些正规单位可能获得正规就业的机会。

管道疏通、送水送气等，十分自由，十分活跃；有"夫妻搭档"式就业，如小吃店、快餐店、服装店等；还有"技术伙伴"式就业，如装饰施工队就是靠木工、泥工、漆工、水电工等 5～10 人结合而成的小而全的从业团队。

最后，农民工处于城镇社会的最底层。进城农民工不论是在身份、社会地位、经济、居住条件，还是在就业、待遇、权益保障、子女教育等各个方面，与城市居民相比都处于弱势地位。

3.2 就业机会问题

农民工就业机会有限，就业渠道与信息不畅，公益性职业介绍机构对于农民工来说更多的是摆设，农民工难以自由地进入城镇的劳动力市场，绝大多数靠亲朋好友介绍和帮助，对职业的选择性较窄，主要集中在没有技术含量的苦力工作方面。我们调查发现，通过亲友、老乡介绍方式就业的农民工占 53.19%，自己找工作的农民工占 40.22%，通过劳务市场就业的仅占 2.20%。43.74% 的农民工表示找工作困难，其中把原因归结为没有特长、没有关系和不知道招工消息的分别占 40.20%、30.15% 和 23.62%。由于劳动力市场中介行为不规范，非法的职业中介活动十分活跃，很多农民工在走投无路或不知情的情况下，很容易误入"黑职介"的陷阱。72.97% 的农民工不愿意去劳务市场找工作，这部分人中有 57.23% 表示因为对劳务市场不了解，18.98% 表示因为要交钱，14.16% 表示因为不可信，7.23% 表示曾经受骗过，对劳务市场有较强警惕心。同时，农民工的文化和技能总体水平较低，难以适应现代新型产业的发展需求。高新产业的崛起，需要大量有相应知识和技能的人力资源，未来大量传统劳动密集型企业转型将会减少用工数量；农民工在这一转型过程中，需要积极学习知识、提高文化素质和就业技能。

3.3 职业危险性问题

农民工大多从事一些危险性大、劳动强度高的职业。农民工工作条件恶劣、劳动强度大、危险性高、劳动时间长，有时甚至还要遭受扣留身份证、搜身检查、克扣工资等不公正待遇。在接受我们调查和访谈的农民工中，仅有 18.68% 的农民工表示工作环境干净，仅有 5.93% 的农民工表示工作不苦，仅有 6.59% 的农民工表示工作比较轻松，仅有 29.23% 的农民工表示工作安全，大多数农民工都认为自己的工作脏、苦、累、危险。在对于是否容易患职业病的调查结果中，分别有 30.55%、35.38% 和 22.42% 的农民工表示还没有职业病、不知道和不容易患职业病，而已患职业病的比例达 11.65%，有 32.97% 的农民工表示缺乏基本的劳动安全保护。在高强度、缺乏劳动安全意识和安全保护的农民工工作中，职业病仍是主要从事简单劳动和重体力劳动的农民工面临的重大隐患。在关于每天劳动时间的调查结果中，每天工作时间在 8 小时以内的农民工仅占 21.32%，8~10 小时的占 41.54%，10~12 小时的占 26.59%，12 小时以上的占 10.11%[①]，绝大多数农民工的劳动时间都超过了 8 小时；在关于每周休息时间的调查中，一周工作 7 天、没有休息时间的农民工比例占 51.43%，每周休息半天、1 天、1 天半和 2 天的农民工分别占 6.15%、27.91%、4.18% 和 8.35%，绝大多数农民工每周的劳动时间都超过了国家规定的时间。

3.4 工资待遇不平等问题

近年来，随着经济形势的好转，各地最低工资标准不断提高，农民

———————————

① 在所有接受调查的农民工中，有 0.44% 的农民工不能准确说出自己每天的劳动时间。

工的薪资待遇也呈逐年增长态势。但是，在许多用人单位的观念中，农民工仍属于廉价劳动力。据我们调查，月收入1000元以下的农民工占4.18%，1000～2000元的占31.21%，2000～3000元的占32.53%，3000～5000元的占26.81%，5000元以上的占4.62%（还有0.65%的农民工不能准确说出自己的月收入）。《2012年全国农民工监测调查报告》显示，2012年年末，外出农民工人均月收入水平为2290元，同比增长11.8%。近年来，农民工的工资待遇有较大程度的提高，但这种以长劳动时间、高劳动强度换来的工资收入是以牺牲身体健康为代价的，不可持续。同时，农民工在城镇的生活成本也在迅速增加，他们当前的收入水平还是很难承担城镇住房、子女教育和其他消费支出。究其原因有以下三点。一是同工不同酬。我们调查发现，由单位确定、由雇主确定和自己赚多少算多少是进城就业农民工工资的三种最主要确定方式，分别占33.85%、23.96%和22.20%；另外，由单位和职工商量确定、合同规定和其他方式确定的分别占8.13%、9.23%和2.64%，比例相对较小；有41.32%的进城就业农民工表示遭遇过同工不同酬等不公正待遇。二是缺乏正常的工资增长和职务晋升机制。在工资、职务升降情况的调查中，39.12%的农民工表示工资不增长，61.10%的农民工表示职务不晋升，职务上升空间有限。三是加班工资很少。按小时算，加班工资大大低于上班工资，所以许多老板特别是私有企业老板，普遍利用加班来剥夺农民工创造的价值；我们在调查中发现，有36.04%的农民工表示加班没有加班费，劳动报酬被无情地克扣。尽管如此，仍有相当一部分的农民工难以及时拿到全额劳动报酬，克扣农民工工资、拖欠农民工工资、农民工拿不到工资等现象仍然时有发生。《2012年全国农民工监测调查报告》显示，2012年，农民工被雇主或单位拖欠工资的比例占0.5%，比2011年下降了0.3个百分点；其中建筑业农民工被拖欠工资的比例占1.5%，比2011年下降了0.4个百分点。这表明，虽然农民工工资被拖欠和克扣的比例有所减少，但是该问题仍然没有得到彻底解决。

3.5 工作稳定性问题

农民工大多从事的是一些不稳定的临时工作，经常面临失业的窘境，一旦突然失业就会出现全面生活危机。导致进城就业农民工工作不稳定的主要原因体现在如下几个方面：一是部分雇主或用人单位不依法与农民工签订正式劳动合同。2007 年《劳动合同法》出台，其对于保障劳动者的合法权益发挥了非常重要的作用。但是，仍有许多用人单位通过所谓的劳务派遣公司与农民工建立劳务关系，规避直接劳动合同的约束；或者利用试用期逃避劳动合同，试用期届满前就找种种借口与农民工解除劳动关系（如许多餐饮企业）。同时，还有部分用人单位仍然不与农民工签订正式劳动合同，以逃避自身在劳动雇佣关系中所应承担的责任和义务；特别是部分私有企业老板为降低劳动力成本，利用自己的社会地位和资源优势强迫农民工接受带有霸王条款的劳动合同，当劳资纠纷出现时就理直气壮地以劳动合同中的霸王条款为依据侵害农民工利益。《2012 年全国农民工监测调查报告》显示，农民工与雇主或用人单位签订正式劳动合同的仅占43.9%，与 2011 年基本持平。分行业看，建筑业为 24.9%，比 2011 年下降了 1.5 个百分点；制造业为 51.2%，比 2011 年上升了 0.8 个百分点；服务业为 39.2%，比 2011 年上升了 0.6 个百分点；住宿餐饮业为 37.6%，比 2011 年上升了 2.2 个百分点；批发零售业为 40.1%，比 2011 年上升了 1 个百分点。可见，进城就业农民工与雇主或用人单位签订劳动合同的比例近几年变化不大，没有明显改善。二是农民工因自身知识水平较低、缺乏职业技能、法律意识不强等原因，导致工作不稳定。即使在作为农民工就业主阵地的劳动密集型行业，近几年随着技术含量和标准化生产程度的提高，这些行业对就业者的文化素质和就业技能要求也在普遍升级，这进一步压缩了进城就业农民工的就业空间，加大了农民工就业不稳定的可能性。《2012 年全国农民工监测调查报告》显示，农民工从事制造业的比重最大，占35.7%，其次是建筑业，占18.4%，服务业占12.2%，批发零售业占9.8%，交通运输、仓储和邮政业占6.6%，住宿餐饮业占5.2%。从近几年调查数据看，变化较明显的是建筑业，农民工从事建筑业的比重在逐年递增，从2008年的13.8%上升到2012年的18.4%，从事制造业的比重则趋于下降（见表3-1）。另据我们调查发现，有62.42%的进城就业农民工都曾辞过职或失去过工作；对于离开工作单位的原因，除自己辞职外，还包括单位随意解聘、因自身原因被企业辞退、工程项目结束、企业减员等，其中随项目结束而失去工作的农民工占24.30%；对于现在的工作情况，26.59%的农民工表示不稳定。相当多的农民工在失业后仍滞留城市寻找新的工作，失业的农民工生活基本无保障。

表 3-1　农民工就业的主要行业分布

单位：%

行业	2008 年	2009 年	2010 年	2011 年	2012 年
制造业	37.2	36.1	36.7	36.0	35.7
建筑业	13.8	15.2	16.1	17.7	18.4
交通运输、仓储和邮政业	6.4	6.8	6.9	6.6	6.6
批发零售业	9.0	10.0	10.0	10.1	9.8
住宿餐饮业	5.5	6.0	6.0	5.3	5.2
居民服务和其他服务业	12.2	12.7	12.7	12.2	12.2

资料来源：《2012 年全国农民工监测调查报告》。

3.6　居住环境问题

农民工在城市里的居住环境大多比较差。农民工在城镇打工，大多居住在简陋的租赁房或工棚里，基本被排斥在城镇住房体系之外，没有享有经济适用房的权利，许多城市仍把农民工排除在廉租房和公租房之外，农民工获取住房的方式主要是以雇主或用人单位提供住宿为主。《2012 年全国农民工监测调查报告》显示，以受雇形式从业的农民工，在单位宿舍中居住的占 32.3%，在工地工棚居住的占 10.4%，在生产经营场所居住的占 6.1%，与他人合租住房的占 19.7%，独立租赁住房的占 13.5%，有 13.8% 的农民工在乡镇以外就业但每天回家居住，仅有 0.6% 的农民工在务工地有自购房。从近几年外出农民工居住情况的变化看，呈现出与他人合租住房比重上升、独立租赁住房比重下降的趋势；另一明显变化是务工地自购房比重下降、乡外从业回家居住比重上升（见表 3-2）。与城镇居民相比，农民工的居住卫生条件比较恶劣，地方狭窄拥挤，室内肮脏凌乱，除了被褥衣物外，几无他物。从受雇农民工的居住负担看，49.5% 的农民工由雇主或单位提供免费住宿；9.2% 的农民工雇主或单位不提供住宿，但有住房补贴；41.3% 的农民工的雇主或单位不提供住宿也没有住房补贴，自己解决居住问题。特别是近几年，由于城镇改造和城区拓展，城镇房租一路上扬，所以农民工大多选择居住在城乡接合部，生活空间狭小，周边环境差，交通不便利，安全没保证，子女上学难，没有归属感。

表 3-2 进城农民工的住宿情况

单位：%

住宿情况	2008 年	2009 年	2010 年	2011 年	2012 年
单位宿舍	35.1	33.9	33.8	32.4	32.3
工地工棚	10.0	10.3	10.7	10.2	10.4
生产经营场所	6.8	7.6	7.5	5.9	6.1
与他人合租住房	16.7	17.5	18.0	19.3	19.7
独立租赁住房	18.8	17.1	16.0	14.3	13.5
务工地自购房	0.9	0.8	0.9	0.7	0.6
乡外从业回家居住	8.5	9.3	9.6	13.2	13.8
其他	3.2	3.5	3.5	4.0	3.6

资料来源：《2012 年全国农民工监测调查报告》。

3.7　医疗卫生条件问题

进城就业农民工医疗卫生条件普遍较差。农民工所享受的医疗保障与其做出的贡献不匹配，他们的辛勤劳动在给城镇带来巨大收益的同时，疾病防疫与保险却难以覆盖农民工，看病花费成为农民工家庭的沉重负担。我们调查发现，农民工生病后立即去看病的仅占30.99%，严重了再去看病的占25.27%，随便买点药的占41.32%，不去看病也不买药的占2.42%；农民工生病后不去医院看病的原因主要有：医院看病太贵（64.82%），看病难（16.58%），没钱（14.57%），不相信医院（2.01%），其他原因（3.02%）。2012年，农民工看病费用在500元以下的占73.85%，500~1000元的占9.45%，1000~2000元的占7.03%，2000~5000元的占5.05%，5000~1万元的占1.10%，1万元以上的占1.10%；看病费用全部由农民工自己承担的占72.31%，自己承担大部分、医保和单位负责少部分的占17.15%，自己承担少部分、医保和单位负责大部分的仅占7.04%，全部由医保和单位承担的仅占1.76%。农民工由于工作时间长、工作强度大、工作条件和环境差等原因，其发病率往往要高于其他人群，对医疗服务也有更大的需求。但由于就医费用高、看病难等原因，农民工就医率较低。同时，农民工的心理健康问题也较为严重，尤其是在人际关系方面存在敏感、抑郁、偏执和敌对性等问题，农民工独身一人在陌生的城镇为了生计而苦苦奔波，处于生活的重压下，极易产生心理障碍，有的甚至可能走上违法犯罪的道路。

3.8　子女教育问题

进城就业农民工的子女入学和教育常常会受到很多限制。在当今社会，农民工家庭和市民家庭对子女接受教育的问题都非常重视。据调查，

78%的农民工家庭把子女教育问题列在首位，81%的城市居民家庭把子女教育问题列在首位，这说明，在对子女教育的重视程度上，城乡家庭并无显著差别。调查也发现，在已上学的农民工子女中，在老家上学的占62.24%，寄养他处上学的占7.89%，跟父母一起在城里上学的仅占29.46%，这说明，农民工子女大部分是"留守儿童"。至于没有把未成年子女带在身边上学的原因，主要是城里费用太贵（占57.65%）、身边没有住房（占35.29%）、城里的学校不同意（占11.76%）。子女随父母一起在城里上学的，有39.43%在民办学校、38.03%在公办学校、21.13%在指定的农民工学校上学。在城镇上学需要交费的农民工子女达到80.28%，其中因户口不在本地而交费的占36.84%；这说明，农民工子女接受教育承担的经济压力和不能享受优质教育资源的比例远远大于城市居民家庭。在城市上学的农民工子女教育环境与城镇居民子女相比也存在差距，他们一般都在农民工子弟学校或教育质量相对较差的城市学校上学，异地上学的农民工子女初中毕业时必须回家乡读高中，不准跨省就近参加高考，这也是农民工在子女教育问题上的最大烦恼。

3.9 社会保障问题

社会保障水平低是进城就业农民工面临的又一重要问题。近年来，进城就业农民工参加社会保险的水平有所提高，但总体仍然较低。《2012年全国农民工监测调查报告》显示，2012年，雇主或用人单位为农民工缴纳养老保险、工伤保险、医疗保险、失业保险和生育保险的比例分别为14.3%、24.0%、16.9%、8.4%和6.1%，分别比2011年提高0.4、0.4、0.2、0.4和0.5个百分点（见表3-3）；从2008～2012年的调查数据看，进城就业农民工养老保险、医疗保险、失业保险和生育保险的参保率提高了4个百分点左右，而"五险"中参保率相对较高

的工伤保险没有明显提高。从输入地来看，不同地区的农民工社会保障
状况存在一定的差距，中西部地区的农民工参保比例比较接近，落后于
在东部地区务工的农民工（见表 3 - 4）；2012 年，中部地区各项保险参
保率的提高幅度略高于东部和西部地区。从进城就业农民工从事的主要
行业看，制造业，交通运输、仓储邮政业，批发零售业和服务业的参保
情况相对较好，而建筑行业、住宿餐饮业的农民工，雇主或单位为其缴
纳各项保险的比例明显低于其他行业；2012 年，制造业各项保险参保比
例的提高幅度大于其他各行业。总的来说，进城就业农民工参保率较低，
主要有雇主或用人单位不愿意为农民工办理和农民工自己不愿意办理两
种原因。我们调查发现，有 60.44% 的进城就业农民工没有获得所在
单位的社会保险，98.90% 的进城就业农民工没有享受过最低生活保
障；在没有办理保险的进城就业农民工中，有 50.55% 的农民工是由
于雇主或用人单位不愿意为他们办理，有 20.73% 的农民工是因为自
己不愿意办理。产生这个问题的原因是多方面的，既有国家体制不健
全的原因，也有用人单位和农民工自身的原因，主要表现在以下几个
方面。

表 3 - 3 全国农民工参加社会保障的比例

单位：%

险种	2008 年	2009 年	2010 年	2011 年	2012 年
养老保险	9.8	7.6	9.5	13.9	14.3
工伤保险	24.1	21.8	24.1	23.6	24.0
医疗保险	13.1	12.2	14.3	16.7	16.9
失业保险	3.7	3.9	4.9	8.0	8.4
生育保险	2.0	2.4	2.9	5.6	6.1

资料来源：《2012 年全国农民工监测调查报告》。

表 3 - 4　2012 年不同地区的农民工参加社会保障的比例

单位：%

区域	养老保险	工伤保险	医疗保险	失业保险	生育保险
全国	14.3	24.0	16.9	8.4	6.1
东部地区	16.9	27.3	19.6	10.0	7.3
中部地区	9.2	16.4	10.9	5.3	3.6
西部地区	8.3	17.0	11.3	4.9	3.2

资料来源：《2012 年全国农民工监测调查报告》。

　　第一，国家社会保障制度方面的原因。由于农民工在就业地点、就业单位、从事工种等方面都存在很大的流动性，在就业时间上也可能存在间断和不连续性，今天在这个城市打工，明天就有可能到另一个城市就业；今天在这个单位上班，明天就有可能到另一个单位工作；也有可能在一个城市、一个单位工作一段时间后，回家忙一段时间的农活，然后再回到城市打工。农民工就业的这种流动性和不连续性要求国家社会保障系统在全国范围内实现无缝连接，并能将农民工缴纳保险费的不连续时间进行累积计算，使农民工无论走到哪里，他们以前在一个城市、一个单位所缴纳的保险费都能自动转移到其现在就业的城市和单位，而且即使他们在某段时间内没有缴纳社会保险费，也能将他们缴纳保险费的时间进行累积计算，进而使社会保障系统如影随形地跟着农民工走，以消除农民工在缴纳社会保险费过程中的担忧。但是从目前来看，我国社会保障系统还不能实现这一功能和完成这一任务，一旦农民工转移到其他城市或其他单位就业，其以前缴纳的社会保险费就有可能不算数；一旦农民工回到家乡务农或创业一段时间后再回到城市打工[①]，其以前缴纳的社会保险费也可能难以连续计算和接续。社会保障系统和制度的不完善显然会在一定程度上成为农民工缴纳社会保险费的制度障碍。

_____

　　① 农民工在回乡务农或创业的时间段内，可能因社会经济条件限制而没有缴纳社会保险费。

第二，雇主或用人单位方面的原因。由于我国保障劳动者，特别是像农民工这样的弱势劳动者的相关法律法规不健全以及农民工进城就业呈现的供多需少状态①，一些雇主和用人单位为了降低劳动力成本和企业经营成本，常常会利用其在劳动雇佣关系中的强势地位、国家法律法规在执行上的漏洞和不到位以及农民工相关法律知识的欠缺，不为农民工缴纳社会保险费。因此，雇主或用人单位的行为构成了现阶段进城就业农民工社会保障水平低的外在原因。

第三，农民工自身的原因。在我国社会经济发展的现阶段，农民工进城就业大多仍然是以务工赚钱养家糊口为目的，没有什么长远打算和规划，他们对"交满15年社会保险费，就可以在达到退休年龄时享受养老保险"的政策不抱希望和不感兴趣，怀着走一步看一步的态度，宁愿将交保险费的钱用于现在更急迫和实际的子女上学、维修住房和改善生活等方面。农民工自身对社会保险费的抵触情绪构成了现阶段进城就业农民工社会保障水平低的内在动因。

从目前来看，农民工参加养老保险、工伤保险、医疗保险、失业保险和生育保险"五险"的具体情况如下。

第一，养老保险现状。国家关于养老保险的规定主要都是针对企业职工、城镇个体工商户和个人的，没有将进城就业农民工纳入养老保险范围。农村的养老保险层次低，对于在城镇安居生活的农民工来说不太实用。因此，除少数企业外，进城就业农民工大多没有参加养老保险。2012年，进城就业农民工养老保险参保率还未达到15%。

第二，工伤保险现状。工伤事故赔偿在农民工社会保障体系中是一个严重的问题。农民工的工作条件非常恶劣，大多安全防范措施薄弱，许多

---

① 尽管某些地区近年来在表面上出现了劳动力供给不足的现象，但是这种供给不足本质上是建立在难以维持农民工及其家庭正常生活的低工资水平基础上的。对于作为理性人的农民工来说，当其进城就业的收入水平远远低于城市基本生活水平而难以维持其家庭正常生活时，他们就可能会放弃低收入行业或企业单位而去追逐收入相对较高的工作，进而使某些收入相对较高的行业或企业单位呈现出劳动力供给过剩的状态。因此，某些低收入行业或企业单位出现劳动力供给不足应该是符合劳动力市场规律的正常结果。

岗位存在安全隐患，工伤事故的受害者往往都是农民工。我们调查发现，农民工所在单位完全没有进行安全检查的占 32.97%，半年及半年以上检查一次的占 18.02%，每月检查一次和每 3 个月检查一次的分别占 34.07% 和 10.77%。《2012 年全国农民工监测调查报告》显示，农民工在易发生工伤事故的制造业、建筑业就业的比重达到 54.1%，但工伤参保率仅为 24%。其中，制造业农民工参保情况稍好一些，参保率为 28.9%，而属于高危行业的建筑业农民工参保率仅为 14%（见表 3-5）。相当一部分农民工工伤得不到赔偿，即使赔偿，也往往是私了，相关单位并没有按照《中华人民共和国劳动法》（以下简称《劳动法》）的相关规定来进行赔偿。

表 3-5 2012 年不同行业农民工参加社会保障的比例

单位：%

行业	养老保险	工伤保险	医疗保险	失业保险	生育保险
制造业	15.2	28.9	18.5	8.1	5.3
建筑业	3.8	14.0	6.0	2.2	1.5
交通运输、仓储和邮政业	24.1	30.6	26.7	15.6	11.3
批发和零售业	14.3	17.1	15.7	9.3	7.2
住宿和餐饮业	7.0	12.4	8.8	3.9	2.9
居民服务和其他服务业	12.1	16.9	13.3	6.9	5.2

资料来源：《2012 年全国农民工监测调查报告》。

第三，医疗保险现状。目前，"进城就业农民工由于无城镇正式户口而没有资格参加城镇医疗保险，而新型农村合作医疗要求进城务工农民工回户籍所在地去看病"的规定仍然在很多地方广泛存在，这种规定使得进城就业农民工在务工城市看病时，面临着承担农村合作医疗只报销少部分医疗费用的风险，致使他们既不能有效利用新型农村合作医疗，又缺乏城镇的医疗保障。在进城就业农民工群体中长期广泛流传的"小病拖一拖，大病扛一扛，实在不行上药房"；"小康小康，生病住院，全部泡汤"；"不怕穷，就怕病"等俗语就是明显的例证，也是一些农民工的切实感受。据相关调查显示，有36%的农民工生过病，甚至多次生病，他们生病以后有59%的人没有花钱看病，而是仗着年轻、体质好，硬挺过来的；40.7%的人不得不花钱看病，农民工看病支出绝大部分是自费，单位为他们支付的金额不足实际看病费的8%。农民工一旦得了大病，只有两个选择：要么倾家荡产，要么等待死亡。《2012年全国农民工监测调查报告》显示，农民工医疗保险参保率仅为16.9%。

第四，失业保险现状。城镇居民在失业期间有失业补助，但进城就业农民工却没有他们在失业期间，大多只能靠自己过去的积蓄维持生活，小部分人不得不离开城镇返回家乡。《2012年全国农民工监测调查报告》显示，虽然农民工工作非常不稳定，但失业保险参保率仅为8.4%，不足10%。

第五，生育保险现状。进城就业农民工妇女生育保险未得到足够的重视，随父母进城的儿童计划免疫和营养保健也做得非常不够，人口的频繁流动进一步加大了这项工作的难度。《2012年全国农民工监测调查报告》显示，农民工生育保险参保率仅为6.1%，不足10%。

3.10　潜在社会稳定风险问题

农民工进城工作环境较差，生活质量普遍不高；除工资收入外，农民工基本没有其他方面的保障。虽然农民工受自己的特殊身份限制，进城后对工作生活条件要求一般不高，但也有许多农民工流露出对现行工作生活状况的不满情绪。我们调查发现，对目前生活状况表示满意的仅占13.85%，有59.12%的进城就业农民工表示基本满意，有23.08%的农民工表示不满意。农民工在城镇社会中找不到自己的位置，被封闭僵化的城镇体制抛向城镇公共政策和城镇管理的社会边缘，这种边缘化的趋势，限制了农民工享受城镇公共资源的权利，导致了农民工强烈的过客心态，特别是新生代农民工的心理落差更大，难免对社会产生不满，甚至仇视情绪。国务院发展研究中心一项调查显示，约 84.5% 的新生代农民工没有从事过农业，30% 以上在农村没有承包地，40% 以上没有宅基地，92.3% 不愿回到农村。但现行制度还没有给新生代农民工以足够的希望，他们既得不到城镇居民权，也买不起房子，除了打工以外，与城镇生活的交集并不多，难以很好地融入城镇社会。同时，新生代农民工群体不再拥有其父辈那样的忍耐力和承受力，不再甘于贫穷和弱势，他们的权利意识与要求更高，追求生活质量的意识更强烈。当他们的基本工作权益受到侵害，过上体面生活的愿望难以实现时，他们难免会对原有城镇居民、甚至整个城市社会产生仇视心理，采取有违道德和法律的出格行为，走上违法犯罪道路，进而对社会稳定造成伤害。

3.11　本章小结

本章通过问卷调查和实地访谈，从队伍组织和社会地位、就业机会、职业危险性、工资待遇不平等性、工作稳定性、居住环境、医疗卫生条件、子女教育、社会保障和潜在社会稳定风险等方面阐明农民工进城就业安居普遍存在的现实问题，弄清了农民工地位低下、就业无保障、劳动无保险、生活居住低质、后顾之忧难以解决、同工不同酬、同命不同价、权益保护缺乏等问题的实质与根源，为研究农民工进城就业安居保障制度创新和设计问题奠定了现实基础。

4

农民工进城就业安居的制度障碍

　　农民工既是劳动力市场配置的客观要求，也是市场经济发展的必然结果，他们用勤劳和智慧给农村和城镇带来了重大变化，为经济和社会发展做出了巨大贡献，是一支活跃在城镇和乡村的积极、能干和可敬的新生力量。但是，为什么他们的辛勤付出得不到应有的回报？为什么他们的合法权益得不到应有的保护？为什么他们进城就业安居的各种问题得不到有力的解决？深入分析，有其深刻的历史背景和多种原因，但根本的原因还是制度与政策障碍。

4.1　户籍与落户准入制度障碍

1. 户籍制度制约

　　现行户籍制度人为地将社会成员划分为农业人口和非农业人口，并以行政法规形式为不同类型的户口配置了不同的权益，这导致城镇居民和农村居民在所有制、流通、交换、分配、税赋以及劳动用工、就业、住房、教育、医疗、养老等方面享有的社会经济权益存在巨大差异。从表面上看，拥有农村户口的农民在其居住地享有分配宅基地、承包耕地、自建住房等方面的特定权益，拥有城镇户口的市民享有就业保障、工资福利、养老保险、住房分配、公费医疗等方面的特定权益；但国家对城市的资金资源投入和政策支持力度大大高于农村，致使农村社会经济发展水平远远落后于城市，城镇居民享有的各种社会经济权益也在事实上远远多于农民。例如，虽然城市和农村都同样实行了九年义务教育制度，但是城镇中小学校在教学设施、师资配备、行政资源等方面大大优于农村中小学校，致使农民子女难以享受到与城镇居民子女一样的教育质量，进而使得农民子女这个群体未来的发展前途明显落后于城镇居民子女；虽然农民目前已经能够享受到部分养老保险和医疗保险，但仍然远远低于城镇居民的保障，特别是在农民因年老或伤病失去劳动能力的时候，更是无法享受到与城镇居民一样的失业保障和最低生活保障；虽然目前农民工进城就业的政策性障碍已经基本消除，但是由户籍制度导致的就业歧视、身份歧视还在社会生活的各个角落不同程度地存在；虽然进城就业农民工在城市落户的条件和要求目前有所放松，但是横亘在农村户口和城镇户口之间的鸿沟仍然没有彻底消除，还有相当一部分的进城就业农民工只能作为城镇临时暂住人口而不能享有与城镇居民一样的平等权利；虽然部分城市已经放宽了进城就业农民工未成年子女就近入学的条件，但是农民工子女享受到的教育资源和教育权益与城镇居民子女相比仍有较大差距。由此可见，我国自20世纪50年代以来实行的户籍制度人为地制造了城乡之间的等级和利益差别，加深了城乡分割的裂痕，造成了对农民工的歧视，无法使农民工在城镇安居乐业。现行户籍制度是阻碍农民工进城就业安居的首要制度，是"农民工"概念产生的主要原因，是农民工在城乡统筹发展中难以融入城市的第一道障碍，户籍壁垒是附在农民工身上的最大枷锁，也是农民工无法与城镇居民处于同等地位、享受同等权利的最终根源。

2. 进城落户准入制度的制约

从国家层面来说，我国还没有针对农民工进城落户问题制定统一的法律法规。虽然《国务院关于解决农民工问题的若干意见》（国发〔2006〕5号）提出要逐步地、有条件地解决长期在城市就业和居住的农民工的户籍问题，并要求中小城市和小城镇适当放宽农民工落户条件，大城市要积极稳妥地解决符合条件的农民工户籍问题，具体落户条件由各地根据城市规划和实际情况自行制定。但是截至 2013 年年底，我国大部分省份对农民工进城落户都还没有放开，只有部分城市对进城就业农民工落户制定了明确的政策，各地对农民工进城落户的准入条件也千差万别，各不相同。重庆、广东等少数省份的农民工进城落户政策相对宽松。例如，重庆市规定在主城区务工经商满 5 年或在其他区、县城区务工经商满 3 年的农民工，可以申请转为城镇居民，其配偶、子女、父母可以随迁，基本开通了符合条件农民工的户籍迁移通道；广东省制定了农民工积分制入户政策，对积分达到一定分值的进城就业农民工，可凭积分享受相关公共服务，当积分达到规定分值时，可申请城市入户。北京、上海等少数城市只对特殊的进城就业农民工放开落户条件，例如，北京市规定，在京就业的外地农民工，只有获得市级表彰，并具有高级技工、高级技师职业资格或被评为全国劳动模范的，才能根据本人意愿有望在京落户；上海市规定，只有通过层层推选和审核评选出的优秀农民工才可申办上海常住户口。因此，受现行户籍制度和进城落户准入制度的约束和限制，进城就业农民工虽然从职业来说是工人，但其身份仍然是农民，他们很难与城镇居民一样享受相同的公共服务和社会福利，也就谈不上在城市安居乐业。城乡统筹发展需要农民工这一生力军在城市生根发芽、成长壮大，但难以落户却成了阻碍农民工无法真正融入城市的顽石和农民工向市民转化的重大束缚。

3. 各地不一的居住证制度制约

2010 年 5 月 27 日，国务院转发了国家发改委《关于 2010 年深化经济体制改革重点工作的意见》，首次在国务院文件中提出在全国范围内实行居住证制度。中共中央政治局 2014 年 7 月 30 日审议通过的《国务院关于进一步推进户籍制度改革的意见》（国发〔2014〕25 号）对居住证制度做出了更加明确的规定，公民离开常住户口所在地到其他设区的市级以上城市居住半年以上的，可以在居住地申领居住证。符合条件的居住证持有人，可以在居住地申请登记常住户口。以居住证为载体，建立健全与居住年限等条件挂钩的基本公共服务提供机制。居住证持有人享有与当地户籍人口同等的劳动就业、基本公共教育、基本医疗卫生服务、计划生育服务、公共文化服务、证照办理服务等权利；以连续居住年限和参加社会保险年限等为条件，逐步享有与当地户籍人口同等的中等职业教育资助、就业扶持、住房保障、养老服务、社会福利、社会救助等，同时结合随迁子女在当地连续就学年限等情况，逐步享有随迁子女在当地参加中考和高考的资格。各地要积极创造条件，不断扩大向居住证持有人提供公共服务的范围。按照权责对等的原则，居住证持有人应当履行服兵役和参加民兵组织等国家和地方规定的公民义务。

但从迄今为止的实际执行情况来看，大部分城市都还没有真正实施居住证制度，只有少数城市实行，而且居住证制度在实行过程中仍然存在如下一些问题：一是门槛过高，一些城市将居住证办理人口限定为各类高级人才，要求有较高的学历与纳税条件等，这就将不少长期在城市工作并具有一技之长的低学历农民工排除在外；二是收费过高，一些城市将办理居住证当作牟取经济利益的一种手段，收费标准过高，增加了办理居住证人员的负担，损害政府的形象；三是制定的居住证政策中没有阐明居住证持有人的权利与义务，持有居住证的进城就业农民工并没有享受到与城市居民同等的基本公共服务；四是制定的居住证政策没有规定持有居住证的进城就业农民工可以在一定条件下优先落户其所居住的城镇，致使进城就业农民工没有办理居住证积极性。

4.2 就业制度障碍

城镇就业市场已普遍对农民工开放，但农民工进城就业仍然会受到很多限制，突出表现为现行制度对城镇居民就业和农民工就业分别做出了不同的规定和要求，农民工进城就业管理和服务体系建设严重滞后，已有制度难以得到有力地贯彻执行。

1. 农民工仍难以真正平等地获得就业权利和机会

农民工进城就业仍然受到某些城镇工作岗位只招用本地户口或城镇户

口人员条件的限制，一些行业和企业在招工时虽然没有明确指明只招录本地户籍或城镇户籍人员，但在实际操作过程中是把进城就业农民工排除在外的；只有在招不到本地户籍和城镇户籍人员，或者本地户籍和城镇户籍人员因报酬不满意或工作太苦太累而不愿意做时，才雇用进城就业农民工。

部分城市的政府劳动保障部门为了降低城镇人口失业率，维护社会稳定和提高政绩，常常出台相关政策鼓励当地企业招用本地户籍和城镇户籍人员，或者制定旨在扶持城镇失业人员自主创业和再就业的各种优惠政策，这无疑在政策层面造成了进城就业农民工与城镇居民之间的就业不平等。部分行业禁止或限制农民工就业，这对进城就业农民工形成了一道无形的就业壁垒，致使农民工很难有机会进入国企或国有性质单位工作，即使有个别农民工能进入这些"体面"的行业或单位就业，也大多从事那些城镇居民不愿意干的脏活、累活、难活、险活、苦活，而且大多享受不到同工同酬同劳动保障的待遇，这无疑在行业层面造成了进城就业农民工与城镇居民之间的就业不平等。许多企业在招聘员工时都要求求职者出示身份证、户口簿、失业证（失业职工证）、学历证等有效证件，其中查验身份证或户口簿的部分原因就是为了证明求职者是本地户口还是非本地户口、是农业户口还是非农业户口；查验失业证的部分原因就是为了优先让城镇失业人员再就业，以满足当地政府降低城镇失业率的要求，这无疑在实际操作层面造成了进城就业农民工与城镇居民之间的就业不平等。需要特别说明的是，当经济不景气、下岗失业人员增多时，部分城市的政府部门和企业就会在抬高农民工就业准入门槛的同时，裁减农民工，致使进城就业农民工大量失业下岗，被迫返乡。

2. 有利于农民工就业的制度没有得到有效地执行

近年来，从中央到地方都不断出台新的法律法规和政策，旨在改善农民工的就业环境。《国务院关于解决农民工问题的若干意见》（国发〔2006〕5号）是解决农民工问题的一个纲领性文件。《中华人民共和国劳动合同法》（以下简称《劳动合同法》）对农民工的合法权益提供了重要的法律保障。《中华人民共和国就业促进法》（以下简称《就业促进法》）第二十条规定，国家实行城乡统筹的就业政策，建立健全城乡劳动者平等就业制度，引导农业富余劳动力有序转移就业；第三十一条规定，农村劳动者进城就业享有与城镇劳动者平等的劳动权利，不得对农村劳动者就业设置歧视性限制；第五十条规定，政府有组织农民工培训的职责。《国务院办公厅关于切实做好当前农民工工作的通知》（国办发〔2008〕130号）明确指出，要采取多种措施促进农民工就业。《国务院关于进一步推进户籍制度改革的意见》（国发〔2014〕25号）指出，要完善就业失业登记管理制度，面向农业转移人口全面提供政府补贴职业技能培训服务，加大创业扶持力度，促进农村转移劳动力就业。上述法律法规和政策文件虽然为促进农民工就业指明了方向，但是我们也必须清醒地认识到，目前的就业促进制度和具体措施仍有进一步改善的必要，尤其是在农民工就业权利保障和执行力度方面还有待于进一步改善，有法不依、执法不严、违法不究的问题在某些地方还比较突出。例如，目前就业促进制度的导向仍然体现了浓厚的重管理、轻权利的色彩，法律规定"引导农村富余劳动力有序转移就业"，但一些地方政府却借"引导"之名，行管控、歧视之实，侵犯农民工的平等就业权。目前的就业促进制度实施的强制性和操作性不够，若干内容止步于宣言式的粗线条规定，规则不明确，地方政府裁量权过大，往往导致进城就业农民工的主体地位被忽略，政府采取的某些就业促进措施未能产生预期的实际效果。

3. 现行就业服务制度没有完全覆盖进城就业农民工

城市公共就业服务机构虽然已对农民工提供免费服务，但就业服务模式还不能完全满足进城就业农民工的实际需要，主要表现在如下几个方面。

一是就业服务信息化程度低，乡镇就业服务十分薄弱，相关政策和用工信息难以及时传递到农民工手中；同时，沿袭过去以城市居民为主要服务对象，以组织招聘洽谈会或登记介绍为主要服务手段的就业服务模式，一般等待时间比较长、花费比较高，不适应农民工的需求。

二是失业登记仍然局限于城镇失业人员登记，没有建立比较完善的农民工失业登记制度。城镇失业登记人员可凭登记证明享受再就业服务或按规定申领失业保险金；而进城就业农民工一旦失去工作，就只能处于失业状态或回乡务农。

三是职业技能培训和职业教育对进城就业农民工覆盖面较小、效果不够理想。近年来，农民工职业技能培训虽有较大进展，但受二元体制影响，城市相关政府部门尚未能很好地将进城就业农民工纳入职业技能培训服务体系，致使农民工职业技能培训总体上处于规模较小、质量较差的状态；同时，企业作为职业技能培训主体，大多在雇用进城就业农民工过程中，重使用轻培训或只使用不培训，致使进城就业农民的职业技能长期处于较低水平。相关统计显示，六成以上的农民工在外出进城打工前没有参加过任何职业技能培训，即使有少量培训，也对其在城镇就业帮助不大。进城就业农民工，特别是文化水平较差的新生代农民工，绝大多数都期望在政府或社会相关机构的帮助下，通过系统培训学到必要的就业技能，但政府投入不足、以政府为主导的培训模式单一、培训资源分散、培训内容更新缓慢、培训管理条块分割、公平竞争环境没有形成、培训机构管办不分和监管漏洞大、许多旨在骗取政府培训补助的培训机构对农民工的培训流于形式以及农民工自身劳动强度大、经济困难等原因，致使进城就业农民工在城市工作过程中得到的培训机会较少，甚至不能参加任何职业技能培训。

四是针对城镇困难群体的就业援助制度没有将进城就业农民工纳入就业援助体系。现行的城镇困难群体就业援助制度主要面向城镇居民，基本不包含进城就业农民工；有关扶持城镇残疾人就业的规定也没有把农民工残疾人纳入失业登记范围；有关推进零就业家庭就业援助制度规定的就业援助对象，也仅仅局限于城镇就业困难人员和零就业家庭，而不包括进城就业农民工及农民工家庭。

五是城镇再就业政策没有惠及农民工。现行的再就业政策大多是针对城镇居民和企业下岗职工的，没有包括进城就业农民工。在这种情况下，在整体上处于社会弱势地位的农民工群体要在城市就业安居就显得更困难了。

4. 农民工就业创业渠道不畅

第一，国家支持中小城市产业发展的政策落实不到位，有利于农民工就近就业的劳动密集产业向县域特别是偏远地区转移的渠道不够畅通，偏远地区产业空虚化问题依然没有解决，致使农民工就近就业比较困难。第二，虽然国家出台了很多支持中小企业和民营企业发展的金融政策，但中小企业融资难问题仍然没有得到彻底解决，致使作为吸纳农民工就业主阵地的中小企业和民营企业发展受到一定程度的阻碍，进而减小了农民工进城就业的空间。第三，虽然国家鼓励进城就业农民工返乡创业，各地政府也采取了相应的措施，但农民工回乡创业环境依然不尽如人意，制度保障和基础设施仍然较差，政策支持和要素保障难以落实到位，创业服务不够持续快捷。真正回乡创业并获得成功的农民工并不多。

5. 非正规就业尚无法律保障

我国《劳动法》第一章第二条明确规定，"在中华人民共和国境内的企业、个体经济组织（以下统称用人单位）和与之形成劳动关系的劳动者，适用本法"。也就是说，《劳动法》规范的是企业、用人单位与劳动者形成的劳动关系，保姆、家政服务等形成的劳务关系不适用于现行《劳动法》。虽然《劳动合同法》对非全日制用工做出了明确规定，但其调节的仍然是劳动者与用人单位之间的关系。如果诸如"住家保姆""家政钟点工"这样的进城就业农民工与雇主发生劳动纠纷，由于雇佣方不是企业型的用人单位，所以不适用于现行的《劳动法》和《劳动合同法》，不属于劳动争议的范畴，不能申请劳动仲裁，这些非正规就业农民工的正当权益也就得不到法律的有效保护。

6. 缺乏反就业歧视的专门法律法规

虽然《中华人民共和国宪法》（以下简称《宪法》）和《劳动法》都有"劳动者享有平等就业和选择职业的权利以及禁止劳动就业歧视"的规定，但这些规定都是原则性的，比较笼统，缺乏可操作的具体法律保障和救济措施。例如，现行相关法律法规既没有对"就业主体"进行明确而科学的界定，也没有明晰"就业待遇歧视""就业机会歧视"等行为的法律责任。《中华人民共和国就业促进法》（以下简称《就业促进法》）第三条规定，劳动者依法享有平等就业和自主择业的权利，劳动者就业，不因民族、种族、性别、宗教信仰等不同而受歧视；第三十一条规定，农村劳动者进城就业享有与城镇劳动者平等的劳动权利，不得对农村劳动者进城就业设置歧视性限制；第六十二条规定，违反本法规定实施就业歧视的，劳动者可以向人民法院提起诉讼。这是我国第一次用法律形式具体规定了农村劳动者与城镇劳动者享有平等劳动权，在一定程度上解决了劳动者就业歧视的法律救济渠道，但《就业促进法》对有关反就业歧视行为的规定仍然显得比较原则和笼统。《劳动合同法》第二条规定，中华人民共和国境内的企业、个体经济组织、民办非企业单位等组织（以下称用人单位）与劳动者建立劳动关系，订立、履行、变更、解除或者终止劳动合同，适用本法；该规定明确了用人单位与农民工发生劳动关系，也应签订劳动合同。《劳动法》第十二条列举式地规定了四种就业歧视的情形，但对四种情形之外的、包括对农民工就业歧视的行为并没有做出禁止性的规定。在实践过程中，农民工就业权益常常受到侵犯，难以得到法律的有效保护，需要一部旨在消除就业歧视的专门法律。

4.3　用工制度障碍

许多用人单位愿意雇用农民工的原因除了农民工具有吃苦耐劳、勤奋勇敢、诚实憨厚、报酬要求较低等特性和品行之外，还因为在现行不规范的用工制度下，用人单位可以利用自身相对于农民工的强势地位和农民工就业市场的激烈竞争的形势，不与农民工签订规范的劳动合同或者在劳动合同中设置一些不合理的霸王条款，不为农民工足额购买社会保险，甚至在不支付任何成本的条件下随意解聘农民工。进城就业农民工面临的用工制度障碍具体体现在如下几个方面：

1. 劳动合同制度执行力度不足

许多用人单位对农民工的使用和管理很不规范，劳动合同签约率较低，履约率更低。《2012年全国农民工监测调查报告》显示，有56.1%的进城就业农民工与雇主或用人单位未签订劳动合同；其中，建筑业占75.1%，制造业占48.8%，服务业占60.8%，住宿餐饮业占62.4%，批发零售业占59.9%。许多用人单位为降低人工成本，恶意逃避责任，滥用试用期，把农民工作为廉价的临时工使用，不签订劳动合同，试用期满就解聘。

2. 与农民工签订的劳动合同存在侵权或不履行现象

我们调查发现，即使雇主或用人单位与农民工签订了劳动合同，大多也是非固定性的，劳动合同签订期限在3年及3年以上的仅占14.97%，农民工的工作稳定性仍较差，而且合同文本也很不规范，存在许多无效合同和霸王合同，合同多强调用人单位享有的权利和农民工的义务，而较少提及农民工应该拥有的权利，用人单位不履行劳动合同也无人监督，所以，当农民工权益受到侵害时，有26.37%的农民工自认倒霉。

3. 用人单位与包工头签订的合同往往严重侵害农民工权益

有些用人单位只与包工头签订合同，不直接与农民工签订合同，尤其是建筑施工企业大部分都只与包工头保持合同关系，而与广大农民工是"对面相逢不相识"，当甩手老板，使农民工的安全生产与合法权益无法得到保障，也给包工头侵犯农民工利益、榨取农民工剩余价值提供了可乘之机。包工头管理农民工存在许多弊端：一是农民工归包工头管理，使农民工游离于用人单位之外，无法和企业形成有机整体；二是由于农民工流动性大，企业缺乏稳定的施工队伍；三是企业无法直接参与农民工分配，致使农民工的利益得不到切实的保障，包工头侵害农民工利益的事件时有发生。

4. 集体合同不够规范

有些单位用签订集体合同的方式来代替农民工劳动合同。农民工与用人单位签订的集体合同存在如下几个方面的缺陷。一是集体合同的签订程序不够规范，从理论上说，只有工会选派的代表或职工民主推荐的代表才有权代表企业职工（包括农民工）签订集体合同，但部分用人单位（特别是中小企业和微型企业）根本就没有成立工会组织或者农民工根本就没有参加用人单位的工会组织，签订集体合同的代表也没有经过农民工民主推荐，签订的集体合同更没有经过职代会或包括农民工在内的全体职工讨论通过。二是农民工因自身文化知识匮乏和法律维权意识淡薄而没有关注集体合同中拟定的内容，只知道签订了集体合同，但不知道集体合同的具体内容是什么；当在就业过程中权益遭到伤害时，他们难以以集体合同中的约定为依据要求必要的补偿。

5. 解决劳动安全无保障、劳动超时严重等问题的制度与措施不力

进城就业农民工大多从事的是脏活、苦活、累活、难活和险活，工作条件极差，环境恶劣，人身安全缺乏应有的保障。例如，高风险的煤炭生产企业是农民工就业比较集中的领域。国家安全生产监管部门有关信息表明，2012 年，中国煤炭百万吨死亡率已降到 0.347%，但仍然是美国煤炭百万吨死亡率的 10 倍，煤矿安全事故仍然居于高位，特别是重特大事故时有发生。另外，农民工超时劳动现象比较普遍，在建筑、服装、制鞋、制革、电子等加工行业和劳动密集型行业更是尤为严重；我们调查发现，农民工日工作时间超过 8 小时的比例达 78.24%，超过 12 小时的比例达 10.11%。

4.4 工资制度障碍

近年来，虽因劳动力供给相对偏紧、政府促进平等就业、经济发展速度较快等因素，农民工工资有了较快增长，但总体上仍然偏低。农民工做的大多是最重最脏最累最苦最险的活，拿的却是最低的工资，工资与劳动不对等；农民工谈判地位较低，议价权不足，工资标准大多由用人单位说了算，部分用人单位把政府规定的最低工资标准当作实际支付给农民工的工资标准；现行工资制度中没有比较规范的农民工工资升降机制，随着物价不断上涨，部分农民工工资呈现相对负增长的趋势。同时，虽然拖欠农民工工资行为在国家和各级政府的严厉监管下有所收敛，但由于市场经济条件下劳资关系的不对等性、城乡二元体制造成的农民工与城镇居民不平等性以及现行工资制度对农民工工资规定的模糊性，部分用人单位，特别是农民工就业比较集中的建筑施工单位以各种借口和手段拖欠和克扣农民工工资的行为仍然时有发生。进城就业农民工面临的工资制度障碍具体体现在如下几个方面：

1. 最低工资制度规定不严谨，难以保障进城就业农民工的合理报酬权益

从理论上说，我国制定的《最低工资规定》适用于所有劳动者，因此也就适用于进城就业农民工。同时，我国《劳动合同法》第三十一条也对劳动者加班问题做出了如下规定：用人单位应当严格执行劳动定额标准，不得强迫或者变相强迫劳动者加班；用人单位如果安排加班，应当按照国家有关规定向劳动者支付加班费。然而，政府在《最低工资规定》中规定的最低工资标准一般都是指月工资，而没有规定最低小时工资标准；在《劳动合同法》中虽然规定用人单位不能强迫或者变相强迫劳动者加班，如果安排加班，就应当按照国家有关规定向劳动者支付加班费，但并没有对非节假日的加班费标准做出明确的规定。在这种情况下，部分用人单位受自身利润最大化驱动，想尽一切办法钻国家政策的空子，在每月向农民工支付最低标准工资的同时，以支付加班费的方式要求农民工尽可能多地加班，进而通过支付低于最低工资标准的加班费的方式达到少支付农民工报酬、降低人力成本的目的；大多数进城就业农民工因在正常工作时间内获得的工资较低和迫于家庭生活压力，也愿意通过多加班来提高自己的收入，这又在为用人单位尽量少雇用农民工、多让农民工加班提供可能性的同时，在一定程度上强化了用人单位采取"少聘用、多加班"策略的动机。从现实情况来看也是如此，许多用人单位都平均每周最多让员工休息一天，每天让员工工作 10～12 小时，甚至超过 12 小时。我们在调研过程中发现了以下两个案例。一个是位于西部某大城市的一家世界知名外资电子企业，其在 2014 年上半年曾经发生过员工（大多是从中高级职业技术学校毕业的青年人，其中包括大量农民工子弟）因要求加班得不到满足而在企业门口集会的事件，这家外资电子产品加工企业员工要求加班的主要原因就是工资收入太低，想通过加班来提高收入。另一个是同样位于西部某大城市的一家著名电子研究所，其通过劳务派遣方式从某保安公司雇用若干名保安（大多来自农村）担任安全保卫工作。这些来自农村的农民工保安如果一天只上一个班（8 小时），那么只能得到 1300 元左右的月工资，而每月 1300 元的工资收入在现在的物价水平下是难以满足自身和家庭经济需求的；在这种情况下，在该研究所工作的农民工保安都争着加班，每天上两个班（16 小时）已经成为一种常态。

2. 农民工工资集体协商制度执行难度较大，执行效果不够理想

从理论上说，在市场经济条件下，企业可以自由决定用工数量和支付的工资数额，工人也可以自由决定接受多少工资和在哪家企业工作，劳资双方应该在自由平等的基础上达成一致和签订劳动合同；但是在实际运作过程中，作为有组织优势和资本实力的企业，特别是大中型企业，根本不可能与每一名工人平等地协商工资、工时和其他劳动条件。因此，在用人单位与劳动者之间的谈判中，劳动者，特别是没有特殊专业技能和较高文化水平的劳动者处于完全弱势地位，劳资双方最终确定的工资、工时和劳动条件大多有利于企业而不利于劳方。在这种情况下，为了充分保障处于相对弱势地位的劳动者的权益，国际上通行的做法是，以法律形式制定工资、劳动时间和其他劳动条件的基本标准，并明确规定劳动者拥有集体交涉和采取其他集体行动的权利，以从制度层面改善劳动者在同企业谈判时所处的相对弱势地位，进而在维护劳资双方平等的同时，最大限度地保护劳动者的权利。

从我国目前情况来看，《劳动合同法》第六条对此做出了如下规定：工会应当帮助、指导劳动者与用人单位依法订立和履行劳动合同，并与用人单位建立集体协商机制，维护劳动者的合法权益。但是在实际执行过程中，由于很多企业工会很难发挥作用、用人单位占据绝对优势地位、农民工就业市场竞争激烈以及农民工就业流动性较大、就业比较分散和组织性不强等，农民工工资集体协商制度的实际执行难度较大，执行效果不够理想，难以建立有效的机制。

3. 缺乏对农民工工资增长机制的法律制度规定

最低工资标准调整缓慢，用人单位即使几年不给进城就业农民工涨工资，农民工也只能接受，因为没有相关法律、制度与政策规定用人单位必须给农民工涨工资和如何涨工资。大多数企业没有形成通过劳资协商确定工资及工资合理增长的机制。

4. 对农民工工资保护制度的实施力度仍然不够

从近几年调查数据来看，被雇主或用人单位拖欠工资的农民工比例逐年下降，但是拖欠工资的现象仍然存在，进城就业农民工的劳动报酬权仍然没有得到完全保障。《2012 年全国农民工监测调查报告》显示，农民工被雇主或用人单位拖欠工资的比例占 0.5%，其中在建筑行业就业的农民工被雇主或用人单位拖欠工资的比例高达 1.5%。

4.5 住房制度障碍

1. 农民工住房制度缺乏全局性的政策支撑

各地对解决农民工住房问题重视不一、政策不一、进展不一、效果不一。重庆、北京、天津、武汉等少数城市实施了公租房制度，其他一些地方和单位也建立了农民工宿舍和农民工公寓，并在此基础上总结了解决进城就业农民工住房问题的多种有效办法，也取得了一定的短期效果，在一定程度上缓解了进城就业农民工的住房矛盾。但是，各级地方政府采取的这些政策措施大多属于应急的"救火"性和临时性对策，缺乏整体和全局考虑，离保障农民工进城就业安居的要求还有相当大的差距。虽然 2014 年 7 月 30 日发布的《国务院关于进一步推进户籍制度改革的意见》（国发〔2014〕

25 号）提出要把进城落户农民工完全纳入城镇住房保障体系，采取多种方式保障农业转移人口基本住房需求，为解决进城就业农民工住房问题提供了政策依据，但各级政府要把这项政策落到实处还需要较长的时间。

2. 农民工住房问题尚未正式纳入城镇建设规划

对农民工性质定位的不确定，使农民工问题游离于各项政策之外，在城镇整体发展规划、城镇住房发展计划以及相关土地、金融、税收等政策规定中，都没有考虑农民工住房问题，进而使进城就业农民工住房问题成为缺少法律法规依据的难题。

3. 现行的公租房和廉租房政策没有全面覆盖农民工

《城镇廉租住房租金管理办法》（发改价格〔2005〕405 号）规定，只保障城镇最低收入家庭的基本住房权益。在具体实践中，重庆市已经将进城就业农民工全面纳入公租房和廉租房租赁对象，已在主城区建成数十个农民工公寓，为数万名农民工提供了公租房和廉租房。其他一些省份虽然已经开始关注农民工廉租房和公租房问题，但是他们修建的廉租房和公租房并不对进城就业农民工开放。

4. 农民工基本上不能享受住房公积金等住房待遇

用人单位在雇用农民工就业时，为了节约劳动力成本，大多不会为其所雇用的农民工缴存住房公积金；而农民工因其就业流动性和不稳定性，也不会强烈要求用人单位为其缴存住房公积金。在这种情况下，进城就业农民工大多不能与城镇居民一样享受住房公积金待遇。我们调查发现，90% 以上的农民工都没有享受住房补贴和住房公积金；2012 年，仅有 6.6% 的农民工缴纳了住房公积金。

4.6　农民工子女教育制度障碍

农民工进城就业的重大困难之一就是子女入托、入学难。大多数城镇对适龄儿童上学按户籍所在地划分学区，非本地户口入托、入学均须缴费，农民工为此不得不支付高昂的借读费和赞助费；即使是在一些专门为进城就业农民工未成年适龄子女指定了免费入学学校的城市（如重庆），也需要办理原户籍所在地证明、收入证明、住房证明等非常复杂的手续才能免费入学。因此，大多数进城就业农民工被迫把子女留在老家上学，使其成为留守儿童；留守儿童问题已经成为困扰我国基础教育的重大问题，如果解决不好，将有可能引发教育危机。我们调查发现，2012 年，进城就业农民工子女留在农村老家上学的达 62.24%，随父母在城里上学的只占 29.46%，出现这种状况的一个重要原因就是现行教育制度的制约。

1. 户籍制度限制农民工子女只能在户口所在地学校就读

传统的依附于户籍制度的中小学教育制度对就业流动性较大和经济条件较差的农民工子女入学造成了极大的麻烦和伤害。进城就业农民工子女在城市入托、入学只能算是借读，部分中小学校常常以小孩学习成绩达不到学校要求等为借口，要求进城就业农民工缴纳一定数量的借读费或赞助费，而所在地地方政府迫于教育经费压力也不得不默许这种现象的存在。近年来，部分省份在进城就业农民工未成年适龄子女就近入学问题上做了许多努力，采取了指定农民工子女就近读书学校、减免各种费用等措施，但并未形成长效机制。而且，指定专门的农民工子女就读学校也可能在客观上使农民工子女形成自卑心理，在未来导致社会阶层的隔阂和对立，不利于整个社会的持续和谐发展。

2. "地方负责、分级管理"的教育财政管理体制限制了农民工子女就近就读

自 1985 年以来，我国义务教育体制经过了如下三次改革：地方负责、分级管理，在国务院领导下地方负责、分级管理以及在国务院领导下地方负责、分级管理、以县为主。三次改革都始终坚持"地方负责、分级管理"，基本形成了中央和地方财政分担，以地方财政拨款为主的义务教育财政管理体制。这种义务教育财政管理体制虽然在一定的历史时期发挥过重要的积极作用，但在一定程度上也是我国义务教育始终得不到全面有效实施和农民工子女不能在其就业所在地就近入学的原因和症结所在。事实上，在这种义务教育财政管理体制下，农村教育经费是以农民户口为依据，由县级政府通过财政预算安排的，依附在农民工户口上的子女教育财政经费并没有随着农民工进城就业及其子女流动而划拨给农民工就业所在地政府，农民工就业所在地政府也就会因没有教育经费预算而拒绝农民工子女就近入学。

3. 国家的行政考核制度和入学政策限制了农民工子女在城镇接受正规教育

目前，国家和地方各级政府虽然采取了一些有效措施来保障进城就业农民工子女的就近入学问题，但是国家和地方各级政府的部分绩效考核制度以及传统的以户籍为基础的子女入学政策，仍然对进城就业农民工子女接受公平教育造成了事实上的障碍。例如，上级政府在考核下级政府官员的行政绩效时，常常以人均 GDP、人均受教育水平等指标为考核依据，地方政府为了提高这些指标的数值和展示其良好的政绩，基本上都是以本地常住人口（即户籍在本地的人口）为基数进行计算，而不会将在所在地就业和居住的农民工及其子女纳入计算范围；在这种情况下，地方政府显然不会太关注在其所在地就业和生活的农民工这个弱势群体的子女教育问题，有的甚至视进城就业农民工子女教育为累赘而人为设置诸多障碍，阻止农民工子女在其父母务工城市入学[①]，以减少地方政府财政对农民工子女教育的支出，提升表面上的城市教育水准，树立地方政府及其相关部门的良好政绩和形象。

4. 教育经费不足限制了农民工子女教育事业的发展

农民工子女义务教育需要大量的经费支持，需要各级政府有足够的财政支撑。从各地情况来看，学校数量有限，而进城就业的农民工数量却在

---

① 例如，有的地方政府为在所在地就业和生活的农民工划定了一些办学水平比较一般的中小学校为其子女就读学校，造成事实上的歧视和不平等；即使在这些划定的所谓农民工子女学校入学，也需要到所在社区办理就业和居住证明、到户籍所在地办理户籍证明等比较烦琐的入学手续，而且在完成一个阶段的学业后必须回户口所在地参加升学考试；这种人为分割制度导致离开户籍所在地的儿童在父母务工所在地很难得到与城市居民子女相同的受教育机会。

逐年增加，地方政府投入的教育经费和设施经费的增长远远赶不上进城就业农民工的增长速度；同时，师资严重匮乏，教育资源奇缺，这也给教育部门解决农民工子女教育问题带来了一定的难度。

5. 针对进城就业农民工子女教育的现行法规和政策没有得到严格执行

迄今为止，国家已经针对进城就业农民工子女教育问题制定了很多政策和规定，只是这些政策和规定在执行过程中打了折扣，从中央到地方都没有得到严格执行。例如，财政部在贯彻中央 2006 年一号文件精神的有关规定中指出："在城市中小学就读的进城就业农民工子女负担的学校收费项目应与当地学生相同，不再收取借读费和择校费、或要求农民工捐资助学及摊派其他费用。"《中华人民共和国义务教育法》（以下简称《义务教育法》）、1996 年国家教委制定的《城镇流动人口中适龄儿童、少年儿童就学办法（试行）》、1998 年国家教委和公安部联合颁发的《流动人口儿童、少年就学暂行办法》、2003 年国务院办公厅转发的教育部等六部委制定的《关于进一步做好进城务工就业农民子女义务教育工作的意见》等都提出，要将"以流入地政府管理为主、以全日制公办学校为主"的方针作为解决适龄流动儿童接受义务教育的基本原则。2014 年 7 月 30 日发布的《国务院关于进一步推进户籍制度改革的意见》（国发〔2014〕25 号）提出要保障农业转移人口及其他常住人口随迁子女平等享有受教育权利，将随迁子女义务教育纳入各级政府教育发展规划和财政保障的范畴；逐步完善并落实随迁子女在流入地接受中等职业教育免学费和普惠性学前教育的政策以及接受义务教育后参加升学考试的实施办法。虽然上述政策和规定在国家层面对解决进城就业农民工子女入学问题提供了法律与政策依据，但由于各级地方政府短视的政绩观、不足的财政经费以及紧张的教育资源等一系列原因，这些有利于解决进城就业农民工子女教育问题的政策和规定一直没有得到严格执行。

6. 《义务教育法》没有解决农村与城镇之间的平等义务教育问题

《义务教育法》第四条规定："凡具有中华人民共和国国籍的适龄儿童、少年，不分性别、民族、种族、家庭财产状况、宗教信仰等，依法享有平等接受义务教育的权利，并履行接受义务教育的义务。"但是，从实际执行情况来看，农村适龄儿童和少年接受义务教育的质量和水平都远远低于城镇适龄儿童和少年，事实上的不平等依然存在，而且呈现不断扩大的趋势；《义务教育法》的规定并没有得到有效贯彻和实施，其设定的目标也没有完全达到。

4.7 社会保障制度障碍

我国社会保障体系基本形成，城镇居民可以享受最低生活保障、医疗保险、养老保险、住房补贴等多项社会保障与福利，农村居民可以参加新型农村合作医疗和新型农村社会养老保险。国家每年支出的各种社会保障费用高达万亿元以上，占全国总人口52.6%的城镇居民享受了98.3%的社会保障经费，而占总人口47.4%的农村居民享受的社会保障经费占比不足5%。2012年，全国企业职工养老金支付总额为15562亿元，中央财政为新型农村社会养老保险补助610亿元。2011年开始实行的《中华人民共和国社会保险法》（以下简称《社会保险法》）第二条规定，国家建立基本养老保险、基本医疗保险、工伤保险、失业保险、生育保险等社会保险制度，保障公民在年老、疾病、工伤、失业、生育等情况下，享有依法从国家和社会获得物质帮助的权利；第四条规定中华人民共和国境内的用人单位和个人依法缴纳社会保险费，有权查询缴费记录、个人权益记录，要求社会保险经办机构提供社会保险咨询等相关服务；第十条、第二十三条规定，职工应当参加基本养老保险和基本医疗保险，由用人单位和职工共同缴纳基本养老保险费和职工基本医疗保险费，无雇主的个体工商户、未在用人单位参加基本养老保险和职工基本医疗保险的非全日制从业人员以及其他灵活就业人员可以参加基本养老保险、职工基本医疗保险，由个人缴纳基本养老保险费和基本医疗保险费；第三十三条、第五十三条规定，职工应当参加工伤保险和生育保险，由用人单位缴纳工伤保险费和生育保险费；第四十四条规定，职工应当参加失业保险，由用人单位和职工按照国家规定共同缴纳失业保险费；第九十五条规定，进城务工的农村居民依照本法规定参加社会保险。《社会保险法》第一次以国家法律形式明确规定进城就业农民工可以参照其规定参加社会保险。但从实际执行情况来看，进城就业农民工要真正获得与城镇居民相同的社会保险尚需时日，具体原因体现在如下几个方面。

1. 现行法律制度对进城就业农民工是否属于用人单位的正式职工没有做出明确规定

在过去相当长的一段时间内，国家与地方文件规定的用人单位雇用的职工一般都不包括农民工；即使在目前，在用人单位眼里，正式职工与农民工仍然是有区别的。在现有的法律法规和文件中，只有国务院于 2010 年 1 月 1 日起发布实施的《城镇企业职工基本养老保险关系转移接续暂行办法》第二条规定，本办法适用于包括农民工在内的参加城镇企业职工基本养老保险的所有人员；包括《劳动合同法》和《社会保险法》等在内的其他法律法规都没有强调用人单位聘用的农民工就是该单位的正式职工。因此在实践中，许多用人单位都没有把包括进城就业农民工在内的临时工看作单位正式职工，只有本单位在编在职人员才被当作正式职工，包括进城就业农民工在内的临时工成为用人单位事实上的"二等公民"。

2. 社会保险法律制度实施力度不够

《社会保险法》虽然明确规定进城就业农民工可以参照其规定参加社会保险，但是其对农民工参加社会保险并未规定强制性措施，所以各地执行情况都不够理想。从实际情况来看，只有广东省等极少数地区开始严格执行《社会保险法》，并将农民工纳入社会保险的范畴。例如，2014 年 7 月 1 日起实施的《广东省失业保险条例》规定，不管是城镇职工还是进城就业民工，只要缴纳失业保险费满一年，或即使不满一年，但符合领取失业保险金条件的，均可领取完全一致的失业保险金。

3. 农民工社会保险转移接续制度还未建立

在现行法律法规和政策中，只有《城镇企业职工基本养老保险关系转移接续暂行办法》规定，包括农民工在内的城镇企业职工基本养老保险关系可以转移接续；除此之外，进城就业农民工参保的其他社会保险都是不可转移接续的，这使得农民工在跨区域就业或不连续就业时，社会保障关系转接困难，原有权益无法兑现和难以保障。同时，各省份不尽相同的社会保障制度体系更是加大了农民工社会保障关系异地转移的难度。这势必严重影响进城就业农民工参加社会保险的积极性。

4. 现行社会保险制度对进城就业农民工实用性不强

一是缴费时间较长，参保农民工需要累计缴费15年以上才能在达到一定年龄时享受退休金，这对一个进城就业农民工来说绝非易事。二是社会保险费较高，如果进城就业农民工和用人单位都严格按规定缴纳社会保险费的话，那么农民工每月缴纳的社会保险费将占其月均工资的12%左右，用人单位因为为其雇用的员工缴纳社会保险费而使其经营成本增加了1.8%~6%，这对利润本来就比较微薄的中小企业和微型企业来说，无疑是难以承受的；对月收入处于社会平均水平以下的进城就业农民工来说，这是一笔沉重的经济负担。可见，过高的社会保险费率影响了用人单位和进城就业农民工参加社会保险的积极性。

5. 农民工在失业贫困时享受不到城镇最低生活保障待遇

现行法律法规和政策中规定的城镇居民最低生活保障制度都不适用于农民工，致使进城就业农民工享受不到与城镇居民一样的最低生活保障待遇。

4.8　土地制度障碍

1. 现行的土地制度没有形成农村土地流转机制，不准土地使用权自由转移，把农民工束缚在土地上

《中华人民共和国土地管理法》（以下简称《土地管理法》）第十四条第一款规定，农民集体所有的土地由本集体经济组织的成员承包经营，从事种植业、林业、畜牧业和渔业生产，土地承包经营期限为 30 年；第十五条第二款规定，农民集体所有的土地由本集体经济组织以外的单位或者个人承包经营的，必须经村民会议 2/3 以上成员或者 2/3 以上村民代表的同意，并报乡（镇）人民政府批准；第六十三条规定，农民集体所有的土地使用权不得出让、转让或者出租用于非农建设。我国《土地管理法》的上述规定明确了农民农村承包地的性质、用途、期限以及出让、转让、出租限制，但并没有对农民农村承包地流转问题做具体明确的规定，这使得进城就业农民工的农村承包地难以正常流转。我们调查发现，多数农民工在外务工时间较长，其中有 69.89% 的农民工每年进城打工时间在 10 个月以上，41.76% 的农民工全年都在外务工。在进城就业的农民工中，有 85.05% 的进城就业农民工在农村拥有承包地，拥有农村承包地的农民工进城务工后，有 29.01% 的农民工将其承包地无偿转让给别人耕种，有 25.71% 的农民工自己抽空回家耕种，有 11.21% 的农民工将其农村承包地有偿包给别人耕种，有 12.75% 的农民工将其农村承包地转为他用，有 5.71% 的进城就业农民工的农村承包地处于撂荒状态。

2. 现行制度确立了农民工与土地的依存关系，致使农民工不愿或不敢市民化

中国几千年的封建社会已经将农民与土地紧紧地拴在了一起，历朝历代的农民起义大多是因农民土地被严重剥夺而流离失所引起，而且大多数农民起义领袖都把"打土豪、分田地"作为吸引农民参加农民起义军队伍和拥护农民起义的口号。土地一直都是农民赖以生存的基本物质资源和命根子，即使在户籍制度逐渐松动和城乡差别逐渐缩小的今天，长期存在于广大农民心目中的这种传统理念仍然没有根本改变，现行社会保障制度和户籍制度也没有从根本上处理好农民工与土地之间的依存关系。不过，随着我国城镇化的不断推进、工业化的不断发展和流动人口管理制度的不断完善，进城务工的农民工在体会到城市相对完善和方便的生活条件后，也在心中做起了把自己身份变为市民的"城市梦"。在现行还不完善的户籍制度和社会保障制度下，这些做着"城市梦"的进城就业农民工虽然人进了城，但并不能真正融入城市社会，与原有城市市民之间还在某种程度上处于格格不入的状态。这种不安全感和后顾之忧使得进城就业农民工不敢贸然放弃其在农村的承包土地，而更愿意一边在城市里就业和居住，做着自己的"城市梦"；一边在农村老家拥有自己的一份土地，以便于自己在城市里住不下去或厌倦城市里喧嚣的生活时，能够回家种地和居住，重操旧业，为自己未来的生活保留一份最后的保障。同时，城镇化和工业化进程的不断推进还可能加快城市周边，甚至远郊地区的土地开发速度①，使广大进城就业农民工看到了因土地开发和征收而获得巨额补偿和一夜暴富的机会，这又使得进城就业农民工更不愿意放弃其在农村老家承包的土地，而更愿意一边享受着城市就业和生活的便利，一边等待着农村土地开发而可能获得的巨额补偿机会。在这种情况下，我国长期存在的进城就业农民工"城市梦"与农民工农村土地经营权"依赖症"并存的现象就不难理解了。我们调查发现，有85.05%的进城就业农民工在农村拥有承包地，如果这些农民工能进城落户，那么有20.88%的进城落户农民工打算将土地无偿给别人使用，25.49%的农民工打算将土地包给别人耕种，10.11%的农民工打算每年农忙时节回家自种，而不清楚该如何处理的占29.01%，愿意将土地使用权转让的进城就业农民工仅占9.46%，这充分表明绝大多数进城落户农民工并不愿意放弃其在农村的土地权利。

4.9　医疗卫生防疫制度障碍

1. 公共卫生制度难以覆盖农民工

不少地方还未将农民工疾病预防控制、精神心理障碍、传染病预防监察、农民工适龄子女免疫、妇幼保健等纳入公共卫生服务范围，致使农民

---

① 例如，重庆市已经将原来作为远郊区、县的巴南、北碚纳入主城九区进行开发和管理，并将綦江、长寿、合川、璧山等县改为区；同时还在条件适宜的农村地区修建各种工厂企业和公路基础设施，这必然会加快农村土地开发和征收拆迁的速度。

工基本享受不到社会公共卫生服务。

2. 职业病防治制度未能建立与执行

由于进城就业农民工大多从事的是城镇居民不愿做的苦活、脏活、累活和危险活，部分工种（如皮鞋厂的制鞋工人、纱厂的纺织工人、煤炭生产企业的矿工等）还可能对身体造成伤害，长期从事这些工作难免会患上比较严重的职业病。从目前来看，职业病已经成为困扰和伤害进城就业农民工的一个重大问题，并对整个社会的和谐稳定发展产生了严重的负面影响。我国目前在进城就业农民工职业病防治方面存在的主要问题有：一是相关部门和用人单位对职业病的危害程度未履行如实告知义务，或者告知不到位；二是相关部门和用人单位没有为农民工建立职业健康监护档案和购买工伤保险，致使农民工职业病诊断、医疗等合法权益得不到切实有效的保护；三是农民工职业健康检查率较低，尤其是离岗体检率太低，致使许多发病周期较长的潜在职业病未被及时发现；四是进城就业农民工在患上严重职业病后，既找不到患病的依据和责任主体，也找不到维权和说理的地方。2009 年河南郑州农民工张海涛因患上严重硅肺病无处维权而开胸验肺的事件就是我国进城就业农民工职业病防治制度不健全的一个缩影。

3. 卫生监管存在死角

进城就业农民工的工作和生活环境、食品卫生状况一般都比较差，这既有部分进城就业农民工生活卫生习惯不良和经济条件较差等方面的自身原因，也有城市住房资源、生活资源严重不足等方面的客观原因，还有政府卫生监管部门监管不力方面的原因。进城就业农民工因经济条件较差，大多租住在城市边缘和角落地区，这些地方常常垃圾成堆，卫生状况极其恶劣，政府卫生监管部门常常忽略对这些城市卫生死角的监管；在农民工集中就业的地方常常出现很多未经政府卫生监管部门审查批准的无证食品摊贩和作坊，当农民工食用这些摊贩和作坊提供的食品出现身体不适后，又找不到责任主体赔偿。因此，政府卫生监管部门应该加大监管力度，不留卫生死角，为包括进城就业农民工在内的所有社会公众营造一个安全卫生的工作生活环境。

4. 医疗卫生防疫制度实施不到位

《2012 年全国农民工监测调查报告》显示，83.1% 的进城就业农民工没有参加医疗保险，生病后不得不自己花钱看病。

5. 医疗资源配置不均衡，社区医院医疗质量难以保证

现行医疗卫生体系使得优质医疗资源向大医院集聚，社区医院很难聘用到德高医精的优秀医生，也没有足够资金购买高级医疗设备。在这种情况下，包括进城就业农民工在内的社会公众在生病时，首先想到的都是大医院，而大医院居高不下的医疗费用又使得社会公众叫苦不迭，进而致使社会公众，特别是进城就业农民工看不起病、不敢看病。

6. 过度医疗现象比较普遍，医疗资源浪费比较严重

过度医疗现象的普遍存在也是社会公众，特别是进城就业农民工看不起病、不敢去医院看病的主要原因。政府医疗卫生监管部门虽然不时发布文件制止过度医疗行为，但是实际执行情况和执行效果却不够理想，部分医院（包括公立医院和民营医院）为了赚取更大利润，常常"无病当有病医""小病当大病医"，不管是否有必要、是否对病人有害，都给看病的人开一大堆药，甚至在还没有进行初步检查之前就要求患者住院检查，一个常见的小小感冒到医院需要花费数百元医药费的事情屡见不鲜。过度医疗行为不仅给我国本来就非常有限和紧缺的医疗资源造成了极大的浪费，而且加重了社会公众，特别是进城就业农民工的治病负担，致使其不敢去医院看病。我们在调研过程中发现了这样两个过度医疗案例。

过度医疗案例 1：在我国西部某大城市，一位来自农村的老太太因其儿子和女儿在城里就业和生活而到城里居住。2014 年 9 月的某一天晚上，老太太在上儿媳妇的车时，其外孙在关车门的时候不小心将老太太的左手中指指尖压破了。老太太儿子迅速将老太太送到附近的一家医院急诊部治疗，这家医院在用酒精经过简单清理和包扎后，要求家属将老太太送到另一家更大的医院治疗。老太太儿子又迅速把老太太送到了那家更大医院的急诊部，该医院急诊部的值班医生在简单

看了一下后说，有一家医院是治疗手指伤病的专业医院，要求家属将老太太送到那家手指专业医院治疗。老太太儿子又迅速把老太太送到了那家手指专业医院的急诊部，该手指专业医院急诊部开了一张230余元的单子要求照片检查，片照出来后，一个年轻医生简单看了一下说，老太太的手指指尖有轻微骨折，需要住院治疗。老太太本人觉得没有那么严重，不愿意住院，只想在该医院门诊部进行必要的治疗后回家休养。在这种情况下，该手指专业医院的医生毫无人道地拒绝为老太太上药和治疗。第二天，老太太的儿子联系了另一家外科医院的医生，并带老太太到该医院去治疗受伤的手指，老太太儿子的那位熟人医生当即为老太太做了一个简单的手指缝合手术，开了一些必要的消炎药后回家休养，并要求两天换一次药。经过两个月的在家休养和非住院治疗后，老太太受伤的手指就基本无碍了。

过度医疗案例2： 同样是这位老太太，她在2014年8月感觉心里发闷，呼吸不太流畅，其女儿就带她到市中心的一家区级医院检查。医生经过肺部拍片检查后，认为可能是肺部有些阻塞，要求住院进一步检查。但是老太太自己认为没有大病，不愿意住院检查，而只想在门诊治疗后回家休养，或者通过门诊检查确诊有大病后，再住院治疗。该医院的医生为此拒绝为老太太做进一步检查和治疗。随后，老太太的女儿又将老太太带到市中心的一家省级大医院检查，这家医院也同样要求老太太住院检查，否则不给其进行任何的进一步检查和治疗。在这种情况下，老太太儿子动用人脉关系找到了一家肺科医院的医生，并将老太太带到该医院找这位熟人医生检查诊断，这位熟人医生在门诊通过必要的照片、验血等检查后，认为老太太肺部有比较严重的炎症，但并没有大的问题，只需要开些必要的药回家休养即可。从目前来看，老太太的肺部也确实没有什么大问题。

这些案例引发人的深思，本来不用住院就能治好的病为什么非要患者住院才给治疗呢？为什么要把简单的病当作大病来治呢？那家手指专业医院要求老太太住院治疗的目的不外乎就是想多赚钱而已。这种只为赚钱而不顾患者伤痛、不满足医院过分要求就不给上药和治疗的行为完全违背了一名医生应有的医德和一家医院应负的社会责任,在社会公众中造成了极坏的影响,给医疗资源造成了极大的浪费。

4.10 权益保障制度障碍

近几年来,虽然国家和各级政府都非常关注进城就业农民工的权益保障问题,但是农民工权益保障问题仍然没有从根本上得到解决,而且导致了诸多社会矛盾和社会问题的产生。农民工劳动时间、劳动保护、劳动报酬、劳务纠纷、子女教育等得不到切实保障;超时间超强度劳动且加班工资低廉的现象仍然比较普遍,农民工休息权得不到保障;工作环境恶劣,安全生产无保障,每年因工致残、死亡的农民工不少,工伤与职业病已成为农民工的一个重大问题,但受伤或死亡赔偿数额因农业户口与非农业户口差异而相差悬殊,"同命不同价"现象依然存在;部分用人单位随意扣留农民工身份证,搜身检查、体罚打骂农民工,甚至限制农民工人身自由的现象也时有发生。我们调查发现,有 28.36% 的进城就业农民工都曾遭到权益损害,这些权益损害有 76.74% 都属于工资和劳动报酬方面的;在权益受到损害时,农民工作为弱势群体,无力申诉,自认倒霉和不知道该如何办的农民工占 37.80%。农民工权益没有得到应有的保障。

1. 现行权益保障制度软弱无力使农民工被拒于公共组织的大门之外

从理论上说,在"进入和退出机制"与"单个工人发言机制"失效的条件下,工人可以通过"集体发言机制",即通过诸如工会之类的公共组织与雇主就各种就业条件进行谈判来协调劳资关系。但遗憾的是,在我国目前的情况下,吸纳农民工就业的部分用人单位(如一些小型餐馆、小型超市等)根本就没有成立工会组织;即使是在成立了工会组织的用人单位中,也有部分用人单位因农民工属于农业户口和非本单位正式职工而将农民工阻隔在工会等公共组织的大门之外，农民工也就难以成为用人单位的工会会员；即使成了用人单位的工会会员，也可能因工会组织的职能定位不清和缺乏独立性而难以维护自身权益。我们调查发现，有 92.53% 的农民工表示就业单位没有工会或没有加入工会组织。因此，在实践过程中，进城就业农民工一般都无法通过工会组织来维护自己的合法权益，而农民工依靠自身能力维护自身权益的力量又非常弱小，这就在一定程度上注定了进城就业农民工只能忍受低工资、高强度的工作，他们也就成了初次分配领域中不折不扣的弱势群体。

2. 农民工自身的维权机制无法建立

农民工进城就业后，暂住地政府对农民工的组织管理工作大多停留在简单的办证与收费上，其并未真正帮助农民工成立维护自己权益的合法组织，也没有建立农民工的自身维权机制。人们常说"有困难找组织"，而农民工没有组织，当其遭受侵权和歧视找政府相关部门和公共组织时，这些政府相关部门和公共组织大都会以"不属于自己的管辖范围"之类的理由而相互推诿，置身事外。因此，各级政府对进城就业农民工的管理几乎一直处于消极状态，属于农民工自己的组织仍然只有原始松散的地缘组织和血缘组织，农民工缺乏表达自己意志的正规渠道，也难以通过正规渠道维护自身的合法权益。

3. 农民工权益缺乏相关法律制度的有力保护

现行法律法规虽然明确规定了公民享有的权益及其权益保护措施，但并未针对处于社会弱势地位的农民工出台相关权益保护政策和法律制度。在农民工社会、政治、经济地位都比较低下的情况下，基于相同的法律和政策框架对全体公民权益进行保护，原有城镇居民也可能利用其掌握的优势资源和占据的优势地位侵占处于弱势地位的农民工的利益[①]，进而使进

---

① 例如，处于相对强势地位的群体由于掌握着较大的政策制定权和话语权，可能在制定政策时出台一些看似公平而实质上有利于自己的规定；也可能利用自己的经济优势和人脉关系，抢占更多的社会和自然资源，在就业、医疗、住房、子女教育等方面侵占农民工权益。

城就业农民工权益受到伤害。因此，国家和各级政府应该在不损害原有城镇居民基本权益的条件下，尽快制定保障进城就业农民工基本权益的法律和政策措施，并予以严格执行。

4. 现行工伤认定程序不利于保护农民工的利益

我国现行《工伤认定办法》规定，工伤认定应由伤者所在单位在伤害事故发生之日或被诊断、鉴定为职业病之日起 30 日内，向所在地人社部门提出工伤认定申请；用人单位未在规定期限提出工伤认定申请的，伤者及其相关亲属或工会可在伤害事故发生之日或被诊断、鉴定为职业病之日起1 年内，持用人单位有效证明直接提出工伤认定申请。这种工伤认定程序对处于弱势地位的进城就业农民工来说是非常不利的，具体表现在如下几个方面。

首先，在伤害事故发生后，把用人单位提出的工伤认定申请置于伤者直接提出的申请之前是不合理的，这不仅不能保护处于弱势地位的受伤劳动者的利益，反而巩固了用人单位在工伤赔偿谈判过程中的强势地位。事实上，在工伤事故发生后，受到伤害的劳动者希望能够尽快确定伤害程度和得到伤害赔偿，而用人单位则希望大事化小，小事化了，能不赔偿就不赔偿，能少赔偿就少赔偿，能拖则拖，尽可能减少自身在工伤事故中承担的赔偿责任。在这种情况下，作为理性经济人的用人单位一般都没有尽快申请工伤鉴定的动机，大多希望通过拖时间来消磨受伤劳动者要求工伤赔偿的意志和决心，进而迫使受伤劳动者接受自己提出的比较苛刻的赔偿条件和金额。因此，将劳动者工伤认定申请优先权赋予用人单位无异于与虎谋皮，抱薪救火，对劳动者来说是不公平的，也是无助于保障劳动者权益的。

其次，现行《工伤认定办法》有关"在用人单位未在规定期限提出工伤认定申请时，受伤劳动者及其相关亲属或工会可在伤害事故发生之日或被诊断鉴定为职业病之日起 1 年内、持用人单位有效证明直接提出工伤认定申请"的规定，无异于将受伤劳动者直接申请工伤认定的先决权和主动权赋予了用人单位。如果用人单位在规定的时间内以各种借口故意不为受伤劳动者开具工伤认定申请证明，那么受伤劳动者的工伤认定就将无法进行，一旦超过规定的时间，受伤劳动者就将永远失去工伤认定的机会，其要求的工伤赔偿即使在法律诉讼中也将因没有工伤认定证据而难以获得法律支持，受伤劳动者的合法权益也就难以得到保障。在实践过程中，一些无良知的用人单位为了逃避工伤赔偿责任和在工伤赔偿谈判中掌握主导地位，常常故意不为受伤劳动者开具工伤认定申请证明，或者拖延到一年有效时间以后才为受伤劳动者开具工伤认定申请证明，致使劳动者工伤认定无法实施而难以保障自己的合法权益，这已经成为我国现行法律法规的严重弊端。据相关报刊报道，一位进城就业农民工因为用人单位领导故意拖延工伤认定申请证明的签字时间，使其工伤错过认定时间而无法进行工伤认定，这导致其无钱接受治疗和错过最佳治疗时间而造成终身残疾。

5. 现行法律制度在解决农民工工资拖欠问题方面仍然存在缺陷

尽管国家一直在不断加大解决农民工欠薪问题的力度，农民工工资拖欠问题也在总体上得到了一定程度的遏制，但在建筑业、制造业等行业农民工欠薪问题仍然比较突出，高发多发的态势仍然没有得到根本性改变，每年年末的农民工"讨薪之战"仍在不断上演。现行法律法规在解决农民工工资拖欠问题上仍然存在诸多缺陷和不足。

（1）现行法律法规对用人单位故意不签订规范劳动合同的责任界定不明确。例如，《劳动法》第九十八条只规定了用人单位在对劳动者造成伤害时才承担责任，没有规定用人单位拒不签订劳动合同应当承担的责任。所幸的是，2007 年 6 月 29 日第十届全国人民代表大会常务委员会第二十八次会议通过的《劳动合同法》对用人单位拖欠劳动者工资做出了支付两倍工资的规定。

（2）工资清偿制度不健全。《中华人民共和国企业破产法》和《中华人民共和国民事诉讼法》规定，在企业破产清算时，职工工资应优先于税款和普通债权、滞后于担保债权进行清偿。但对于进城就业农民工来说，一方面其并未被大多数用人单位纳入正式职工范围，其在工资清偿过程中能否享受正式职工待遇还存在不确定性，相关法律法规也没有对此做出明晰的规定；另一方面，由于企业破产清算程序比较复杂，经历时间比较长，而职工工资又必须在破产清算终结后才能支付，所以劳动者特别是进城就业农民工有可能在企业破产清算期内就陷入生活困境。

（3）现行法律法规既没有对劳动监察等部门的职能职责进行清晰的界定，也没有赋予劳动监察等执法部门必要的强制执法权。当进城就业农民工遭遇欠薪问题找到劳动监察等职能部门时，遇到的常常是相互推诿和"踢皮球"，解决不了任何问题。当用人单位或雇主拒不支付劳动者，特别是进城就业农民工工资时，劳动监察等执法部门无权采取查封欠薪者财产、扣人扣物等方式强制执行，致使进城就业农民工的工资权益得不到完全保障。

（4）处理农民工工资拖欠问题的行政程序过于复杂，需要的时间太长。一个行政处理程序至少要经历4个月才能完成，经济拮据的农民工难以承受。

（5）规范的司法程序在解决农民工工资拖欠问题上也存在弊病：一是诉讼时效过短，被欠薪的农民工有可能因超过有效诉讼时效而失去诉讼机会；二是劳动争议仲裁作为司法诉讼的前置，被欠薪的农民工有可能因错过劳动争议仲裁而不能进入司法诉讼程序，而且劳动争议仲裁和司法诉讼都需要经过很多环节，耗时很长，必要程序全部走完一般需要1~2年，农民工拖不起；三是仲裁与诉讼费用较高，农民工支付不起；四是缺乏对劳动争议仲裁保全制度的规定，这导致仲裁、诉讼的裁决无法执行，即使农民工最后胜诉，得到的也可能只是一纸空文。2014年就曾在网络上报道过这样一个农民工工资被长期拖欠、并讨薪无门的案例。①

毛道文和王明志2012年4月组织42名湖北籍农民工到辽宁本溪

---

① 资料来源：《记者亲历42名农民工的讨薪"马拉松"》，新华社，2014年12月10日，http：//www.jx.xinhuanet.com/news/observe/2014-12/10/c_1113596282.htm。

参与观山悦楼盘二期 F 地块 1~5 号楼的内部装修工作，该工程的开发商是辽宁坤泰展望有限公司，施工单位是辽宁金帝第一建筑工程有限公司（以下简称金帝一建），金帝一建把装修工程转包给骆红波后，骆红波又将工程转包给毛道文和王明志组织农民工施工。装修工程完工后，业主都已经入住，但毛道文和王明志的上游承包人骆红波却没了音讯，发包给骆红波的金帝一建也说没钱。截至 2014 年 12 月，毛道文和王明志及其组织的农民工只拿到部分工资，还有 118 万余元工资没有拿到。于是从 2012 年 9 月开始，毛道文和王明志就开始了漫长的讨薪"马拉松"。金帝一建观山悦项目负责人张廷梁也承认，拖欠农民工工资的事确实存在，数额上双方也没有争议，但只有等到他们和开发商决算后才能拿到钱支付农民工工资。这样一个事实清楚、证据确凿的农民工欠薪案件为何历时两年多都没有得到解决呢？记者在 2014 年 12 月 2 日跟随毛道文和王明志一起到本溪相关政府部门了解情况。他们首先来到本溪市明山区信访局，工作人员告诉他们，这件事不属于区信访局管，区信访局没有接待他们的义务，他们应该到劳动监察部门备案。这位工作人员在没有给毛道文和王明志做任何协调和登记工作的情况下，把他们轰出了区信访局。随后，他们来到挤满了讨薪农民工的本溪市明山区劳动保障监察大队，工作人员在了解了毛道文和王明志的情况后对他们说："这事应该找本溪市劳动监察支队。"毛道文告诉他已经去过市里了，是市里让他们找区里的；这位工作人员在电话请示主管后称，这件事已经"惊动"了市里，并说："市长都管不了，我们能管得了吗？要投诉的话，可以登记，回去等结果。"于是毛道文和王明志在将讨薪经历在备案表上认认真真登记一遍，并留下工资单和所有农民工身份证的复印件后，来到了本溪市劳动监察支队，市劳动监察支队监察一科科长颜文明说："按照领导规定，这件事 2014 年 9 月已经移交给明山区政府处理，具体处理到什么程度，我们不太清楚，明山区信访局王副局长应该知道这件事。"记者与毛道文和王明志一起再次回到明山区信访

局，此前接待他们的工作人员称，王副局长已经外出，并强调这件
事情不是由他们负责，还是应该找劳动监察部门。明山区信访局→
明山区劳动保障监察大队→本溪市政府→本溪市劳动监察支队→明
山区政府→明山区信访局，奔波了一天的讨薪路又回到了原点，怀
揣的希望也变成了绝望。

4.11　公共服务制度障碍

（1）公共福利待遇制度不能覆盖农民工，缺乏统筹农民工进城就业安
居的政策规定和相关的法律、统计指标，服务不规范，行政部门管理人性
化差、行政效率较低，各种证件与收费项目繁多，如办理暂住证、就业
证、务工证、健康证、未婚证、婚育证等；农民工进城从事个体工商业要
收取个体工商户管理费和市场管理费、税务登记费等。除了农村的富人能
够承受比城镇居民更高的公共服务成本，一般的农民工举家迁往城市都难
以支付高昂的公共服务成本，也就很难真正融入城市生活。

（2）组织网络中的农民工社会参与和利益表达机制缺失、通道断裂，无
法表达正当利益要求。第一，从社区组织看，其普遍缺乏对农民工的社会责
任意识，在组织农民工参与社会活动方面还没有发挥实质性作用。我们调查
发现，有80.44%的进城就业农民工从不参加居住地的社区活动，有时参加
和经常参加的比例较低，仅占19.56%。第二，从工青妇组织看，其在组织
农民工社会参与方面没有统筹规划，缺乏上下左右联动的可持续发展的长效
机制，农民工与工青妇组织间的双向回应机制较弱，治理成效甚微。

（3）农民工远离户籍所在地，多年不能参加民主政治生活，也不能参
加常住地社区选举和参与社会事务管理，基本放弃或失去了选举权、被选
举权以及参与社会管理的权利。

（4）参军转业也只优待城镇居民，女兵主要在城镇招，城镇居民当兵
退伍可安排工作，而农村户籍的军人退伍后必须回原籍，且政府不给予任

何安排。

（5）公共财政预算安排没有体现农民工的需求，财政主要向城镇居民倾斜，如就业和再就业经费、教育经费和各种补助等，即使倾向农村也多用于基础设施建设，而较少用于教育与就业等，甚至有些补助由于种种原因难以发放到农民工手中。

4.12　本章小结

本章基于农民工进城就业安居存在的现实问题，结合问卷调查和实地访谈结果，从户籍与落户准入制度、就业制度、用工制度、工资制度、住房制度、子女教育制度、社会保障制度、土地制度、医疗卫生防疫制度、权益保障制度、公共服务制度等方面剖析了农民工进城就业安居的制度障碍。

5

农民工进城就业安居制度障碍的成因

产生农民工进城就业安居制度障碍的原因是多方面的，既有体制、机制和制度根源，也有经济、意识和法治根源。从根本上说，长期存在的城乡二元结构，造成了进城就业农民工与城镇居民之间的种种不平等；经济发展水平不高，政府财力严重不足，城乡居民收入差距不断拉大，是导致农民工进城就业安居制度障碍的经济原因；地方保护主义严重，对农民工存在偏见和冷漠歧视，既得利益者对农民工进城就业存在本能的排斥反应，是导致农民工进城就业安居制度障碍的意识原因；"有法不依、执法不严、违法不究"现象在某些地区还非常严重，相关法律制度还没有得到严格执行，是导致农民工进城就业安居制度障碍的法治原因。

5.1 历史成因：城乡分割的二元结构和户籍制度存在缺陷

造成户籍与人口严重分离局面的根源在于户籍制度所反映的城乡分割二元结构。在改革开放以前，城市与农村、市民与农民界限明确，泾渭分明，在各类单位工作的城市居民享有固定工资收入和粮油定量供应，而以生产队为基本单位从事农业集体劳动的农民则主要依靠土地产出获得口粮和收入；靠固定工资生活的城市居民相对于靠天吃饭的农民来说拥有天然的优越性，农民都以能成为城市居民吃"皇粮"为荣，在教育孩子时都常常以"长大后坐窗门"这样的话来鼓励孩子通过好好读书将自己的身份变为吃"皇粮"的城市居民。在改革开放后，随着人口流动限制的放宽，大量农村富余劳动力进入环境相对优越、更容易获得较高收入的城市寻找工作，形成了一支不容忽视的农民工队伍。进入城市就业的农民工虽然人在城市工作和生活，但其由户籍决定的"农民"身份并没有因其人在城市而发生任何变化，长期以来形成的代表着卑微身份和低下社会地位的"农民"形象仍然在城市居民，甚至农民工自己心目中广泛存在。这种将进城就业农民工看作"二等公民"的行为是我国长期畸形二元社会结构产生的必然结果，在很大程度上造成了城乡差别严重恶化，农村经济发展严重滞后，农民收入水平低下，对我国目前正在实施的城镇化和工业化造成了比较严重的负面影响。从目前来看，现行户籍制度虽然进行了一些修正，但仍然没有发生根本性的变化，户籍仍然与就业制度、社会保障制度、教育制度、住房制度等各种公共利益制度不合理地挂钩在一起，造成城与乡种种不平等的差别，形成一种"可以进城，但进不起城"的尴尬局面，也造成每年国家财力、人力、物力的浪费。这是产生农民工问题、阻碍农民工真正进城就业安居的体制根源，也是形成二元义务教育管理体制、二元用工制度、二元社会保障制度的基础。

1958 年颁布的《中华人民共和国户口登记条例》标志着我国城乡分割户籍制度的形成，将户口划分为农业户口和非农业户口，其核心在于限制农村人口流入城市，规定农业人口只能从事农业活动，居住在农村，不能从事非农活动，更不能向城镇迁移，转化为非农人口。作为国家的行政管理手段，户籍制度在计划经济时期逐渐发展成隔离城乡、集多种功能于一体的最重要的制度，衍生出定量商品粮油供给制度、劳动就业制度、医疗保健制度以及接受教育、转业安置、通婚子女落户等规定，构成了一个在利益上向城镇倾斜的严密制度体系。在历史上，户籍制度曾发挥过积极作用，在证明公民身份、保障公民的合法权利和利益、提供人口资料、保证计划经济体制的运行、调节和控制城镇人口增长、满足社会管理需要等方面都发挥了重要作用。随着社会的不断进步和改革开放的不断深入，原有户籍制度已经成为阻碍社会经济和人民自我发展的桎梏。虽然我国户籍制度在改革开放后经过了一系列修正，逐步放宽了户口迁移政策，但是仍然没有恢复户籍制度的本来面目和本质属性，没有从根本上解决进城就业农民工的户口迁移障碍，致使进城就业农民工无法合法地取得城市户籍和难以在城市定居；部分行政管理部门和企事业单位仍然将户籍作为雇用员工、子女入学和社会保障等方面的基本依据，仍然视没有城市户籍的进城就业农民工为"异类"，致使进城就业农民工享受不到城镇居民在医疗、劳保、养老等方面的社会保障。社会发展到今天，大量农民工进城就业和生活，城镇建设和社会经济发展已离不开农民工；但是现行户籍制度这种集多种功能于一身的特点在很大程度上成了现在阻碍农民工进城就业和生活的根本原因；如果再继续人为地分割城镇人口和农业人口，那么将会对经济发展和社会进步造成更大的阻碍。

第一，现今的户籍制度已经扭曲了原本证明公民身份、满足社会管理需要的面目，一张户口就决定了一个人一生的工作与生活，决定了人的一辈子，造成了人生下来就不平等，使农村人不惜血本投资教育而跳"农门"，这与我党的宗旨与社会主义的本质要求是严重不相符的。户口问题已经成为农民工在城镇公平生存和发展的"瓶颈"。

第二，城乡二元结构产生的最大负面效应是，某个群体的社会成员（如农民、农民工及其子女）因其受到与生俱来的身份特性限制而无法获得与其他群体社会成员一样的平等发展机会，这导致各群体社会成员在经济、社会、政治、文化等各方面难以均衡发展，这不仅会阻碍我国城乡统筹发展和全面小康社会奋斗目标的实现，而且还可能形成"少部分人过上富足的现代化生活，而大多数人与现代化生活无缘"的严重两极分化的畸形社会。要从根本上改变进城就业农民工遭受的不平等非国民待遇，就必须对现行户籍制度进行全面修正，打破城乡二元化社会经济体制，改变城乡二元格局，消除农业人口和非农业人口的身份差异，实现城乡居民自由迁徙。

第三，现行户籍制度通过对农民工身份的限制，可能会在一定程度上缓解因农民工大量进城对城镇居民就业产生的冲击，进而减轻城镇居民下岗失业的压力。进城就业农民工大多从事的是城镇居民不愿意干，而城市建设和社会经济发展又必不可少的脏活、苦活、累活，这不仅不会影响城镇居民就业，而且会对城镇就业产生互补作用和促进城镇经济和社会发展。同时，农民和城镇居民一样，都是中国社会主义大家庭中的平等成员和主人，都应该有分享改革开放带来的社会经济发展红利的权利和共同获得平等发展机会的权利；如果因其原有的"农民"身份就剥夺他们应该享有的权利，那不仅是不公平的和不道德的，而且还有可能导致更加严重的社会经济问题，甚至可能严重阻碍城乡经济协调发展和全面建成小康社会奋斗目标的实现。因此，应该摒弃现行户籍制度的身份差异，按照市场经济规律，充分运用市场化手段对农民工进城就业和生活进行合理引导，将城镇居民和进城就业农民工同等对待。

第四，城乡二元制结构是制约农民工在企业"平等"就业的体制性障碍，在企业原有内部职工与其聘用的农民工之间形成了一道不可逾越的隔离墙，双方既是合作的"共同体"，又是利益纠葛的"矛盾体"。例如，在建筑施工企业里，人们习惯于把聘用的农民工队伍称作外施队或劳务队，把企业员工称为内部职工。这一"工"一"农"、一"内"一"外"，显示着两者身份和待遇的差异，无论是在内部职工与农民工的观念上还是在心理上，都留下了深刻的烙印，形成难以逾越的鸿沟。

第五，现行户籍制度提高了农民工维权的难度。用人单位正式职工可以通过"集体发言机制"，即通过诸如工会之类的组织与雇主就各种就业条件进行谈判来解决问题。因户籍制度而被阻隔在公共组织大门之外的进城就业农民工只能依靠自身微弱的力量维权，其维护自身权益的斗争显然是软弱无力的，这就注定了农民工只能忍受低工资、高强度的工作，从而成为初次分配领域中不折不扣的弱势群体。

第六，现行户籍制度造成了农民工社会保障的缺失。从农民工社会保障的现状来看，农民工群体几乎游离于社会保障体系之外，尤其是在失业救助、医疗和养老等方面，对农民工而言根本谈不上有什么社会保障机制。

第七，二元义务教育管理体制是进城就业农民工子女义务教育困难的根本原因。在我国，义务教育模式还是以区、县级政府为责任主体，以户籍制度为基础，实行"分级办学、分级管理"，这既不现实，也不公平，许多区、县级政府财政非常困难，本地学生的义务教育费用都难以足额承担，更无暇顾及外地学生。在这种情况下，针对户口不在本地的进城就业农民工子女收取一定的赞助费或其他名目的教育费，或者设置各种苛刻条件阻止进城就业农民工子女就近入学，就成为农民工就业所在地政府不得已的选择，进而导致不能完全实现义务教育对进城就业农民工子女的全覆盖。可见，传统户籍制度已经成为进城就业农民工子女接受教育的最终障碍，造成进城就业农民工子女在城镇无法得到与城镇居民子女同样的受教育权利，也是我国农民工社会保障立法的"拦路虎"。

5.2　经济成因：经济发展水平有待进一步提高

经过30余年的改革开放，我国社会经济取得了长足发展，在总量上已经成为世界上仅次于美国的第二大经济体，但是我国人均社会经济发展水平仍然比较低，还没有进入发达国家行业。经济不够发达，政府财力有限，是造成农民工进城就业安居制度障碍的经济根源；经济发展是解决农民工进城就业安居问题的关键，当然农民工进城就业安居问题的解决又会反过来促进经济的快速发展。

首先，各级地方政府财力有限，还不足以为农民工进城就业安居提供充足的财政资金支持，进而使得各级政府在制定农民工进城就业安居保障制度时显得捉襟见肘，缺乏底气。事实上，要使农民工能够进城就业安居，就必须提高城市基础设施建设水平，扩大城市公共服务范围，增加城市就业岗位，加强城市劳动力吸纳能力。要完成这些任务，显然离不开中央和各级地方政府的财政投入和资金支持。例如，农民工流入地政府要免除农民工子女就近入学的赞助费和其他教育经费，就必须利用本级政府财政资金增加对农民工子女就读学校的教育经费投入；如果政府因没有足够财政收入而拿不出资金增加农民工子女就读学校的教育经费，那么政府就有可能不会出台接收进城就业农民工子女在当地就近入学的政策，即使在外界压力下勉强出台一些没有强制性的农民工子女就近入学政策，也可能默许接收农民工子女入学的中小学校收取一定的赞助费和其他费用以补充这些学校教育经费的不足，进而形成进城就业农民工子女就近入学的制度障碍。同时，农民工流入地政府要为进城就业农民工提供尽可能多的就业岗位，就必须通过加大政府投资、降低税率等措施刺激经济发展，促进企业快速成长；而加大政府投资需要政府财政收入作支持，降低税收又有可能减少政府财政收入，如果政府财政收入不足，那么政府就不能为进城就业农民工提供足够多的就业岗位，为了维护城市社会的和谐稳定，政府也就有可能制定限制农民工进城就业和生活的规定和政策，进而形成农民工进城就业安居的制度障碍。

其次，农村经济发展滞后，农民工收入水平较低，城乡经济发展差距较大，降低了进城就业农民工的社会经济地位，加大了各级政府在农民工子女入学、社会保障、住房等方面的经济负担，增大了进城就业农民工融入城市社会的难度，进而使各级政府在制定农民工进城就业安居保障政策时显得左右为难，难以平衡原有城镇居民和进城就业农民工之间相距甚远的利益诉求，而且二者差距越大，找到双方利益平衡点的难度就越大。如果农民工流入地政府制定的政策法规过分向进城就业农民工倾斜，损害了原有城镇居民的既得利益，那么原有城镇居民将会以各种方式抵制政府制定的政策法规，致使政府制定的政策法规难以顺利实施，甚至可能造成社会失稳；如果农民工流入地政府制定的政策法规偏向于原有城镇居民，那么又起不到保障农民工进城就业安居的作用。从目前实际情况来看，各级地方政府大多处于左右徘徊状态，没有制定出兼顾原有城镇居民和进城就业农民工利益的、比较稳定适用的政策法规，这在事实上形成了农民工进城就业安居的制度障碍。

5.3 体制成因：政府职能转变不到位

就我国目前情况来看，国家和各级地方政府仍然是推进农民工进城就业安居的主导力量，良好的政府职能定位是解决农民工进城就业安居问题的前提条件。经过改革开放后几十年的发展，我国政治体制改革已经取得了一定成就，政府职能转变在党中央、国务院和全国人民关注下已经取得了较大进展。但是，由于政治、经济、历史、国情等方方面面的原因，我国政府职能转变还没有完全到位，还不同程度地在一些领域存在缺位现象，在另一些领域存在越位现象。政府因职能定位不清而导致的不作为和相互推诿现象也时有发生，不论是缺位、越位还是不作为，都不能适应我国社会经济发展的要求，都可能制定出一些不利于农民工进城就业安居的政策法规，进而对农民工进城就业安居造成严重阻碍。政府职能转变不到位已经在一定程度上成为农民工进城就业安居制度障碍的体制根源。

第一，各级地方政府的公共管理与公共服务职能存在缺位或不到位现象，管制多于服务，在基础设施、社会保障、劳动就业、教育卫生、住宅建设等方面没有很好地考虑进城就业农民工的需求，进城就业农民工的利益诉求在就业所在地政府公共财政预算安排中也没有得到体现。事实上，农民工流入地政府在有限财政资金约束下优先考虑的都是当地城镇居民的社会保障和公共服务问题，而大多没有将进城就业农民工纳入当地城镇社会保障体系和公共服务的范畴，这导致农民工流入地政府对农民工的财政支持不够，进而在政府支持层面形成农民工进城就业安居的制度障碍。

第二，各级地方政府依法履行保护劳动者权益的职责不到位甚至错位。我国已经制定了维护劳动者权益的法律法规，但执行情况较差，主要原因是部分地方政府把本地经济 GDP 增长置于维护劳动者权益之上，或者出于维稳目的片面打压处于弱势地位的进城就业农民工，没有严格依法履行保护中下层劳动者权利的职责，某企业员工在短时间内十几"跳"就是明显的例证。在我国目前实行的分级负担财政体制下，一些地方政府出于短期利益和本位主义考虑，不仅不对保护劳动者平等权利的执行情况进行严格监管，反而对雇主或用人单位不为劳动者提供法定劳动保护条件、不给予社会保险、采取各种手段损害中下层劳动者权益等现象表示默许，甚至纵容态度，这无疑加大了进城就业农民工平等获得劳动报酬权利的难度。

第三，有法不依、执法不力等问题比较突出。虽然我国现行法律法规中已有部分条款和规定涉及进城就业农民工的权益保护问题，可以从法律层面对进城就业农民工的权益起到一定的保护作用，但是现行法律法规在农民工权益保护方面还不完善，还有很多空白需要填补。特别突出的是，地方政府相关职能部门对进城就业农民工的权益保护不重视，普遍存在不作为或作为不到位的现象，致使保护进城就业农民工权益的相关法律法规在执行过程中失灵，甚至形同虚设，例如，《劳动法》和《工会法》等相关法律法规都明确规定了企业职工的工资标准、劳动安全卫生标准、工伤医疗保险标准、劳动时间、休假权利和民主权利等保护劳动者权益的各项标准和权利，但其在执行过程中却变味了。损害劳动者，特别是中下层劳动者合法权益的现象时有发生。我们调查发现，进城就业农民工在自身权益受到伤害时，有 40.44% 的人直接找单位领导讨还公道，有 26.37% 的人自认倒霉，有 18.02% 的人找法律援助中心帮助，有 9.89% 的人请律师打官司，有 2.42% 的人找人通过暴力保护或报复；农民工自身权益受到伤害时自认倒霉的原因，有 71.67% 的人认为自己能力小，无法与权益侵害者抗衡，有 23.33% 的人无钱打官司，有 28.33% 的人认为多一事不如少一事。

5.4 意识成因：政府部门理念偏差与地方保护主义严重

部分地方政府在处理进城就业农民工问题时，常常存在如下几个方面的理念偏差和地方保护主义行为：

（1）为了提升本地经济发展水平，打造自身任期内的良好政绩和形象，部分地方政府（特别是地方政府主要官员）把追求 GDP 增长作为最高目标，不惜一切代价，特别是不惜损害包括进城就业农民工在内的劳动者权益进行招商引资，有的甚至还把承诺本地员工不参加社保，以降低外来投资商人力资源成本作为优惠条件之一招揽外商企业对本地投资。

（2）为了保障本地企业的持续发展和利益，部分地方政府在处理进城就业农民工社保问题以及农民工与用人单位之间的劳动纠纷时，天平往往向用人单位倾斜，对于用人单位违反劳动和社会保障法规政策的行为不但不予干预和监督，有时反而还充当用人单位违规违法的"保护伞"，致使部分用人单位侵害进城就业农民工权益的违规违法行为长期得不到纠正，进城就业农民工在权益受损时也找不到投诉和解决问题的地方。

（3）部分地方政府部门和城镇居民仍然将进城就业农民工看作与自身利益存在冲突的外来户，即农民工进城就业将对原有城镇居民就业产生冲击，并影响原有城镇居民的正常生活和城市社会的和谐稳定。在这种狭隘思想观念作用下，为了维持本地社会经济的正常发展和本地城镇居民的既得利益，部分地方政府有可能会在处理农民工进城就业安居问题时采取不作为，甚至反作为行动，这显然会对进城就业农民工的合法权益造成伤害。

部分地方政府部门的上述理念偏差和地方保护主义行为有可能促使地方政府或明或暗地制定一些阻碍农民工进城就业安居的政策法规，并在执行过程中采用各种合法或不合法的手段刁难进城就业农民工，进而对农民工进城就业安居形成制度障碍。

5.5　道德成因：社会公众的偏见和冷漠歧视没有消除

随着社会经济的发展，进城就业农民工已逐渐被原有城镇居民所接受和包容，但是仍有部分包括政府部门工作人员在内的城镇居民对进城就业农民工持有偏见，常常自觉不自觉地把农民工与蛮横、下贱的形象划等号，把进城就业农民工看作对城市社会管理秩序的冲击和城市社会的不安定因素，进而采取防范式和管制式方式进行粗放式管理。同时，部分城镇居民对进城就业农民工的冷漠歧视态度仍然没有彻底消除，他们仍然藐视进城就业农民工对城市建设和城市社会经济发展所做的贡献，不承认进城就业农民工是我国社会主义现代化建设的一支重要力量，对进城就业农民工的合理利益诉求和合法权益要求采取漠不关心，甚至反感态度，进而导致进城就业农民工难以享有与城镇居民一样的生活和工作环境。例如，进城就业农民工子女大多只能到一些教学质量相对较差的学校上学，许多文化娱乐活动很少对进城就业农民工开放；还有部分政府管理部门对以进城就业农民工为主体的小摊小贩和个体业主乱收费、乱罚款等。

由于原有城镇居民在城市管理和城市生活中掌握着远远大于进城就业农民工的话语权，所以包括某些政府部门工作人员在内的部分城镇居民对进城就业农民工的偏见和冷漠歧视态度，可能导致政府在处理进城就业农民工问题时采取一些不利于农民工进城就业安居的政策措施，进而在道德层面形成农民工进城就业安居的制度障碍。

5.6　自身成因：农民工自身综合素质较低

由于二元经济结构和户籍制度的限制，我国城乡教育发展水平差距较大，造成进城就业农民工受教育年限比较少，思想观念比较落后，整体素质和技能水平比较低，这在一定程度上制约了他们自身的生存和发展，也给他们融入城市生活造成了很大的困难。从理论上说，进城就业农民工综合素质越差，他们就越不容易在城市找到收入较高的体面工作，其社会经济地位就越低下，原有城镇居民接纳和包容他们的难度就越大，所在地政府制定有利于他们进城就业安居的政策法规的可能性就越小[①]，他们进城就业安居面临的制度障碍就越多，也就越不可能在城市就业安居。因此，农民工作为农民工进城就业安居保障制度建设针对的主要对象和客体，其自身综合素质低下也是导致其进城就业安居制度障碍的主要原因。

5.7 法律成因：相关法律法规不够完善

除《社会保险法》第九十五规定"进城务工的农村居民依照本法规定参加社会保险"外，其他相关法律法规都没有针对进城就业农民工提出明确的法律保护条款，部分法律法规和政策还存在限制农民工进城就业安居的歧视条款。这从立法层面构成了农民工进城就业安居的制度障碍。

5.8 法治成因：法律法规执行力度有待加强

由于迄今为止完成的相关改革还没有从根本上改变我国的二元社会经济结构，所以各级党委、政府近年来出台的许多看似行之有效的保护农民工权益的政策措施，实际上也难以彻底解决进城就业农民工权益保护问

---

① 不论是社会经济主体的法人还是自然人，都具有理性经济人特征，都愿意与综合素质强于自己的人或组织打交道，而不太愿意搭理在各个方面都比自己差的人。

题，而且这种缺乏完善法律支撑的行政手段在稳定性、持久性和彻底性方面存在很大不足，也许能在短时间内发挥一定的作用，但从长期来看基本上呈现出治标不治本、长期效能不足的状态。另外，我国长期以来形成的"官本位"思想和政府部门职能定位不清问题使得各级地方政府"衙门化"现象严重，各相关职能部门在遇到与人民群众、特别是进城就业农民工这样的弱势群体利益紧密相关的重大问题和矛盾纠纷时，常常采取相互推诿、互踢皮球、能拖则拖、多一事不如少一事、少一事不如没有事的方式进行所谓的"冷处理"，致使本来就不完善的现行相关法律法规无法得到有效的、不折不扣的执行和实施。这是我国法治普遍存在的严重问题，对于进城就业农民工权益保护来说更是如此，其在一定意义上构成了我国农民工进城就业安居制度障碍的法治根源。

我们在实地访谈和调查过程中就发现了这样一件政府相关部门相互推诿、进城就业农民工权益得不到有效保护的令人啼笑皆非的事情。

在2011年中秋节前后，在我国西部的某个大城市，一群以粉糊建筑物外墙为主要职业的农民工（10～20人）以一定的单价承包了一栋高楼的外墙粉糊工作。在按双方约定（口头的君子协定）完成这栋高楼的外墙粉糊工作后，这群农民工就要求开发商按约定价格支付工钱，但是这个时候问题出现了，开发商以外墙粉糊质量未达到要求为由，要求这群农民工重新粉糊或者克扣10%～20%的工钱。这群农民工显然不愿意，他们认为，在该高楼外墙粉糊过程中，有施工员负责指挥如何施工，有监理人员负责监督施工质量，他们作为干活的农民工只需要严格按照施工员的指挥，并在监理人员的现场监督下进行施工、完成任务即可，有什么质量问题应该在粉糊过程中由监理人员提出，以便及时进行改进，而不应该在施工完成后再以质量不达标为由找茬儿或克扣工资；既然他们严格按照施工人员的指挥进行工作，而且在施工过程中监理人员也没有提出任何质量问题，就应该在外墙粉糊工作完成后按约定足额支付工钱。双方由此产生矛盾，处于弱势地位的这群农民工采取了拔掉工地电源、在工地静坐等措施要求开发商按约定足额支付工钱，处于强势地位的开发商则从外面纠集了 10 余个打手到工地上①对这群农民工大打出手，把这群农民工打得头破血流，部分农民工受伤相当严重，事态由此扩大。在拨打了 110 报警和 120 急救电话后，附近派出所的警察赶赴现场，经过简单了解情况后，将双方当事人员叫到派出所询问，同时由 120 救护车将伤员送往附近医院医治。这群农民工满心以为这件事情在公安部门介入后能够得到圆满解决，但是事情的发展却大大出乎他们的想象。120 救护车将受伤农民工送到医院，打人的开发商支付少量医药费后就不管不问了，派出所的警察在询问完情况后也不对打人者进行处理。当这群农民工到派出所询问这件事情该如何处理时，派出所告诉他们这件事情应该由区政府下属的建委负责解决；这群农民工到区建委反映情况后，区建委组织了一次协商会，将开发商和农民工叫到一起进行协调，但是开发商蛮横无理，根本不愿意好好协商，不愿意配合解决问题，区建委束手无策，② 随后，区建委就对这群农民工说，你们可以到市劳动监察大队去反映情况并寻求解决办法；这群农民工到市劳动监察大队反映情况后，市劳动监察大队对他们说，这件事情不归他们管，应该由市建委负责解决；于是这群可怜的农民工又按市劳动监察大队的指引，到市建委去反映情况和寻求解决办法；到市建委反映情况后，市建委又对这群农民工说，这件事情他们管不了，应该由区建委负责解决。如此折腾数天，派出所将皮球踢到区建委，区建委将皮球踢到市劳动监察大队，市劳动监察大队将皮球踢到市建委，市建委又将皮球踢回到区建委，如此循环一圈，问题一点没有得到解决，又从终点回到了起点（见图 5-1）。相关政府部门的这种不作为和相互推卸责任、

① 当时是用汽车把这些打手拉到工地上的。
② 不知道是不是真的束手无策。如果是真的束手无策，那么这个政府部门在处理建筑行业的劳动纠纷方面究竟能做什么？难道作为分管建筑行业的一级政府部门真的对位于其辖区内的开发商毫无约束力吗？当初派出所为什么要指使农民工到这个根本不能解决问题的政府部门呢？所有这些疑问真的让人费解。

踢皮球的行为，使这群可怜的农民工真的不知道该找谁说理，究竟哪里才是说理和申冤的地方，真是有点"叫天天不应、叫地地不灵"的绝望感觉。在这种走投无路的情况下，这群农民工最终的选择不言而喻，只能无奈地接受开发商克扣 10% ~ 20% 的工钱，并自己承担被打伤后自付医药费的现实。①

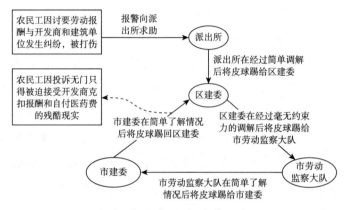

图 5 - 1　进城就业农民工维权过程

从上述事件可以看到，强势开发商和建筑施工单位与进城就业农民工之间的关系是如何的不平等，某些政府相关部门在保护弱势群体方面是如何的不作为，国家相关法律法规在执行过程中被扭曲到了何种程度，进城就业农民工这样的弱势群体的权益被损害到了何种令人发指的地步。我们不禁想问，派出所、区建委、市劳动监察大队、市建委这些政府职能部门为什么相互推诿、相互"踢皮球"呢？难道他们真的没有办法解决这个问题吗？是他们与开发商相互勾结、不愿解决，还是真的没有解决这个问题的权力？如果这些政府职能部门真的无权解决这个问题，那么又为什么要支使这些可怜的农民工到处跑呢？为什么不为他们指引一条能真正解决问题的明路呢？

---

① 开发商在最后支付工钱时，不仅克扣了这群农民工 10% ~ 20% 的工钱，而且还从支付工资中扣除了他们支付给医院的为受伤农民工治伤的一点点医药费。

5.9　本章小结

　　农民工进城就业安居制度障碍形成的原因是多方面的，既有体制、机制和制度方面的原因，也有经济、意识和法治方面的原因。本章从城乡分割的二元结构和户籍制度存在缺陷、经济发展水平有待进一步提高、政府职能转变不到位、政府部门理念偏差与地方保护主义严重、社会公众的偏见和冷漠歧视没有消除、农民工自身综合素质较低、相关法律法规不够完善、法律法规执行力度有待加强等方面分析了农民工进城就业安居制度障碍的成因。

6

农民工进城就业安居保障制度创新与设计

解决农民工进城就业安居问题，实现城乡统筹发展，必须从制度根源入手，改革现行制度，创新设计新制度新政策，建立完善的制度保障体系，打破和消除制度障碍，切实为农民工进城就业安居落户创造良好的制度环境。

6.1　农民工进城就业安居保障制度创新与设计的总体要求

6.1.1　农民工进城就业安居保障制度创新与设计的指导思想

1. 能用现有制度政策解决农民工进城就业安居问题，就要尽可能使用现有制度政策，以保持制度政策的延续性，节约制度政策的制定成本

在改革开放后的几十年中，我国在就业、工资、教育、劳动保障、土地和公共服务等方面已经制定出比较完备的制度政策体系，虽然这些制度政策大多是针对城镇居民制定的，并没有将进城就业农民工纳入相关制度政策保障的范畴，但是在城乡统筹发展下，农民和进城就业农民工在理论上也应该享有与城镇居民一样的社会保障和权益。因此，应该将针对城镇居民制定的原有相关制度政策延伸到农民和进城就业农民工。因此，在农民工进城就业安居保障制度创新与设计过程中，首先，应该深入研究原有

制度政策对进城就业农民工的适用性，对于仍然适用于进城就业农民工的
制度政策，要尽可能多地加以使用；对于总体上适用，但部分细节不再适
用于进城就业农民工的制度政策，应该对原有制度政策进行适当修改后加
以使用；对于现在没有，但对解决农民工进城就业安居又至关重要的制度
政策，则需要重新制定。其次，在使用或修改使用原有制度政策推进农民
工进城就业安居过程中，要特别关注将进城就业农民工纳入原有制度政策
管理范围的条件和路径。直接将原有制度政策延伸到进城就业农民工，或
者对原有制度政策进行适当修正后覆盖到进城就业农民工具有两个方面的
好处：一是可以节约立法成本和管理成本，保持制度政策的延续性；二是
不会因专门针对进城就业农民工制定制度政策而损害原有城镇居民的利
益，避免在制度政策层面造成城乡居民之间的分割和新的不平等，这不仅
有利于城乡居民的统一管理，也符合统筹城乡发展的方向和目标，还不会
激发原有城镇居民的抵触情绪，进而使实施难度本来很大的惠及进城就业
农民工的制度政策能够顺利实行。基于上述考虑，我们创新和设计农民工
进城就业安居保障制度的基本思路是：现有制度政策能有效解决农民工进
城就业安居问题的，不再设计新的制度政策，而只研究将进城就业农民工
纳入这些制度政策管理范围的条件与程序；没有相关制度政策，或者现有
制度政策已经过时的，则设计兼顾理论性、操作性与实用性的新制度、新
政策。

**2. 需要制定新制度新政策的要大胆制定，并在制定和实施新制度新政
策时，注重其现实性与可操作性**

首先，推进城乡统筹发展，必须全面深化改革，出台超常规的制度、
政策和措施，否则，在现有的经济、社会条件下，难以实现改革成功的目
标。其次，要转变观念，不能因循守旧，要明白政府是进城农民工劳动就
业权益保护的主要责任者，其价值观念直接影响农民工进城机制和政策行
为。为此必须走出两大误区。一是进城就业农民工本质上仍然是农民，是
一个在城市里临时打工和短暂生活的、地位低贱的社会阶层。对于这个误
区，各级政府在当今城镇化进程中应依据"形势变迁"和实事求是原则，

为农民工由"农村居民"向"城镇居民"转变创造便捷条件和提供法律保护。二是进城就业农民工不仅挤占了城镇居民的就业岗位，抢夺了城镇居民的"饭碗"，对城镇居民的既得利益造成了损害，而且没有稳定工作和固定收入来源的农民工大量涌入城市就业和生活还可能对城市社会稳定带来严重的负面影响。对于这个误区，各级政府应充分利用其手中掌握的宣传优势，引导城镇居民认清农民工进城就业对城市建设和社会经济发展发挥的巨大推动作用，农民工进城就业不仅不会挤占城镇居民的就业岗位和抢夺城镇居民的"饭碗"，反而会因农民工进城就业而增加城镇居民的就业机会，使城镇居民的"饭碗"更加充实和生活更加便利；① 只要政策合理，措施得当，执行得力，这些生活要求不高、行为处事低调、干事认真踏实的进城就业农民工就不会对城市社会稳定产生负面影响。因此，各级政府应该基于农民工的就业弱势地位，在不影响原有城市居民根本利益的条件下，适当对进城就业农民工权益保护问题进行政策倾斜，将进城就业农民工作为一种推动城市发展的宝贵创造性资源，制定有利于开发其内在能力和激活其创造潜能的社会就业政策，以消除我国社会长期形成的农民工就业歧视现象，保障进城就业农民工享有与城镇居民相同或相近的平等就业权利和生活权利。

3. 具体情况具体对待，因地制宜制定操作性强、生命力强的政策

各省份要在国家政策框架下，结合实际情况，制定具有针对性的政策措施；既要大胆实践、积极探索，又要尊重客观规律，尊重群众意愿，稳妥有序推进各项改革，不搞指标分配，不搞层层加码。为稳步推进进城就业农民工的市民化进程，可以先实施附带城市公共服务的居住证制度，以居住证为依据，而不是以户籍为依据享受城市公共服务，只要拥有居住证，进城就业农民工就可以享受与其所居住地区城镇居民一样的社会福利

① 进城就业农民工做的大多是一些城镇居民不愿做、收入比较低但对城市社会经济发展又至关重要的脏活、苦活、累活，不仅不可能对城镇居民原有就业岗位产生威胁，而且还是对城市职业行业和就业岗位的有效补充；同时，进城农民工还将在城市建设、拉动城市消费、提高城市服务水平等方面发挥较大的作用，进而提升城市繁荣程度和经济社会发展水平，这显然又会反过来增加城镇居民的就业机会和提高城市居民生活便利度。

和权益;① 然后，在居住证制度实施过程中，不断积累经验教训，完善进城就业农民工市民化的相关政策和法律法规，分期分批分层次解决进城就业农民工的城镇户籍问题。基于中国目前大城市特别拥挤、中小城市相对宽松的情况，可以首先全面放开县级及以下城镇户口的入户限制，不再将进城就业农民工是否拥有农村土地作为其能否享受城镇保障性住房和社会保险等待遇的先决条件②，逐步放宽进城就业农民工在县级及以下城镇的落户限制，废除进城就业农民工劳动就业、培训及其子女义务教育等方面的歧视性政策措施，有计划、有步骤地提高暂时不具备落户条件的农民工在住房租购、子女教育和社会保障等方面的待遇，为农民工市民化准备条件。

6.1.2　农民工进城就业安居保障制度创新与设计的基本原则

1. 坚持公平统一原则

在设计、制定、实施农民工进城就业安居制度的时候，一定要充分认识到农民工问题的至关重要性，一定要充分认识到统筹城乡发展的精神实质与农民工在我国经济建设、社会发展中的重要作用，一定要充分认识到建立城乡公平统一的就业安居制度是统筹城乡发展的核心内容和社会历史发展的必然趋势。在推进农民工进城就业安居时，要让农民工与城镇居民

---

① 当然，在我国人口数量非常巨大的现实约束下，为避免出现人口在某些区域过度集中和资源在某些区域严重短缺的不合理现象，进城就业农民工要得到享有相关权益的城市居住证，也必须具备一定的资格和符合一定的条件。例如，可以对在中等职业技术学校、高等专科学校以及普通高等学校毕业，并有相对稳定职业，但户籍仍在农村的青年人优先颁发居住证，可以对在城市里有直系亲属（父母、兄弟姊妹等），而且其直系亲属愿意提供经济和住房担保的农民工优先颁发居住证，等等。同时，要建立完善的惩罚机制和退出机制，防止政府相关部门利用居住证颁发进行权力寻租和部分农民工钻法律法规空子的行为。

② 事实上，根据理性经济人假设，作为理性经济人的农民工因在城市生活较长时间、并享受到城市的优越生活和便利设施而离不开城市的时候，再让他们在城市安居生活与农村土地和宅基地之间做出选择，他们就有很大可能自愿依法退出其在农村的土地和宅基地，而选择在城市定居、就业和生活，这就在一定程度上自然而然地解决了进城就业农民工农村承包地和宅基地问题。这种解决方式只不过需要较长时间而已。

一样享有公平的公共服务和经济政治待遇。同时，在农民工进城就业安居
保障制度的创新与设计过程中，要充分考虑原有城市居民的利益和情感诉
求，不能以损害原有城市居民的利益为代价来片面保障进城就业农民工的
权益，否则就会对原有城市居民造成新的社会不公平，进而导致进城就业
农民工和原有城市居民的对立和仇视；因此，在推进农民工进城就业安居
过程中，一定要坚持公平统一的原则，将进城就业农民工的权益和原有城
市居民的权益综合起来考虑，不仅不能削减原有城市居民已享有的各种权
益和社会公共服务，还应该通过农民工进城就业安居稳步增加原有城市居
民享有的权益和提升社会公共服务水平①，进而推进城乡统筹发展和社会
和谐进步，实现全体社会成员共同富裕和社会公平正义目标。从我国现实
情况来看，在公平统一条件下推进农民工进城就业安居，并不会对原有城
镇居民造成很大的冲击，目前社会上若隐若现的质疑声音和担忧，大多来
自那些缺乏远见和比较自私的保守主义者和既得利益者。各级政府应该在
公平统一原则下，摒弃瞻前顾后、畏缩不前的思想和行为，大胆改革，勇
于创新，推进经济发展、社会进步，使农民工问题得到实质解决。

2. 坚持稳步推进的原则

改革并不是盲目进行的，也不是一蹴而就的，任何一项制度的设计都
必须论证其现实性、可行性和必要性；城乡统筹发展政策和城乡居民权益
保障政策能立即统一的要立即统一，并且坚决执行，不能立即统一到位的
要逐步改革到位。就农民工进城就业安居问题来说，由于受到各级政府部
门思想认识不到位、农民工自身素质不高、公共财政资金捉襟见肘、相关
制度建设滞后等主客观条件约束，要在短期内使全体进城就业农民工与正

---

① 当然，由于原有城市居民已享有的权益和社会公共服务远远多于进城就业农民工，所以
在推进农民工进城就业安居过程中，农民工获得的权益和社会公共服务增加值可能会高
于原有城市居民获得的权益和社会公共服务增加值，农民工工作条件和生活水平的改善
速度可能快于原有城市居民工作条件和生活水平的提高速度。这种现象是正常的，可以
将这种速度差异看作农民工过去所受不公平待遇的一种补偿；由于在农民工工作生活条
件得到大幅度改善过程中，原有城市居民的工作生活条件也得到了一定的提升，所以并
不存在对原有城市居民不公平的问题。

规单位的正式员工和城镇居民一样享受同等国民待遇显然是不现实的，各级政府只能根据实际情况从相对简单和容易解决的事情做起，有计划、分步骤地加快推进农民工进城就业安居保障制度创新。

3. 坚持主次、轻重、缓急相结合的原则

统筹城乡发展的一项重要措施就是要加快城镇化进程，有序引导农民工进城就业安居。农民工进城就业安居不等于都进大中城市，因为农民工在短时间内全部涌进大中城市是不现实的，可能引起大中城市的诸多社会问题，甚至导致大中城市社会秩序的不稳和混乱，因此要采取有效措施积极引导农民工进入县城和乡镇就业安居。县城和乡镇发展空间较大，就业机会更多，吸纳农民工的压力相对较小，如工业园区周边就有很多就业机会。用就业机会吸引农民工进城就业安居，社会就会更加稳定。此外，应当把村社也作为农民工就业安居的一种补充方式，政府须结合新农村建设对村社集镇进行统一规划，促进农村居民集中居住，从而就地形成小型城镇；同时，各级政府还要加强乡镇和村社城镇的基础设施建设，促进乡镇和村社城镇的生态环境、交通道路和产业发展，使农民工不离开家乡就能过上城镇居民的生活。发展村社城镇的做法，一方面有利于农村经济的发展，能够吸引农民工返乡创业，是实现城镇化与新农村建设的重要举措；另一方面也有利于缓解大中城市的进城就业农民工就业与安居压力，能够在一定程度上解决农民工进城就业安居的实际问题，满足不愿离开家乡，而又希望顺利实现就业安居的农民工的需要，是农民和农民工乐于接受的一种现实方式。我们调查发现，43.08%的进城就业农民工不想在城镇落户，21.76%的农民工想在大城市落户，17.80%的农民工想在区、县级城市落户，11.87%的农民工想在乡镇落户。同时，根据城镇的发展状况和农民工的不同需求，让农民工分别享受不同程度的就业、安居政策，这不仅符合公平原则，也有利于农民工整体素质的提高。

4. 坚持非禁即准、非限即许的原则

既要加强组织、引导和帮助，又要放开、放活，只要是法律、行政法规没有禁止和限制的，就准许农民工大胆地放开手脚去干、去创，并加以支持与鼓励；即使是有限制的，也要允许农民工有序地、依法地去做，只是政府在此过程中要加强管理、加以辅助。

5. 坚持政府引导和市场化运作相结合的原则

农民工进城就业安居涉及包括进城就业农民工和原有城市居民在内的全体社会成员的根本利益，推进农民工进城就业安居的过程实际上就是全体社会成员利益结构调整和优化的过程，既有公益性特征，也有市场性特征，需要在各级政府引导下，按照市场经济规律进行。政府引导主要体现在作为立法和执法主体制定、完善和严格执行相关法律法规，作为公共服务机构和公权力主体直接调节社会成员的利益再分配，作为社会资源掌控者和行政主体配置相关社会资源推进农民工进城就业安居等方面；同时在推进农民工进城就业安居过程中，又必须充分考虑市场经济规律的作用，要根据进城就业农民工和原有城市居民的利益诉求以及市场的要素价格决定机制和资源配置机制，利用市场力量实现农民工自愿退出农村承包地和宅基地进城就业安居，使原有城市居民乐意接纳农民工进城就业安居。事实上，当农民工进城就业安居比其拥有农村承包地和宅基地而没有进城就业安居所获得的总体效用水平高时，作为理性经济人的农民工当然会选择进城就业安居；同样，当原有城市居民主动接纳农民工进城就业安居获得的总体效用水平高于其阻止农民工进城就业安居所获得的总体效用水平时，作为理性经济人的原有城市居民也当然会选择主动接纳农民工进城就业安居。

6.1.3 农民工进城就业安居保障制度创新与设计的政策和实践依据

（1）《国务院办公厅关于进一步做好农民进城就业环境工作的通知》（国办发〔2004〕92号）要求严格审核、清理农民工进城就业的手续，取消专为农民工设置的登记项目，实行暂住证一证管理。

（2）《国务院关于解决农民工问题的若干意见》（国发〔2006〕5号）

明确了做好农民工工作的指导思想、基本原则和政策措施，这是解决农民工问题的重要指导性文件。

（3）2010 年 5 月 27 日，国务院转发国家发改委《关于 2010 年深化经济体制改革重点工作的意见》，首次在国务院文件中提出在全国范围内实行居住证制度。

（4）2014 年 7 月，国务院发布《国务院关于进一步推进户籍制度改革的意见》（国发〔2014〕25 号），要求适应推进新型城镇化需要，进一步推进户籍制度改革，落实放宽户口迁移政策。

（5）2014 年 7 月 30 日，李克强总理主持召开国务院常务会议，部署农民工服务工作，要求各部门对做好为农民工服务工作的全局性和长期性要有深刻认识，有序推进农业转移人口市民化，在细化服务农民工各项政策措施时要增强可操作性。

（6）农民工自身的要求和渴望。农民工期盼改变自己的农民工身份，盼政府广开创业就业门路，帮助农民工创造新家业；盼政府为刚进城的农民工开店、办企业提供服务，解决资金、技术、场地、办证等困难；盼政府创办工业园区和第三产业，增加进城农民工就业机会；盼政府帮助农民工逐步解决身份、住房、子女入学、社会保障等问题，以解除后顾之忧。我们调查显示，51.43% 的进城就业农民工希望在城镇落户。

6.1.4　农民工进城就业安居保障制度创新与设计的目标

加快户籍制度改革，同步推进与户籍制度相关联的各项制度创新，使户籍不再成为城乡之间、流动人口和本地人口之间在教育、医疗、社保、卫生、住房等诸多方面不平等的根源。以加速推进城乡一体化、彻底消除城乡差别和全面实现城乡居民共同富裕为根本目标，以邓小平理论、"三个代表"重要思想和科学发展观为指导，以统筹城乡发展体制设计为龙头，完善社会管理体制、行政管理体制、财税金融体制、资源环境价格形成机制、收入分配和社会保障制度等相关制度安排，逐步增加进城就业农民工现在享受不到的与户籍挂钩的各项社会福利和权益，剥离目前依附于农村居民户口上的种种不平等要素，使户口以及与户口相对应的身份证回归到仅仅提供城乡居民身份信息的本质功能。到 2030 年，建立城乡统一的户籍制度和公平合理的就业安居制度，取消户口等各种限制。

6.2 建立城乡真正统一的户籍制度

户籍制度改革不仅是经济与社会问题，而且是政治问题，应该把"切断户籍关联、还原公民权益"作为我国户籍制度改革的总体指导思想。具体地说，就是要加快推进暂住人口居住证制度，建立实有人口动态管理机制，分类采取户口迁移政策；取消农业户口与非农业户口之间的区别，制定城乡统一的户口登记制度，建立覆盖全国的国家人口基础信息库，完善特殊人群管理和服务政策；切断户口与利益的关联，使进城就业农民工与城镇居民享受同样的"国民待遇"；在城乡户籍制度统一后，还应该分类、分层、分步协调推进与户口挂钩的各种公民权益制度改革，促使各种公民权益制度逐步实现城乡统一。

6.2.1 户籍制度改革的必要性

户籍制度改革是我国当前面临的一项重大政治、经济和社会任务，在现阶段条件下势在必行。户籍制度曾在计划经济时期对我国人口管理与社会经济发展发挥过重要作用，但在我国社会经济高速发展的今天，其弊端正逐渐显露。城乡分割的二元户籍制度限制了人口流动，加剧了城乡差别，导致了城乡经济和社会发展的不和谐局面。改革现行的城乡二元户籍制度，建立城乡统一的新户籍制度，可以提高进城就业农民工的社会地位，增强其生活和工作的积极性，激发其创造力；可以促使用人单位真正将进城就业农民工当作自己的正式员工，增强其凝聚力，提高其竞争力；可以促进社会经济和统筹城乡发展，构建和谐社会。习近平总书记强调，推进城镇化发展的重要环节就是户籍制度改革，加快户籍制度改革是涉及亿万农业转移人口的一项重大举措。

1. 彻底改革户籍制度是实现统筹城乡发展的重要基础

户籍制度改革就是要取消对农民工进城就业安居的各种不合理限制，构建一个使进城就业农民工与城镇居民平等的制度环境。户籍制度改革不仅是改变进城就业农民工身份的社会问题，也是统筹城乡发展的政治问题，是实现城乡统筹发展的首要和关键环节；没有城乡统一的户籍制度，城乡统筹发展就永远不可能真正实现。因此，统一城乡户籍在城乡统筹发展中起着至关重要的基础性作用，势在必行。近几年，上海、河南、湖南、深圳、山东等省市已经纷纷采取措施实行户籍制度的一元化。例如，山东省出台的《关于进一步深化户籍管理制度改革的意见》规定，从 2006 年 9 月起，要在全省范围内逐步取消户口的农业与非农业之分，完全打破城乡分割，实行统一的户口登记管理制度。但目前还有许多省份未改革现行户籍制度、统一户籍，这极不利于统筹城乡发展的快速、稳妥、深入推进。

2. 现行户籍制度是阻碍农村人口市民化的关键因素

我国现行户籍制度是在改革开放前计划经济体制下建立的、旨在对农业人口和非农业人口进行分类管理的社会制度，其犹如横亘于城市与农村之间、计划经济与市场经济之间的一道壁垒森严的"户籍墙"，将农民隔离于城市之外，人为地在我国公民内部划出了一道不可逾越的鸿沟。改革开放 30 余年来，随着市场经济体制的确定和实施，原有户籍制度的弊端逐渐显现，广大人民群众要求对户籍制度进行彻底改革的呼声也越来越高，各级政府在对户籍制度改革进行着不懈的努力，但是至今仍然没有得到根本改变，"户籍墙"在某种程度上呈现推而不倒的状态。"户籍墙"长期推而不倒的根本原因在于，我国在改革开放前的长期计划经济体制下，已经以传统户籍制度为依托形成了一套相互联系、相互依存、互为一体的包括社会管理体制、行政管理体制、财税金融体制、资源环境价格形成机制、收入分配和社会保障制度等在内的庞大制度体系，户籍制度改革必然涉及一系列相关制度的重构，是一项非常复杂的系统工程。可见，要推进城镇化和进城就业农民工市民化，关键在于对户籍制度及其衍生出来的其他相关制度进行系统性的创新和改革；改革的目标应该是淡化户籍的利益关联，切断户籍与就业、教育、社会保障等权益之间的必然联系，确保进城就业农民工不因其农村户口而受到权益损害和歧视，使进城就业农民工真正融入城市生活和就业安居。

3. 户籍制度统一是用人单位把农民工当作本单位职工的前提条件

解决进城就业农民工的户籍问题，可以从实质上促使用人单位将农民工纳入正式职工管理范围，与单位正式职工一视同仁，真正实现同工同酬，善待农民工，关怀农民工，尊重其正当要求，维护其合法权益，使农民工真正融入用人单位之中，将用人单位视为自己的家，可以增强用人单位的凝聚力，提高用人单位的技术创新能力；同时，还可以改变用人单位"闲着媳妇雇保姆"（即不用职工用民工）的现象，消除用人单位用兵不养兵、不培训员工、高级技工人才严重匮乏、人力资源无法转化为人力资本、低劳动成本没有带来高效益等弊病。户籍制度改革将使进城就业农民工获得与城镇居民相同的身份，可以从根本上消除二元社会结构下城市市民"一等公民"与农业人口"二等公民"的区别。

4. 改革城乡二元户籍制度是实现农民工稳定就业、解决农民工子女教育问题、改革现有社会保障制度的根本之策和必要前提

没有城乡户籍制度的统一，农民工的身份就无法实现平等，就不可能实现农民工稳定就业，也不可能消除农民工子女入学、社会保障等后顾之忧。城乡二元户籍制度一日不消除，农民工子女平等接受教育的权利就难以顺利实现。户籍制度改革就是恢复农民工居住和迁徙的自由，还原农民工应有的公民权利。

6.2.2 户籍制度改革的总体思想

户籍制度改革的总体思想是取消农业户口与非农业户口之间的区别，建立城乡统一的公民户口登记制度，切断户籍关联，还原农民工权益，使进城就业农民工去掉"农"字标签，获得与城镇居民平等的社会身份。改革现行的户籍制度，消除以户口确定身份的做法，按照合法固定住房所在地对农村居民和城镇居民实行统一的户口登记制度，可以统一为"居民户口"，逐步使农民工与城镇居民享受同样的"国民待遇"，从根本上打破农民工进城就业安居落户的制度障碍。同时，对因农业户口和非农业户口差异而产生的计划生育、选举、就业、子女教育、社会保障、退伍安置、最低生活保障、抚恤优待、土地承包等政策，要依据不同的条件循序渐进地进行改革，分别逐步调整到位。

6.2.3　户籍制度改革的重点和难点

1. 户籍制度改革的重点

户籍制度改革的重点是变严格的户籍管理制度为户籍自由登记制度，建立城乡统一的户口登记制度，消除城乡户口差别，彻底解决户籍与权益挂钩问题，还农村居民与城市居民平等的社会权利，实现全社会享受公平统一的基本公共服务目标。

2. 户籍制度改革的难点

户籍制度改革的难点体现在如下三个方面：①户籍依附的利益多，难以迅速剥离；②城乡之间、城市之间差别很大，难以同步推进；③各类群体诉求不同，难以统筹兼顾。

6.2.4　户籍制度改革的实施办法

户籍制度必须改革，而且必须马上采取实质性行动，这是改变城乡二元结构、确保农民工进城就业安居的需要。但是，户口统一并不意味着与户口挂钩的相关待遇问题就能立即得到改变。户籍制度改革并不是一蹴而就的，而是一个全方位、深层次、渐进的漫长过程，要综合考虑多种因素，尤其是经济发展的速度与承受能力。与户口相关的其他问题如就业、住房、社会保障等，应依据经济条件、改革的规律等因素逐渐稳步推进，不能因为改革而导致社会秩序混乱。稳定第一，稳定是改革成功的基础，任何改革都得循序渐进，既不能因怕困难而畏缩不前，又不能不顾现实条件而急于冒进。从理论上说，推进户籍制度改革的具体方法主要有如下两种：第一种是首先彻底废除现行户籍制度，然后再根据出现的问题逐步改革现行户籍制度的配套制度；第二种是先从现行户籍制度的相关配套制度着手，逐步改革不合理的相关配套制度，循序渐进地剥离现行户籍制度与其他相关配套制度之间的联系，待万事俱备、"水到渠成"后再彻底废除现行户籍制度。上述两种户籍改革方法都有其合理性和可操作性，但是由于户籍制度改革并不是一个简单的孤立事件，涉及一揽子社会经济制度体系的变革和创新，而且在改革过程中还涉及相关社会群体的切身利益，如果在相关配套制度没有改变的情况下，贸然彻底废除现行户籍制度，势必会引起城市居民及其他既得利益阶层的剧烈反应和大量农民工向城市的无序流动，这将导致社会不稳定甚至动荡，进而阻碍我国改革开放的顺利进行，这显然不是户籍制度改革的初衷和目标。因此，基于户籍制度改革的系统性、复杂性、艰巨性以及利益涉及的广泛性和敏感性，应该采取第二种实施方法，即根据我国社会经济发展水平和城乡统筹发展需要，从实际出发，逐步完善社会管理体制、行政管理体制、财税金融体制、资源环境价格形成机制、收入分配和社会保障制度等相关制度安排，剥离依附在不同类型户籍上的社会福利和权益，恢复户籍和身份证仅仅证明公民身份信息、满足社会管理需求的本质功能，根据相关条件和可能性、可行性依次分类分层分步协调推进，基本实现"同城同等待遇"，有序引导农民工进城就业安居，最终达到户籍制度改革的根本目标。

就业制度、社会保障制度、教育制度、住房制度的改革一定要从"集体排他"转化为"个别排他"。所谓"集体排他"就是将一个社会群体整体地排除在一种制度之外，使他们丧失向上流动的机会，这是美国社会学家帕金斯针对中国特有社会现象所提出的。当然，放弃"集体排他"并不意味着选择"集体准入"，而需要遵循矛盾的特殊性和普遍性，采取分层分类法，以排除与户口相关待遇"一刀切"的现象。就当前农民工进城就业安居问题来说，应提倡"个别排他"，也就是说，准予符合一定条件的农民工享受某些或全部与城镇职工一样的待遇。

户籍制度统一后，与户口相关的制度和待遇还不能进行改革的，就暂时保持原有形态不变，待将来时机成熟时再逐步改革、改变和统一，有的制度可能要保持五年甚至十年、十几年后才可能改变。但是，应该立即统一提供公共服务设施，对城镇居民与农民工都要一视同仁；政府相关部门要根据户籍制度变化情况、针对进城就业农民工的服务与权益制定出翔实的改革规划。

6.2.5　户籍制度改革的实施步骤

《国务院关于进一步推进户籍制度改革的意见》（国发〔2014〕25 号）要求，进一步推进户籍制度改革，落实放宽户口迁移政策；坚持积极稳妥、规范有序，以人为本、尊重群众意愿，因地制宜、区别对待，统筹配套、提供基本保障；统筹推进工业化、信息化、城镇化和农业现代化同步发展，推动大中小城市和小城镇协调发展、产业和城镇融合发展；统筹户籍制度改革和相关经济社会领域改革，合理引导农业人口有序向城镇转移，有序推进农业转移人口市民化。到 2020 年，基本建立与全面建成小康社会相适应的社会管理和公共服务体系，以及以人为本、科学高效、规范有序的新型户籍制度，依法保障公民权利，努力实现 1 亿左右农业转移人口和其他常住人口在城镇落户。可见，国务院〔2014〕25 号文件明确了户籍制度改革的步骤，即先解决 1 亿进城就业农民工的城镇户籍问题，同时通过建立居住证政策，为其他在城市居住的人提供相应的基本公共服务，然后逐步解决他们的社保问题乃至市民化问题；最终建立城乡统一的户籍制度。根据《国务院关于进一步推进户籍制度改革的意见》（国发〔2014〕25 号）的要求，各级政府应该根据相应地区的主客观实际情况，分期、分层、分批进行户籍制度改革，逐步到位。

（1）分期：根据我国社会经济发展规划，到 2015 年，覆盖城乡居民的基本公共服务体系应该基本完善；到 2020 年，城乡区域间的基本公共服务差距应该明显缩小，甚至完全消除，大部分进城就业农民工能够享受与城镇居民基本相同的公共服务和权益，基本实现全面小康社会目标；在 2020 年以后，加快推进覆盖所有人群的户籍制度改革进度；到新中国成立

100 周年左右，建成城乡统一的全民户口登记制度，彻底解决城乡二元结构矛盾，实现基本公共服务均等化。

（2）分层：首先放开中小城市、小城镇特别是县城和中心乡镇的城镇户籍，其次再放开有足够承载能力的地级和副省级大中城市城镇户籍，最后逐步放开人口与资源环境矛盾比较尖锐的特大城市和大城市的城镇户籍。

（3）分批：在全国范围内广泛实行居住证制度，并对进城就业农民工市民化制度安排进行良好设计的基础上，各级政府要有计划、按步骤地分批解决进城就业农民工的城市落户问题。第一，应该让长期在城市居住并持有居住证 3 年以上（含 3 年）、没有违法乱纪和道德品行等方面的不良记录、拥有相对稳定的就业记录和居住条件的进城就业农民工及其未成年子女优先落户，因为这部分农民工进城时间长，就业能力强，可以适应城镇和市场竞争环境，解决他们及其未成年子女的城镇户口，使他们能长期在城镇扎根落户，不仅不会引起城市的社会问题，反而可以有序引导人口合理流动；第二，应该允许毕业于中等职业技术学校（中职）、高等职业学校（高职、专科）和高等院校（本科及以上）、户口仍然在农村的农民工成年子女以及拥有一技之长、能在城市稳定就业的新生代农民工落户城市，这些年轻人大多掌握了一定的知识和技能，拥有比上一代农民工更开阔的眼界，也更热爱城市的生活和工作，更渴望在城市里安家落户，将他们市民化有助于为城镇发展提供稳定的、高质量的劳动力；第三，目前有部分农村居民的子女因读书、参军、创业等原因而取得了城市户口，并在城市里过上了比较优越的生活，这些从农村出来的城市人大多愿意将他们的父母接到城市一起生活，也愿意帮助他们的兄弟姊妹及其未成年子女等直系亲属在城市生活和就业，各级政府应该因势利导，在获得这些来自农村的城市人相关担保①的

---

① 例如，担保他们来自农村的父母拥有良好的生活保障和居住条件，担保他们来自农村的兄弟姊妹等直系亲属拥有一技之长，能够自食其力，不会对城市社会产生负面影响，并能在必要时为他们的兄弟姊妹提供必要的生活和居住保障。如果他们的父母或兄弟姊妹在城市里给城市社会造成很大的负担，那么应该相应追究他们的担保责任。当然，如果这些来自农村的城市人履行了赡养父母和资助兄弟姊妹的义务，那么政府应该相应减少他们在税收等方面的负担。

条件下，适当放开这部分农村居民的城市落户限制；第四，推进城镇基本公共服务由主要对本地户籍人口提供向对常住人口提供转变，逐步解决在城镇就业居住但未落户的农民工享有城镇基本公共服务的问题，为全面解决进城就业农民工市民化问题准备条件。

6.2.6 户籍制度改革的实现路径

对于长期在城市就业和生活的农民工，只要具备稳定就业和稳定居所（包括租房）这两个基本条件，就应当给予他们就业所在地的城市户籍，使他们能够长期在城市就业安居。但是，引导农民工进城落户，既要放宽条件，让满足条件的农民工顺利落户，又不能让所有或大部分农村居民和农民工都在短时间内涌入大中城市，因为大中城市的容纳能力毕竟有限。因此，要根据不同城市的具体情况，设置不同的落户条件，让愿意进城落户的农村居民和农民工根据自己的实际情况分别进入不同类型的城市就业安居。

1. 进城就业农民工在大城市的基本落户条件

具备下列条件之一、具有稳定经济收入的进城就业农民工及其共同居住生活的配偶、年老父母和未成年子女可申请大城市城镇户籍：

一是购买有成套商品住房并实际居住 3 年以上（含 3 年）；

二是在务工就业单位分配有住房、承租房管部门公房并实际居住 4 年以上（含 4 年）；

三是受赠、继承、自建房屋具有合法产权并实际居住的。

对于被评为省部级以上劳动模范或先进工作者，或者具有高级技工或技师技术职称以及其他有突出贡献的进城就业农民工，可以不受上述落户条件限制。

2. 进城就业农民工在中等城市的基本落户条件

具备下列条件之一、具有稳定经济收入的进城就业农民工及其共同居住生活的配偶、年老父母和未成年子女可申请中等城市城镇户籍：

一是购买有成套商品住房并实际居住 2 年以上（含 2 年）；

二是在务工就业单位分配有住房、承租房管部门公房并实际居住 3 年以上（含 3 年）；

三是受赠、继承、自建房屋具有合法产权并实际居住的；

四是持有长期居住证 3 年以上（含 3 年）、实际租住具有独立门牌号的单元住宅房（租期 2 年以上），并缴纳基本养老保险费与医疗保险费 2 年以上（含 2 年）的。

对被评为地市级以上劳动模范或先进工作者，或者具有中高级技工或技师技术职称以及其他有突出贡献的进城就业农民工，可以不受上述落户条件限制。

3. 进城就业农民工在县级城市的基本落户条件

具备下列条件之一、具有相对稳定经济收入的进城就业农民工及配偶、共同居住生活的直系亲属（包括年老父母和未成年子女等）可申请县级城市城镇户籍：

一是购买有成套商品住房并实际居住 1 年以上（含 1 年）；

二是在务工就业单位分配有住房、承租房管部门公房并实际居住 1 年以上（含 1 年）的；

三是受赠、继承、自建房屋具有合法产权的；

四是持有长期居住证，实际租住具有独立门牌号的单元住宅房，并缴纳基本养老保险费或医疗保险费 1 年以上（含 1 年）的。

对被评为县级以上劳动模范或先进工作者，或者具有初级以上技工或技师技术职称以及其他有突出贡献的进城就业农民工，可以不受上述落户条件限制，凭临时居住证落户。

4. 农村居民在建制乡镇的基本落户条件

具备下列条件之一的农村居民及其配偶、共同居住的直系亲属（包括年老父母和未成年子女等）可申请建制乡镇的城镇户籍：

一是购买了成套商品住房的；

二是在务工就业单位分配有住房、承租房管部门公房的；

三是受赠、继承、自建房屋具有合法产权的；

四是持有临时居住证，实际租住具有独立门牌号的单元住宅房，并缴纳基本养老保险费或医疗保险费 1 年以上（含 1 年）的；

五是被国家机关、社会团体、企事业单位和民营企业正式聘用满 1 年以上（含 1 年），并签订劳动合同、按时缴纳养老保险金的。

对被评为镇级以上劳动模范或先进工作者，或者具有初级以上技工或技师技术职称以及其他有突出贡献的农村居民，可以不受上述落户条件限制。同时，由于乡镇是我国推进城镇化发展的主战场，而且乡镇也有吸纳农村居民落户的足够空间，所以可以适当放宽农村居民在乡镇落户的条件，只要有成为城镇居民的强烈意愿，且能够通过自主创业或其他合法方式过上相对体面生活的农村居民，即使不满足上述落户条件，原则上都应该允许他们变为该乡镇的城镇居民。

5. 失地农民和农民工的城镇落户条件

对于因土地开发、流转等客观原因而失去农村承包地和宅基地，或者自愿退出农村承包地和宅基地的农民和农民工，应该按照国家"以农村承包地换社保、以宅基地换住房"等相关政策对农村居民和农民工进行足额补偿，并在此基础上进一步放宽他们在相关城镇的落户条件和限制。失地进城就业农民工只要具有相对稳定的职业和经济收入、持有长期居住证、实际租住具有独立门牌号的单元住宅房，并缴纳养老保险金或医疗保险金 1 年以上，原则上就可根据自身意愿在其就业所在地（包括省级大中城市和县级城市）取得相应的城镇户口。失地农民和农民工愿意在部分县级城市和几乎所有乡镇落户的，原则上不应受到限制。①

6.2.7　户籍制度改革的目标

改革户籍制度，务必实现两个基本目标：一是消除农业户口与非农业户口的二元结构，回归户籍制度证明公民身份、满足社会管理需要的本来功能，建立对进城就业农民工的动态管理制度；二是消除户口的社会权益

---

① 因为他们已经因退出农村承包地和宅基地获得了相应的社会保障、住房和经济收入，不会因经济贫困等因素而对城市社会秩序造成负面影响，进而具备作为城镇居民生活的条件。

附加功能，切断户口与权益之间的关联，改变户口与就业、医疗、社会保障、教育、住房等公民权益挂钩的不合理现象，实现城乡一体化管理。但是，户籍制度改革是一项复杂的系统工程，不是在短时间内就能完成的。为了实现从现行城乡分割的二元户籍制度到城乡统一的一元户籍制度的顺利转变，可以参照美国国籍和绿卡制度的做法，对暂时达不到在就业所在地城市落户条件的进城就业农民工实施居住证制度；持有居住证的进城就业农民工可以与其就业所在地城镇居民一样，在本人就业、技能培训、子女入学、医疗保险、社会保障、公共图书馆服务、补贴发放等方面，享有同等的城镇基本公共服务和权益；待其持有居住证一定年限，并具备相应条件后可以优先落户在其就业所在地城市。可见，居住证制度既能避免农民工在短期内大量涌入城市可能带来的各种社会问题，可以作为我国户籍制度改革的一种缓冲措施存在；同时也在一定程度上解决了进城就业农民工在变为城镇居民之前享有的权益不平等问题，可以作为解决农民工进城就业安居问题的一种有效补充措施存在。因此，可以将居住证看作包括进城就业农民工在内的全体公民在国内自由流动的一种居住地证明和居住地权益保障证明，将户籍和身份证看作包括进城就业农民工在内的全体公民的身份证明，居住证和户籍（身份证）可以同时并行存在。综合上述分析可以看到，建立健全居住证制度和城乡统一的户籍制度是我国户籍制度改革的两个重要目标，其中，居住证制度还可以作为我国户籍制度改革的缓冲措施发挥作用。

1. 先行目标：完善居住证制度

推行户籍制度改革，既要针对不同规模城市实行差异化落户政策，又要针对进城就业农民工的具体情况，制定规范化的公平落户条件，要把已经长期在城镇居住和生活、稳定就业的农民工及其直系亲属转变为城镇居民；同时要对在城市就业和生活一定年限，且具备在城市长期稳定就业和生活潜力的农民工①发放长期居住证，对在城市就业和生活时间不长或者

---

① 主要是指具有一定技术专长、并能在未来长期为城市发展做出贡献的进城就业农民工。

在城市临时就业和生活，且不具备在城市长期稳定就业和生活能力或没有意愿在城市落户的农民工发放临时居住证。不论是已经取得城市户籍转变为城镇居民的农民工，还是持有长、短期居住证的进城就业农民工，其在城市就业和生活期间都应该享有与原有城镇居民一样的基本社会公共服务和权益保障。

居住证制度作为我国户籍制度改革的重要内容之一，在制度规范与实施过程中需要把握好适度原则，特别是要明确规定居住证持有人员转变为城镇居民的具体年限和条件。

（1）居住证管理模式

户籍制度改革前，对包括进城就业农民工在内的流动人口实行的主要是暂住证制度，暂住证持有者只是取得了在城市就业所在地暂时居住的合法性，而不能享有与原有城镇居民一样的基本社会保障和权益。将以前的暂住证改变为居住证，并不仅仅是名称的变化，而是针对包括进城就业农民工在内的流动人口社会权益保障的一种实质性变革，居住证应该被赋予更多的权益内容。为了保持制度、政策和措施的延续性，可以采用如下三种方式实施居住证制度改革：

一是实行暂住证一证式管理模式。仍然沿用原来的暂住证这个名称，但赋予原有暂住证相关的社会保障和权益内容，使暂住证持有者无须更换证件就能够享有与城镇居民一样的基本社会公共服务和权益保障。

二是实行居住证一证式管理模式。改原来的暂住证为居住证，原暂住证失效，包括进城就业农民工在内的所有流动人口只要在城市就业和生活，都需要重新办理居住证或者将原暂住证更换为居住证。居住证分为长期居住证（或居住证 A 证）和临时居住证（或居住证 B 证），A 证和 B 证的持有者都享有城镇基本社会公共服务和权益保障，但 A 证具有长期居住性质，B 证持有者只是暂时居住，两者因属性不同而享受到的增值服务应该有所差别，但是从持有 B 证转变为持有 A 证的资格和条件是明确的，手续是简单的，通道是畅通的。

三是实行暂住证和居住证并行管理模式。在实施居住证制度时，原来办理的暂住证仍然有效。只是暂时在城镇就业和生活，并不想在城镇长期落户或者达不到办理居住证要求的进城就业农民工，可以继续持有原来的暂住证，无须更换；而已经在城镇就业和生活一定年限，并有长期在城镇就业和生活的意愿，且达到办理居住证条件的进城就业农民工，应该到城镇相关政府部门办理居住证，或者将原来持有的暂住证更换为居住证。在这种情况下，暂住证相当于临时居住证或居住证 B 证，居住证相当于长期居住证（居住证 A 证），一人在同一时刻只能持有一证，而不能同时持有暂住证和居住证；当暂住证持有者达到一定年限和满足一定条件后，可以申请居住证，并同时注销暂住证。暂住证和居住证持有者都应该享有城镇基本社会公共服务和权益保障，但因其属性不同而享受到的社会公共服务和权益保障当然也应该略有差别。

上述三种居住证管理模式从本质上说都是一致的，但在具体实施过程中仍然存在差异。第一种模式沿用"暂住证"这个名称，并为其赋予了新的实质性内容，操作起来比较简单和方便，但是这种模式没有对长期居住和临时居住的进城就业农民工加以必要区分，不便于对不同类型的进城就业农民工进行规范管理。第三种模式并行使用暂住证和居住证，较好地满足了新旧政策的延续性，但是由于暂住证是户籍制度改革前用于管理、约束和限制流动人口的措施，其继续使用可能会在人们心目中留下"户籍制度改革不彻底"的烙印，造成暂住证持有者和居住证持有者之间心理上的不平等。第二种模式统一使用新的居住证代替原来的暂住证，实现了户籍制度改革带来的新面貌；包括进城就业农民工在内的所有流动人口都使用相同的居住证，体现了人人平等的思想；利用居住证 A 证和居住证 B 证将不同属性和需求的农民工区分开来，既满足了不同类型进城就业农民工的需要，又便于农民工就业所在地政府部门的规范管理。基于上述原因，第二种居住证改革模式，即居住证一证式管理模式是比较适合我国现阶段户籍制度改革的，其在形式上可以一步到位，更有利于我国户籍制度及其相关配套制度改革向纵深推进。

在此要特别说明的是，居住证与户口簿（身份证）是完全不同的。户口簿（身份证）是人们户口登记的记载与凭证，用于证明人们是哪里的人、常住哪个地方；而居住证则是人们目前居住地的凭证，用以证明持有人现在住在哪里。户口簿（身份证）指明的常住地与居住证指明的目前居住地既可以相同，也可以不同。对进城就业农民工来说，他们户口簿上载明的常住地在农村，居住证上载明的居住地在城市，其常住地和居住地往往是分离的；户籍制度改革的目的就是要以居住证制度为缓冲，尽可能缩短进城就业农民工户籍所在地与居住地之间的分离时间，并确保在两者分离期间不会损害进城就业农民工的基本权益。

（2）临时居住证申领条件

农民工进城就业、居住在城镇必须到当地派出所办理临时居住证，申领临时居住证的条件是：

一是申领者年满 16 周岁；

二是离开常住户口所在地、拟在暂住地居住 1 个月以上。

同时具备上述两个条件的公民应当凭居民身份证申报临时户口登记，申领临时居住证；原办有暂住证的可以换领临时居住证。但探亲、访友、旅游、就医、出差等人员，按照规定申报临时户口登记或者旅客登记，不必申领临时居住证。

（3）长期居住证申领条件

进城就业农民工符合一定条件可以到当地派出所申请办理长期居住证，凭长期居住证可以享受增值社会公共服务和权益。农民工申领长期居住证的条件是：

一是连续持有临时居住证 3 年以上；

二是稳定就业 2 年以上；

三是实际居住 2 年以上或具有独立门牌号单元住宅房租赁合同 3 年以上。

如果 2015 年开始施行长期居住证制度，那么可以规定，在 2014 年前，连续 3 年以上办有暂住证，或提供有效证明在本城市务工或经商 5 年以上，并且有固定居所的农民工，可以申请办理长期居住证。

2. 终极目标：健全城乡统一的居民户籍制度

居住证制度只是我国户籍制度改革的一种缓冲措施和过渡阶段的权宜之举，我国户籍制度改革的终极目标应该是建立健全城乡统一的居民户籍制度，以消除城镇居民与农村居民之间因户籍差异而产生的权益不平等现象。

（1）统一户籍，逐步取消农业户口与非农业户口在就业、社会保障、子女上学等方面的区别，最终将现行农业户口和非农业户口统一为"居民户口"；这种"居民户口"只证明居民身份，不再与居民享受的就业、医疗、社会保障、教育（包括子女入学）、住房等权益挂钩，而且可以在全国范围内自由迁徙流动。

（2）依据常住地和出生地来决定户口所在地。购买、受赠、继承、自建房屋并具有合法产权的，均可根据本人意愿，登记为当地居民户口；在一定条件下，也可以依据长期居住证将本人户口迁移到长期居住地，居民身份证也相应地依据户口所在地进行确定和更换。

（3）对于诸如没有稳定职业的进城就业农民工这样的流动性较大的人口，实行居住证一证管理，建立以常住户口和居民证两种管理形式为基础的登记制度；实行以居民身份证、公民出生证、居住证为主的证件化管理制度；逐步实现以居住地、生活地为落户标准，并与政策控制相结合的户口迁移制度。

（4）除保留居民身份证、居住证外，其他限制农民工进城就业安居的证件一律取消，这是减轻进城就业农民工负担的需要，也是提高行政效率的需要，更是改革的需要。

6.2.8 户籍制度改革的尝试

早在 1954 年新中国的第一部宪法中，便赋予了公民自由迁徙权。但从1958 年开始，出于农业为工业化提供积累的需要及对过度城市化的担心，我国颁布了《中华人民共和国户口登记条例》，限制公民由农村迁往城市。到 20 世纪 80 年代初，随着改革开放的启动和市场经济的发展，计划经济时代建立的户籍管理制度和人口流动限制出现了松动的迹象，外出打工挣钱的农民工逐渐增多。到20世纪90年代，为适应小城镇发展的需要，国家对小城镇户籍管理制度进行一系列改革，降低了农民落户小城镇的门槛。21世纪伊始，自2001年小城镇户口改革启动之后，一些大中城市包括省会城市也迈出了户口放开的步伐，开启了城市户籍准入放开制度的改革（周德魁，2008）。2014年4月以来，广东、海南以及武汉、无锡等地区都推出户籍制度改革"新政"。如广东省规定，凡在城市有固定住所、就业的大学本科以上学历毕业生，均可在广东省各大中城市落户；武汉市规定，7月1日起，毕业超过2年的普通高校毕业生或留学回国人员在武汉市就业创业的，只要具备本科或研究生学历，提供学历学位证明、劳动合同、1年社保缴纳证明以及合法住所证明，均可在武汉市落户。重庆市自2010年8月以来，就实施了户籍制度改革，截至2014年7月，已有近400万人取得了城镇户口。

同时，一些城市对非城镇户籍人口但居住在城市的人员实施了居住证制度，已实行居住证制度的城市有上海、成都、昆明、沈阳、深圳、珠海、广州、东莞、佛山、大连、太原、嘉兴、慈溪、长春等。

上海市于2002年6月试行居住证制度，2009年6月出台《持有〈上海市居住证〉人员申办本市常住户口试行办法》实施细则，自2013年7月1日开始实施上海市居住证管理办法积分法则。具有本科以上学历或者特殊才能的国外人员，以不改变其户籍或国籍形式到上海工作或创业的，可依规定申领《上海市居住证》。《上海市居住证》主要功能包括：持有人在上海市居住、工作的证明；用于办理社会保险、住房公积金等个人相关事务，查询相关信息；记录持有人基本情况、居住地变动情况等人口管理所需的相关信息。持有居住证的境内人员或者未加入外国国籍的留学人员，可以参加上海市基本养老保险，进入不转移，离开可转移。

广东省自2010年1月1日开始实行居住证制度，目前已基本实现了居住证持有人基本信息在全省甚至全国的联网互通。这方便了外来人口在不同城市间的流动，可更好地加强对外来人口的管理和服务，是外来人员未来落户广东的预先准备机制。

深圳市居住证制度分为《深圳市居住证》和《深圳市临时居住证》两种。已满16周岁并符合下列条件之一的人员可以申领《深圳市居住证》：在深圳市从业，并拥有所居住房屋的产权；在深圳市创业并具备相应的技术或资金条件；在深圳市从事文化艺术创作，并取得一定成就的外来人员。

天津市2013年发布《天津市居住证管理暂行办法》和《天津市居住证积分指标及分值表》，决定从2014年1月1日至2015年12月31日，试行非本市户籍常住人口居住证管理办法，取消现行暂住证。

6.3 建立公平有效无歧视的劳动就业制度

我国经济快速发展，城镇化水平不断提高，农民工就业机会和就业空间增大，短期内就业不是问题；随着农民工对薪资期望值的提高，择业成为进城就业农民工关心的主要问题。对我国这样的人口大国而言，就业将是永恒的主题。一旦出现经济波动，首先面临失业的就是农民工，如2008~2010年，受全球金融危机等各种因素的综合影响，我国部分地区企业经营出现困难，导致企业用工需求下降，大量农民工被迫返乡。当时，我国政府采取了多种措施来帮助农民工就业，包括通过贷款、财税等手段支持农民工创业；积极落实减轻企业负担的政策，稳定就业岗位；对农民工开展就业服务和技能培训；在基础设施建设领域雇用农民工，及时为农民工提供有效就业信息等；许多地方政府纷纷开办农民工就业技能培训班，让农民工能通过培训掌握更多的劳动技能，重新就业。所以，无论何时何地，我国都要将就业，特别是农民工就业置于突出位置抓好落实好。

建立公平有效无歧视的劳动就业制度的总体思想应该是"创新就业制度、拓展就业培训、规范用工制度、保障报酬权益、促进稳定就业"，最终针对进城就业农民工构建起涵盖就业制度、培训制度、用工制度和工资制度在内的公平有效无歧视的劳动就业制度。改革城乡分割的就业管理体制，确定农民工就业由人社部门负责，集中政府分散的就业培训经费；所有的劳动力市场、行业、工种、企业、事业、机关单位对农民工免费开放，不以城乡身份设置门槛，向农民工发放"技能培训券"、推行一站式就业培训与多种模式技能培训相结合的全员培训教育制度，对符合一定条件的农民工给予再就业扶持政策，鼓励农民工自谋职业或回乡创业；所有用人单位实行法定代表人负责制，不得以集体合同或与包工头签订的合同代替用人单位与农民工个人的劳动合同，不得以劳务派遣合同规避劳动合同，实行同工同酬和"一金一卡"发放工资制度，实施税收减免、社会保险补贴、提供贷款贴息与融资担保等措施鼓励用人单位招用进城就业农民工。

6.3.1　就业制度设计

进城就业农民工已经成为产业工人的重要组成部分，这是国家对农民工的最新最精准定位。农民工问题实质上就是就业问题，稳定就业是农民工进城乐业安居的前提条件。政府要将农民工就业纳入政府就业计划，统一组织、分类实施，从政策层面上给予农民工国民待遇，为全社会正确看待农民工奠定基础。全社会，特别是用人单位应当认同农民工是产业工人的重要组成部分，是企业发展不可或缺的生力军，是本单位的职工。农民工进城就业和生活既是统筹城乡发展、提高农民收入、缩小城乡居民收入差距、消除城乡差别的有效途径，也是解决"三农"问题、建设和谐社会和全面小康社会的关键所在，符合社会主义现代化发展规律，是我国工业化、城镇化和农业产业化进程中必不可少的重要环节。因此，必须对现行就业制度进行全面深化改革，取消户口等各种限制，建立平等统一的劳动力就业市场和就业服务体系，使包括进城就业农民工在内的全国居民享受同等的就业机会，实现稳定就业和充分就业。

平等就业制度主要包含三个层面的内容。一是在就业市场准入方面不存在制度障碍，包括进城就业农民工在内的每个劳动者都能获得平等就业的机会和权利，目前从表面上看似乎已经实现，各级政府部门确实没有在制度层面上限制农民工的就业机会和权利，但在实践过程中歧视进城就业农民工的现象仍然时有发生。二是在劳动报酬和社会保障获取方面不存在不平等现象，包括进城就业农民工在内的所有劳动者都能平等地获得包括工资报酬、劳动保护、社会保险、休息休假、节假日补贴等在内的所有权益。三是在公共资源和公共服务获取方面不存在不平等现象，包括进城就业农民工在内的所有劳动者都能平等地获得享受社会公共资源和公共服务的权利。虽然各级政府和相关法律法规对这些问题都有比较明确的规定，但在现实执行过程中，进城就业农民工的这些权利大多没有得到落实。这些问题现在已经成为进城就业农民工关注的焦点，也是发生劳资纠纷、社会冲突和矛盾集中的重点领域。

1. 以权利为基点完善农民工就业制度

（1）进一步彰显农民工进城就业权利。在相关立法中，充分显示农民工的实体权，包括就业竞争权、自由择业权、平等就业权、职业安定权、公共就业保障权以及就业知情权，夯实权利保障的制度基础；展现农民工的程序性权利，完善农民工就业权的救济制度，包括公益诉讼制度、降低农民工的维权成本等；强化农民工集体权利的发挥，加强工会对农民工的吸纳与组织作用，提高农民工的组织化程度，注重通过农民工的集体力量来促进就业权的实现，加强对就业权的保障。

（2）废除各种不利于农民工进城就业的不合理限制措施。政府相关部门应当消除对进城就业农民工的偏见，打破狭隘的地方保护主义，彻底清除歧视和限制农民工进城就业的相关法律法规和政策规定，修改各种有损进城就业农民工平等就业的规章制度，消除对农民工的就业歧视，给农民工创造公平的就业机会和环境。

（3）规范政府的农民工进城就业引导行为。首先，政府必须切实履行职责，从根本上改变对进城就业农民工不公的看法和做法，加强对农民工的权益保护力度。其次，政府的举措必须符合维护农民工合法就业权利、保障农民工平等就业、促进农民工充分就业的要求。再次，政府在引导农村富余劳动力有序转移就业时，必须尊重农民工的意愿，符合劳动力要素流动规律，并以对农民工就业权损害最小的方式进行引导。我国《就业促进法》第二十条第三款规定：县级以上地方人民政府引导农业富余劳动力有序向城市异地转移就业；劳动力输出地和输入地人民政府应当互相配合，改善农村劳动者进城就业的环境和条件。县级以上人民政府要据此制定农民工就业帮扶实施细则，细化那些模糊的、粗略的规定，给政府行为定底线、加边框，尽快消除就业促进制度的诸多弊病，进一步规范政府行为，减少决策失误。

2. 建立统一的劳动力市场

消除劳动力市场分割局面，构建劳动力统一大市场，是统筹城乡发展、解决农民工稳定就业的关键性措施。市场是配置劳动力资源的基本手段，只有建立全国统一的劳动力市场，才能实现劳动力资源的优化配置，才能使进城农民工的就业行为市场化、规范化和制度化，才能按照市场经济规律建立信息对称、双向选择、合理流动、公平竞争的进城农民工就业机制，才能从根本上克服以"关系"为纽带建立农民工进城就业关系网络的弊端①，进而减少就业矛盾，保护农民工的合法权益，提高就业质量。

（1）开放劳动力市场，消除农民工就业市场壁垒。所有的劳动力市场对所有的农民工开放，农民工只要凭身份证就可以进入任何一家劳动力市场找工作；对劳动力市场进行整合和延伸，将各种劳动力市场统一起来，并延伸到乡镇、街道、农村等基层组织，以降低农村劳动力进城就业的盲目性。在市场经济条件下，劳动力市场本来就应该对所有的劳动者开放，而不是对一部分人开放，对另一部分人禁入。

（2）强化农民工就业服务，降低农民工就业成本。所有公共的劳动力市场（城镇各级公共职业介绍机构）对农民工免费开放，免费咨询，免费提供就业信息，免费提供职业指导和职业介绍服务。

---

① 以"关系"为纽带建立的农民工进城就业关系网络常常具有义务不对称性、易欺骗性、矛盾或冲突易发生性等缺陷和弊端。

（3）建立统一的城乡劳动力资源调查登记和失业登记制度。将进城就业农民工纳入劳动力资源调查登记范围，建立乡镇和农村劳动力资源登记系统，实行城乡统一的就业登记制度；将符合条件的失业进城就业农民工纳入失业登记范围，登记了失业的农民工凭失业登记证明可享受公共就业服务、就业扶持政策和按规定申领失业保险金。当然，要根据不同类型城市的具体情况，设置不同的进城就业农民工失业登记条件。

对于大型城市，进城就业农民工满足下列基本条件之一的，可以允许其进行失业登记：①持有该大型城市长期居住证的农民工；②退出农村承包地或因国家土地开发等失去土地，并在该大型城市就业和生活的农民工；③持有该大型城市临时居住证5年以上（含5年），并已在该大型城市就业2年以上（含2年）、再失业的农民工。

对于中等城市，进城就业农民工满足下列基本条件之一的，可以允许进行失业登记：①持有该中等城市长期居住证的农民工；②退出农村承包地或因国家土地开发等失去土地，并在该中等城市就业和生活的农民工；③持有该中等城市临时居住证3年以上（含3年），并已在该中等城市就业1年以上（含1年）、再失业的农民工。

对于县城与乡镇，进城就业农民工满足下列基本条件之一的，可以允许进行失业登记：①持有该县城与乡镇长期居住证的农民工；②退出农村承包地或因国家土地开发等失去土地，并在该县城或乡镇就业和生活的农民工；③持有该县城或乡镇临时居住证1年以上（含1年）的农民工。

3. 建立广覆盖的信息公开制度

（1）建立城乡一体的就业信息服务系统，使农民工能够获得可靠、有效、优质的就业信息。信息交流不畅已成为制约农民工就业的一个"瓶颈"，各级劳动力市场信息中心、职业培训机构以及正规的职业中介机构应当建立统一的信息网络，以减少信息不对称的负作用，加强政府公共就业信息服务对农民工就业和合理流动的指导作用。

（2）推进城乡就业服务的信息对接和跨地区就业服务的信息对接，构建劳动力供需信息公共服务网络系统。鼓励公共就业服务机构和社会就业服务机构加强合作，统一集中各职业介绍机构的就业信息，做到信息互通、信息共享。用人单位只需在一家职业介绍机构发布信息，就可在其所在地区和周边地区，甚至全国范围内招聘到所需员工；进城就业农民工只要到一家职业介绍机构求职，就能了解到全省市区范围甚至全国范围内的相关招聘信息。当前，如果全国就业信息难以集中发布，那么可以先在一个城市或一个省份实行就业信息集中发布，待条件成熟后再向全国延伸；如果所有职业介绍机构的就业信息难以集中发布，那么可以先将公共职业介绍机构及其他非营利性职业介绍机构的信息集中起来统一发布，待条件成熟后再延伸到社会职业介绍服务机构。

（3）完善信息发布渠道，使农民工普遍能够平等获取就业服务信息。建立农村劳动力输出地和输入地信息对接机制，收集企业用工岗位信息，通过劳动力市场服务大厅、互联网、报刊、信息卡、"求职地图"、短信等形式及时发布供求信息；设立人力资源和社会保障服务平台，配备人力资源和社会保障协理员，使农民工能够及时获得准确的、引导他们到可靠职业介绍机构和用人单位求职的信息；开通针对农民工的电话咨询服务，建立规范的咨询反馈流程，及时向进城就业农民工反馈信息，加强就业信息服务、人力资源服务、社会保障和劳动关系协调，帮助农民工找到满意的工作。

4. 建立一视同仁的就业服务制度

（1）营造公平的就业环境。坚持把产业发展和企业发展作为稳定就业的重要载体，从企业创业、生产、经营和技术创新、流通、金融服务、财税制度、协作组织等方面进一步完善法律、政策，实施好《就业促进法》，为企业发展创造有利的环境，促进中小企业与大型骨干企业共同发展，增加就业机会。推进产业结构调整要顾及和满足农村劳动力转移就业和进城农民工稳定就业的现实要求，加大招商引资力度，引进重点项目和龙头企业，加快产业发展，大力推动高新技术产业、资金密集型产业和劳动密集型产业均衡发展，促进传统产业改造创新，加快现代服务业发展，推动家政等传统服务业的细分和升级，增强城市吸纳就业的能力，提高经济发展水平和企业发展速度，帮助农民工解决就业难题，提高农民工就业质量。

（2）构建完善的就业服务体系。建立以县级职业介绍机构为主，覆盖乡（镇）、村的三级职业介绍服务网络，使所有的职业介绍机构及其人力资源信息全国联网。政府扶持发展为农民工提供专门化服务的非营利组织，为农民工提供免费服务创造条件。现有的所有合法职业介绍机构都应当为农民工提供就业服务，并且必须依照规定对包括农民工在内的所有求职者一视同仁。

（3）公共职业介绍机构（主要是政府人社部门所属的职业介绍机构）应该对农民工免收现场招聘门票费、求职登记费、就业成功服务费、劳务输出服务费等各项职业介绍服务费。为进城就业农民工提供免费服务的职业介绍机构在农民工成功就业并与用人单位签订6个月以上的劳动合同后，可以到当地政府就业服务管理机构领取职业介绍补贴；每位农民工只能享受一次职业介绍补贴，不得重复申请。公共职业介绍机构向进城就业农民工免费提供的服务包括：一是劳动保障法律、法规、规章、政策咨询服务；二是职业介绍和职业指导服务；三是在就业服务场所公开发布适合进城农民工就业的当地岗位空缺信息、职业供求分析信息、劳动力市场工资指导价位信息和职业培训信息等；四是推荐需要培训且符合条件的进城就业农民工参加免费或部分免费的培训；五是办理进城农民工就业登记，录用和终止、解除劳动关系备案等项事务；六是为符合条件的进城就业农民工办理失业登记；七是劳动保障行政部门指定的其他相关服务。

5. 建立有效的就业激励制度

（1）激励用人单位吸纳农民工就业，消除农民工就业歧视。就业岗位的增加最终取决于用人单位，没有用人单位的发展，就不会有就业岗位的增加，也就无法解决农民工的就业问题。因此，各级政府应该采取有效的政策措施鼓励和激励用人单位不断发展，以提供更多的就业岗位和聘用更多农民工就业。激励用人单位吸纳农民工就业的具体措施如下。

①税收减免。各级政府可以通过税收减免政策鼓励各类企业（国家限制行业的企业除外）尽可能多地吸纳进城农民工就业。对于聘用农民工就

业，并按规定与其签订期限在 1 年以上（含 1 年）规范劳动合同的企业，根据以缴纳社会保险费为依据计算的实际招录农民工人数，在相应期限内按每人每年一定限额或比例减免企业应缴的营业税、城市维护建设税、教育费附加和企业所得税的地方所得部分。在计算招录农民工就业的企业应该减免的税收数额时，可以采取如下两种方式：一是政府对企业招录的每个农民工规定一个具体的年税收减免数量，如企业每规范招录一个农民工，就给予该企业每年 5000 元的税收减免；二是政府在企业每年应缴纳的税收总额中，按其招录的农民工占企业员工总数的比重减免该企业相应比例的税收，如某企业 2013 年应该缴纳的税收总额为 1000 万元，其规范聘用的农民工占企业员工总数的比例为 5%，那么政府就可以相应减免该企业 50 万元的税收。对于第一种方式，当企业因经营绩效不太好而所需缴纳的税收比较少、其规范聘用的农民工又比较多时，有可能出现企业应缴税收总额少于减免税收总额的现象。例如，某企业 2013 年应缴税收总额为 10 万元，其规范聘用的农民工人数为 30 人，按每规范聘用一个农民工减免 5000 元税收计算，该企业 2013 年应该减免的税收为 15 万元，多于其应缴税收总额。对于这种情况，政府可以全部减免该企业的本年度税收，但不宜对该企业进行税收补贴，也不宜将该企业应该减免的本年税收结转到后一年或后几年扣减。为了避免产生这种减免税收数量多于应缴税收数量的怪异现象，政府采用第二种方式（即按企业规范聘用农民工比例减免相应比例税收）激励企业规范聘用农民工应该是比较科学和合理的。

另外，政府也不应该对招录农民工就业的企业实行无限期税收减免，因为一个农民工如果能在一家企业工作较长时间（如 3 年或 3 年以上），那么该农民工就有可能成为这家企业的骨干而与企业建立起比较固定的劳动合同关系，同时在其他相关政策（如户籍政策、社会保障政策等）的配合下，该农民工的身份有可能发生变化。在这种情况下，再对该企业聘用这个农民工实施税收减免政策无疑是不合适的。因此，各级政府可以对企业因规范聘用农民工而享受的税收减免政策设定合理年限（如 3 年），并在税收优惠期内对税收减免的额度进行动态管理。

②社会保险补贴。对聘用进城农民工就业，并按规定与其签订期限在1年以上（含1年）规范劳动合同、为农民工足额缴纳社会保险费的企业，政府应该按实际招用人数、在相应期限内给予该企业社会保险费补贴，期限以不超过3年为宜。社会保险补贴标准按单位应为所招农民工缴纳养老、医疗和失业保险费计算（按城镇居民标准计算一般以缴费额的 1/3 ~ 2/3 为宜，如养老保险按20%计算，企业承担10%、政府补贴10%），个人应缴纳的养老、医疗和失业保险费原则上由本人负担（但其中养老保险按8%计算，个人承担5%、政府补贴3%）。

③重点企业贴息。对获得商业银行贷款按期支付银行利息，招用农民工数量达到100人以上并与其签订1年以上期限劳动合同的各类企业，可向其所在城市就业再就业主管部门申请贴息，贴息资金由同级政府财政安排。

④岗位补贴。对各类用人单位招用符合再就业条件的农民工（包括失地农民工），与其签订1年以上期限劳动合同并缴纳社会保险费的，给予与劳动合同期限相应的岗位补贴，岗位补贴标准为每人每年不少于1000元，期限最长不超过3年。

⑤小额贷款。对符合贷款条件的劳动密集型中小企业，其在新增加的岗位中当年新招用农民工达到企业现有在职职工总数30%以上，并与其签订1年以上期限劳动合同的，根据该企业实际招用人数，合理确定其贷款额度，可规定最高限额，并按规定享受财政贴息等优惠政策。

⑥融资担保。各类融资担保公司应制定相应的融资担保政策，对吸纳农民工就业达到一定数量，并且与其签订1年以上劳动合同并缴纳社会保险费的企业，融资担保公司可根据不同情况，为企业发展提供融资担保。

⑦其他措施。对吸纳进城农民工就业的企业，在工商登记、动产抵押、股权出质、商标注册特别是驰名、著名商标推荐等方面优先办理、给予扶持。

（2）激励农民工自谋职业或回乡创业，广开就业门路。政府部门应鼓励有条件的农民工回乡创业，促进农村劳动力就近转移就业。农民工回乡创业既可促进农村经济的发展，又能就近解决农民工就业问题，同时还能缓解政府面临的剩余劳动力就业压力，因此各级政府及其所属部门要为农民工返乡创业提供良好宽松环境，确保农民工回乡创业能与外地客商一样享受招商引资优惠政策。激励农民工自谋职业或创业的具体措施如下：

①建立农民工创业联络员制度。政府主管部门要指定一名工作人员作为联络员，与有创业意向的农民工定向联系，为其创业提供发展指导、品牌建设等方面的咨询服务。对经创业培训后获得政策支持的农民工，当地政府主管部门要指定专人负责，定期了解其经营状况，提供咨询服务，帮助其解决出现的问题。

②建立农民工创业培训与指导制度。引导外出农民工回乡创业，积极组织创业培训，以创业带动就业，通过创业培训和跟踪服务，使他们树立创业理念、增强创业意识、掌握创业技巧、提高创业能力、提高经营水平，培养造就一批懂经营、会管理的现代农民企业家。加大创业先进典型的宣传力度，加快创业孵化基地的建设，使有创业意愿的农民工享受到优惠的创业扶持政策，在创业培训、税收减免、小额担保贷款、社会保险补贴、信息咨询等方面为广大农民工创业者提供全方位服务。对参加创业培训、完成创业计划书并经过专家论证通过的农民工，在申请小额担保贷款时可进一步降低担保门槛。

③建立回乡创业"绿色通道"。在各级地方政府所属的就业服务大厅设立返乡农民工创业办事窗口，开辟"绿色通道"，简化办事程序，实行"一次登记，全程服务"工作机制，支持农民工自主创业。引导返乡农民工承包土地，从事特色农副产品种植业、养殖业和加工业，并帮助其注册农副产品商标，发展品牌农业；免费开展经纪人培训，积极支持农村龙头企业发展，采取"公司 + 农户 + 基地"的发展模式，带动返乡农民工就业。

④制定税收优惠政策鼓励进城农民工自主创业。城市服务业和社会经济的发展以及城市行业结构的优化调整为进城就业农民工自主创业提供了机会和空间，各级政府应该通过制定科学合理的税收优惠政策大力鼓励进

城农民工自主创业。对进城农民工开设的、不违反国家和地方产业政策的个体经营企业（常常是微型企业），政府可以按每户每年一定限额或比例依次减免其营业税、城市维护建设税、教育附加费和个人所得税等相关税收，通常可以采用如下两种方式核算进城农民工开办的微型企业应该减免的税收数额：一是政府对每户微型企业规定一个具体的年税收减免数量，如每户每年 1 万元的税收减免，当农民工微型企业年度应缴税额小于等于减免税额时，该企业可以享受免税待遇，当农民工微型企业年度应缴税额大于减免税额时，该企业应该缴纳扣除减免税额后的超额部分；二是政府在微型企业每年应缴纳的税收总额中按一定比例（如 50%）减免一定数量的税收。至于究竟应该采用哪种方式核算减免税收数量，各级政府可以根据各地农民工自主创业具体情况和经济发展水平决定。另外，由于政府财政资金非常有限，不可能对所在地农民工微型企业实行无限期的税收减免，而且这样做对所在地其他企业和经营主体也不公平；同时，农民工微型企业在经过创立期（3 年及 3 年以上）的税收减免政策扶持后，应该有了较大的发展和较强的市场竞争力①，应该脱离政府的扶持独立经营和存续。因此，各级政府还应该根据所在地实际情况建立科学合理的农民工微型企业税收减免年限设定机制和税收减免额度动态管理机制。

⑤通过政府小额贷款贴息政策鼓励进城农民工自主创业。对农民工从事个体经营或合伙经营、自筹资金不足的，除国家限制的行业外，政府按规定提供小额担保贷款；利用小额担保贷款从事微利项目的，政府财政给予 50% 的贴息。

⑥通过费用减免政策鼓励进城农民工自主创业。游离于税收之外的行政事业性收费既缺乏强有力的法律支撑，又缺乏严格的监督管理，还可能成为政府部门进行权力寻租和打压企业主体的工具；随着市场经济的发展，具有中国特色的行政事业性收费已经成为阻碍我国中小企业发展的重

---

① 如果某个农民工微型企业在 3 年以上（含 3 年）的税收减免扶持期内都不能达到应有的发展水平，那么这样的企业也就没有继续扶持的必要了。

要因素。在各级政府鼓励进城农民工自主创业和回乡创业过程中，减少甚至免除对农民工微型企业的行政事业性收费，是支持农民工自主创业的重要举措，这既可以减少农民工自主创业的启动成本和时间成本，也可以从精神上让农民工感受到政府对他们的切实支持，从而增强他们自主创业的信心和动力。对于有创业动机和创业意愿的进城农民工，只要他们开办的企业符合国家相关法律法规要求，政府相关行政管理部门就应该从办理工商营业执照和税务登记证等开始给予他们足够的优惠和方便，并免除他们在办理工商营业执照、税务登记证以及批准其经营之后，在企业经营过程中所需缴纳的登记类、证照类和管理类行政事业性收费①，这些费用具体列示如下：

登记类行政事业性费用：工商部门收取的包括开业登记、变更登记、补换营业执照及营业执照副本等在内的个体工商户注册登记费；民政部门收取的民办非企业单位登记费（含证书费）；公安部门收取的机动车抵押登记费；国土和房地产管理部门收取的土地房屋抵押登记费等。

证照类行政事业性费用：工商部门收取的经济合同示范文本工本费；税务部门收取的税务登记证工本费和税务发票领购簿、登记簿工本费；卫生部门收取的卫生许可证费；民政部门收取的殡葬服务经营许可证工本费；人社部门收取的职业资格证书工本费；公安部门收取的机动车登记证书工本费、防火档案工本费和暂住人口管理证工本费；商业部门收取的酒类流通备案登记证工本费；食品药品监督部门收取的药品经营企业许可证费；国土和房地产管理部门收取的直管公房租赁（租约）证书工本费；农业部门收取的兽药经营许可证工本费、种子经营许可证工本费；林业部门收取的林权证工本费；市政部门收取的下水道接沟许可证工本费；教育部门收取的社会力量办学许可证工本费；质监部门收取的统一代码标识证书费；交通部门收取的道路运输经营许可证件和车辆营运证收费；文广部门收取的摄像制品经销、放映许可证工本费等。

① 这些行政事业性收费虽然已经成为一种惯例，但从市场经济规律来说是不应该收取的。

管理类行政事业性费用：工商部门收取的集贸市场管理费、个体工商户管理费；卫生部门收取的卫生监测费、卫生质量检验费、预防性体检费、预防接种劳务费；人社部门收取的劳动合同鉴证费和劳动争议仲裁费；公安部门收取的驾驶员管理费；农业部门收取的水产种苗审核评定费；市政部门收取的城市占道费等。

6. 建立公平的就业援助制度

（1）完善进城就业农民工再就业扶持政策。将符合条件的进城就业农民工纳入现行的再就业政策扶持范围，享受城镇再就业政策，这有利于降低公共成本，构建和谐社会和促进城乡统筹发展。但并不是所有进城就业农民工都可以享受再就业政策，只有符合一定条件的农民工才能被纳入再就业政策统筹的考虑与安排，这一方面符合公平原则，另一方面也可以防止部分农民工为享受再就业优惠政策而盲目进城而对城市社会秩序造成伤害。国家应根据不同类型城市的具体情况，设置不同的进城就业农民工享受城镇再就业扶持政策的条件。

对于大型城市，进城就业农民工满足下列基本条件之一的，可以享受城镇再就业扶持政策：①持有该大型城市长期居住证的农民工；②自愿退出农村承包地或因国家土地开发等失去土地，并在该大型城市就业和生活的农民工；③持有该大型城市临时居住证5年以上（含5年），并已在该大型城市就业2年以上（含2年）、再失业的农民工。

对于中等城市，进城就业农民工满足下列基本条件之一的，可以享受城镇再就业扶持政策：①持有该中等城市长期居住证的农民工；②自愿退出农村承包地或因国家土地开发等失去土地，并在该中等城市就业和生活的农民工；③持有该中等城市临时居住证3年以上（含3年），并已在该中等城市就业1年以上（含1年）、再失业的农民工。

对于县城和乡镇，进城就业农民工满足下列基本条件之一的，可以享受城镇再就业扶持政策：①持有该县城与乡镇长期居住证的农民工；②自愿退出农村承包地或因国家土地开发等失去土地，并在该县城或乡镇就业和生活的农民工；③持有该县城或乡镇临时居住证1年以上（含1年）的农民工。

帮助农民工再就业的培训机构和接收农民工再就业的用人单位，也可根据国家再就业政策享受有关补贴、补助和税收优惠政策等。让农民工享受城镇再就业政策是有依据的，《国务院关于进一步加强就业再就业工作的通知》（国发〔2005〕36 号）明确提出："就业再就业工作的重点是解决体制转轨遗留的下岗失业人员再就业问题和重组改制关闭破产企业职工安置问题；同时，也要继续做好高校毕业生、进城务工农村劳动者和被征地农民等的就业再就业工作。"

（2）对符合再就业条件的农民工，申报就业并参加社会保险的，给予一定数额的养老保险补贴和医疗保险补贴，期限不超过 3 年。

（3）建立困难农民工就业援助制度。符合再就业条件的困难农民工应该与困难城镇居民一样得到同等的再就业援助，包括免费进行技能培训、免费提供就业岗位及生活救助等。

（4）将符合再就业条件的残疾农民工以及农民工残疾子女纳入残疾人就业援助范围，并作为按比例安排就业的对象。

（5）将符合再就业条件的农民工纳入零就业家庭就业援助范围，减免所有税费。

6.3.2 培训制度设计

农民工是农业型社会向工业型社会转变过程中产生的特殊过渡性群体，他们普遍文化素质不高，也很少接受过职业技术方面的培训。培训是帮助农民工更好就业和增加收入的有效方法，但当前农民工接受培训的情况，特别是培训效果并不理想。因此，在设计与制定培训制度和政策时，一定要注意两点：一是要清楚培训农民工是政府的职责，但政府是提供培训服务的推动者而不是具体实施者；二是要注意当前农民工培训工作面临着需求不旺和有效供给不足两大问题，不能盲目设定培训项目，要做到有的放矢。绝大部分农民工在进城之后，为了尽快适应流入地的生活，顺利实现就业，都渴望获得包括缝纫、美容、美发、烹饪等方面的初级技能培训，多数已就业农民工也希望通过培训掌握一门新的技能。我们调查发现，进城就业农民工大多未经过专门的技能培训；在有一定特长的进城就业农民工中，有66.43%的人是通过自学和工作积累获得就业技能的，通过政府培训获得就业技能的人仅占1.05%；有62.86%的进城就业农民工希望通过培训掌握一门新技能。但为什么还存在"需求不旺"的问题呢？原因有以下几个方面。第一，农民工自身的因素。在没有足够支付能力的情况下，大部分农民工无法逾越职业培训的经济门槛，他们强烈的培训意愿无法转化成有效的培训需求；缺乏长远性眼光，不愿意以收益换取培训，这部分农民工在主观上没有接受培训的意愿；诸多社会歧视和长期不公正的社会待遇使部分农民工产生了自卑心理，从而在自身培训问题上缺少主观自愿性。第二，培训服务体系不健全、培训质量不高。由于培训机构的目的是赚钱，培训仅停留在表面上、形式上，缺乏针对性和实效性，这导致培训的质量不高、效果不好，农民工参加培训收效甚微而缺乏积极性；培训后就业服务不到位，缺少对城乡劳动力的统筹协调，没有形成有效的就业服务，造成了农民工对培训投入预期收益不明朗，挫伤了农民工参与培训的积极性。第三，营利性培训市场的无序化。在利益的驱动下，一些无力提供合格培训服务的个人和组织也参与到培训市场的竞争中来，他们提供质量低劣的培训服务，扰乱了市场秩序，损害了行业的整体形象，使得那些潜在的受培训者望而却步。实际上，这种"需求不旺"只是在众多限制因素存在下的一种"虚假的需求不旺"，在逐步排除制度障碍、进一步完善培训市场的前提下，农民工潜在的培训需求会越发旺盛起来的。

同时，农民工培训还存在有效供给相对不足的问题。原因有以下几个方面。第一，企业组织的角色缺位。对于农民工的培训，企业能否积极参与是职业培训成败的关键因素；但一些企业虽有培训供给的能力，却没有供给的意愿，片面追求利润的最大化，消极参与，避之唯恐不及，无法形成有效供给；也有的企业由于没有和农民工形成长期的合约关系，担心农民工学会技能之后就跳槽或被挖墙脚，因而不愿在农民工身上投入太多，这直接造成了企业对农民工培训的投入不足；当然，也有少数农民工不遵守信用，频繁流动和跳槽，让企业失去了对农民工培训的信心。但大多数农民工是好的，个别现象不影响也不应该影响大局。第二，非营利性组织（NPO）的作用有限，在农民工培训问题上还未能有效发挥作用。第三，政府的推动作用难以有效实施。我国目前开展的农民工培训工作在很大程度上依赖于政府的行政干预，然而，法律障碍和权力寻租现象的蔓延导致市场的无序化，而市场无序化的直接后果是合格服务有效供给的不足；同时，资金匮乏已成为制约农民工培训工作开展的一大瓶颈，在企业不愿过多投入的情况下，仅靠各级政府有限的财政资金和少量的企业与社会捐款，培训经费是严重不足的。

加强农民工就业培训，对农民工全面开展职业培训和教育，是促进就业和提高农民工收入的需要，是企业技术创新和产业升级的需要，也是国家转变发展方式、提高国际竞争力的需要。要加快完善相关制度，规范和有序开展农民工培训教育工作。

1. 把农民工纳入国民培训教育体系

各级政府要将进城就业农民工纳入国民教育培训体系，形成政府、企业、劳动者和培训机构共同推进机制，打造以市场为导向，以提高农民工就业能力为目标、充分尊重农民工自主选择权、多方受益、充满活力的教育培训体系。

2. 落实农民工职业技能培训责任制

各级政府要加大农民工培训教育的投入，强化企业培训责任，发挥行业组织的作用，调动农民工参加培训的积极性，让企业培训、公共职业培训、跟师学艺培训都得到发展，鼓励农民工通过职业技能鉴定获得培训合格证书、职业资格证书，以技能促就业、促发展，推动农民工收入增长。

3. 建立农民工职业技能培训协调机制

实施"阳光培训工程"，提高培训透明度；建立培训公平竞争机制，增强培训机构责任感，提高培训能力和培训质量；围绕市场需求优化培训结构，开展定向、订单和储备式培训，培训出一批专业对口、质量优良的农民工队伍，提高农民工的就业竞争能力。

4. 建立全民就业培训制度

发展面向全体农民工的全民职业培训和教育，推行"培训券"制度，实施订单式培训，培训机构公平竞争，政府购买培训服务，推进培训就业一体化，加大力度实施免费职业教育。这包括农民工就业培训在内的全民就业培训应该统一由政府人社部门负责实施，其他部门依据职责予以切实配合。

5. 建立一站式就业培训制度

一站式就业培训是指一家职业中介机构身兼二职，既向求职者提供工作岗位信息，又根据雇主和用人单位的要求对具有一定从业技能和就业基础的求职者进行有针对性的培训，真正在求职者和用人单位之间架起一道桥梁，最终消除社会上常见的求职者找不到合适工作与用人单位招不到合格员工的怪现象。农民工往往因得不到可靠的就业信息感到迷茫和无助，在获得就业信息后又可能因缺乏就业岗位所需的技能而失去宝贵的就业机会。如果各级政府能组建一家公共职业中介机构为进城农民工提供就业信息和有针对性地对农民工进行培训，那么将在很大程度上解决社会培训机构提供的培训内容与用人单位提供的岗位要求脱节的问题，进而使农民工的岗前培训更有针对性，更能及时适应市场需求变化。在具体操作上，政府不必事必躬亲，只需要通过向一般社会职业中介机构和职业培训机构购买公共服务①，使他们二者联合起来同时为进城农民工提供职业介绍和职业培训即可。

6. 建立覆盖城乡的职业教育和培训体系

（1）健全培训服务体系。向社会公开招投标各类就业服务和培训机构，为包括农民工在内的就业转失业人员提供免费服务和培训；充分发挥各地区成人教育学校、职业技术学校等教育资源的基础性作用，鼓励企事业单位开展农民工技能培训。构建以职业学校（包括职业学院、中职学

---

① 职业介绍费用和培训费用可在农民工就业后在一定期限内从其劳动报酬中提取。

校、技工学校）为主，以职教中心、职业介绍机构及其他培训中介机构为辅的培训服务体系。政府就业服务管理机构发挥统筹、协调、指导、监督作用。

（2）建立多种模式相结合的职业技能培训教育制度。职业技能培训重在提高农民工的就业能力，企业要根据国家职业技能标准和不同行业、工种、岗位对从业人员基本技能和技术操作规程的要求，有针对性地进行培训。因此，职业技能培训应当坚持以"政府主导、用人单位分担、培训机构优惠、农民工适当承担"为费用分担原则，以职业技术学校培训为主、企业培训为支撑，以 6 ~ 12 个月的短期培训为主，以学历教育培训为辅，以定点和定向培训为主、自由选择为导向的模式进行，该模式主要包含如下几个方面的具体内容。

第一，"政府负责经费、集中免费培训、订单定向输送"的农民工就业培训模式。由职业技术学校等培训机构与相关用人单位签订培训合同，并根据用人单位的需要和条件，向社会招收满足用人单位培训要求的农民工及其他下岗失业人员①，集中免费培训，有的放矢地开展订单式培训输送。培训完成，并经用人单位考核合格或者取得第三方职业技能鉴定机构颁发的职业技能等级证书后，用人单位应该无条件聘用受训农民工，并与受训农民工签订 1 年以上（含 1 年）的规范劳动合同，做到培训一人，合格一人，输送就业一人。职业技术学校等培训机构可以根据相关政策规定和培训合格农民工数量向政府申请相应的培训经费补助，用人单位也可以根据其招用的受训农民工数量向政府要求相应的优惠政策。这种职业技能培训模式针对性较强，学得较快，效果较好，受训农民工上岗有保障，应该作为主要的职业技能培训方式大力推广实施。

第二，与特殊工种培训紧密结合的培训模式。政府就业服务管理部门向职业技术学校、社会团体和相关企业公开招标农民工职业技能培训机

---

① 不同用人单位需要拥有不同职业技能的员工，学习不同职业技能又需要不同的知识基础，因此，各家用人单位在招收农民工和其他下岗失业人员进行岗前职业技能培训时，也需要农民工和其他下岗失业人员本身拥有一定的知识基础，满足一定的培训条件。

构，并按照质量从优、费用从低的原则确定中标单位，签订培训协议，对培训效果进行职业技能鉴定，使进城就业农民工培训一次即可获得相应的职业技能等级证书，并推荐培训合格农民工到相关用人单位就业。

第三，"职业技能培训券"农民工就业培训模式。由政府向农民工发放"职业技能培训券"，该职业技能培训券采用实名制，只允许个人使用，不允许转让。进城就业农民工可以凭身份证到户籍所在地劳动就业服务管理部门领取"职业技能培训券"，然后自主选择政府指定的合格职业技术学校或其他培训机构进行职业技能培训，在培训合格并取得相应的职业技能等级证书后，将"职业技能培训券"交给提供培训服务的职业技术学校或其他培训机构，职业技术学校或其他培训机构可以凭收到的"职业技能培训券"到培训机构所在地劳动就业服务管理部门领取相应培训服务费用，"职业技能培训券"发放地（即农民工户籍所在地）劳动就业服务管理部门应该将培训费用足额支付给培训机构所在地劳动就业服务管理部门。

第四，用人单位直接培训或指定培训机构培训的农民工就业培训模式。企业招用进城就业农民工后，也可以由企业自己培训或选择职业技术学校培训；在接受培训的进城就业农民工获得相应职业技能等级证书并顺利上岗①后，其培训费用由政府劳动就业服务管理部门直接给予补贴，或者由企业或培训机构凭"职业技能培训券"到所在地劳动就业服务管理部门领取。

（3）建立普及的引导性培训制度。引导性培训主要通过集中办班、咨询服务、印发资料等形式对进城就业农民工开展就业形势、基本技能、基本权益保护、法律知识、寻找就业岗位、职业道德以及文明礼仪、安全防范、生活卫生等方面知识的培训，重在提高农民工的职业责任意识、社会责任意识、诚实守信意识、遵纪守法意识、维护权益意识和城镇归属感。引导性培训时间一般为1~2个月，既可以由职业介绍机构、职业技术学校和用人单位等举办，也可以作为技能性培训的辅助内容之一，但注意不能

———————
① 以与用人单位签订1年以上规范劳动合同为上岗的判定标准。

喧宾夺主，将引导性培训作为技能性培训的主要内容；引导性培训费用可以按照"用人单位承担为主、培训机构实施优惠、政府给予适当补助（谁培训就补助给谁）、农民工个人免费"的原则落实。

（4）大力实施中等职业技术教育免费制度。考虑到农村有近20%的初中毕业生不能升入高中，也有相当一部分的农村高中毕业生不能继续接受高等教育，他们大多成为进城就业农民工的后备军，并迟早会加入进城就业农民工行列。因此，各级政府应该通过财政支持或引入民间资本的方式大力发展中等职业技术教育，适当扩大中等职业技术学校招生规模，组织初中毕业但未能升入普通高中、高中毕业但未能升入大学学习的农村学生、农民工子女、农村退役军人到各类中等职业技术学校免费接受中等职业技术教育。这一方面可以使因自身原因或国家教育发展水平而不能继续接受教育的农村青年回归学校接受职业技术教育，为他们未来顺利转移到城市成为城镇居民和产业技术工人打下基础，进而有效减少未来低素质农民工的数量，提升未来产业工人的素质；另一方面也可以较好地解决农村家庭的脱贫问题，一个农村家庭或农民工家庭有可能因其子女读书升学，实现在城市稳定就业而脱离贫困。

（5）政府可通过财政补贴或其他补偿方式，鼓励非营利性组织有针对性地为进城就业农民工开办各种类型的免费技能培训班。

（6）除了各种培训班的教育外，政府还可通过广播、电视、报纸、网络及其他信息媒介开展多渠道的公共教育。

（7）鼓励社会名流、成功人士、慈善机构和具有较高知识水平的青年志愿者为进城就业农民工举办普法知识讲座、职业技能教育、社会生活常识等各类免费培训。

（8）鼓励45岁及以下、具有一定知识基础的中青年农民工参加所在地各大专院校的成人学历教育①，通过在职学习获得大专甚至本科文凭，

---

① 事实上，部分中青年农民工未能取得更高文凭的原因不是因为他们自身不努力，而是受到农村家庭经济困难和其他客观因素的影响，他们在城市就业和生活一段时间后，大多会感到自身知识的匮乏和知识对他们人生的重要性，都有很大的继续学习热情和动力。

以提高进城就业农民工的文化知识水平和社会适应能力。对于参加在职学习获得大专甚至本科以上文凭的中青年农民工，政府应该在给予其一定物质和精神奖励的同时，优先解决他们的城市落户和子女入学等问题。

（9）虽然近几年大学扩招使得城市里的大多数青年都有上大学的机会，但是农村居民特别是偏远地区的农村居民子女，由于当地教育条件和教育水平比较低下，他们中的大多数人仍然无法实现在中学毕业后上大学的愿望。在这种情况下，地处偏远山区的地方政府及其教育部门可以考虑在中学阶段就适当增加职业教育课程，为这些学生未来在城市就业打下技能基础。

7. 推行职业资格证书制度和职业准入制度，开展职业技能鉴定评级

（1）组织专家对高、中、初级工进行职业技能鉴定。鼓励进城就业农民工主动参加职业技能鉴定，对鉴定合格者颁发国家统一的职业资格证书。但任何单位不得强制农民工参加收费的职业技能鉴定，职业技能鉴定机构要依据相关规定适当降低鉴定收费标准，政府部门及其事业单位的鉴定不得收费。

（2）按照市场化手段引导未能升学的初高中农村毕业生进入各类职业培训学校学习职业技能，并在全国范围内组织各种档次和等级的职业技能考试，在对考核合格者颁发全国有效的相应等级毕业证书和职业培训合格证书的同时，免费为他们介绍合适的就业岗位。同时，各级人社部门要不断创新职业技能考试模式，提高职业技能鉴定质量，确保国家职业资格考试及其所颁发证书的权威性，争取让未能进入大学学习的农民工子女通过职业技能考试掌握安身立命的真本领，为这些新生代农民工开辟一条奔向幸福生活的光明大道。

（3）用人单位在招用从事复杂技术工作的劳动者、涉及国家财产、人民生命安全和消费者利益工种（职业）的劳动者以及其他国家规定实行就业准入控制工种（职业）的劳动者时，必须从取得相应职业资格证书或通过职业技能鉴定的人员中选用；对于用人单位因特殊需要招用技术强但未参加培训的特殊工种（职业）人员，可在报当地政府人社部门批准后，先

招用后培训。

8. 建立"以免费为主、收费为辅"的半公益性培训制度

对进城就业农民工进行培训可以为城市社会经济发展培养高素质的合格劳动者，可以加快进城就业农民工融入城市社会生活和在城市就业安居的进程，进而推动城乡统筹发展和实现全面小康社会奋斗目标。因此，对进城就业农民工进行培训具有很强的外部性和公益性。进城就业农民工因自身经济条件比较拮据和养家糊口压力比较大，难以承担各种培训所需的费用，所以其凭借自身力量无法解决培训问题。在这种情况下，各级政府和用人单位必须义不容辞承担起对进城就业农民工进行培训的社会责任，并根据其市场性和公益性特征，建立"政府主导、用人单位参与、市场化运作、免费为主、收费为辅"的进城就业农民工培训制度。

（1）各级地方政府和用人单位应该对全体进城就业农民工实行免费的引导性培训，促使其掌握在城市就业和生活必备的基本常识、基本礼仪和基本法律知识，为他们尽快融入城市社会准备必要的条件。

（2）对进城就业农民工的技能性培训，各级政府可以采用发放"技能培训券"或"技能培训卡（IC 卡）"的方式组织实施，所产生的培训费用应该从政府每年的财政预算中拨付。需要参加技能性培训的进城就业农民工可以在交纳一定比例（一般 10% ~ 20%）的保证金后、凭身份证到户籍所在地劳动就业服务管理部门领取价值为 1000 ~ 2000 元的"技能培训券"或"技能培训卡"，然后凭"券"或"卡"自由选择政府授权的合格职业技能培训机构参加为期 6 ~ 12 个月的非脱产职业技能培训。在农民工培训结束并经第三方独立技能鉴定机构鉴定合格后，职业技能培训机构可以凭借受训农民工提交的"技能培训券"或"技能培训卡"到培训机构所在地劳动就业服务管理部门，按"技能培训券"或"技能培训卡"价值领取培训费，培训机构所在地劳动就业服务管理部门在向培训机构足额支付培训费用后，再凭借所收到的"技能培训券"或"技能培训卡"向发放"技能培训券"或"技能培训卡"的农民工户籍所在地劳动就业服务管理部门索要培训费；受训农民工也可以凭借获得的职业技能培训合格证书到户籍

所在地劳动就业服务管理部门取回自己交纳的培训保证金，领取"技能培训券"或"技能培训卡"后没有按规定参加职业技能培训或培训不合格的农民工将不能取回自己交纳的培训保证金。在一般情况下，每位进城就业农民工一生只能免费领取一次"技能培训券"或"技能培训卡"，免费享受一次职业技能培训机会。在此要特别说明的是，采用"技能培训券"或"技能培训卡"的方式对进城就业农民工进行免费职业技能培训，虽然增加了进城就业农民工参加职业技能培训的自由度和弹性，使进城就业农民工可以根据自身就业需要和时间合理安排培训，但也可能产生职业技能培训机构、进城就业农民工、第三方职业技能鉴定机构之间合谋骗取政府培训经费的道德风险，各级政府部门应该采取经济、信用、法律等手段防止这种道德风险的发生。

（3）由于各级政府财政资金有限，其对进城就业农民工提供的免费培训可能只能满足农民工的基本需求，所以各级政府应该通过各种经济和非经济手段大力鼓励进城就业农民工参加各种收费培训和继续教育。例如，对参加职业技能培训并取得相应职业技能证书的进城就业农民工，以及参加继续教育并取得一定学历和学位的进城就业农民工，政府可以在给予一定经济奖励的同时，在进城落户、子女教育、社会保障、住房等方面给予一定的经济优惠和政策倾斜。①

（4）对于在一家用人单位工作较长时间后、因用人单位业务发展和工作安排而需要转岗的进城就业农民工，应该由用人单位支付费用供其进行转岗培训或上岗继续教育培训，政府在必要的时候可以根据需要和相关规定给予用人单位一定数量的补贴。

（5）实行"免费为主、收费为辅"的进城就业农民工再就业培训制度。各级政府应该根据城市具体情况制定出进城就业农民工再就业免费培训政策。一般来说，在大城市就业和生活的农民工享受再就业免费培训的

---

① 政府通过经济奖励和其他非物质奖励的方式激励进城就业农民工参加培训，是在事实上承担了一部分培训费用。

条件为如下三者之一：①持有长期居住证的农民工；②自愿退出土地或因政策原因失去土地的农民工；③持有临时居住证 5 年，并已持续就业 2 年以上、再失业的农民工。在中等城市就业和生活的农民工享受再就业免费培训的条件为如下三者之一：①持有长期居住证的农民工；②自愿退出土地或因政策原因失去土地的农民工；③持有临时居住证 3 年，并已就业 1 年以上、再失业的农民工。在县城与乡镇就业和生活的农民工享受再就业免费培训的条件为如下三者之一：①持有长期居住证的农民工；②自愿退出土地或因政策原因失去土地的农民工；③持有临时居住证 1 年的农民工。

9. 建立进城就业农民工培训激励制度

进城就业农民工培训不仅涉及农民工本人，还涉及各级地方政府、用人单位和培训机构等不同类型的参与者，因此在构建进城就业农民工培训激励制度时，必须针对不同类型的参与者采取不同的激励措施。

（1）对各级地方政府的激励。就我国现阶段来说，各级地方政府仍然是解决农民工进城就业安居问题的主导力量，其在进城就业农民工培训方面当然也应该占主导地位。因此，中央政府有必要将进城就业农民工培训和农民工进城就业安居纳入各级地方政府的考核评价指标体系，以激励各级地方政府加大财政投入和采取有效措施强化进城就业农民工培训工作。

（2）对用人单位的激励。未来的市场竞争归根结底是人才的竞争，人力资源是企业生存和发展最具活力的要素。用人单位对包括进城就业农民工在内的所有员工进行高质量的培训，不仅可以提高员工技能和人力资本价值，增强用人单位吸引所需人才的凝聚力；还可以提升用人单位的创新能力、盈利能力和市场竞争力，推动用人单位持续快速健康发展。因此，对包括进城就业农民工在内的所有员工进行培训，既是员工职业生涯发展的需要，也是用人单位自身发展的需要，受训员工和用人单位都是员工培训的受益者；用人单位不应该将员工培训看作企业的额外负担，而应该将员工培训看作提升企业价值的必要环节和重要途径，并在每年将员工培训费用纳入企业经营预算进行列支。一般用人单位应该按职工工资总额

1.5%的比例提取员工培训经费，而那些对从业人员技术要求高、培训任务重、经济效益好、雇用农民工多的用人单位，可按2.5%的比例提取员工培训经费，并计入用人单位经营成本在税前列支。各级政府首先应该加大宣传力度，将"培训员工是企业自身需要"的观念根植于用人单位内部组织体系，并落实到用人单位的日常生产和经营行为中，使之成为用人单位的一种自愿行为；每年组织评选"员工（农民工）培训先进单位"，并在对评选出的"员工（农民工）培训先进单位"进行一定经济奖励的同时，在报纸、电视台、网络等各种媒体上进行广泛宣传，以从精神层面激励用人单位加强员工（农民工）培训的动机。其次，对那些培训农民工，并使农民工获得初、中、高级工资格的用人单位，政府应该按农民工获得不同等级技工的人数给予其一定的补助或奖励。最后，各级政府不仅应该对用人单位每年提取的员工（农民工）培训费用实行免税政策，还应该按一定比例进行补贴，以从经济层面激励用人单位强化员工（农民工）培训动机；当然，用人单位每年提取并得到免税优惠和补贴的员工（农民工）培训经费，只能用于职工特别是农民工的教育培训，专款专用，严禁以提取员工（农民工）培训经费为名套取国家税收和补贴，一经发现和查实，就应该进行严厉处罚。政府税务部门和人社部门应该加强对用人单位员工（农民工）培训经费使用的监督管理。

（3）对专业培训机构的激励。各级政府应该在广泛调查和严格审核的基础上，挑选出一些社会声誉较高、培训质量较好的职业培训机构（包括各种职业培训学校和中介机构），并授予他们"进城就业农民工培训基地"称号。符合条件、具备培训资质的教育培训机构均可申请使用国家对进城就业农民工提供的培训扶持资金；获准申请和使用农民工培训扶持资金的各类职业技术学校和培训机构，都应该相应降低农民工学员的培训收费标准；对主动开展培训并推荐农民工就业（以与用人单位签订1年以上规范劳动合同为判定标准）的职业培训机构，政府应该按实际就业人数给予其一定的补助或奖励。

（4）对进城就业农民工的激励。进城就业农民工是培训激励制度的主要客体和对象，可以采用如下措施激励其参加职业培训。一是鼓励进城就业农民工积极参加职业技能培训，对参加职业技能培训并获得初、中、高级工资格的进城就业农民工，政府应该给予一定的补助或奖励，优先推荐就业，并在城镇落户、子女教育、社会保障、住房等方面给予适当政策倾斜。二是完善职业技能鉴定补助政策，鼓励进城就业农民工积极参加职业技能鉴定；进城就业农民工初次参加职业技能鉴定时，按现行收费标准，由本人承担30%，鉴定机构减收20%，政府财政补助50%；对经济有困难的农民工应该全免费用，鉴定机构减收20%，政府财政补助80%。三是在适当条件下，应该允许进城就业农民工低息或全额贴息贷款参加培训。

10. 建立培训质量评估与监督制度

培训质量是衡量培训制度成败的重要指标，必须通过建立统一的公共就业培训服务计划与服务项目、服务流程与服务规范、专项经费使用办法和评估办法等措施，不断完善培训质量评估和监督制度体系，确保职业技能培训取得良好效果。各类教育培训机构与每个进城就业农民工都必须严格按照政府相关规定进行职业技能培训，严禁以职业技能培训为名骗取政府培训专项经费。对于教育培训机构和进城就业农民工单独或合谋骗取政府职业技能培训专项经费的行为，一经查实，就必须予以严厉打击。除了要其如数返还套取的职业技能培训经费和对其进行必要罚款外，还应该取消产生欺诈行为的教育培训机构的职业技能培训资格，吊销其从事职业技能培训的营业执照，对其主要负责人和直接责任人要求较大额度的罚款，甚至可以视事件严重程度按挪用公款罪或贪污罪、送司法机关追究其刑事责任，并向全社会公布该教育培训机构及其主要负责人和直接责任人的欺诈行为，使其将来难以再在职业技能培训领域立足；对产生欺诈行为的进城就业农民工也要加大处罚力度，除了追回培训经费和不再发放"职业技能培训券"外，还应该向全社会公布其欺诈行为，并将其拉入"城市不欢迎者"黑名单，对于欺诈程度严重的或者造成重大负面影响的，还应该以欺诈罪或贪污罪送司法机关追究刑事责任。

6.3.3　用工制度设计

1. 规范用人单位与进城就业农民工之间的劳动关系

规范用人单位与进城就业农民工之间的劳动关系是规范劳动力市场和保障进城就业农民工合法权益的关键。各级政府相关部门应该依据《劳动合同法》严格执行用工制度，要求用人单位在雇用进城就业农民工时，必须依法签订规范的劳动合同，同时，相关部门应加强监督力度，加大对用人单位故意规避和违反《劳动合同法》行为的惩罚力度。为避免劳资关系恶化和对立，构建平等互惠、互利共赢、和谐稳定的新型劳资关系，各级政府相关部门在加大执法力度和监督惩罚力度的同时，还要充分利用报纸、电视和网络等媒体加大宣传力度，对用人单位在用工方面的好行为进行褒扬、不好行为进行批评教育，利用社会舆论引导用人单位自觉遵守《劳动合同法》和执行用工制度，树立以人为本的经营发展理念，把员工特别是进城就业农民工作为企业不可或缺的一份子平等对待，健全员工劳动报酬集体协商机制和工资增长机制，充分尊重包括进城就业农民工在内的所有员工的劳动权益，营造安全、公平、体面的工作环境，打造用人单位与员工（包括农民工）共同发展和成长的良好局面，实现用人单位发展与员工发展的有机统一。

2. 实行用人单位法定代表人负责制

在设计针对进城就业农民工的用工制度时，必须强化用人单位法定代表人作为责任主体应该承担的责任和义务。当用人单位不按《劳动合同法》规定与其所雇用的进城就业农民工签订规范劳动合同，或者虽然签订了规范劳动合同，但不严格履行合同规定条款，或者在劳动合同中出现损害农民工利益的"霸王条款"、"侵权条款"、"无效条款"以及其他违规违法侵权行为时，相关职能部门除了对作为法人的用人单位进行经济和声誉等方面的处罚外，还应该依法追究用人单位法定代表人和直接责任人的责任。当进城就业农民工与用人单位出现劳动纠纷时，如果双方签订的劳动合同条款存在不同的解释或歧义，那么政府劳动仲裁部门或司法机关在裁决时，应该按照惯例以不掌握劳动合同拟定权、处于相对弱势地位的进城就业农民工的解释做出有利于农民工利益的裁决，并追究用人单位法定代表人因用人单位与农民工签订不规范劳动合同而需要承担的经济和法律责任。

3. 确保进城就业农民工享有与用人单位其他职工相同的平等待遇

"就业平等、身份统一、同工同酬"是确保进城就业农民工享有与用人单位其他职工相同的平等待遇的基本要求。首先，进城就业农民工应该有权获得与城镇居民一样的就业机会。用人单位在招聘包括进城就业农民工在内的劳动者时，除国家规定不适合农民工从事的工种和岗位外，不得以户口（城镇与农村）、身份、性别、民族、种族、宗教信仰等为由拒绝录用或提高录用标准，不得扣押农民工的居民身份证和其他证件，不得要求农民工提供担保或者以其他名义向农民工收取财物。其次，进城就业农民工在签订劳动合同方面，应该享有与用人单位其他职工一样的待遇。如果用人单位与其他职工签订的都是一对一的个人用工合同，那么用人单位也必须与进城就业农民工本人签订保障条款一样的规范书面劳动合同，而不能以农民工集体合同代替农民工本人的劳动合同；如果用人单位与其他职工签订的是集体合同，那么用人单位也应该将农民工纳入与其他职工相同的劳动合同保障范围内，而不能针对进城就业农民工签订带有歧视性质的集体劳动合同。最后，进城就业农民工应该获得与用人单位其他职工一样的员工身份和公平待遇。用人单位一旦聘用农民工，并与农民工签订了正式劳动合同和建立了正式劳动关系，就应该将农民工看作本单位的正式职工，并确保聘用的农民工与本单位其他职工"同工同酬"，确保其依法享受与本单位其他职工同等的待遇，不得限制农民工的人身自由。

4. 规范用人单位、包工头和农民工之间的劳动雇佣关系

在建筑施工等农民工就业比较集中的行业，用人单位常常将工程项目承包给包工头，由包工头组织农民工具体实施。用人单位、包工头和农民工之间以工程项目为纽带形成了如图 6-1 所示的双重委托-代理关系。

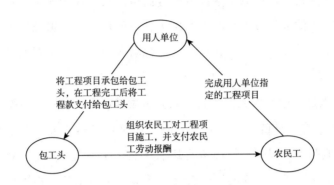

图 6 - 1　用人单位、包工头和农民工之间的双重委托 - 代理关系

在该委托 - 代理关系中，农民工是工程项目的实际实施者和完成用人单位任务的真正员工，用人单位是工程项目的所有者和农民工的实际雇主，包工头只是用人单位与农民工之间的中介。从理论上说，用人单位通过将工程项目承包给包工头，并由包工头组织农民工具体实施，可以在一定程度上减少用人单位直接雇用的员工数量，降低用人单位的管理成本，提高用人单位的经营效益。但在实际操作过程中，用人单位的这种工程项目管理模式存在的弊端已逐渐显现，并呈现越来越严重的趋势：在农民工完成工程项目施工、用人单位验收合格，并按用人单位与包工头签订的合同将工程项目款支付给包工头后，包工头有可能以各种借口拖欠，甚至拒绝支付农民工劳动报酬。由于包工头大多以一个流动性较大的自然人，而不是有固定办公场所的企业组织的身份出现，其与农民工之间签订的协议也常常是口头上的君子协定，这显然模糊了包工头与农民工之间的劳动雇佣关系，加大了农民工向包工头直接讨薪的难度；同时，农民工在直接向包工头讨薪无望的情况下，由于其与作为真正雇主的用人单位没有签订任何劳动合同，不存在任何显性的劳动雇佣关系，农民工也无法向作为工程项目业主和真正雇主的用人单位讨要劳动报酬；在这种情况下，农民工只能向政府相关劳动保障部门申诉或向法院提起诉讼，但是政府劳动保障部门又常常以自己没有执法权、这种事情不归自己管、找不到包工头、农民工与包工头之间的合同不规范、农民工与工程项目业主单位无劳动雇佣关系等为由相互推诿，拒绝帮助农民工讨回劳动报酬，而法院诉讼时间太长、程序太烦琐，这也在一定程度上阻断了农民工通过法律途径讨要合理劳动报酬的渠道；这常常使进城就业农民工陷入讨要工钱无望、说理无门的绝望境地，进而导致农民工的劳动报酬权益受到巨大损害，每到年终岁末都会出现众多进城就业农民工艰难讨薪的事件就是明证。

要减少甚至杜绝进城就业农民工劳动报酬权益受到损害的现象，必须明确并强化用人单位作为进城就业农民工实际雇主的用工责任。建议从如下几个方面规范用人单位、包工头和农民工之间的劳动雇佣关系。

一是明确各级政府劳动保障部门在"用人单位－包工头－农民工"用工模式中承担的监督和规范责任。各级政府劳动保障部门不仅要加大国家法律法规的宣传力度，使用人单位、包工头和农民工了解自己在"用人单位－包工头－农民工"用工模式中所处的地位、扮演的角色和承担的责任，自觉规范各自在这个用工模式中的行为，还要严格按照相关法律法规对农民工反映的、损害其劳动报酬权益的行为和责任人进行及时、公正的处理，真正担负起劳动保障的责任。

二是明确用人单位在"用人单位－包工头－农民工"用工模式中承担的合同签订、执行和监督责任。用人单位不仅要与包工头签订工程项目承包合同，还应该在工程项目承包合同中载明"包工头必须支付其所雇用的农民工合理劳动报酬"的强制性条款，并监督包工头与农民工签订规范劳动合同。

三是明确用人单位在"用人单位－包工头－农民工"用工模式中承担的劳动报酬支付责任。农民工虽然是包工头雇请的，但他们完成的是用人单位指定的任务，所以用人单位与农民工之间形成了事实上的劳动雇佣关系，用人单位应该将农民工看作本单位的职工，有责任和义务督促包工头向农民工足额支付合理的劳动报酬。为了迫使包工头向农民工足额支付合理劳动报酬，用人单位在与包工头签订工程项目承包合同时，可以要求包工头在工程项目款内对完成该工程项目所需的人工费用和劳动报酬进行预算，并在工程项目承包合同中单列，以便于将其在总工程项目款中扣除；用人单位在工程项目完工后、向包工头支付项目款前，先行足额支付给包工头雇请的全部农民工。如果包工头提交给用人单位的人工费用和劳动报酬预算不足以支付其所雇请的农民工实际报酬，并超过了用人单位和包工头合同中约定的预算上限，那么用人单位可以从支付给包工头的总工程项目款中扣除一定金额以补足农民工工资。如果包工头在与用人单位签订承包合同时故意少算人工报酬，而用人单位在项目完工、向包工头支付全部工程项目款后，发现还有部分农民工的合理劳动报酬没有得到足额支付，那么用人单位有责任催促包工头足额支付农民工工资；如果包工头以各种理由拒不执行，那么用人单位应该承担对包工头监督不力的责任，并履行自己作为农民工报酬最终支付人的义务，先行足额支付农民工报酬，然后再以用人单位的组织力量向包工头追讨费用。

四是强化包工头在"用人单位－包工头－农民工"用工模式中的行为规范。包工头一方面受用人单位委托完成用人单位指派的工程项目建设任务，对项目质量、工期、经费预算等负有责任；另一方面要组织农民工对用人单位发包的工程项目进行建设施工，对农民工负有任务分派、质量监督、报酬测算和发放等责任。因此，包工头必须具有人员安排和组织分派等领导才能、劳动合同和权益保障等法制观念以及工程施工和费用测算等专业知识。这有必要适当提高包工头行业的准入门槛，对包工头进行准入考试，只有通过考试、取得资格的人才能做包工头。同时，政府还要明确包工头对其雇请的农民工负有的报酬支付责任和劳动保障责任，对拒不承担责任和义务的包工头，除了对其进行必要的经济惩罚外，还应该将其行为向全社会公布以降低其社会声誉，并立即剥夺其项目承包资格，使其未来无法再从事工程项目承包职业。

5. 切实保障进城就业农民工参加用人单位工会组织和职代会的权利

参加用人单位工会组织和职代会是进城就业农民工享受平等权利的重要体现。既然进城就业农民工是用人单位平等的一员，那么用人单位就应该严格按照《工会法》的相关规定，积极吸纳其雇用的农民工加入本单位的工会组织，而且用人单位工会组织要切实发挥工会维权作用，确保农民工享有与其他工会成员相同的权益。同时，所有用人单位都应当依法定期召开职工代表大会或职工大会，所有与用人单位建立了劳动关系的进城就业农民工，不仅应当有权参加用人单位的职工大会，而且还应该拥有用人单位职工代表大会代表的选举权和被选举权，并有权作为职工代表参加用人单位的职工代表大会。

6. 建立劳动用工备案制度

包括进城就业农民工在内的所有员工自被用人单位招用之日开始，就与用人单位建立了正式的劳动关系，用人单位应该建立包括农民工在内的规范职工名册备查，并到登记注册地的县级以上劳动保障行政部门如实办理劳动用工备案手续。

7. 建立与实施职业危害说明和预防制度

用人单位招用进城就业农民工时，应当如实告知农民工工作内容、工作条件、工作地点、职业危害、劳动报酬、安全生产状况以及劳动者要求了解的其他情况，必须将职业危害及其可能产生的职业病以及用人单位对职业病患者的补偿标准全面、真实、及时、详细地告知将在本单位就业的农民工。同时，如果用人单位招用农民工从事特殊工种工作，那么用人单位应当将招用的农民工纳入特殊工种保护范围，对其进行严格的岗前培训，并利用现有技术手段加强对农民工从事特殊工种的保护，尽可能降低特殊工种对包括农民工在内的所有劳动者造成的职业危害。

6.3.4　工资制度设计

工资制度设计的主要目标是逐步提高进城就业农民工工资水平，使进城就业农民工享受到与城镇职工相同的工资待遇。基于此，各级政府要下决心抓紧解决进城就业农民工工资偏低和拖欠问题，建立包括加班在内的最低小时工资标准和农民工工资支付保障制度，最低工资标准制度既能保护农民工的劳动权益，也能增强农民工抵御风险的能力，还可以在一定程度上减轻社会保障的压力；要严格执行最低工资制度，建立健全与社会经济发展水平相适应的最低工资标准动态调整机制；要科学制定合理的工资水平，提高农民工工资，改变原有的同工不同酬状况，保障农民工的劳动报酬权益；要依法加大对拖欠和克扣农民工工资行为的处罚力度，对各种工资支付行为加以规范，研究建立工资支付监控制度、欠薪保障制度等。

1. 制定合理的进城就业农民工工资标准

包括进城就业农民工在内的所有劳动者工资标准的决定因素主要有三个：就业的区位、从业的工种以及劳动者自身的人力资本价值（主要从文化程度、从业经验、职业技能、道德修养、健康状况等方面进行考察和评判）。各级政府人社部门应该在财政、物价等部门的积极配合下，根据劳动者工资影响因素科学地制定出合理的，与城镇职工相同或相近的农民工工资标准，并督促所有用人单位严格执行，确保用人单位支付给进城就业农民工的实际工资不低于农民工就业所在地政府人社部门发布的相应工种工资标准的最低价位。

2. 确保最低工资制度覆盖全体进城就业农民工

不管是否与用人单位签订了正式的劳动合同，只要与用工单位存在事实劳动关系，进城就业农民工就是用人单位的正式职工，都应该得到就业所在地政府发布的最低工资制度的保障。各级政府劳动保障部门应该加强监督约束力度，确保最低工资制度对全体进城就业农民工实现全覆盖。

3. 建立健全进城就业农民工工资合理增长机制

为了抵御通货膨胀带来的物价上涨的影响，确保人民生活水平稳步提高，各级政府相关部门都针对城镇机关企事业单位职工（包括退休职工）制定了相应的工资增长机制，针对失业或无业的城镇居民制定了相应的最低生活保障增长机制。进城就业农民工作为城市建设者的平等一员，在理论上也应该享受到与原有城镇居民一样的工资增长机制和最低生活保障增长机制。各级政府人社部门应该在财政、物价等部门的积极配合下，根据进城就业农民工和当地社会经济发展的客观实际，在原有城镇居民工资和最低生活保障增长机制基础上，建立健全进城就业农民工工资和最低生活保障合理增长机制，并加大监督力度，确保进城就业农民工的工资标准每年都有所增长，而且增长幅度不低于当地政府发布的工资增长标准的最低幅度。

4. 建立健全同工同酬制度

同工同酬是进城就业农民工劳动报酬权益得到保障的具体体现。所有用人单位要依据国家和当地政府的有关规定，针对不同工种、不同职业技能等级分别制定出具体的工资标准与工资增长标准，对文化程度、从业经验、职业技能、道德修养、健康状况相同的所有职工（包括进城就业农民工）都应当按同样的标准执行，不得因进城就业农民工具有农民身份而加以区别对待和实行就业歧视。

5. 重视集体协商和集体合同制度对进城就业农民工工资的保障作用

基于进城就业农民工个人力量非常弱小的现实情况，为了保障进城就业农民工的工资权益不受损害，政府可以在要求用人单位必须与农民工签订规范劳动合同的基础上，加强集体协商和集体合同制度对农民工工资的保障作用。各级各类工会组织可以代表农民工，或者组织农民工选举代表与用人单位签订集体合同，协商工资标准与工资增长办法；在小型企业和同行业企业集群地区，还可以适度推行区域性、行业性的集体合同制度。需要特别指出的是，用人单位在与农民工签订集体劳动合同时，必须遵守《劳动法》《劳动合同法》及相关的集体合同法律法规，严格依照法定程序签订，集体合同草案必须提交职工代表大会或者全体职工大会讨论通过。

6. 建立健全工资支付保障制度

工资支付问题是与进城就业农民工切身利益最密切相关的问题。各级政府应该建立健全工资支付保障制度，以加强对用人单位或雇主欠薪的前置监控，降低拖欠进城就业农民工工资风险，进而从制度上减少甚至杜绝拖欠和克扣农民工工资现象的发生，确保农民工工资发放月清月结或严格按照劳动合同约定执行。

（1）实施"一金一卡"工资卡制度。要求用人单位为其雇用的进城就业农民工建立档案，尽可能按月发放工资并在工资卡上做相应记录，取消年终和集中发放工资的做法。

（2）完善农民工工资直接支付制度。农民工工资必须由用人单位直接发放给农民工本人，不得先发给包工头或其他中介机构、再由包工头或其他中介机构转发；否则，由用人单位补发农民工工资，并承担全部责任。

（3）建立工资保障金制度。对容易出现欠薪现象的行业、企业或工程项目，用人单位必须在指定的银行开设专门的农民工工资准备金账户，并按一定的标准存入一定的资金作为支付农民工工资的保证金，并向银行书面承诺该账户资金只能用于支付农民工工资，待项目完成一定期限后，经人社部门检查无欠薪情况后退还全部保证金；同时还应该实行工资保障金动态管理制度，信誉好、无欠薪记录的行业和企业可以适当降低工资保障金比例，信誉不好、经常欠薪的行业和企业则相应提高工资保障金比例。近年来，农民工就业比较集中的建筑行业拖欠农民工工资的情况虽然有所改善和好转，但是开发商和建筑施工单位找各种借口（如质量不合格、工期不符合要求、业主未付款等）克扣农民工应得报酬的现象仍然时有发生。究其原因，一是建筑行业就业门槛较低，工作比较辛苦，适合于文化知识水平较低，但愿意付出体力的进城农民工就业，这致使建筑行业聚集了大量没有维权知识和能力的农民工；二是部分地方政府主要官员为提高本地社会经济发展水平和展示自己任期内的政绩，在没有足够资金预算的情况下，强行上马一些大型建设项目，致使项目建成后没有资金按时支付给建筑施工单位，建筑施工单位也就无钱支付劳动者，特别是农民工应得报酬；三是除政府之外的部分其他业主单位也可能因资金周转不灵、企业经营不善、资金不足强行上项目等各种原因，不能按时将工程款支付给建筑施工单位，致使建筑施工单位无法支付农民工报酬；四是某些建筑施工单位或分包商为了赚取更多利润而将工程款挪作他用，或者肆意压低和克扣农民工应得报酬。建立工资保证金制度无疑是解决上述问题的有效办法。首先，业主单位（包括地方政府）在准备开发建设某个工程项目时，必须做出详细的预算，并列示资金来源和支付方式，特别要把人工成本部分所需的资金按一定比例存入受相关职能部门监督的银行专用账户，用于在业主单位不能支付工程款时偿付劳动者（特别是农民工）的报酬。其次，建筑施工单位和承包商在项目中标、申领建筑工程施工许可证前，必须按中标工程总金额的一定比例（如5%～10%），将资金存入由人社部门直接监督制的银行工资专用账户，以便于在建筑施工单位和承包商经营状况不好、破产倒闭、老板跑路时用于支付劳动者应得报酬。工程项目完成后，如果发现存在拖欠或克扣农民工工资的情况，那么劳动保障监察机构应该及时查明发生这种情况的原因。如果是因为项目业主单位没钱付款，那么劳动保障监察机构应该将项目业主单位在工程项目开始前存入银行工资专用账户的资金用于偿付农民工报酬，并将项目业主单位的违约情况向全社会公布；如果是因为建筑施工单位和承包商违规挪用资金和故意克扣报酬，那么劳动保障监察机构应该将建筑施工单位和承包商存入银行工资专用账户的资金用于支付农民工报酬，并在对建筑施工单位和承包商进行相应经济处罚的同时，将他们的违规信息向全社会公布，甚至将他们直接逐出建筑行业。当然，如果经劳动保障监察机构查证没有任何一方拖欠农民工工资，那么应该由人社部门将银行工资专用账户上的资金连本带利退给项目业主、项目建筑施工单位和承包商。工资保障金制度的实施既可以使那些建设资金不到位的业主单位无法上马建筑项目，使那些没有足够自有资金、想空手套白狼的项目建筑承包商无法获得工程建设业务，又可以从工程项目立项开始就对相关项目业主和建筑企业的劳动者工资支付能力进行严格把关，在一定程度上堵住拖欠农民工工资的源头，保障农民工足额获得劳动报酬的权益。

（4）建立欠薪报告制度。雇主和用人单位按月足额支付职工工资或按劳动合同约定支付职工（包括签订长期劳动合同的正式员工和签订短期劳动合同或口头非正式合同的临时工）报酬，这既是雇主和用人单位应尽的基本义务，也是劳动者权益得到保障的基本体现。从现实情况来看，大多数用人单位一般都能按时足额支付正式员工的工资，但是短期聘用的非正式员工（大多是以农民工为代表的临时工）的劳动报酬常常被拖欠，因此，当地人社部门和工会组织应该通过建立欠薪报告制度来防止和遏制雇主和用人单位拖欠职工，特别是作为弱势群体的农民工的报酬。雇主和用人单位如果不能按月支付农民工工资或按劳动合同约定支付农民工报酬，必须主动向当地人社部门和工会组织报告，详细说明自身的财务状况、经营现状和现实困难，以及不能按时或按合同约定支付农民工报酬的原因、金额和涉及人数，提出未来偿付农民工报酬的具体时间、支付计划和解决措施；当地人社部门和工会组织在接到用人单位报告后要进行认真调查，帮助用人单位解决好欠薪问题，并督促用人单位按计划偿付农民工工资。如果欠薪的雇主和用人单位没有及时向当地人社部门和工会组织报告，那么农民工可以直接向当地政府人社部门和工会组织反映情况①，当地人社部门和工会组织有义务帮助农民工向雇主和用人单位讨要报酬；如果雇主和用人单位不予配合，当地人社部门和工会组织有权将雇主和用人单位恶意欠薪的信息向全社会发布。

（5）建立工资支付监控制度。各级政府人社部门和劳动保障监察部门应通过不定期实地查访、公开举报投诉电话、畅通举报投诉渠道、快速处理举报投诉事项等方式，加强对用人单位农民工工资支付行为的监控力度，重点监控建筑施工、加工制造、餐饮服务等劳动密集型行业的用人单位工资支付情况，严格督促用人单位按合同约定按时偿付包括进城就业农民工在内的全体职工工资。

6.3.5 促进农民工进城就业的具体对策措施

1. 将农民工进城就业纳入各省份经济和社会发展规划

各级政府在制定国民经济和社会发展规划时，要把扩大农民工非农就业放在突出位置，要将农民工进城就业与城镇居民就业置于同等重要的地位，要将农民工进城稳定就业作为降低社会失业率和实现社会充分就业目标的重要环节进行全盘考虑，要将解决农民工进城就业安居问题作为考核评价各级地方政府政绩的重要指标。

---

① 当地政府人社部门和工会组织应该建立起畅通方便的农民工问题沟通通道。

2. 加强对农民工劳动权益的依法保护

加强对进城就业农民工劳动权益的依法保护，首先要明确农民工劳动权益保护的政府部门和责任主体，避免政府部门之间因责任界定不清而发生相互推诿现象；各级政府要进一步转变观念，改革城乡分割的就业管理体制，改变多头管理的混乱状态，以人社部门为处理农民工进城就业问题的第一责任单位，以劳动保障监察机构和各行业部委办局等为主要协助单位，建立起"培训－就业－维权""三位一体"的工作模式，各相关部门要摒弃部门利益之争，切实以大局为重，密切配合，为解决农民工进城就业安居问题、为经济和社会发展、为统筹城乡综合改革成功做出应有贡献。其次，要真正落实各级政府人社部门作为第一责任单位、劳动保障监察机构和各行业部委办局作为主要协助单位对进城就业农民工劳动权益保护的责任；各级政府人社部门以及劳动保障监察机构和各行业部委办局要严格执行《劳动法》《劳动合同法》，履行依法保护农民工劳动权益的职能，加强对用人单位订立和履行劳动合同的指导和监督，强化安全管理、职业卫生管理和劳动保护意识，提高处理劳动争议和保护劳动权益的效能；当进城就业农民工劳动权益受到损害，而当地政府人社部门、劳动监察机构和各相关部委办局又相互推诿和不作为，致使进城就业农民工的合法劳动权益得不到切实保障时，各级政府应该追究作为第一责任单位的人社部门及其主要负责人的责任；如果人社部门有充分理由说明主要责任不在自己，而在于劳动监察机构和相关行业部委办局执行不力，那么各级政府应该在追究人社部门及其主要负责人责任①的同时，追究劳动监察机构和相关行业部委办局及其主要负责人的责任。

3. 坚持把城镇化和大中小城镇协调发展作为吸纳就业的重要源泉

做好区域规划，加强产业政策引导，促进以大城市为中心、中小城市和小城镇为支撑的城市群发展，形成大城市和中小城市、小城镇产业分工协作、人口均衡分布、经济错位发展和社会共同进步的协调发展局面。大

---

① 在这种情况下，政府人社部门作为第一责任单位应该负连带责任。

城市和中等城市要继续改善农民工的就业环境和条件，提高就业质量，实现资源共享，保护农民工自谋职业的积极性，使之成为吸纳农民工就业的重要场所；要加快中小城市和小城镇发展，促进特色产业、优势项目向县城和重点乡镇集聚，提高其产业和人口聚集能力、服务水平和居住环境质量，并在信贷、税收、用地等方面实施优惠措施，鼓励农民工返乡创业，大力培育发展中小企业，吸纳农村居民就近转移和就业。

4. 建立多元化的农民工就业培训投入机制

第一，农民工就业培训经费应该采取以政府和用人单位承担为主、个人承担和社会捐助为辅的方式进行筹集。第二，将对农民工就业培训实行免费、补助、补贴、贷款贴息等优惠政策所需的资金全部纳入当地政府就业再就业资金统一管理，列入各级政府财政预算支出范围，确保农民工就业培训优惠政策有稳定的资金来源。第三，政府相关部门应加强对用人单位培训经费投入的引导、鼓励和监督，确保用人单位将农民工就业培训经费真正落到实处，充分发挥用人单位作为农民工就业培训主战场的作用。第四，针对农民工就业培训的所有补助、补贴都应该采用直补或发放培训券的方式实施，使政府和用人单位投入的培训经费能真正用于农民工就业培训，进而发挥培训经费的最大效用。第五，各级政府应该将分散在各个部门的农民工培训经费集中起来进行统一管理和规划，以降低资金使用成本。

5. 有组织、有步骤地促进农民工就业优化

近年来，尽管各级政府，特别是县、乡级地方政府都借助自身掌握的行政资源、信息资源和人脉关系资源，努力拓展当地农村富余劳动力在城市里的就业渠道，加强对当地农村富余劳动力转移的组织引导，以实现当地农村富余劳动力向城市的有序转移。但是，由于受到政治经济体制和社会经济发展水平、政府行政能力和组织能力以及农民工自身素质和就业能力等客观因素的影响，各级政府并没有完全解决农民工进城就业的组织性问题，相当一部分的农民工仍然是通过以亲情或乡情建立起来的强联系网络实现非制度性就业，这种就业途径虽然能解决一部分农民工的进城就业问题，但存在不确定性大、组织性弱、就业质量低、权益难以得到保障、容易产生劳动纠纷等问题，最终难以实现农民工进城就业安居目标。因此，各级政府有必要从如下几个方面采取强有力措施优化农民工就业。

（1）将进城就业农民工纳入城市职工的范畴进行平等统一管理，进一步加强对农民工进城就业的组织引导和指导，促使农民工由自发流动进城就业向组织引导进城就业转变，由外出务工无序化向劳务输出产业化转变。

（2）在对进城就业农民工的工作技能和职业态度等进行培训的基础上，鼓励用人单位通过签订长期劳动合同的方式吸纳工作能力强、做事认真负责的农民工长期就业，促进进城就业农民工由短期临时就业向长期稳定就业转变。

（3）通过财政补贴、优先解决城市户籍、通报表彰等方式鼓励进城就业农民工参加各种技能培训，甚至学历教育，促进进城就业农民工由体力低收入型就业向技能高收入型就业转变。

（4）通过制度创新和提高经济发展水平改善当地就业和创业环境，促进农民工由外出就业、创业向就地就近就业、创业转变。

6. 根据农民工的不同层次分类进行职业指导

各级政府要以实现稳定就业作为农民工职业技能培训的目标，将培训与就业紧密结合，指导进城就业农民工在充分考虑市场需求的条件下，根据自己的特长和优势，选择适合自己的职业工种进行技能培训。对于初次进城寻找工作的农民工，应该重点对他们提供职业咨询服务，提高他们的求职成功率；对具备相应条件并有创业意向的农民工，应对他们提供创业指导和政策帮助，开展创业培训。由于就业信息介绍和培训项目推荐往往决定着农民工的求职方向和职业发展，因此，政府在介绍就业信息和推荐培训项目时，应该兼顾农民工实际能力和劳动力市场供求状况；在向农民工推荐就业岗位时，应该充分考虑农民工的技能水平和用人单位的岗位条件，以促进农民工尽快实现稳定就业。

7. 广泛拓展就业渠道

各级政府要根据经济结构和劳动力市场出现的新变化，促进农村富余劳动力多渠道转移和进城农民工稳定就业，把提升农民工就业技能作为关键，把改善劳资关系和平等获得劳动报酬作为重点，大力发展经济，拓展就业空间。

（1）加快产业发展，提升产业吸纳就业的能力。就业增长依赖经济增长，经济增长是就业增长的必要条件和前提，这已被世界各国 GDP 年度增长指数与就业指数之间的关系所证实。就我国目前情况来看，提升产业发展水平、促进就业增长的主要措施有以下几个方面。①继续推进第二产业和第三产业，特别是要积极引导制造业、社会服务业和批发零售贸易餐饮业等三大劳动密集型行业发展，鼓励私营企业、个体企业和股份制企业快速发展。②各级政府在推动高科技产业发展的同时，也要根据当地社会经济发展现状，积极发展劳动密集型的消费品产业，以吸纳更多劳动力，特别是农民工就业。相关测算结果显示，劳动密集型产业（如轻纺部门）每一单位固定资本投入所吸纳的劳动力数量是资本密集型产业（如重工业部门）的 2.5 倍，劳动密集型小企业每一单位固定资本投入所吸纳的劳动力数量是大企业的 10 倍，因此，在县镇级中小城市发展劳动密集型企业对增加农民工就业、实现农民工进城就业安居、最终解决"三农"问题将发挥重要作用。③积极发展中小企业。中小企业大多数是劳动密集型企业，要把农产品加工产业作为中小企业发展的重点，加快产业结构调整，增强中小企业的市场竞争力和吸纳农村劳动力就业的能力。④大力发展县域经济。据调查，县域经济特别是其中的中小企业已经成为吸纳农民工就业的主导力量，大约吸纳了全国已转移农村劳动力的 65%。

（2）加快城镇机关和企事业单位劳动用工制度和人事制度改革，使进城就业农民工能够在公平公正公开原则下，与城镇居民一样获得进入这些正规单位就业的机会。

（3）建立城乡间双向流动的就业机制。农民工作为我国改革开放后制度变革和社会经济发展的产物，目前正处于第一代和第二代共存的阶段。对于第一代农民工来说，他们因长期在农村生活而对农村有了特殊的感情，农村的文化传统和生活方式已经深入他们的骨髓，不可能轻易改变，他们进城打工和就业的唯一目的是能挣到更多的钱以改善他们自己及其家人在农村的生活，而不是在城市里长期定居，因此第一代农民工更愿意在农村和城市之间双向流动，更愿意把他们在城市挣到的钱拿回农村去用。对于第二代农民工来说，他们虽然已经逐步脱离农村而习惯了城市生活，更愿意在城市定居，但是父辈传下来的传统观念仍然在他们心中留有痕迹，相对脆弱的城市社会保障和比较低下的城市社会地位也使在城市长期生活的他们缺乏安全感和自信心，他们更愿意选择在城市就业和生活的同时保留其在农村的住宅和土地①，将农村住宅和土地作为他们生活的最后保障；当他们在城市就业和生活取得较大成功时，只要老家创业环境适宜，他们往往愿意携带在城市就业积累的成功经验和资金回乡创业，以向家乡人展示其成功经历和实现积累更多财富的愿望。② 可见，农民工在城市和农村之间双向流动在主观上是由农民工的自身特性所决定的，其产生的"回流效应"和"扩散效应"在客观上推动了各种要素在城乡之间的正常流动，优化了资源合理配置，减少了城乡差异，促进了城乡一体化进程和均衡发展，为加快社会主义新农村建设和城乡统筹发展提供了条件和路径。因此，政府要在政策上给予进城投资办厂、建店和从事个体经营的农民工与城镇居民相同的待遇；积极扶持农民企业家，鼓励他们创办辐射面广、带动力强的龙头企业或专业合作经济组织，拓展就业空间；鼓励农民工回乡创业，开发并发展农村项目，以项目带动农村劳动力转移。

（4）鼓励城镇居民筹集资金到农村投资开发项目，发展农村经济，增加农民工就业岗位。

（5）支持进城农民工非正规就业。在生活方式和工作方式多元化的今天，具有灵活、自由、进退成本相对较低等特点的非正规就业已经成为进城农民工就业或创业的一种重要形式，其不仅为进城农民工提供了巨大的就业和生存空间，而且还在一定程度上缓解了城市因农民工进城就业而面

---

① 目前，已有相当部分的农民工在城市（主要是县乡级城市）购买了住房的同时，仍然保留着他们在农村的住宅和土地。

② 我国农村有句俗话："成功不回乡，犹如锦衣夜行。"

临的巨大压力，为实现城市社会充分就业提供了切实可行的解决方案。因此，各级政府应该从法律法规、政策制度和税收支持等方面保护和鼓励进城农民工开拓非正规就业渠道。

8. 建立规范的劳动力市场秩序和信用体系

众所周知，诚信是市场经济社会的基本道德标准，是一个人、一家企业的立命之本。但是，我国社会目前正处在转型中，诚信往往被很多人忽略，农民工进城就业过程中出现的尔虞我诈、坑蒙拐骗等不诚信行为时有发生，致使处于弱势地位的农民工群体在城市就业的权益得不到充分保障，导致部分权益受到损害的农民工产生不相信社会，甚至仇视社会的心理，这显然会对我国社会经济可持续发展产生严重负面影响。因此，各级政府一方面要在法律体系和行政法规框架下，运用市场化手段规范劳动力市场，对用人单位、中介机构和农民工等劳动力市场参与主体的违法违规行为依法予以严厉打击。另一方面政府也要利用报纸、电视、网络等媒体加大对社会信用宣传力度，开展诚信、互助、互爱的人际交往道德建设，形成和谐友好的社会理念；严厉打击劳动力市场中的尔虞我诈、坑蒙拐骗等不诚信行为和违法违纪行为，形成崇尚诚信的社会风气；按照相关法律法规将用人单位签订和履行劳动合同、支付劳动者工资等情况，作为评价用人单位劳动保障诚信等级的主要依据之一，对用人单位信用状况进行科学评价，并记入用人单位信用档案，把长期故意拖欠、克扣农民工工资的用人单位予以曝光。

6.4　建立惠及农民工的住房制度

农民工进城就业之后，大多渴望融入城市社会而非重新回到农村①，即使部分农民工最终回乡务农，也是他们在权衡现实之后所做出的不得已

---

① 我们调查发现，只有 2.86% 的农民工愿意回家务农。

的理性选择。因此，进城就业农民工普遍希望在城镇找到稳定的工作和居所，并将全家迁移到城市生活，这既是我国未来人口转移的主要趋势，也是我国城镇化的必然结果。希望进城就业安居的农民工需要的居所不是工厂里的单身宿舍，而是适合于家庭居住和生活的独立住房。因此，如何解决好农民工在工业化和城镇化过程中的住房问题，是统筹城乡发展的重大课题和难题。农民工在城镇工作的同时，也是城市的消费者和纳税人，也为城市建设和社会经济发展做出了贡献，因此，解决农民工住房问题是各级政府义不容辞的责任。政府相关部门应该按照市场经济规律，本着"早考虑、早解决、把握主动"的原则，针对农民工实际情况尽快制定出包括公积金政策、公租房政策、廉租房政策、经济适用房政策在内的符合我国国情的农民工城市住房政策，既帮助那些有稳定职业和收入的农民工获得一个至少能满足城市基本生活需要的"合法固定的住所"，也帮助那些买不起房子的农民工在城镇找到能满足安全、卫生等城市最低生存需要的安身之所。当然，解决农民工住房问题是需要一个比较长期的过程的，必须根据社会经济发展实际状况、政府财力、用人单位经济实力、农民工自身承受能力等因素分层分类逐步解决。

6.4.1　完善农民工住房制度的总体思想

完善农民工住房制度的总体思想应该是"构建多元房产、广增民工温暖"。具体地说就是，以政府土地划拨和税收减免等优惠政策为基础，以市场化运作为主要手段，以财政资金和社会资金为主要资金来源，以各级政府为主要监管主体，以房地产企业为住房建设主体，以城镇普通商品房、低价普通商品房、经济适用房、廉租房、公租房、经济租赁房和统租房等为主要形式，构建起政府监管、市场主导、住房类型多样、参与主体广泛、资金来源多元的多层次、立体化农民工住房建设体系；以进城就业农民工实际情况为依据，以满足各层次农民工住房需求为目标，以公开公平公正和价廉物美为原则，以租售相结合为主要手段，构建兼顾效率与公平的农民工住房分配制度体系。

6.4.2 将农民工住房问题纳入社会经济发展规划与城镇建设规划

农民工住房问题不是一个孤立和暂时的问题，而是一个牵涉多方利益、关系未来社会经济发展的复杂问题，各级政府应该将其纳入当地社会经济发展规划和城镇建设规划进行全盘统筹考虑。第一，在城镇住房建设规划中充分考虑农民工住房问题，使进城就业农民工能够享受与城镇居民一样的住房保障和权益。各级政府应该在现行城镇建设规划、土地利用规划和房地产发展规划基础上，在保证原有城镇居民住房利益不受损害的条件下，将进城就业农民工住房问题纳入城镇住房建设规划中，构建起惠及进城就业农民工的、全民平等的新型城镇住房体系，力求在统一规划、统一政策的基础上，分步解决进城就业农民工住房问题。第二，各级政府还应该针对进城就业农民工这一弱势群体的城镇住房需求和现实困难，在不影响原有城镇居民住房保障权益的基础上，对进城就业农民工的住房保障诉求在政策上给予适当倾斜，将大多数进城就业农民工纳入城镇困难家庭住房保障体系。第三，由于住房政策与土地政策紧密相联，土地政策是住房政策的基础，住房政策必须得到土地政策的支持才能顺利实施。因此，各级政府在解决进城就业农民工住房问题过程中，必须将农民工城镇住房用地问题纳入城镇土地政策，为多途径、多渠道解决农民工住房问题和最终将农民工住房问题纳入政府城镇住房保障体系提供土地政策支持。

6.4.3 建立多元化的农民工住房供给制度

各级政府可以根据实际情况，通过政策引导或直接参与为符合条件的进城就业农民工提供适当的、与其收入及消费需求水平相匹配的城镇住房，分步骤、分阶段地改善进城就业农民工的居住条件。

1. 构建多元化的农民工住房建设和供给主体

各级政府作为解决进城就业农民工住房问题的第一责任主体，应该在国家相关法律法规框架下制定出有利于解决进城就业农民工住房问题的政策措施，鼓励用人单位和民间资本参与进城就业农民工住房建设，形成政府、用人单位和民间资本共同参与的农民工城镇住房多元化建设和供给主体格局。第一，各级政府作为建设主体直接参与公租房、廉租房等农民工城镇住房建设，主要方式是政府提供资金和划拨土地，通过招投标等方式委托建设单位建设，然后廉价出售或出租给进城就业农民工。第二，政府通过土地划拨、低价协议出让或分期支付土地出让金等形式向用人单位提供建设用地，以税收和行政事业性收费享受经济适用房政策，或减免税收和行政事业性收费等方式给予用人单位政策支持，鼓励用人单位为其招用的进城就业农民工建造适合于家庭居住和生活的住房。第三，政府鼓励社会民间资金建设适合农民工居住的低价普通商品房、经济适用房与经济出租房，建设单位只允许微利或保本经营，政府给予土地划拨、经济适用房税费减免政策或土地补偿等政策支持。第四，当地政府可以通过少收或免收房产税、降低个人所得税等方式鼓励与进城就业农民工有亲戚关系，而又有多余住房提供给进城就业农民工居住的城镇居民将其多余住房低价出租给农民工居住，这一方面可以充分发挥城镇空置房的效用和缓解政府面临的进城就业农民工住房建设压力；另一方面也可以使进城就业农民工在其亲戚朋友帮助下缩短其融入城市社会生活的时间，强化进城就业农民工对城市的归属感。

2. 运用分散与集中相结合的方式分类解决农民工住房问题

对于农民工就业比较集中的地区（如大型工矿企业厂区、经济开发区和产业园区等），政府可以在其附近划拨一定数量的土地作为农民工住房建设用地，通过减免税收、转让农民工住房未来的出售或出租收益等方式吸引有资质的房地产企业参与建设，然后以远远低于市场价格的合理价格①出售或出租给农民工。对于其他相对分散的农民工，政府可以在交通比较方便的地铁站、汽车站、轻轨站等交通枢纽附近，划拨一定数量的土

---

① 这种带有照顾性质的优惠房常常不具备完全产权，不允许农民工在市场上随意出售，而且每个农民工或农民工家庭只能享受一套住房。当农民工想出售变现时，只能以扣除折旧后的价格出售给政府指定的部门和单位。

地作为农民工住房建设用地，按照与集中就业农民工住房同样的建设和租售方式进行运作。

3. 制定多层次的农民工住房解决方案

在城市就业和生活时间较长、有稳定职业和收入、经济实力较强的农民工，可以通过购买城镇商品房来解决其住房问题；收入和经济实力一般，但又有在城市长期就业和生活强烈意愿的农民工，可以通过购买政府或用人单位提供的低价普通商品房和经济适用房，或者租用政府或用人单位提供的经济租赁房和廉租房等方式解决其住房问题，一旦经济条件好转、具备购买城镇普通商品房能力，他们应该及时以低于其购买价格的价格（折价比例由政府根据房屋折旧率、通货膨胀率、房价涨跌幅等因素确定）将其购买的低价普通商品房和经济适用房回售给政府指定的农民工住房管理机构，或者将其租用的经济租赁房和廉租房退还给政府指定的农民工住房管理机构，以便于更需要这些住房的农民工购买和租用；没有打算在城镇长期就业和生活、只是在城市打短工的进城就业农民工，可以以低于市场价格的价格租用当地政府和用人单位提供的公租房或廉租房，也可以在当地政府和用人单位给予一定补贴的条件下租用原有城镇居民的住房。对于第一类和第三类进城就业农民工，当地政府无须对他们进行特别关注，因为第一类农民工能够凭借自身经济实力解决住房问题，而第三类农民工对城镇住房要求不高，只要有遮风避雨的住所即可，不需要政府付出太大的努力即可解决。因此，当地政府应该重点关注第二类进城就业农民工的城镇住房问题。

4. 维持相对较低廉的农民工城镇住房价格

由于进城就业农民工的收入普遍较低，所以住房价格就成了解决农民工城镇住房问题的关键。除了经济实力较强、能够通过购买城镇普通商品房解决住房问题的进城就业农民工外，各级政府应该通过政府补贴或税收优惠等方式，为其他类型的进城就业农民工提供价格相对较低廉的经济适用房、经济租赁房、公租房或廉租房，使住房购买或租赁价格在各类进城就业农民工的收入可承受范围之内。具体地说，农民工住房供给主体提供的低价普通商品房除建设成本外，只能允许有合理的微利；经济适用房和经济租赁房的价格基本上就是成本价，不允许营利，合理利润由政府补贴；公租房和廉租房不仅不能营利，反而可能略有亏损，亏损部分和合理利润部分由政府补贴。

6.4.4 分层分类解决进城就业农民工住房问题

根据进城就业农民工的不同经济承受能力，建设不同类型的住房，分别逐步满足不同类型进城就业农民工的需要（见图6-2）。

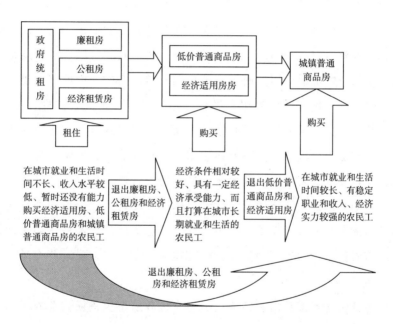

图6-2 分层分类解决进城就业农民工住房问题的基本思路和路径

1. 城镇普通商品房

城镇普通商品房适合在城市就业和生活时间较长、有稳定职业和收入、经济实力较强的农民工购买，这部分进城就业农民工基本上已经融入城市社会，与原有城镇居民没有什么区别了，所以可以与一般城镇居民一样，用城镇普通商品房解决其住房问题，而不必专门针对他们制定特殊的住房解决方案。

2. 低价普通商品房和经济适用房

低价普通商品房和经济适用房①适合经济条件相对较好、具有一定经济承受能力，而且打算在城市长期就业和生活的进城就业农民工购买。调查发现，进城就业农民工大多希望拥有适合家庭居住、价格低廉并靠近就业地点的稳定住房，这类农民工对低价普通商品房和经济适用房的需求比较强烈。低价普通商品房的建设和供给主体由于在土地划拨、税收收费等方面得到了政府优惠政策的扶持，所以其在向进城就业农民工出售住房时，可以拥有合理的微利空间，但盈利空间不能超过政府规定的上限；经济适用房的建设和供给主体要么是承担社会公益性职能的政府本身，要么是已经得到政府财政补贴的其他经济主体，所以其应该以成本价向进城就业农民工出售经济适用房，而不应该再拥有盈利空间。因此，向进城就业农民工出售的低价普通商品房和经济适用房具有一定的公益性、福利性、非营利性特征，购买低价普通商品房和经济适用房的进城就业农民工可以自己居住和由子女继承，但不能通过出租、转让、出售、赠予等方式牟取私利；一旦发现，就应该立即取消其享受低价普通商品房和经济适用房的资格，勒令其按照城镇普通商品房价格标准补交购买低价普通商品房和经济适用房的房款，或者折价将购买的低价普通商品房和经济适用房回售给当地政府农民工住房管理部门，并将其拉入"不诚信公民"黑名单，向全社会公布。

由于低价普通商品房和经济适用房只是政府解决进城就业农民工住房问题的过渡性应急措施，这类住房因价格约束而在地理位置、房屋面积、配套设施、物业服务、产权配置、选择余地等方面可能难以与城镇普通商品房比肩，所以当进城就业农民工经济条件好转、有能力购买城镇普通商品房来进一步改善自己的居住条件时，他们大多愿意购买自己中意的城镇

---

① 低价普通商品房具有普通商品房的一切特征，只是其因有政府政策优惠而只能以低于市场价的价格向特定社会群体出售。而经济适用房大多面积较小，一般在 30~50 平方米左右，具有厨房和卫生间等基本室内配套设施，能满足进城就业农民工的基本住房要求。

普通商品房；一旦进城就业农民工购买了城镇普通商品房，他们就应该是城镇居民平等的一分子，就不能再享有针对进城就业农民工修建的低价普通商品房和经济适用房，当然也就应该将其原来购买的低价普通商品房和经济适用房折价回售给当地政府农民工住房管理部门①，供更需要低价普通商品房和经济适用房的进城就业农民工购买。

3. 廉租房、公租房和经济租赁房

廉租房、公租房和经济租赁房适合在城市就业和生活时间不长、收入水平较低、暂时还没有能力购买经济适用房、低价普通商品房和城镇普通商品房的进城就业农民工租住。由于廉租房租金远远低于市场价格，如果不加限制地允许所有进城就业农民工和经济条件不太好、没有住房的困难城镇居民租用，那么势必造成廉租房供不应求，使真正困难的进城就业农民工和城镇居民租不到廉租房的现象。所以，各级政府应该根据现实情况制定廉租房租用条件②，只有满足条件的低收入进城就业农民工和低收入困难城镇居民才能被纳入廉租房保障范围。暂时买不起经济适用房、低价普通商品房和城镇普通商品房，又不符合廉租房租用条件的进城就业农民工，可以以低于市场价格，但高于廉租房价格的价格租住政府或公共机构修建的公租房和经济租赁房。可见，廉租房、公租房和经济租赁房都是政府利用税收等财政资金修建来解决进城就业农民工和困难城镇居民住房问题的，具有很强的公益性、非营利性和扶贫济困特征，低价租用廉租房、公租房和经济租赁房的进城就业农民工可以自己居住和由子女继承，但不能通过转租、转让、出售和赠予等方式牟取私利；一旦发现，就应该立即取消其租住廉租房、公租房和经济租赁房的资格，勒令其立即退还并搬离廉租房、公租房和经济租赁房，并将其拉入"不诚信公民"黑名单，向全社会公布。

尽管廉租房、公租房和经济租赁房因适用对象不同而在价格方面存在差异，但是为了让租住这些住房的进城就业农民工能够安居乐业，有必要

---

① 折价比例由当地政府根据房屋折旧率、通货膨胀率、房价涨跌幅等因素确定。
② 可以以月收入低于一定水平、在城镇没有自购住房和租赁住房等为标准制定廉租房租赁条件。

使廉租房、公租房和经济租赁房都具备基本的生活设施和便利条件。一般来说，廉租房、公租房和经济租赁房应该被规划修建成小区，分布在城市聚居区内，有相对成熟的产业支撑；最好修建在轻轨站或地铁站等交通枢纽站点附近，公交路线多并设置有公交转运站场，出行比较方便；配套有比较完善的生活服务设施（如超市、农贸市场等）、公共服务机构和公共活动场地（如社区医院、幼儿园、小学、文化娱乐场所、体育运动场所、社区管理机构、警务安全机构等）。廉租房、公租房和经济租赁房的户型应该有单间配套、一室一厅、两室一厅和三室一厅等几种类型，面积在30~80平方米之间，其中60平方米以下的住房应占总量的80%以上；厨房、厕所功能齐全，客厅、卧室装修完好，入户防盗门安全牢实，水、电、气、电视、网络、通信安装到户，承租人只需自己配上家具、电器等即可直接入住。

同样，廉租房、公租房和经济租赁房也只是政府解决进城就业农民工住房问题的过渡举措，一旦进城就业农民工因经济条件改善而购买了经济适用房、低价普通商品房，甚至城镇普通商品房后，就应该自动失去廉租房、公租房和经济租赁房的租住资格，主动将其租住的廉租房、公租房或经济租赁房完好无损地退还给当地政府农民工住房管理部门，以便于更需要廉租房、公租房和经济租赁房的进城就业农民工或困难城镇居民租住。

4. 政府统租房

从目前来看，我国部分城镇居民和房地产商手中持有大量无人居住的空置房，政府可以采用一定的措施将这些空置房进行集中登记，形成政府统租房的房源库；然后在政府相关机构协调下，将这些空置房的业主与需要住房的进城就业农民工联系起来，通过政府补贴方式将这些空置房以低于市场价的价格租给不符合廉租房条件，又未能租住公租房和经济租赁房的进城就业农民工居住。政府统租房已经成为廉租房、公租房和经济租赁房制度的一种有效补充，其既在一定程度上解决了进城就业农民工的住房难问题，又最大限度地减少了社会资源的浪费。

6.4.5 建立相对公平的进城就业农民工住房分配制度

1. 建立完善的进城就业农民工公共住房退出机制和监督制度

进城就业农民工在城镇租赁或购买的公共住房由城镇房屋管理部门负责管理，规划部门负责规划，建设部门负责建设，其他相关部门依据各自职责协助和配合。对于优惠商品房（包括在政府补贴下购买的二手房）、低价普通商品房、经济适用房、经济租赁房、廉租房、统租房、公租房，每一位进城就业农民工都只能以家庭为单位最多享有其中一种类型的一套住房①，而且在持有期间都只能供自己和家人居住，而不能自由转租、转售或赠予他人，因自身原因或按政策规定需要退出的必须立即无条件退出，将其租住的经济租赁房、廉租房、统租房、公租房退还给当地政府农民工住房管理部门，将其购买的低价普通商品房和经济适用房折价回售给当地政府农民工住房管理部门。具体地说，凡购买了城镇普通商品房的进城就业农民工，不能再享受低价普通商品房、经济适用房、经济租赁房、廉租房、统租房、公租房，已持有的必须及时退出；凡购买了低价普通商品房的进城就业农民工，不能再享受经济适用房、经济租赁房、廉租房、统租房、公租房，已持有的必须及时退出；凡购买了经济适用房的进城就业农民工，不能再享受经济租赁房、廉租房、统租房、公租房，已持有的必须及时退出；凡承租了经济租赁房的农民工，不能再享受廉租房、统租房、公租房，已持有的必须及时退出。良好的进城就业农民工公共住房退出机制是城镇公共住房制度有效实施的基本保证，房管、公安、社保、社区等相关部门应当联合协作，实现信息共享，每年对持有公共住房的农民工进行一次资格审查。如果持有人已经不符合公共住房的持有条件却未按规定及时退出，那么政府相关部门应该在令其立即退出公共住房的同时，

---

① 也就是说，属于同一家庭的多位农民工（如夫妻）只能共同享有低价普通商品房、经济适用房、经济租赁房、廉租房、统租房、公租房中一种类型的一套住房；但进城就业农民工的成年子女不应该被算作农民工同一家庭的成员，应该拥有独立享受城镇公共住房的权利。

勒令其按市场价格补交相关费用，并将其拉入"不诚信公民"黑名单，向全社会公布。

2. 完善住房补贴制度，鼓励进城就业农民工自主租赁或购买住房

在当地政府和用人单位提供房源不足的情况下，可以采取住房补贴方式鼓励进城就业农民工自主租赁或购买住房。各级政府可以通过减税或免税政策引导用人单位对其雇用的进城就业农民工发放住房补贴，进而减轻当地政府因农民工住房问题而面临的财政负担。同时，获得政府或用人单位住房补贴的进城就业农民工不再享有低价租赁经济租赁房、廉租房、统租房和公租房以及低价购买经济适用房和低价普通商品房的权利，只能按照市场价格自主租赁或购买住房，而且进城就业农民工从政府或用人单位获得的住房补贴只能用于自己租赁或购买住房，专款专用，而不能用于其他用途；如果进城就业农民工将政府或用人单位发放的住房补贴用于其他用途，那么一经发现，政府就必须进行严厉处理，不仅要追回其获得的住房补贴，还要剥夺其低价租赁经济租赁房、廉租房、统租房和公租房以及低价购买经济适用房和低价普通商品房的权利，并将其纳入"不诚信公民"黑名单，向全社会公布。通过住房补贴鼓励进城就业农民工自主租赁或购买住房的具体措施主要有以下几个方面。

（1）通过住房补贴方式鼓励进城就业农民工购置城镇普通商品房，以缓解政府提供低价普通商品房和经济适用房房源不足的压力。当符合低价普通商品房或经济适用房购买资格和条件，并有相应购买能力的进城就业农民工因房源不足而未能买到低价普通商品房和经济适用房时，可以向当地政府或用人单位申请住房补贴，用于购买城镇普通商品房，申请的住房补贴金额不应该多于低价普通商品房或经济适用房购买价款与条件基本相同的城镇普通商品房购买价款（如相同面积、相同地段、相同设施等）之间差额的1/2或2/3。① 每位进城就业农民工一生只能以家庭为单位在全国

---

① 购房补贴的具体比例和金额由当地政府相关部门根据实际情况制定。

范围内享受一次购房补贴的机会。

（2）通过住房补贴方式鼓励进城就业农民工自主租赁住房，以缓解政府提供经济租赁房、廉租房、统租房和公租房房源不足的压力。当符合经济租赁房、廉租房、统租房或公租房租赁资格和条件的进城就业农民工因房源不足而未能租用到经济租赁房、廉租房、统租房和公租房时，可以向当地政府或用人单位申请住房补贴，用于在房屋租赁市场上租赁住房，申请的住房租赁补贴金额不应该多于经济租赁房、廉租房、统租房或公租房租金与条件基本相同的自主租赁房屋租金（如相同面积、相同地段、相同设施等）之间的差额，房租补贴时间不超过当地政府规定时间的上限①，而且每位进城就业农民工一生只能以家庭为单位在全国范围内享受一次租房补贴的机会。

3. 健全进城就业农民工以农村宅基地置换城镇住房的制度

以农村宅基地换城镇住房是推进农民工进城就业安居和真正实现农民工市民化的重要举措，其不仅可以使进城就业农民工在无须支付较多资金的条件下获得城镇住房，为农民工进城就业安居提供基本的住房保障；也可以为农村土地流转、集约化经营和提高土地产出打下基础，为农村社会经济发展提供必要的支持；还可以弱化进城就业农民工与农村的联系，使进城就业农民工在享受城市优越公共服务和社会保障的同时，相应放弃其在农村拥有的权益，确保进城就业农民工与城镇居民之间实现真正的平等，为进城就业农民工真正市民化准备条件。因此，各级政府应该制定优厚的"农村宅基地换城镇住房"政策，并进行大力宣传，促使进城就业农民工在权衡利弊之后，心甘情愿地以其农村宅基地置换城镇住房。自愿退出农村宅基地的进城就业农民工，可以在其长期就业城市或宅基地附近城镇获得与其农村住房面积相匹配的一套经济适用房或定向安

---

① 租房补贴的具体金额和时间长度由当地政府相关部门根据实际情况制定。

置房①，并在就业、社会保障、未成年子女就近入学等方面享受较多优惠；在其今后经济条件好转而购买了城镇普通商品房后，其用农村住房置换得到的城镇经济适用房或定向安置房，也不必折价回售给城市农民工住房管理部门，可以作为永久房产被进城就业农民工所拥有。

4. 完善住房公积金制度，确保进城就业农民工享有与城镇职工相同的住房公积金

将住房公积金制度的享受对象从城镇机关企事业单位正式职工拓展到进城就业农民工，是使进城就业农民工享有与原有城镇居民平等权利的重要步骤，是消除进城就业农民工与城镇居民身份差异、实现进城就业农民工真正市民化的重要体现。从理论上说，可以采用如下两种方式解决进城就业农民工的住房公积金问题。第一种是直接将进城就业农民工纳入城镇住房公积金制度保障体系，凡是与进城就业农民工签订了规范劳动合同、建立了正式劳动关系的用人单位，都必须按照现行住房公积金制度规定，给予进城就业农民工与本单位其他职工一样的住房公积金。第二种是针对进城就业农民工制定不同于现行城镇机关企事业单位职工住房公积金制度的农民工住房公积金制度，将进城就业农民工纳入独立的住房公积金制度保障体系。显然，新制定的农民工住房公积金制度使进城就业农民工享受的住房公积金，不可能多于现行住房公积金制度使城镇机关企事业单位职工享受到的住房公积金，否则将对原有城镇机关企事业单位职工造成反向歧视，受到处于相对强势地位的原有城镇居民的强烈反对，进而可能导致

---

① 相比配是指各级政府相关部门在对进城就业农民工农村住房所在地和就业所在地房价、地价等相关因素进行比较分析后制定的城乡住房置换比例，既可以按当地市场价或征地拆迁补偿价进行测算，也可以由进城就业农民工与当地政府及其委托机构在测算价的基础上协商约定。不过，为了吸引进城就业农民工自愿以农村宅基地置换城镇住房，可以按照1:1的比例进行置换；由于进城就业农民工农村住房价格可能远远低于其就业所在城市的住房价格，所以这种置换比例从经济上说显然是大大有利于农民工的；但是如果不给予进城就业农民工较大的利益和好处，作为理性经济人和具有较大思乡情结的进城就业农民工一般是不愿意置换的，政府在这种情况下，要顺利推进城镇化和农民工市民化进程是非常困难的，所以政府可以把进城就业农民工农村宅基地换城镇住房过程中，对农民工的利益倾斜看作对农民几十年来受到的权益损害的补偿，是对农民工进城就业安居的必要扶持。

农民工住房公积金制度难以实行。上述两种方式各有利弊,第一种方式简单易行,而且还体现了进城就业农民工与原有城镇居民在住房公积金制度保障方面的平等性,但这种方式可能给用人单位带来较大的经济负担和提升用人单位的经营成本。第二种方式的利弊与第一种方式刚好相反,这种方式虽然可以在一定程度上减轻用人单位支付进城就业农民工住房公积金的经济负担,但由于要重新针对进城就业农民工制定住房公积金制度,所以可能会加大各级政府的制度制定和实施成本;同时,由于新制定的农民工住房公积金制度使进城就业农民工享受到的住房公积金仍然少于现行住房公积金制度使城镇机关企事业单位职工享受到的住房公积金,所以在住房公积金方面对进城就业农民工的歧视仍然存在,进城就业农民工仍然没有享受到与原有城镇居民一样的平等待遇。

综合上述分析可以看到,上述两种方式虽然各有利弊,但根据我国现实情况和城乡统筹发展目标,第一种方式的综合优势更加显著。因此,各级政府应该尽快在现行住房公积金制度基础上,制定出鼓励和促进用人单位对进城就业农民工发放住房公积金的相关实施细则和激励措施,并加大宣传和监督力度,力求在较短时间内实现住房公积金制度保障对进城就业农民工的全覆盖。同时,为了提高进城就业农民工在城镇就业期间缴存住房公积金的积极性,各级政府还应该针对进城就业农民工流动性较大和工作具有间断性等特点,利用高科技信息技术手段改进和完善住房公积金管理信息系统,使进城就业农民工从一个城市转移到另一个城市就业时,可以方便地将其在一个城市就业期间缴存的住房公积金转移到其就业的另一个城市;使进城就业农民工在间隔一段时间后再次回到城镇就业[①]时,能够方便地将其以前在城镇就业期间缴存的住房公积金与其在现在就业单位缴存的住房公积金进行连续计算和无缝连接,住房公积金不会因其在未就业期间没有缴存而受到任何影响。

---

① 部分进城就业农民工可能在城市工作一段时间后,由于没有找到合适的工作或者需要回乡处理相关事务等原因而离开城市一段时间。

5. 制定进城就业农民工购买或租赁城镇公共住房的条件

适合进城就业农民工购买或租赁的城镇公共住房，主要包括低价普通商品房、经济适用房、廉租房、经济租赁房、公租房和统租房等几种类型，各级政府应该根据各种类型房源的基本特征和供求状况，制定出进城就业农民工购买或租赁城镇公共住房的基本资格和条件，并根据供求变化每年进行必要的调整。

（1）进城就业农民工购买经济适用房或低价普通商品房的基本条件

第一，在城市就业和生活5年以上（含5年），并且在现在就业的城市和以前就业的其他城市都没有享受过经济适用房或低价普通商品房优惠政策。① 在同等条件下，进城就业农民工在现在就业所在城市就业和生活的时间越长，获得经济适用房或低价普通商品房购买资格的可能性就越大。

第二，持有现在就业所在城市的长期居住证，并且在所有城市就业和生活过程中都没有任何不诚信记录。在同等条件下，信用记录越好，获得经济适用房或低价普通商品房购买资格的可能性就越大。②

第三，在现在就业所在城市既没有本人购买的城镇普通商品房和其他私有产权住房，也没有登记在配偶或未成年子女名下的城镇住房。③

第四，申请人本人及其配偶最近3年内没有在现在就业所在城市出售过私有产权住房。④

第五，具备购买经济适用房或低价普通商品房的基本经济能力。

自愿退出农村承包地和宅基地的进城就业农民工可以不受上述条件限

---

① 该条件可以确保进城就业农民工在一生中只享受一次购买经济适用房或低价普通商品房优惠政策，并有效遏制进城就业农民工在不同城市购买多套经济适用房和低价普通商品房进行套利的动机。
② 该条件可以在一定程度上促使进城就业农民工时刻注意自己在城市就业和生活的行为规范，为进城就业农民工融入城市社会准备条件。
③ 该条件可以在一定程度上保证将经济适用房和低价普通商品房出售给真正需要的进城就业农民工，防止经济条件较好、已经拥有住房的进城就业农民工在自身利益驱动下占有本来就比较紧张的城镇公共住房。
④ 该条件可以保证进城就业农民工不会把自己的私有产权住房卖了去购买更为便宜的经济适用房和低价普通商品房。

制，在其现在就业所在城市或宅基地附近城镇获得与其农村住房面积相匹配的一套经济适用房或定向安置房。

（2）进城就业农民工租赁廉租房、经济租赁房、公租房和统租房的基本条件

第一，申请人年满 18 周岁，并且有相对稳定的工作和收入来源，具备基本的租金支付能力。例如，已与用人单位签订了 1 年以上（含 1 年）劳动合同且连续缴纳了 6 个月以上（含 6 个月）社会保险费和住房公积金、在机关企事业单位就业的农民工；在就业所在城市连续缴纳了 6 个月以上（含 6 个月）社会保险费且拥有该城市短期或长期居住证、从事自由职业或个体经营的农民工；等等。

第二，持有现在就业所在城市的短期居住证或长期居住证，并且在所有城市就业和生活过程中都没有严重的不诚信记录。在同等条件下，信用记录越好，获得廉租房、经济租赁房、公租房和统租房租赁资格的可能性就越大。

第三，在现在就业所在城市既没有本人购买的城镇普通商品房、经济适用房和低价普通商品房以及其他私有产权住房，也没有登记在配偶或未成年子女名下的城镇普通商品房、经济适用房和低价普通商品房以及其他私有产权住房。①

第四，申请人本人及其配偶在现在就业所在城市没有租住廉租房、经济租赁房、公租房和统租房。②

第五，申请人本人及其配偶最近 3 年内没有在现在就业所在城市出售过私有产权住房。③

---

① 该条件保证已经拥有个人私有产权住房或者已经购买了经济适用房或低价普通商品房的进城就业农民工不再同时享有廉租房、经济租赁房、公租房和统租房的租赁资格。

② 该条件保证进城就业农民工在同一时刻只能以家庭为单位享有租赁一套廉租房、经济租赁房、公租房或统租房的资格，属于同一家庭的不同成员（如夫妻）不能同时享有租赁两套廉租房、经济租赁房、公租房或统租房的资格。

③ 该条件可以保证进城就业农民工不会把自己的私有产权住房卖了去租住廉租房、经济租赁房、公租房或统租房。

　　上述 5 个条件只是进城就业农民工租赁廉租房、经济租赁房、公租房和统租房的基本条件，在实际执行过程中，还需要根据廉租房、经济租赁房、公租房和统租房的供求状况、不同特征和适用对象等因素进行差别对待。另外，廉租房、经济租赁房、公租房和统租房既可以家庭申请，也可以单身人士或多人联合申请。家庭申请的，需要确定 1 名符合申请条件的家庭成员为主要申请人，其配偶和具有法定赡养、抚养、扶养关系的共同居住生活人员为共同申请人；单身人士申请的，申请者本人为申请人，未婚人员、不带子女的离婚或丧偶人员、独自进城就业人员都可以作为单身人士申请；多人联合申请的，合租人均需符合申请条件，并且人数不超过3 人，并确定 1 人为主要申请人，其他人为共同申请人。

6.5　建立一视同仁的子女教育制度

　　教育事业是有关千秋万代的伟大事业，平等教育权是包括进城就业农民工及其子女在内的全体公民应该享有的基本权利，中国前总理温家宝在视察北京市进城就业农民工子弟学校时，就在黑板上写下了"同在蓝天下，共同成长进步"的语句。进城就业农民工子女与城镇居民子女一样，都将对我国未来社会经济发展速度和质量产生至关重要的直接影响，都是国家未来社会经济建设的主要力量，都肩负着中华民族伟大复兴的重大使命，理应获得与城镇居民子女一样的平等受教育权利；同时，城乡居民子女一视同仁的平等受教育权也是进城就业农民工享有与城镇居民相同权利保障的重要体现和组成部分，是城乡统筹发展和消除城乡差异的重要途径和环节。因此，完善教育制度、解决好进城就业农民工子女教育问题，是各级政府义不容辞和刻不容缓的重要责任，必须尽快落实。

　　完善农民工子女教育制度的总体思想应该是"同片蓝天成长、共铸建设栋梁"。具体地说，就是以全面普及义务教育、实现农民工子女和城镇居民子女平等入学为主要目标，以受教育权平等和就近入学为基本原则，以相对固定的合法实际居住地①，而不是以户籍所在地为依据确定入学学校和入学资格，以向包括农民工子女在内的全体适龄儿童和青少年发放"教育券"为主要手段，以"中央统筹安排、省级政府管理"为主要财政管理制度，建立起平等、公正、惠及全民的新型义务教育制度体系。

6.5.1　建立新型的教育管理制度

从世界各国来看，绝大部分国家实行的义务教育都是强迫教育和免费教育，几乎每一个负责任的政府都把发展教育和承担义务教育全部基本费用看作义不容辞的最基本职责和义务。子女教育对于包括进城就业农民工在内的全体公民来说都是极其重要的，一个家庭，特别是一个社会经济地位比较低下和社会关系网络比较薄弱的农村居民家庭或农民工家庭，只要有一个孩子能够通过读书升学渠道实现在城市稳定就业，并过上相对体面的生活②，这个家庭也就有了在城市安居生活和脱贫致富的希望，而且从目前来看，也只有教育才能使市民化后的农村居民在城市稳定安居生活，才能推进农民市民化进程稳步发展。教育已经成为大多数农村居民和农民工实质性脱贫和永久性脱贫的有力保障。同时，教育对于整个国家和社会来说也是至关重要的，只有教育才能提高全体公民，特别是农村居民和农民工的综合素质，才能有效防止农村居民和农民工低下文化素质的代际遗传，才能从根本上推动国家经济发展和从实质上推动整个社会进步，才能实现真正意义上的城乡统筹发展。因此，各级政府，特别是政府主要官员应该认识到全民教育，特别是进城就业农民工子女享有平等教育权利的重要性和紧迫性，树立"再困难也要办教育"的执政理念，并督促政府教育部门制定出详细的教育规划和方案，在规划、管理和财政等方面进行统筹设计，建立新型的教育管理制度。

---

① 就进城就业农民工来说，其住房可以是自己购买的具有完全产权的住房，也可以是签订了长期租赁合同的长租房（以租赁合同为准），还可以是亲戚朋友提供的长期住房（以亲戚朋友提供的证明和担保为凭据）。

② 读书升学往往是农村居民和农民工子女实现在城市稳定就业和生活的唯一途径。

1. 明确教育目标

根据我国社会经济发展状况以及党中央、国务院相关文件精神，我国的教育目标应该是到 2020 年，全国各地要实现真正意义上的全民义务教育，所有适龄儿童和青少年都能平等地享有现代化教育的基本权利。

2. 制定教育改革的基本原则

进城就业农民工与城镇居民一样，都为城市社会经济发展做出了贡献，应该有权享受与城镇居民相同的国民待遇，既不应该剥夺进城就业农民工子女在城市平等受教育的权利，也不应该再让进城就业农民工承担额外的不合理教育支出。基于此，我国教育改革的基本原则就应该是"立即进行，就近入学，免费就读，内外一致"。所谓立即进行，就是马上着手改革，尽快取消一切针对进城就业农民工子女教育的歧视政策；所谓就近上学，就是使进城就业农民工未成年子女能够在其就业所在地或居住证所在地最近的中小学校上学读书；所谓免费就读，就是公办学校要取消一切形式的借读费、赞助费、择校费等费用；所谓内外一致，就是进城就业农民工子女与本地城镇居民子女、本地农民工子女与外地农民工子女都能享受到完全一样的教育权利。

3. 建立义务教育登记制度

各级政府应该将进城就业农民工未成年子女教育问题纳入当地政府的教育工作全局进行考虑，政府教育行政部门、学校和公安派出所要建立进城就业农民工未成年子女登记制度，将 16 周岁以下的进城就业农民工子女纳入公安部门登记范围，以便于准确掌握进城就业农民工子女的详细情况，对进城就业农民工子女教育进行科学统筹规划。具体做法可以是，每位进城就业农民工适龄子女在其第一次上学所在地注册学籍，由该学校负责填写义务教育登记卡，并经校长签名和加盖学校印章，农民工子女因其父母就业地点变化而流转到其他地方的学校上学时，须将该义务教育登记卡上交给流转地就读学校，由流转地就读学校做相关内容登记，学习完毕后再带义务教育登记卡到第一次上学所在地办理学籍档案。这种做法有助于对进城就业农民工子女就读、转学情况进行准确监控。

4. 改革教育体制

改革现行的"地方负责、分级管理"教育管理体制，由中央财政统一解决包括进城就业农民工在内的流动人口未成年子女义务教育经费，由地方政府统一规划、统一管理、统一组织、统一实施，以实现教育资源均等化，确保受教育权公平化。

5. 适当提高义务教育学校教职工工资和福利待遇，强化教师奖惩制度和交流换岗制度

对于所有公办义务教育学校，全体教师的工资和福利待遇都不应该低于公务员。同时，各级政府还要建立科学的考评制度，对做出杰出贡献的学校和教师进行有显示度的奖励，对不按规定办事、违法违纪的学校与教职工予以严厉处罚，将没有责任心和使命感、教学质量低下的教师调离教师岗位。为了平衡义务教育资源，消除我国目前优质教育资源过度集中的现象，各级政府应该在现有法律法规框架下、利用市场化手段建立起规范的校长、教师交流轮岗制度，定期让不同学校的教师互相轮岗，取长补短。

6.5.2 建立新型的就近上学制度

我国《义务教育法》第十二条第二款规定，父母或者其他法定监护人在非户籍所在地工作或者居住的适龄儿童和青少年，在其父母或者其他法定监护人工作或者居住地接受义务教育的，当地人民政府应当为其提供平等接受义务教育的条件。这既对建立进城就业农民工未成年子女新型就近上学制度提供了法律保障，也为建立进城就业农民工未成年子女新型就近上学制度提出了现实需求。新型就近上学制度既要满足进城就业农民工未成年子女就近上学的要求，又要防止大量农村学生集中涌入某些城市和某些学校，给这些城市和这些学校造成过大的压力。毕竟到目前为止，任何一个城市、任何一所学校的学生容纳能力都是有限的。因此，各级政府必须在全面考察的基础上，因地制宜地制定有效措施来完善进城就业农民工子女就近上学制度。

1. 按照"适度控制省地市级大中型城市、全面放开县镇级小型城市"的原则，分别制定进城就业农民工未成年子女就近入学制度，以实际居住地为依据划定入学学校和确定入学资格

（1）进城就业农民工未成年子女在省地市级大中型城市就近入学的基本条件

由于省地市级大中型城市人口逐渐趋于饱和，在目前大中型城市教育资源远远优于农村教育资源的情况下，如果不对农村适龄儿童或青少年进城入学问题进行必要的规范，那么势必造成大量农村适龄儿童或青少年在大中型城市优质教育资源的吸引下，涌入大中型城市中小学校上学。这不仅大大加重了大中型城市中小学校的财政负担和压力，而且大中型城市中小学校也可能因大量农村适龄儿童或青少年的涌入而降低其教学质量，特别是那些在大中型城市没有稳定住所和生活来源的农村适龄儿童或青少年，还可能因其身份差距、经济条件差距和学习成绩差距等而产生强烈的自卑心理，甚至不平等的社会仇视心理，进而在未来对城市社会经济发展带来负面影响。因此，省地市级政府应该根据省地市级大中型城市具体实际，制定出进城就业农民工未成年子女就近入学的基本条件。一般来说，只要满足下列条件之一，进城就业农民工未成年子女就应该能够取得在省地市级大中型城市就近入学的资格。①

第一，拥有私有产权住房（包括城镇普通商品房、低价普通商品房和经济适用房等）的进城就业农民工未成年子女可以在其住房所在地学校就近入学。

第二，没有私有产权住房，但持有长期居住证的进城就业农民工未成年子女可以在其长期居住证标明的居住房所在地学校就近上学。

第三，持有临时居住证的进城就业农民工未成年子女可以凭临时居住证和租期在 2 年以上（含 2 年）、具有独立门牌号码的单元住宅房屋租赁

---

① 由于省级大型城市和地市级中等城市吸纳进城就业农民工未成年子女就近入学的能力逐渐趋于饱和，为了避免对大中型城市教育体系造成混乱，应该针对进城就业农民工的不同情况制定相应的子女就近入学条件。

合同在其实际租住房所在地学校就近上学。

另外，为了防止进城就业农民工在未成年子女就近入学方面产生不诚信行为和道德风险，可以规定以住房为基础而不是以居住人为基础解决适龄儿童或青少年就近入学问题，无论某套城镇住宅的实际居住人是房屋所有权人还是没有所有权的租赁户（如进城就业农民工等），该套住房每年都只能最多解决 1 名适龄儿童或青少年①在该住房所在地附近学校的就近入学问题。由于大多数城镇居民家庭都只有一个小孩，大多数能够在城镇稳定就业和生活，并将未成年子女带到城市上学的进城就业农民工家庭的孩子也不超过 2 个，即便有超过 2 个小孩并加入实际居住人直系亲属的未成年子女，除了双胞胎或多胞胎外，这些小孩也大多不需要在同一年入学，因此，"一套城镇住房一年只解决一名适龄儿童或青少年就近入学"的规定能够基本解决住房实际居住人（包括住房所有权人或租住人）及其个别直系亲属的未成年子女就近入学问题。同时，该规定还可以在一定程度上确保在城镇中小学校上学的农村适龄儿童或青少年拥有基本的住所和生活保障，更可以防止城镇住房所有权人或租赁人通过将其直系亲属或其他亲朋好友未成年子女无限制地带进城镇中小学校上学而从中牟取不正当利益，进而在较大程度上规避了包括城镇居民和进城就业农民工在内的城镇住房实际居住人的道德风险，缓解了城镇学校吸纳进城就业农民工子女入学的压力。

（2）进城就业农民工未成年子女在县镇级小型城市就近入学的基本条件

县镇级小型城市是我国城镇化过程中吸收市民化农村居民的主阵地，其在吸纳进城就业农民工未成年子女就近入学方面也应该有巨大的拓展空

---

① 原则上必须是房屋实际居住人的未成年子女，在特殊情况下，也可以放宽到房屋实际居住人兄弟姊妹等直系亲属的未成年子女或者房屋实际居住人的孙子、孙女等。当以该住房为依据在该住房附近学校就近入学的适龄儿童或青少年不是房屋实际居住人的未成年子女时，该房屋实际居住人必须为就近入学的适龄儿童或青少年提供必要的担保，以保证该适龄儿童或青少年在该学校读书期间具备必要的学习和生活条件。另外，当房屋实际居住人及其兄弟姊妹等直系亲属有双胞胎或多胞胎子女时，也可以突破 1 年只允许一名适龄儿童或青少年在该住宅附近学校就近入学的限制。

间，因此，县镇级政府应该全面放开本地农村居民和进城就业农民工未成年子女到县城或乡镇中小学入学的限制，无论本地农村居民和进城就业农民工是否在县城或乡镇拥有私有产权住房（包括城镇普通商品房、低价普通商品房和经济适用房等）和租赁住房，也无论本地农村居民和进城就业农民工是否持有本县城或乡镇的长期居住证和临时居住证，只要他们能保证其未成年子女在县城或乡镇中小学校上学期间的基本住宿和生活条件，就应该允许他们的未成年子女在县城或乡镇中小学校就近入学。

2. 以"兼顾各方利益诉求、促进城乡居民共同发展"为原则，制定出进城就业农民工随迁子女就近参加中考和高考的制度和条件

在目前"教育资源由省级政府管理、高考计划以省为单位实施"的体制下，解决进城就业农民工随迁子女在当地参加中考和高考问题的关键是，要处理好农民工就业所在地原有城镇居民子女利益与农民工随迁子女利益之间的关系：既不能因保障进城就业农民工随迁子女在当地参加中考和高考的权利而损害原有城镇居民子女的既得利益[①]，也不能为保护原有城镇居民子女的既得利益而剥夺进城就业农民工随迁子女在当地参加中考和高考的权利。在中央已经将异地高考门槛确定权下放给省、直辖市和自治区政府的条件下，各省级政府应该在对当地城市管理、公共基础设施和教育资源承载能力以及农民工在当地就业和生活的时间、农民工随迁子女在当地的实际上学情况等因素进行全盘综合考虑的基础上，制定出兼顾各方利益诉求、促进城乡居民共同发展的具体政策措施和农民工随迁子女就近参加中考和高考的准入条件，并积极推进，加快实施。一般来说，为了防止进城就业农民工在中考或高考前一年、甚至更短时间以进城就业为由将其未成年子女迁移到升学率更高的地方参加中考或高考，各省级政府可以规定，只有进城就业农民工未成年子女在其就业所在地学校上学3年以上（含3年），才能在当地就近参加中考或高考。为了保证农民工就业所

[①] 进城就业农民工随迁子女在其就业所在地参加中考或高考，必然会加剧农民工就业所在城市的升学竞争，进而在一定程度上对原有城镇居民子女造成伤害。

在地原有城镇居民子女的升学利益不受大的影响，各省级政府教育主管部门可以协助教育部，对本省份管辖范围内各个地区的招生计划进行动态调整，适当增加进城就业农民工随迁子女规模较大地区的招生计划，相应缩减进城就业农民工未成年子女流出地区的招生指标，以保持各地区招生计划的动态平衡。

3. 针对不同经济能力农民工的现实需求，构建收费学校与不收费学校并存的多元化教育供给体系

在我国政府财政教育经费非常有限、公办教育资源相当匮乏的情况下，我国可以参照美国等西方发达资本主义国家办教育的做法，适当引入国内外民间资本办教育，在政府指导和监督下创办收费合理、具备教育资质的大中小学校，以弥补公办教育资源的不足。不论是政府公办学校，还是民间资本私立学校，都应该在教育部和各级政府教育部门的监督下履行自己的教育职能。同时，政府不能因引入了民间资本办学就减少对公办教育的投入和逃避自己应该承担的全民教育责任。事实上，为了对民办私立学校保持足够的压力和避免民办私立学校基于旺盛市场需求产生的漫天要价行为①，各级政府不仅不能减少对公办教育的投入力度，反而应该加大公办教育投入、创办更多更好的公办学校来促使民办私立学校规范自己的教学行为和提升自己的教学质量，进而在政府公办学校和民办私立学校之间、政府公办学校之间、民办私立学校之间形成良性有序竞争，构建多元化的教育供给体系。一般来说，政府公办学校与民办私立学校之间的比例应该保持在 8∶2 左右，政府公办学校比例不宜低于80％，而民办私立学校不宜多于20％。当然，政府公办学校与民办私立学校之间的实际比例应该在政府指导下，以市场化手段进行动态调节确定。在通常情况下，民办私立学校因其受到市场竞争和生存压力的威胁而会努力向社会公众提供优于政府公办学校的教育质量，政府公办学校一般都只能向社会公众

---

① 当然，政府也可以利用行政手段规范民办私立学校的收费行为、收费标准和收费用途，但这种行政手段可能破坏市场经济规律，挫伤民办私立学校的办学积极性，导致社会多元化的教育供给体系难以正常运行。

提供处于社会平均水平的大众化教育质量；事实上，如果政府公办学校教育质量优于民办私立学校，或与民办私立学校基本相当时，政府公办学校必然会因其不收费（或收费很低）和较高的教育质量而受到社会公众的吹捧，那么民办私立学校将因生源急剧减少而难以在社会上生存和发展。对进城就业农民工来说，如果其有足够经济实力，又愿意对子女教育进行大量投资，那么其可以将未成年子女送到收费的民办私立学校上学，获得优质教育资源；如果其经济条件一般或者不愿意对子女教育进行过多投资，那么其可以将未成年子女送到免费的政府公办学校上学，获得大众化的教育资源。由此可见，构建收费学校与不收费学校并存的多元化教育供给体系，可以满足包括进城就业农民工在内的不同经济能力群体的子女教育需求，使社会各个阶层都能享受到最基本的教育权益。

6.5.3　建立新型的教育经费筹集和配置制度

为了解决我国教育，特别是基础教育经费严重不足以及各地因进城就业农民工子女流动而产生的教育经费严重不平衡问题，有必要重构基础教育经费筹集模式，拓展基础教育资金来源渠道，改革现有基础教育财政资源配置模式。① 我国基础教育的多元化投入和配置模式如图 6-3 所示。

1. 优化基础教育经费筹集模式，拓展基础教育资金来源渠道

基础教育经费投入不足已经成为制约我国基础教育发展和进城就业农民工未成年子女就近入学的瓶颈和障碍，各级政府在公共财政紧张、难以为基础教育提供充足资金支持的现实困境下，应该重构基础教育经费筹集模式，拓展基础教育资金来源渠道，广泛吸纳社会民间资本投资基础教育，变目前单一的政府基础教育投入模式为广泛吸纳社会民间资本参与的多元化基础教育投入模式，形成"政府财政投入为主、社会民间资本积极参与"的政府和社会共办基础教育的良好发展格局。

---

①　由于进城就业农民工未成年子女教育问题主要涉及小学、初中和高中阶段的基础教育，所以本小节将研究重点放在探讨基础教育经费筹集和配置上。

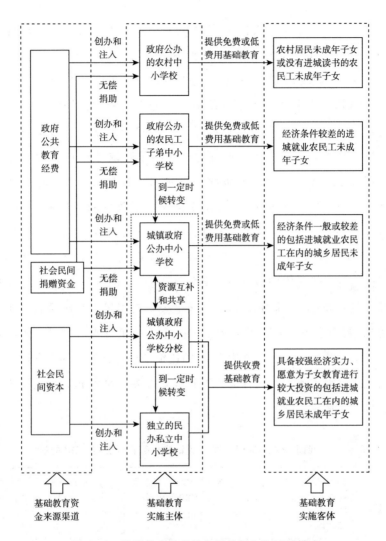

图 6 – 3 我国基础教育的多元化投入和配置模式

（1）进一步增加政府财政预算，扩大教育经费比例，并将政府财政教育经费向基础教育，特别是农村居民和农民工未成年子女基础教育适当倾斜

第一，教育作为有关国计民生，并具有刚性需求特征的基础性、公益性行业，各级政府理应成为公共教育经费的主要提供者，也有责任和义务承担起教育主导者角色，加大公共教育经费投入力度，使全民都能享受到良好、优质的平等受教育权。

第二，从目前来看，我国国家财政性教育经费和人均公共教育支出占人均 GDP 的比重都低于国际平均水平，与西方发达资本主义国家，甚至部分发展中国家和欠发达国家相比也存在较大差距；各级政府应该对我国与世界其他国家之间的教育差距有充分而清醒的认识，逐步加大公共教育经费投入力度，高质量地办好教育，特别是基础教育，争取在较短时间内达到国际先进水平。据统计，在国家财政性教育经费（主要包括公共财政预算教育经费、各级政府征收用于教育的税费、企业办学中的企业拨款以及校办产业和社会服务收入用于教育的经费等）投入上，目前世界平均水平为 7% 左右，其中发达国家达到 9%，经济欠发达国家达到 4.1%；而我国虽然在 1993 年就将国家财政性教育经费占 GDP 4% 的目标正式写入了《中国教育改革和发展纲要》，但直到 2012 年才实现这一目标（见表 6 - 1），基本达到了国际上公认的衡量一个国家教育水平的基础线[①]，跨越了中国教育发展史上的一个重要里程碑。如果考虑人口因素，以人均公共教育支出占人均 GDP 的比重来进行比较，那么我国不仅与发达国家存在很大差距，而且也达不到很多发展中国家和欠发达国家的教育经费投入水平。[②]

表 6 - 1　我国 1993 ~ 2013 年的国家财政性教育经费占 GDP 的比例

年份	国家财政性教育经费占 GDP 的比例	年份	国家财政性教育经费占 GDP 的比例	年份	国家财政性教育经费占 GDP 的比例
1993	2.51%	1996	2.46%	1999	2.79%
1994	2.51%	1997	2.49%	2000	2.87%
1995	2.41%	1998	2.59%	2001	3.19%

[①] 财政性教育经费占国内生产总值为 4% 的投入指标是世界公认的衡量一个国家教育水平的基础线。

[②] 例如，地方中国人均公共教育支出在 2012 年仅占人均 GDP 的 0.82%，而美国为 6.10%，是中国的 7.44 倍；日本为 4.28%，是中国的 5.22 倍；韩国为 3.01%，是中国的 3.67 倍；俄罗斯为 1.87%，是中国的 2.28 倍；巴西为 2.29%，是中国的 2.79 倍。

年份	国家财政性教育经费占 GDP 的比例	年份	国家财政性教育经费占 GDP 的比例	年份	国家财政性教育经费占 GDP 的比例
2002	3.41%	2006	3.01%	2010	3.66%
2003	3.28%	2007	3.32%	2011	3.93%
2004	2.79%	2008	3.48%	2012	4.28%
2005	2.81%	2009	3.59%	2013	4.30%

资料来源：根据网络资料整理。

第三，从经济发展水平来看，我国完全具备提高公共教育经费比重、加大公共教育投入力度的经济能力和实力，各级政府应该基于我国经济发展水平，大幅度增加公共教育经费，为我国教育、特别是基础教育提供充足的资金支持。从 2010 年开始，我国在经济总量上就已经超越日本成为仅次于美国的世界第二大经济体，但我国的公共教育投入却没有本质性的变化，这显然与世界第二大经济体的地位不相称。我国公共教育经费投入远远低于世界其他国家的原因不是没有钱投入，而是各级政府对教育关注度不够，将公共财政资金过多地投到了其他领域①，没有将教育提升到国家战略和各级政府工作重点的高度来进行谋划和实施。

综合上述分析可以看到，我国各级政府既有加大公共教育经费投入的责任和义务，也有追赶世界先进教育水平的紧迫感，同时还具备提高公共教育经费投入力度的经济实力。在这种情况下，如果各级政府再不加大公共教育经费投入力度，使我国公共教育在较短时间内获得飞跃式发展，那就是严重失职和不作为了。同时，与高等教育相比，基础教育更具公益性和非营利性，而且基础教育在解决进城就业农民工未成年子女平等受教育权问题上处于更重要的位置，所以各级政府应该在加大公共教育经费总量及其在 GDP 中所占比重的同时，适度向基础教育，特别是处于弱势地位的

---

① 例如，我国"三公"经费占用的比重过大，基于政治利益的对外援助太多，行政成本太高，各级政府通过财政补贴和兜底的方式对作为企业的投融资平台扶持太多等。

农村居民和农民工未成年子女基础教育倾斜，向经济发展相对落后的西部地区基础教育倾斜，以优化政府公共教育经费支出和使用的结构，发挥有限公共教育经费的效用水平。

（2）广泛吸纳社会民间资本投资教育，特别是基础教育领域，以补充和缓解政府财政对基础教育投入的不足

社会民间资本投资基础教育，主要有三种方式：一是投资创办独立的中小学校；① 二是通过无偿捐赠方式向现有政府公办中小学校（包括城镇中小学、农村中小学和城镇农民工子弟校等）注入资金；三是通过资金有偿注入方式与现有政府公办中小学校联合办学。② 对于第一种方式，各级政府既要制定激励政策，对社会民间资本投资创办独立中小学校的行为进行鼓励，又要制定约束政策，对民办私立中小学校的准入条件、收费标准、教学行为、教学质量等进行必要规范；在保障民办私立学校享有与政府公办学校相同权益的同时，也要对民办私立学校的各种行为进行必要监督，使其不仅能达到我国基础教育的基本标准和条件，还能为具备较强经济实力、愿意为子女教育进行较多投资的城乡居民提供高于政府公办中小学校标准的优质教育资源。对于第二种方式，各级政府应该建立健全社会捐赠激励和监督机制，确保社会捐赠资金全部用于教育，以吸引更多国内外有识之士捐资助学；同时，各公办中小学校也应该在政府法律法规和规章制度框架下，充分利用校友及其社会影响力资源，采取授予学校冠名权、教学楼冠名权、班级冠名权、奖助学金冠名权等方式，吸引有较大社会影响力的成功人士捐赠助学资金。对于第三种方式，由于政府公办中小学校大多应该是免费的和非营利性的，而注入有偿资金的社会民间资本却要求得到应有的投资回报，所以二者之间可能存在一定的冲突；但是政府公办中小学校与社会民间资本的有偿合作又

① 由于民办私立学校针对的学生群体是具备较强经济实力、愿意为子女教育进行较多投资的包括进城就业农民工在内的城乡居民未成年子女，所以这种学校一般都会建在比较富裕的城市而不会在相对贫穷的农村。

② 由于社会民间资本的逐利性，其一般都是与办学质量较高、社会影响力较大的城镇公办中小学校联合办学，而不会与城镇公办农民工子弟校或农村公办中小学校联合办学。

是具备一定优势的，政府公办中小学校可以利用社会民间资本强化教学基础设施建设，吸引优质师资，进而提升现有教学质量和水平，社会民间资本可以借助政府公办中小学校的现有师资和社会影响力降低其投资成本，获取更多的投资回报，进而产生双赢的效果。因此，各级政府应该根据各地不同的社会经济发展水平和基础教育供求状况，在对政府公办中小学校与社会民间资本有偿合作的利弊进行全面权衡的基础上，寻找既能满足政府公办中小学校免费和非营利性要求，又能使社会民间资本获得合理投资回报的利益共同点和结合点①，并在此基础上制定出相应的政策措施。

2. 实行"教育券"制度，改革基础教育财政资源配置模式

"教育券"制度是针对进城就业农民工未成年子女流动性较大的特点设计的一种新型基础教育财政资源配置模式，其将基础教育财政资源配置路径由"政府—学校—学生"转变为"政府—学生—学校"。政府将用于基础教育的公共经费以"教育券"的形式直接发给学生或家长，而不是拨付给学校，学生转移到新学校后用教育券支付学费和相关费用。"教育券"可以以一学期或一学年的教育经费为一券，券上记载着学生真实姓名、身份证号码、户籍所在地、可读年级和学期等相关信息，由适龄儿童和青少年户籍所在地的政府教育部门无条件免费发放，可以一学期或一年发放一次，也可以对一个适龄儿童或青少年一次性发放；"教育券"只能由券上标明的学生本人使用，不得转让和交易。以九年义务教育为例，如果以一学期为一个单位发放"教育券"，那么一个适龄儿童和青少年的九年义务教育将可以得到小学6年共12张小学义务"教育券"和初中3年共6张中

---

① 一般来说，在基础教育严重不足的初级发展阶段，应该允许社会民间资本以创办政府公办中小学校分校的方式与政府公办中小学校展开合作，政府公办中小学校本部严格执行不收费的义务教育政策，而社会民间资本投资创办的分校可以在当地政府教育和物价等部门规定的范围内收取合理费用，以满足其获得合理投资回报的要求。当基础教育发展到一定阶段以后，可以在政府相关政策指导下将社会民间资本投资创办的分校与政府公办中小学校分离，过渡到第一种方式、并纳入社会民间资本投资创办的独立中小学校进行统一管理。

学义务"教育券"。持有"教育券"的学生到新的地方居住和上学后，需要向新居住地的学校交纳与其就读年级相匹配的"教育券"；学校在收到学生交纳的"教育券"后，可以按当年人均教育经费与所在城市的政府教育行政部门结算费用，所在城市教育部门在如数拨付给学生就读学校后，再向发放"教育券"的学生户籍所在地教育部门追索该学生的教育经费。在这种制度下，由于学生就学所在地政府教育部门代替学生户籍所在地政府教育部门承担了学生的教育工作和负担，所以发放"教育券"的学生户籍所在地教育部门有义务将国家和上级政府划拨的教育经费，以及本级政府需要承担的教育经费转移支付给学生就学所在地政府教育部门。

"教育券"制度的实施既能保证政府教育资源得到相对公平的分配，使每个适龄儿童和青少年都能平等地从政府获得教育资助和接受义务教育的机会；也能够在一定程度上协调学生流入地政府与流出地政府之间在教育财政资金分配上的关系①，保证教育财政资金向教育优势地区转移和集聚；还能够打破适龄儿童和青少年入学的户籍樊篱，为适龄儿童和青少年以居住地为依据选择就读学校创造条件，为进城就业农民工子女在城市就近上学扫清了财政障碍。

6.5.4 建立进城就业农民工子女教育援助制度

进城就业农民工作为城市社会的弱势群体，其随迁未成年子女在城市生活和上学期间必然会遇到很多非系统性的特殊困难，这些困难并不会必然发生在每一个进城就业农民工未成年子女身上，但会在进城就业农民工未成年子女这个特殊群体中以一定概率发生；也就是说，这些困难对每个进城就业农民工未成年子女来说是偶然的，但对进城就业农民工未成年子女这个群体来说却是必然发生的。因此，各级政府除了要从教育管理制

---

① 按照接收就读学生的实际数量分配教育财政资金，接收学生多的地区将获得更多的教育财政资金，接收学生少的地区获得的教育财政资金也就比较少。

度、就近上学制度、教育经费筹集和配置制度等方面保障进城就业农民工未成年子女这个特殊群体的基本受教育权外，还应该针对个别或少数进城就业农民工未成年子女可能面临的特殊困难，建立起进城就业农民工未成年子女教育援助制度，以使义务教育的阳光能够普照包括进城就业农民工未成年子女在内的所有适龄儿童和青少年。具体措施主要包括以下几个方面。

1. 设立进城就业农民工未成年子女教育救助基金，实施"希望工程助学进城计划"

首先，由政府通过财政预算方式划拨一定数额的资金作为种子资金，创建进城就业农民工未成年子女教育救助基金，并委托有资质的托管人和管理人①分别进行保管和运作来实现基金资金的安全性和增值性目标；其次，该基金在常年接受社会民间捐赠②的同时，各级政府也应该每年通过财政预算方式，定期向该基金注入一定数量的资金，以增强该基金的资金数量和救助能力；最后，为了确保该基金能够永久运营和发展，尽可能不要动用政府划拨资金，而每年都只能以基金投资收益和社会民间捐赠资金为限对进城就业农民工未成年子女进行教育救助。当进城就业农民工未成年子女因父母失业、伤残和家庭经济困难等原因而面临失学困境时，该基金为其提供必要的生活、学习费用，使其能够顺利完成学业。进城就业农民工未成年子女教育救助基金运营模式如图 6-4 所示。

2. 建立进城就业农民工未成年子女社会救济制度和收养制度

当进城就业农民工因经济困难而无力承担其未成年子女的生活和教育义务时，应该有相应的社会救济制度对这些未成年儿童和青少年进行必要

---

① 托管人主要是具备一定资格和条件的大中型商业银行，管理人主要是具有扎实投资知识、丰富投资经验和较高道德水准的投资理财专家或机构。

② 为了鼓励社会爱心人士捐赠资金，各级政府应该将社会爱心人士捐赠的资金从其应纳所得税税基中扣除。例如，张某某月收入为 1 万元，按照个人所得税起征点 3500 元计算，其应纳所得税的收入应为 6500 元；如果张某该月向进城就业农民工未成年子女教育救助基金捐赠了 1000 元，那么就应该将这 1000 元捐款从其应纳所得税收入中扣除，即其在该月应纳所得税的收入变为了 5500 元。

救济，使他们能够获得必要的生活资料和受教育权益。当进城就业农民工因意外死亡或其他原因而使其未成年子女成为无人监护的孤儿时，应该有相应的收养制度使这些未成年儿童或青少年能够被相关社会机构或有经济实力的人士收养。

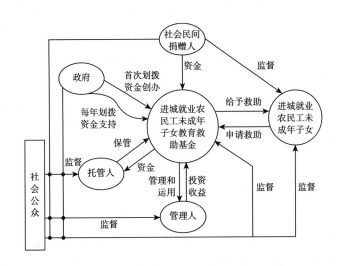

图 6 - 4　进城就业农民工未成年子女教育救助基金运营模式

3. 建立城镇居民家庭与进城就业农民工家庭之间的对口帮扶制度

鼓励有经济实力的城镇居民，特别是与进城就业农民工存在一定亲戚关系的城镇居民及其家庭与进城就业农民工结成帮扶对子，为进城就业农民工及其家庭提供必要的住房和经济帮助，给予进城就业农民工子女一定的教育支持。各级政府应该将城镇居民资助进城就业农民工及其子女的支出从城镇居民应纳个人所得税税基中扣除，以鼓励城镇居民对进城就业农民工及其子女提供帮助。例如，李某月收入为 1 万元，按照个人所得税起征点 3500 元计算，其每月应纳所得税的收入应为 6500 元；如果李某为其进城就业的兄弟家庭免费提供了一套市场月租金为 1000 元的住房，并给予其兄弟的小孩每月 500 元的教育资助，那么就应该将这 1500 元从李某每月应纳所得税收入中扣除，即李某每月应纳所得税的收入变为了 5000 元。这样做的合理性在于，李某进城就业的兄弟作为农民工，政府有责任和义务为其提供必要的住宿场所（如公租房、廉租房、统租房等），李某兄弟的小孩进城读书如果遇到困难，政府也有责任和义务进行帮助；更重要的是，如果李某的兄弟没有得到李某的资助，那么李某的兄弟可能难以在短时间内找到城市归属感和认同感，也不容易融入城市社会，进而为城市社会稳定和发展带来一定的隐患。因此，李某为其进城就业的兄弟和小孩提供住房和教育支持的行为，在一定程度上分担了政府的责任和义务，减轻了政府的压力，为城市社会的稳定发展做出了很大的隐性贡献，政府当然应该给予李某必要的税收优惠。

4. 将进城就业农民工未成年子女纳入城镇医疗保险、意外伤害保险和重大疾病保险计划

为了防止重大疾病、意外伤害等因素对进城就业农民工未成年子女的生活和教育产生严重负面影响，各级政府教育部门应该将进城就业农民工未成年子女纳入城镇医疗保险、意外伤害保险和重大疾病保险计划范围，并基于进城就业农民工经济条件比较拮据的现实情况，可以考虑由政府财政负担大部分，甚至全部进城就业农民工未成年子女的相关保险费用。

5. 进一步完善进城就业农民工子女入读普通高校和中高级职业技术学校的绿色通道和无息助学贷款制度

读书升学是农村居民和进城就业农民工子女实现在城镇稳定就业和生活的重要途径，各级政府教育部门应该基于农村居民和进城就业农民工家庭经济大多不宽裕的现实，通过建立绿色通道和无息贷款制度等方式，鼓励农村居民和进城就业农民工子女在完成义务教育阶段的学习后，升入中高级职业技术学校，甚至普通高校继续学习，为这些农村居民和进城就业农民工子女未来的职业生涯打下坚实的知识基础。

6. 建立进城就业农民工子女奖助学金制度

各级政府教育部门应该在义务教育阶段和非义务教育阶段建立起完善的进城就业农民工子女奖助学金制度，使经济困难的进城就业农民工子女能够通过助学金完成学业，使成绩优秀、天赋聪慧的进城就业农民工子女能够通过奖学金和助学金获得优厚的学习生活条件。当然，为了不造成反向歧视，也可以将奖助学金制度覆盖包括进城就业农民工在内的全体城乡居民子女，特别是在评定奖学金时，只能以学习成绩和综合表现为唯一评判标准，将全体学生置于同一个标准下进行评价，而不能片面地向进城就业农民工子女倾斜，否则会对城镇居民子女造成新的不公平；但在评定助学金时，可以通过在评定标准中增加家庭经济收入指标来向进城就业农民工和农村居民子女适当倾斜，只有家庭经济收入低于某一水平的学生才能申请助学金。

7. 构建进城就业农民工未成年子女行为偏差防治和矫正机制

进城就业农民工未成年子女进入城市生活和读书后，其面临的各种诱惑将远远多于农村，同时，其父母比较低下的社会经济地位可能使他们遭到部分城镇居民及其子女有意无意的歧视和欺负，这会使他们在心灵深处形成巨大落差和社会不公思想，产生对城市社会的仇视和敌对心理，进而使他们的行为产生偏差；① 如果不对进城就业农民工未成年子女的这种社会不公心理和仇视敌对心理进行及时疏导，不对他们的行为偏差进行及时矫正，那么他们很有可能在城市花花世界的诱惑和自身社会经济条件的压

---

① 相关心理学理论研究表明，人们大多存在社会公平心理偏好，人们获得的总效用水平不仅取决于其获得的财富绝对数量，还取决于其与周边人士的比较优势。具体地说，当人们的绝对财富数量增加时，如果其与周边人士的比较优势仍然保持不变或有所增加，那么其总效用水平将增加；如果其与周边人士的比较优势减少、甚至被逆转变成了比较劣势（即周边人士的优势增加得更快），那么其总效用水平的变化值由绝对财富增加带来的效用增加值与比较优势减少（或比较劣势增加）带来的效用减少值之间的大小关系决定，若前者大于后者，则其总效用水平增加，反之则其总效用水平下降。对进城就业农民工未成年子女来说，当进城就业农民工未成年子女在农村生活和上学时，由于周围的邻居和亲戚朋友大多在经济上处于相同或相近水平，社会地位也几乎没有高低之分，他们在这种环境中即使绝对生活条件很差，也不会产生心理落差和社会不公心理，有时还可能会产生些许的优越感；当进城就业农民工未成年子女进入城市生活和上学时，情况就有所不同了，即使他们的绝对生活条件好于农村，但是由于与周边原有城镇居民相比，其社会地位和经济条件都不仅不占优势，反而还存在很大差距，这种比较劣势必然会在心智还不成熟的进城就业农民工未成年子女心灵深处产生极大的震动和较大的负效用；当这种负效用的绝对值大于其绝对生活条件改善带来的正效用时，进城就业农民工未成年子女进城生活和上学的总效用就会低于其在农村生活和上学的效用，进而使他们在城市灯红酒绿世界的引诱下和自身追求体面生活欲望的作用下，产生偏离正确人生轨道的行为偏差。

力下，最终走上违法犯罪道路，这对进城就业农民工及其未成年子女本人来说都无疑是一种灾难性的后果，对整个社会来说也是一种巨大的损失。因此，各级政府应该针对进城就业农民工及其未成年子女的现实情况，从如下三个方面构建进城就业农民工未成年子女行为偏差防治和矫正机制。

（1）营造良好的城市社会环境。各级政府相关部门要严厉打击针对儿童和青少年，特别是进城就业农民工未成年子女的违法犯罪行为，营造有利于包括进城就业农民工未成年子女在内的全体儿童和青少年健康成长的社会环境，将城市花花世界对进城就业农民工未成年子女的不良诱惑降到最低程度。长期以来，遍布城市各个角落的游戏厅和网吧一直在儿童和青少年成长中扮演着极不光彩的角色，已经成为毒害儿童和青少年健康成长的毒瘤和藏污纳垢的场所，进城生活和读书不久、没有见过大世面的进城就业农民工未成年子女在部分"黑网吧和黑游戏厅"的致命诱惑下更是一步步陷入泥潭、走向深渊。虽然各级政府相关部门三令五申不许网吧和游戏厅接纳未成年人上网打游戏，并在各个网吧和游戏厅门口都张贴了"未成年人不许入内"的禁令，但是部分无良网吧和游戏厅对政府禁令置若罔闻，在自身利益驱动下默许，甚至纵容和引诱毫无抵抗力的进城就业农民工未成年子女上网打游戏，致使部分抵挡不住诱惑的进城就业农民工未成年子女学业荒废，甚至从此走上不归路。进城就业农民工在看到自己的小孩因沉迷于上网打游戏而荒废学业后，又因自身社会经济地位低下而不敢举报无良网吧和游戏厅；即使向警方举报，大多数警察也只是例行公事，敷衍了事，并不会对无良网吧或游戏厅老板进行严厉处罚，更不可能杜绝无良网吧或游戏厅老板的违法行为；相反，进城就业农民工反而有可能因举报无良网吧或游戏厅老板而遭到报复。因此，各级政府应该对严重影响包括进城就业农民工未成年子女在内的儿童和青少年健康成长的、诸如"黑网吧和黑游戏厅"这样的违法主体进行严厉打击，加大其违法成本，压缩甚至消除其生存空间；同时为进城就业农民工提供必要的法律援助，当他们的未成年子女因不谙世事而受到"黑网吧和黑游戏厅"这样的无良行为主体诱惑或伤害时，他们可以通过法律手段保护其未成年子女的合法权益。

（2）强化进城就业农民工的平等地位。各级政府要通过适当的制度倾斜和扶持政策提高进城就业农民工在城市的社会经济地位，使进城就业农民工及其未成年子女过上相对体面和有尊严的生活，进而消除进城就业农民工未成年子女在城市生活和学习的失落感，以及其对城市社会的仇视和敌对情绪，从物质基础层面防止进城就业农民工未成年子女产生行为偏差。

（3）构建进城就业农民工未成年子女心理疏导和行为矫正援助机制。各级政府教育部门要组织来自中小学、高校和其他社会机构的教育专家、心理学专家、法律专家以及相关领域的成功人士，建立起公益性的儿童和青少年心理疏导和行为矫正援助机构，对包括进城就业农民工在内的城乡居民未成年子女的极端心理和不良行为免费进行及时的疏导和矫正，尽可能将儿童和青少年，特别是进城就业农民工未成年子女的社会仇视心理和违反社会规范的出格行为扼杀在萌芽状态，使他们重归正道。

6.6 建立健全公平统一的社会保障制度

社会保障制度是社会发展的减震器和安全阀，不仅可以在一定程度上减弱经济发展低迷期因就业岗位不足和失业人口太多而对整个社会稳定产生的冲击，还可以通过保障每个社会成员的基本生活生存需求和提高每个社会成员抵御意外事故风险的能力，而使整个社会经济结构保持长期相对稳定。但是，我国长期以来形成的城乡二元结构，使我国农村居民和进城就业农民工一直游离于社会保障制度之外；随着我国改革开放的不断深化和城乡统筹的不断发展，进城就业农民工社会保障的缺失已经成为制约我国城镇化和农民工市民化进程的瓶颈和障碍。进城就业农民工在城市就业和生活的同时不愿意放弃其农村承包地和宅基地的很大原因，就是他们没有被完全纳入城镇社会保障体系，没有获得与原有城镇居民一样的社会保障。进城就业农民工所处的这种社会保障边缘化状态，不仅不利于农民工进城就业安居，也将对我国城乡统筹发展和全面小康社会建设产生致命阻碍。各级政府应该在对进城就业农民工社会保障现状进行全面考察的基础上，逐步建立健全城乡公平统一的社会保障制度，使社会保障的阳光普照包括进城就业农民工在内的全体城乡居民。

6.6.1　总体思想、依据、原则、目标和模式选择

1. 总体思想

建立健全公平统一社会保障制度的总体思想应该是"社会保障标准统一、城乡居民全面覆盖、资金筹集渠道多样、责任划分明确清晰、防意外之害促安居乐业、解后顾之忧促和谐发展"。具体地说，就是不专门针对进城就业农民工制定单独的社会保障体系，把进城就业农民工纳入城镇社会保障体系、按照统一标准进行统一管理，以建立全国统一的个人社会保障号码①为实施途径，建立起政府财政、用人单位和劳动者个人共同分担的社会保障资金筹集模式，明确政府、用人单位和个人在社会保障体系中应承担的责任和拥有的权利，按照"工伤保险、医疗保险（包括大病保险）、养老保险、生育保险、失业保险、最低生活保障"的顺序依次加快推进和实施公平统一的社会保障制度，以解除进城就业农民工的后顾之忧，促进社会和谐发展。

2. 依据

建立健全公平统一的社会保障制度，必须以国家的相关法律法规为基础和依据，尽可能做到有法可依和有据可查。迄今为止，我国出台的有关社会保障制度的相关法律法规主要有《社会保险法》《国务院关于解决农民工问题的若干意见》《国务院关于进一步推进户籍制度改革的意见》等几个文件。

---

①　可以将公民身份证号码作为个人社会保障号码使用。

《社会保险法》第九十五条规定，进城务工的农村居民依照本法规定参加社会保险。

《国务院关于解决农民工问题的若干意见》（国发〔2006〕5 号）指出，要积极稳妥地解决农民工社会保障问题，依法将农民工纳入工伤保险范围，所有用人单位必须及时为农民工办理参加工伤保险手续，并按时足额缴纳工伤保险费；优先解决大病医疗保障问题，各统筹地区要采取建立大病医疗保险统筹基金的办法，重点解决农民工进城务工期间的住院医疗保障问题，有条件的地方可直接将稳定就业的农民工纳入城镇职工基本医疗保险系统；要探索适合农民工特点的养老保险办法，抓紧研究低费率、广覆盖、可转移，并能够与现行养老保险制度衔接的农民工养老保险办法，有条件的地方可直接将稳定就业的农民工纳入城镇职工基本养老保险系统。

《国务院关于进一步推进户籍制度改革的意见》（国发〔2014〕25 号）指出，要把进城落户农民完全纳入城镇社会保障体系，把其在农村参加的养老保险和医疗保险规范接入城镇社会保障体系，完善并落实医疗保险关系转移接续办法和异地就医结算办法，整合城乡居民基本医疗保险制度，加快实施统一的城乡医疗救助制度；提高统筹层次，实现基础养老金全国统筹，加快实施统一的城乡居民基本养老保险制度，落实城镇职工基本养老保险关系转移接续政策；加快建立覆盖城乡的社会养老服务体系，促进基本养老服务均等化；完善以低保制度为核心的社会救助体系，实现城乡社会救助统筹发展；把进城落户农民完全纳入城镇住房保障体系，采取多种方式保障农业转移人口基本住房需求。

3. 原则

建立健全公平统一的社会保障制度应该坚持公共性与协调性相结合、轻重缓急与实际需要相结合的原则。

（1）坚持公共性与协调性相结合的原则

公共性是指社会保障属于公共服务的范畴，包括进城就业农民工在内的全体社会成员都应该共同享有社会保障的平等权利，所以应该尽早实现社会保障城乡统一。协调性包含如下四个方面的内容。一是现在与将来的协调，即现在基于现实情况设计的暂行制度不仅不能与将来要实现的社会保障城乡统一目标存在本质上的冲突，还应该有利于将来社会保障城乡统一目标的实现。二是城乡统筹发展与现实经济承受力的协调，城乡统筹发展要求尽快实现社会保障城乡统一，而社会保障城乡统一又必然要求政府、用人单位和进城就业农民工承担更多的社会保障费用和具备更大的经济承受能力，所以在制定社会保障制度和政策时，必须将城乡统筹发展目标与全体参与主体的现实经济承受力结合起来，只有在政府、用人单位和进城就业农民工等参与主体的现实和潜在经济承受力范围内制定的社会保障政策，才有可能得到顺利实施。三是原有城镇居民与进城就业农民工利益的协调，即制定城乡统一的社会保障制度不能以损害原有城镇居民的既得利益为代价，而应该在稳步提高原有城镇居民社会保障水平的条件下，逐步将包括进城就业农民工在内的农村居民纳入社会保障体系，最终实现社会保障体系的城乡统一目标。四是用人单位与进城就业农民工利益的协调，目前相当一部分的用人单位雇用进城就业农民工的一个重要原因就是，可以不为其雇用的进城就业农民工办理社会保险或者只办理少量社会保险，进而降低人力使用成本。制定并强制实施城乡统一的社会保障制度，必然要求用人单位支出更多的资金为其雇用的进城就业农民工购买社会保险，这有可能导致用人单位因难以承受人力成本增加而降低进城就业农民工的雇用数量；同时，处于相对弱势地位的进城就业农民工为了获得工作机会和当前能拿到更多的钱，可能也不愿意花费更多的钱去购买社会保险。在这种情况下，各级政府在制定城乡统一的社会保障制度过程中，应该将用人单位降低人力成本的诉求与进城就业农民工要求工作和少支付社会保险费的诉求结合起来，尽可能在确保用人单位人力成本不大幅度提高、进城就业农民工能获得更多就业机会和当前能拿更多钱的条件下，建立健全公平统一的社会保障制度。综合上述分析可以看到，公共性是社会保障制度的本质特征，城乡统一的公平社会保障制度是我国建立健全社会保障制度的基本目标，而协调性是我国建立健全社会保障制度的策略和手段，公共性与协调性相结合应该成为我国健全社会保障制度的一项重要原则。

（2）坚持轻重缓急与实际需要相结合的原则

社会保障体系的建立和全覆盖是一项复杂的系统工程，需要大量的人力、财力和物力，不能一蹴而就。从客观上说，我国改革开放以来虽然在经济上取得了巨大成就，目前已经跃居世界第二大经济体，但是我国人口众多，地区发展不平衡，城乡差别、社会阶层差别还广泛存在，人均经济发展指标还处于较低水平，还没有足够的人力、财力和物力在短时间内实现社会保障平等全覆盖的目标。从主观上说，城镇居民还没有完全做好与农村居民分享同等社会保障的思想准备，农村居民对社会保障的理解还处于初级阶段，他们大多只注重眼前利益，而不太愿意现在拿出一部分钱去购买社会保险。可见，我国目前还不具备完全实现社会保障平等全覆盖的主客观条件，社会保障平等全覆盖在我国完全实现应该是一个长期的过程。因此，我国在完善社会保障体系过程中，应该分清轻重缓急，根据进城就业农民工实际需要，有计划按步骤地逐步实施。对于就业技能较高、工作比较稳定、经济条件较好、思想意识比较超前、对社会保障制度比较有信心和认同感的进城就业农民工，可以率先将他们纳入城市社会保障体系进行管理；对于经济条件不太好、不认同社会保障制度体系的农村居民和进城就业农民工，可以先让他们纳入层次相对较低的农村社会保障体系，待社会经济发展到一定水平后再逐步将他们纳入城市社会保障体系，最终实现社会保障体系的平等全覆盖。

4. 目标

2020年前，在全国范围内建立并实施统一的、农村居民与城镇居民同等的、可以转移接续的社会保障制度，从总体上实现社会保障全民覆盖目标。

5. 模式选择

解决进城就业农民工社会保障问题的模式不外乎有三种选择：一是把进城就业农民工直接纳入城镇社会保障体系；二是把进城就业农民工纳入

农村社会保障体系；三是建立专门的进城就业农民工社会保障体系。

（1）把进城就业农民工直接纳入城镇社会保障体系

优点：有利于建立公平统一的社会保障制度，有利于社会保障制度的平稳运行，有利于实现进城就业农民工享有与城镇居民相同的平等待遇目标。

缺点：第一，缴费比例较高，用人单位和进城就业农民工可能难以承受。第二，转移接续存在一定的技术难度，目前还不能完全实现社会保险关系的无摩擦平滑转移和接续，难以适应进城就业农民工流动性大的特点。第三，社会保障制度条款复杂，部分文化水平较低的进城就业农民工难以清晰地了解其中的相关规定，只知道自己缴费的义务，不明白自己的权利与待遇，影响其参保的积极性。第四，部分进城就业农民工在继续拥有农村承包地和宅基地的同时，享受与城镇居民一样的社会保障权益，可能造成对城镇居民的反向歧视以及进城就业农民工与城镇居民之间新的不平等。第五，可能给本来就不宽裕的城镇社会保障系统和政府财政带来较大的资金支付压力。

（2）把进城就业农民工纳入农村社会保障体系

优点：缴费费率较低，进城就业农民工能够承受，用人单位无须为农民工支付太多的社会保险费用。

缺点：第一，把进城就业农民工纳入农村社会保障体系，不能使进城就业农民工获得与原有城镇居民一样的社会保障权益，可能进一步加大进城就业农民工与原有城镇居民之间的差距，使进城就业农民工所处的弱势地位得不到改善，不利于消除城乡差别，不符合进城就业农民工的根本利益。第二，现行农村社会保障体系极不全面和不完善，保障功能极其低下，完全不能满足进城就业农民工的社会保障要求；事实上，在城市就业和生活的农民工面临的风险与城镇居民是一样的，如果他们不能享有与城镇居民一样的社会保障，而只能获得现行农村社会保障体系提供的微薄保障的话，那么他们将难以抵御其在城市就业和生活产生的各

种风险。① 第三，把进城就业农民工纳入农村社会保障体系，不仅不利于
建立城乡统一的社会保障制度，反而在本质上是与我国未来实现社会保障
城乡统一的根本目标背道而驰的，更不利于推进农民工进城就业安居和社
会的和谐稳定发展。

（3）建立专门的进城就业农民工社会保障体系

优点：第一，缴费费率低于城镇社会保险，有利于减轻用人单位和进
城就业农民工的缴费负担，进而扩大社会保障的覆盖面。第二，进城就业
农民工获得的社会保障权益高于农村社会保障体系，可以在一定程度上对
进城就业农民工起到保障作用。

缺点：第一，将现行城镇居民和农村居民二元分割的社会保障体系变
为城镇居民、进城就业农民工和农村居民三元分割的社会保障体系，进一
步割裂了我国的基本社会保障制度，加大将来建立城乡统一的基本社会保
障制度的难度。第二，进城就业农民工社会保障体系提供的保障待遇仍然
低于城镇社会保障体系，这对进城就业农民工来说仍然是不公平的，这显
然不利于推进城镇化和农民工市民化进程。第三，专门针对进城就业农民
工构建社会保障体系，需要重新建立一套庞大的农民工社会保险机构，运
作成本比较高，实际操作存在较大困难。第四，进城就业农民工可能不会
太认同这种仍然带有歧视性的社会保障体系，参保率不一定高。第五，转
移接续制度仍未建立，难以与进城就业农民工流动性强的特点相适应。

（4）进城就业农民工社会保障模式选择的综合分析

综合上述分析可以看到，虽然把进城就业农民工直接纳入城镇社会保
障体系，把进城就业农民工纳入农村社会保障体系以及专门针对进城就业
农民工建立独立的社会保障体系等三种进城就业农民工社会保障模式各有
利弊，但根据我国统筹城乡发展目标和社会保障制度完善目标，将进城就

---

① 例如，进城就业农民工在城市就业过程中可能会面临比农村工作更大的工伤风险和职业
病风险，如果他们仍然只能享有现行农村社会保障体系提供的工伤保险和医疗保险的话，
那么他们是显然无法抵御工伤风险和疾病风险的；一旦发生工伤意外或罹患严重疾病，
他们有可能陷入万劫不复的悲惨境地。

业农民工直接纳入城镇社会保障体系应该是比较合适和可行的做法。各级政府及其社会保障部门应该以城镇社会保障体系为主导，以农村社会保障体系为补充，在最大限度地尊重进城就业农民工自愿的条件下，分层分类逐步解决进城就业农民工社会保障问题，无须专门针对进城就业农民工构建另外的社会保障体系，主要原因如下：

第一，专门针对进城就业农民工建立的社会保障体系仍然带有歧视性和不公平性，也与我国建立城乡统一社会保障制度体系的发展方向不相符合，所以不宜构建专门的进城就业农民工社会保障体系。传统社会保障体系的城乡二元分割体制已经造成了社会严重不公，形成了城乡居民享受社会保障权益的巨大差距；[①] 如果现在再在城镇社会保障体系和农村社会保障体系之间，人为地增加一个进城就业农民工社会保障体系，那么势必在农村居民与城镇居民之间造就一个新的社会阶层——农民工阶层，在事实上形成社会保障体系的三元体制格局。这种制度安排在表面上似乎解决了进城就业农民工的社会保障问题，但在实质上却对农村居民和进城就业农民工带来了更大的歧视性，其一方面将使进城就业农民工仍然游离于城镇社会体系之外，不能真正融入城市生活和成为城市社会大家庭的一员；另一方面将使社会地位本来就低于城镇居民的农村居民，进一步下移到新生的进城就业农民工阶层之下，使未到城市就业和生活的农村居民感到自己的社会地位更低，在心中产生更大的不平衡感和不公正感。可见，在原有城镇社会保障体系和农村社会保障体系之间建立进城就业农民工社会保障体系，这种制度安排是与社会保障体制改革的方向——城乡统一的社会保障制度背道而驰的。

第二，农村社会保障体系既不符合进城就业农民工的根本利益，也不满足进城就业农民工的权益保障要求，更不利于推进农民工进城就业安居和我国城镇化进程，所以不宜将进城就业农民工纳入农村社会保障体系。

---

① 从实际来看，农村居民是完全没有享受到城镇居民享受的社会保障的，农村居民的生、老、病、死全由自己和子女负责。

事实上，在我国广大农村地区，目前实行的仍然是以国家救济和乡村集体办福利事业为重点，以家庭保障为主体的社会保障模式，除基本养老保险和医疗保险进行了改革试点以外，其他社会保险项目基本上都没有建立起来。这种农村社会保障模式并不是完整意义上的社会保障体系，其中的任何一种"社会保障"项目都不完全符合社会保障的基本特征和要求，即使对未进城就业和生活的农村居民也不能起到应有的社会保障作用，更谈不上对具有城镇居民特征的进城就业农民工发挥应有的社会保障功能。同时，在我国城镇化进程中，已经有相当一部分的农民工在城市就业和生活多年，他们大多都不愿意再回到农村务农；如果现在再将他们的社会保障纳入农村社会保障体系，那么势必导致这部分本已在城市乐业安居的农民工继续处于城市边缘化状态，这不仅对进城就业农民工不公平，而且也不能适应我国统筹城乡发展和建立统一社会保障体系的现实需要，进而可能对我国工业化、城镇化进程产生阻碍作用。

第三，将进城就业农民工纳入城镇社会保障体系是社会发展的需要。城镇已经初步建立了较高水平且完整的社会保障体系，养老保险金已基本实现了社会统筹。解决进城就业农民工社会保障问题，既要考虑到农民工家庭基础在农村的现实，也要注意到农民工就业在城镇，而且居住重心也在逐渐向城镇转移的趋势，进城就业农民工迟早要成为城镇居民，如果到时两者的待遇不平等，那么将不利于城镇新居民的心理平衡与社会和谐；同时，进城就业农民工大多比较年轻，不仅不会在现在就领取养老金，而且现在还要缴纳一部分养老保险费，这显然有利于缓冲当前城镇社会养老保险资金的不足，为各级政府从根本上解决社会养老保险资金缺口问题赢得充足的时间。因此，各级政府应该将进城就业农民工社会保障制度设计的重点放在与城镇社会保障体系的接轨上，而不是将进城就业农民工简单地纳入农村社会保障体系，或者构建专门的进城就业农民工社会保障体系。从农民工自身的意愿和长远利益诉求来看，将进城就业农民工纳入城镇社会保障体系也应该是满足其自身需要的，部分进城就业农民工现在不愿意参加社会保险的根本原因是，现有社会保障体系不能随着他们就业地点和单位的变化而方便地转移，不能因他们就业时间间断而实现连续计算，致使他们看不到参加社会保险为他们带来的合理回报。因此，只要优化现行城镇社会保障体系的操作方式和运作模式，使其符合进城就业农民工的特点，他们应该还是愿意参加社会保险的。相关调查发现，农民工明确表示不愿意办理社会保险的只有 16.67%，明确表示愿意办理工伤保险的有 25.30%，愿意办医疗保险的有 35.42%，愿意办养老保险的有 46.43%，愿意办生育保险的有 8.63%，愿意办失业保险的有 21.73%，愿意办住房公积金的有 15.18%。

　　由于进城就业农民工成分比较复杂，流动性比较大，收入相对比较低，所以在将进城就业农民工纳入城镇社会保障体系过程中，不能不顾客观实际情况，采取简单的"一刀切"的方式进行落实和执行。各级政府及其相关部门应该在坚持"权利平等、制度统一"基本方针的前提下，充分考虑进城就业农民工具体实情和城镇社会保障体系的容纳能力，积极稳妥地将进城就业农民工纳入城镇社会保障体系，以从根本上解决进城就业农民工的社会保障问题。同时，各级政府及其相关部门也应该本着"权利平等、制度统一"的指导思想，逐步建立和完善现时适合于农村居民、未来能够与城镇社会保障体系顺利接轨的农村社会保障制度体系，并将现在经济条件较差、不想在城市长期就业和生活的农民工以及未在城市就业和生活的农村居民纳入农村社会保障体系，这既可以满足农村居民和部分进城就业农民工的社会保障需求，也可以在一定程度上缓解城镇社会保障体系的现时压力。在未来条件成熟的时候，再根据当时的实际情况、按现在设计的农村社会保障体系接口，将农村社会保障体系与城镇社会保障制度接轨，最终建立起城乡一体的社会保障体系，从根本上解决包括进城就业农民工在内的全体社会成员的社会保障问题。

6.6.2　强制实施工伤保险

1. 强制实施工伤保险的必要性和可行性

　　第一，工伤保险对保障进城就业农民工的生命权非常重要。由于很多进城就业农民工都在诸如建筑、化工等劳动强度大、风险高、环境恶劣的行业工作，不仅有可能患上各种严重的职业病，而且容易成为工伤事故的牺牲品；从现实情况来看也确是如此，进城就业农民工因工致伤、致残甚至致命的事故以及罹患严重职业病的现象频频发生，工伤事故和职业病已经成为进城就业农民工面临的最大威胁，工伤保险已经成为当前进城就业农民工最迫切需要的保障项目。

第二，我国相关法律法规为实施进城就业农民工工伤保险提供了法律依据。我国《社会保险法》和其他相关法律法规都明确规定，凡是与用人单位建立了劳动关系的农民工[①]，用人单位必须及时为其办理参加工伤保险的手续。该规定条款既明确了用人单位在进城就业农民工工伤保险方面应该承担的责任和义务，同时也为进城就业农民工享有的工伤保险权益提供了法律依据。

第三，工伤保险操作简单易行。在具体操作层面上，工伤保险一般都以劳动者在用人单位的实际就业时间为保险有效时限，以劳动者在用人单位从业过程中发生的工伤事故为保险责任事故，一旦劳动者因各种原因不在用人单位工作，以该劳动者为被保险人和受益人的工伤保险合同也就失去效力，所以进城就业农民工工伤保险不存在账户积累和保险关系接转问题，用人单位缴费成本也不是太高，应该都完全能够承受，工伤事故发生后的理赔追偿操作亦比较容易，进城就业农民工的工伤保障权益也比较容易得到保护。

第四，强制实施工伤保险，有利于促进用人单位更加注重生产经营过程中的安全卫生保护措施。用人单位为其雇用的包括进城就业农民工在内的所有员工购买工伤保险的支出，对用人单位来说是一种经营成本。如果用人单位的安全防护工作做得比较到位，发生工伤事故的概率比较低，保险公司赔付的可能性比较小，那么保险公司就有可能相应降低用人单位为

---

① 应该包括与用人单位签订了正式劳动合同、确立了正式劳动关系的农民工以及没有与用人单位签订正式劳动合同、但双方存在事实性雇佣关系的农民工。

员工支付的工伤保险费率，进而降低用人单位的工伤保险费用支出。在这种情况下，用人单位当然有动力通过加大安全防护工作力度来降低工伤事故发生的概率和减少工伤保险费用的支出。

基于上述原因，各级政府及其相关部门应该优先全面强制推行进城就业农民工工伤保险制度，使进城就业农民工在遭受工伤事故后能得到相应的抚恤和救助，进而分散和化解进城就业农民工所遭受的高职业风险。

2. 强制实施工伤保险的具体措施

具体地说，可以采取如下几个方面的措施强制推行进城就业农民工工伤保险：

（1）强制用人单位和进城就业农民工个人购买工伤保险，把进城就业农民工工伤保险制度切实落到实处。工伤保险作为法定保险项目必须强制执行，作为进城就业农民工最基本的社会保障项目必须优先得到落实。各级政府及其相关部门，特别是保险监督管理委员会，应该根据社会经济发展水平和进城就业农民工工伤保险实际需要，制定出工伤保险费费率以及用人单位与其雇用员工各自应该承担的工伤保险费比例①，并强制所有用人单位和包括进城就业农民工在内的所有劳动者个人无一例外地参加工伤保险。同时，各级政府人社部门要加大力度监督用人单位为签订了劳动合同或形成事实劳动关系的进城就业农民工及时办理工伤保险，并按时足额缴纳工伤保险费；对拒不为其所雇用员工，特别是进城就业农民工办理工伤保险的用人单位，应该依法予以严厉处罚。

（2）对进城就业农民工较为集中的行业和企业予以重点关注。各级政府及其相关部门应该重点检查农民工较为集中、工伤风险程度较高的矿山、建筑、采掘、化工、烟花爆竹、纺织和制造业等行业用人单位参加工

---

① 基于目前进城就业农民工收入水平较低的状况，可以在适当调低工伤保险费率的同时，将用人单位与进城就业农民工之间的工伤保险费用分担比例设定为7:3或8:2或9:1，甚至10:0。

伤保险的情况，必须将这些高危行业中的所有用人单位所雇用的全部员工全部纳入工伤保险保障范围，一个也不能少。

（3）构建合理有效的工伤预防制度体系。工伤预防比工伤赔偿和康复更重要，更能从根本上保障包括进城就业农民工在内的全体劳动者的健康和生命安全。各级政府相关职能部门应该加大对容易造成工伤的高风险行业用人单位进行检查、检测和监控的力度，强化工伤预防科学研究，构建科学的工伤预防制度体系。

（4）将职业伤害和职业病纳入工伤保险的范畴①，建立和完善职业病预防、鉴定、救助和补偿机制。进城就业农民工就业行业的高危性和工作环境的恶劣性，决定了职业伤害和职业病发生在进城就业农民工身上的高发性。据不完全统计，在每年职业伤害和职业病新发病例和死亡人员中，半数以上都是进城就业农民工。因此，各级政府及其相关部门应该在充分认识职业伤害和职业病对进城就业农民工巨大危害性的基础上，基于职业伤害和职业病的基本特征，建立职业伤害和职业病预防、鉴定、救助和补偿机制。

第一，各级政府及其相关部门应该对用人单位，特别是职业病多发行业用人单位的工作场所和环境及其安全防护设施等，进行定期或不定期检查，将有可能对包括进城就业农民工在内的所有劳动者造成职业伤害和职业病的所有隐患扼杀在萌芽状态。

第二，各级政府及其相关部门应该鼓励和督促用人单位，特别是职业病多发行业的用人单位对包括进城就业农民工在内的所有员工进行定期体检，以便及时发现，及早治疗，防止职业病对劳动者造成重大伤害。

---

① 职业病从表面上看是一种疾病，具有一般疾病的所有属性，但其主要是因从事的职业而产生的，所以既可以将职业病纳入医疗保险或疾病保险的范畴，也可以将职业病纳入工伤保险的范畴。因此，为了最大限度地保障包括进城就业农民工在内的所有劳动者的权益，对于同时购买了医疗保险和工伤保险的被保险人或受益人来说，建议在进行理赔的时候，首先按工伤保险合同规定的赔付额度支付受益人的职业病医疗费用，如果工伤保险金不能覆盖受益人的职业病医疗费用，那么受益人余下的医疗费用由医疗保险按合同规定的赔付额度支付。

第三，各级政府及其相关部门、特别是保险监督管理委员会应该将职业伤害和职业病纳入工伤保险范围，并针对职业伤害和职业病这种特殊的工伤事故，制定专门的保险费率和保险条款，同时强制所有用人单位和包括进城就业农民工在内的所有劳动者购买职业伤害和职业病工伤保险，并按规定的费用分摊比例分担保险费用，以便于在职业伤害和职业病发生时，包括进城就业农民工在内的劳动者能够得到及时补偿。

第四，各省级政府及其相关部门应该建立公益性的职业伤害和职业病权威鉴定机构，为包括进城就业农民工在内的所有劳动者提供免费或低收费的职业伤害和职业病鉴定，以杜绝类似农民工"开胸验肺"事件的发生。为了保证该鉴定机构的权威性和公正性，应该吸纳本地区内外的医学专家和职业病专家参加，同时最好将该鉴定机构设定为各省级政府的直属事业单位。

第五，由于部分职业伤害和职业病潜伏期比较长，其可能要在劳动者与用人单位解除劳动关系之后才会显现出来，所以需要由省级政府设立的职业伤害和职业病权威鉴定机构对包括进城就业农民工在内的劳动者提出的职业病鉴定申请进行科学鉴定。如果鉴定结果确认劳动者目前的疾病或伤痛与劳动者以前在某用人单位从事的工作存在直接关系，那么包括进城就业农民工在内的劳动者就应该享受工伤保险待遇。在这种情况下，如果用人单位在雇用包括进城就业农民工在内的劳动者工作期间，为其办理了职业伤害和职业病工伤保险，那么保险公司就应该在保险合同规定的额度范围内，支付受到职业病伤害的劳动者的医药费；如果用人单位没有为劳动者办理职业伤害和职业病工伤保险，那么受到职业病伤害的劳动者的医药费就应该由该用人单位在一定额度范围内支付；如果该用人单位拒不支付，那么政府及其相关部门可以通过国家救济等方式先行支付，然后再利用行政和组织的力量依法对该用人单位进行追偿。

6.6.3 大力实施医疗保险

近年来，我国农村地区经济虽然有较大发展，农村居民生活条件也有较大改善，但是看病难、看大病更难的问题仍然没有得到有效解决。目前，至少有一半以上的农村居民没有享受到基本的医疗保障权益①，兽医医人、庸医害人、"神医"忽悠人、病急乱投医等现象仍然在农村频繁出现，因病致贫、因病返贫等现象在农村也广泛存在，小病靠拖、大病等死等现象在农村也时有发生。进城就业农民工由于大多在城市里从事的是城镇居民不愿做的苦活、脏活、累活和危险活，生活环境和条件也不是太理想，社会经济地位比较低下，心理不平衡感更强，随时面临的失业威胁也可能使他们时常处于焦虑之中，他们生病（包括职业病）的可能性更大；同时，进城就业农民工一旦生病而失去劳动能力，其就有很大可能失去原有的工作和收入，再加上在城市医院看病所需费用远远高于农村，这不仅使其无法及时医治疾病，而且将使其本来就捉襟见肘的家庭经济陷入严重困境，难以支付家庭正常生活和子女读书等方面需要的正常开销。因此，进城就业农民工比未进城就业和生活的农村居民更怕生病，更看不起病，更需要得到医疗保险的保障。医疗保险已经成为进城就业农民工迫切需要的、除工伤保险外的一种重要保障项目。

1. 拓展城镇基本医疗保险参保和受益主体

根据我国《社会保险法》和《劳动合同法》等相关法律法规规定，用人单位必须为其雇用的进城就业农民工办理与城镇正式职工一样的职工基本医疗保险，保险费用由用人单位和进城就业农民工按照国家相关法律法规规定的比例分担。农民工离开原用人单位到新的用人单位工作后，其在原用人单位缴纳的基本医疗保险费可以实现无缝接续，并由新用人单位与农民工按照国家规定继续共同缴纳其基本医疗保险费；农民工离开用人单位后不再到其他单位工作的，或者从离开原用人单位到找到新用人单位之间间隔时间较长的，可以由农民工个人按照国家相关规

---

① 农村实行的新农村合作医疗改革虽然使农村居民享有了一部分医疗保障，但还远远不能满足广大农村居民的基本医疗保障需求。

定缴纳其在未就业期间的基本医疗保险费；农民工跨统筹地区就业的，其基本医疗保险关系随本人转移，缴费年限累计计算。同时，无雇主的农民工个体工商户、持有长期居住证但未在用人单位参加职工基本医疗保险的非全日制就业农民工以及持有长期居住证灵活就业的农民工，也可以参加职工基本医疗保险，并由农民工个人按照国家相关规定缴纳基本医疗保险费。

2. 建立医疗保险救助制度

持有长期居住证的进城就业农民工如果缴纳医疗保险费特别困难，可以向居住地社会保险经办机构申请降低缴费标准、免缴或缓缴，由居住地社会保险行政部门批准后予以适当减免或缓缴，减免部分由居住地政府补贴。

3. 强化新型农村合作医疗保险的辅助社会保障作用

对于不能或没有参加城镇基本医疗保险的农民工，可以鼓励他们参加新型农村合作医疗保险；对于原来在城市就业并参加了城镇基本医疗保险、现在重新回到农村务农的农民工，其城镇基本医疗保险关系应当随本人记入新型农村合作医疗保险；对于没有相对固定的用人单位和长期居住证，或者在城镇临时灵活就业且很快又回到农村、没有参加城镇基本医疗保险的农民工，可以纳入新型农村合作医疗保险体系。

4. 广泛吸引民间资本，推进社区医院和民营医院建设，优化医疗资源配置

社会公众，特别是进城就业农民工看病难、看不起病的一个重要原因是医疗资源供给不足，致使医疗卫生行业总体上呈现供不应求的态势，再加上其配置结构不均衡和不合理，进而使得医疗资源更加短缺。各级政府应该在加强公立医院建设的基础上，运用市场化手段广泛吸纳民间资本来推进社区医院和民营医院建设，在优化医疗资源配置的同时，提升医疗资源供给量，为医疗保险发挥作用提供物质基础。

5. 加强医德医风建设，健全奖惩机制，杜绝过度医疗

不从根本上解决部分医院和医生的过度医疗行为，即使将进城就业农民工全部纳入城镇社会保障体系，也难以解决进城就业农民工的看病难和因病致贫问题。当一个患者到医院看病的时候，常常会出现这样的场景：医生首先问患者有无医保，如果没有，可以适度少开一点药；如果有，则可能开出比实际需要多得多的药，同时还可能要求购买了医保的患者住院检查和治疗。在这种情况下，本来100元就能医好的病可能需要400元才能医好，如果按患者自己出30%、医保出70%计算，那么在没有医保的条件下，患者自己需要支付的钱是100元；而在有医保的条件下，患者自己需要支付的钱是120元。可见，患者在有医保的情况下，支付的医疗费用比没有医保的情况下还要多，患者看病多付的钱和医保机构为患者支付的钱全部进入了医院，为过度医疗行为埋了单。因此，过度医疗行为既是对国家医疗资源的极大浪费，也使医疗保险对社会公众的医疗保障作用荡然无存。各级政府应该加强医德医风建设，健全奖惩机制，提高违法违规成本，杜绝过度医疗现象的蔓延和发展，为医疗保险发挥作用提供道德基础。

6.6.4　加快完善养老保险

农村居民和进城就业农民工生活非常艰辛，他们因没有享受到基本养老保险而在年老体弱的时候还要在土地上辛勤劳作或外出打工。我们调查发现，有相当一部分进城就业农民工的年龄都在60岁以上；而城镇居民在60岁时已经退休并开始领取退休金或养老保险金，过上了相对舒适安逸的晚年生活。解决农村居民和进城就业农民工养老保险问题，是解决农村居民和进城就业农民工计划生育问题的根本对策，超过半数以上的进城就业农民工认为，只要解决了养老保险问题，目前广泛存在于农村居民和进城就业农民工群体的计划生育超生问题就会得到有效解决。

1. 拓展城镇基本养老保险参保和受益主体

用人单位必须依据《社会保险法》和《劳动合同法》等相关法律法规规定，为其聘用的进城就业农民工办理与城镇正式职工一样的基本养老保险，并由用人单位和进城就业农民工按规定比例共同缴纳基本养老保险费。对于离开原用人单位到新的用人单位工作的农民工，其在原用人单位缴纳的基本养老保险费可以实现无缝接续，并由新用人单位与农民工继续共同缴纳；对于离开原用人单位后不再到其他单位工作的农民工，或者从离开原用人单位到找到新用人单位之间间隔时间较长的农民工，可以由农民工个人缴纳基本养老保险费；对于无雇主的农民工个体工商户、持有长期居住证但未在用人单位参加职工基本养老保险的非全日制就业农民工，或者持有长期居住证灵活就业的农民工，也可以参加城镇基本养老保险，并由农民工个人缴纳基本养老保险费。

2. 建立养老保险救助制度

持有长期居住证，但缴纳养老保险费特别困难的进城就业农民工，可以向居住地社会保险经办机构申请降低缴费标准、免缴或缓缴，由居住地社会保险行政部门批准后予以适当减免或缓缴，减免部分由居住地政府补贴。

3. 加强养老保险的科学化管理

为包括进城就业农民工在内的全体社会成员设立个人养老保险金账户，养老保险个人账户资金不得提前支取和退保，记账利率不得低于银行定期存款利率，并免征利息税；包括进城就业农民工在内的社会成员个人死亡时，个人养老保险账户余额可以由其法定继承人继承;[①] 农民工跨统筹地区就业的，其基本养老保险关系随本人转移，缴费年限累计计算。对于参加了基本养老保险，但在达到法定退休年龄时累计缴费年限不足15年的进城就业农民工，可以在缴费满15年后，按月领取相应的基本养老金，也可以转入新型农村社会养老保险或城镇居民社会养老保险，按照国务院相关规定享受相应的养老保险待遇。[②] 另外，为了有效降低城乡居民的养老保险缴费费率和弥补人口老龄化带来的养老资金缺口，有必要加强对养老保险资金的科学管理和投资经营，中央和省级政府应该进一步强化现有养老金管理机构的专业素养和投资水平，通过充分利用金融市场投资产品

---

① 《中华人民共和国社会保险法》第十四条。
② 《中华人民共和国社会保险法》第十六条。

构建有效投资组合，对社会养老保险资金进行专业化管理和投资，以在保证社会养老保险资金绝对安全的条件下，尽可能提高其投资收益。

4. 强化新型农村社会养老保险的辅助社会保障功能

对于原来在城市就业并参加了城镇基本养老保险、现在重新回到农村务农的农民工，其基本养老保险关系应当随本人转入新型农村社会养老保险；对于没有相对固定的用人单位和长期居住证，或者在城镇临时灵活就业且很快又回到农村、没有参加城镇养老保险的农民工，应该鼓励他们参加新型农村社会养老保险。

5. 鼓励进城就业农民工用农村承包地换取社会养老保险

对于愿意退出农村承包地的进城就业农民工，各级政府除了给予他们一定数额的经济补偿外，还应该帮助他们缴足基本养老保险费或城镇居民社会养老保险费①，以使他们在达到法定退休年龄时可以享受到基本养老保险金或城镇社会养老保险金；同时还要根据进城就业农民工农村承包地转让的不同形式和收益，折算为 5 年以上的个人养老保险金账户积累额。通过经济补偿、代缴社会保险费和补充个人养老保险账户等方式，使进城就业农民工感受到社会养老保险相比于传统土地保障的优越性，进而促进进城就业农民工从传统土地保障到社会养老保险的平稳过渡。

6.6.5 推进实施生育保险

生育保险是国家通过立法设立的、对因怀孕、分娩或流产而暂时中断工作的女性劳动者提供必要的医疗服务、医疗保健、生育津贴、经济补偿和产假，以帮助她们尽快恢复劳动能力、重返工作岗位的一种社会保障制度。生育保险制度的制定和实施为女性劳动者提供了孕产期间或流产期间的基本生活保障，减少和解决了女性劳动者在孕产期间或流产期间因生理特点而产生的特殊困难，维护了女性劳动者的基本生育权益，是对女性劳

---

① 至于究竟是哪种保险，应该由农民工根据自己的需要来判断决定。

动者生育价值的认可，同时也满足了提高国家人口素质的需要。① 迄今为止，世界上已经有 130 余个国家通过立法形式建立了保护妇女合法生育权益的生育保险制度。

生育保险待遇主要包括生育津贴和生育或流产医疗待遇两项内容。我国国务院 2012 年 4 月 28 日发布并实施的《女职工劳动保护特别规定》（中华人民共和国国务院令　第 619 号）第八条规定，女职工产假期间的生育津贴，对已经参加生育保险的，按照用人单位上年度职工月平均工资标准由生育保险基金支付，对未参加生育保险的，按照女职工产假前工资标准由用人单位支付；女职工生育或流产的医疗费用，对已经参加生育保险的，由生育保险基金按照生育保险规定的项目和标准支付，对未参加生育保险的，由用人单位按照生育保险规定的项目和标准支付。其第二条规定，中华人民共和国境内的国家机关、企业、事业单位、社会团体、个体经济组织以及其他社会组织等用人单位及其女职工，适用本规定。我国人力资源和社会保障部从 2012 年 11 月 20 日起面向全社会公开征求意见的《生育保险办法（征求意见稿）》明确规定，生育保险作为一种社会保险，不再限户籍，国家机关、企业、事业单位、有雇工的个体经济组织以及其他社会经济组织等各类用人单位，都必须无一例外地为其所雇用的所有各类女性职工办理生育保险，并为职工缴纳全部生育保险费；如果用人单位未为其雇用的女性职工办理生育保险，那么职工生育保险待遇由用人单位全额承担。我国《社会保险法》规定，用人单位应该为其所雇用的进城就业农民工女性职工办理生育保险，并按国家相关规定为进城就业农民工女性职工全额缴纳生育保险费；农民工职工的未就业配偶也应该按照国家相关规定享受生育医疗费用待遇，所需资金由生育保险基金支付。

---

① 应该说，妇女生育在为家庭传宗接代的同时，也为社会劳动力再生产付出了努力，在一定程度上满足了社会发展新陈代谢的需要，理应在经济和政策上得到社会的补偿和认可。同时，给予处于孕产期的女性劳动者必要的医疗服务、医疗保健、生育津贴、经济补偿和产假待遇，让她们有足够的时间和较好的经济条件对新生婴儿健康状况进行必要的检查和关注，尽最大努力提高新生婴儿的健康水平，降低新生婴儿缺陷率，这显然可以起到提高未来人口素质的作用。

我国现行相关法律法规虽然对包括进城就业农民工在内的女性劳动者参加生育保险做出了明确的规定，为保障包括进城就业农民工在内的女性劳动者的合法生育权益提供了法律基础，但是在实际执行过程中，用人单位不给其雇用的女性职工，特别是进城就业农民工女性职工办理生育保险和缴纳生育保险费的现象并不少见。据我国人力资源和社会保障部统计，截至2012年9月，全国生育保险参保人数为1.5亿人，远远低于其他各类社会保险的参保人数规模。因此，各级政府及其相关部门应该进一步完善有关生育保险的法律法规，强化生育保险法律法规的可操作性和可行性，加大执法力度，严厉打击用人单位不为包括进城就业农民工在内的全体女性职工购买生育保险的违法违规行为；同时将无雇主的个体工商户（含农民工）、非全日制从业人员（含农民工）以及其他灵活就业人员（含农民工）纳入生育保险范围，并逐步向未进城就业和生活的农村居民推进，争取在较短时间内实现生育保险对包括进城就业农民工在内的城乡居民的全覆盖。

6.6.6　逐步实施失业保险

失业保险是国家通过立法强制实行的并由国家和社会集中建立基金对因非自愿性失业而暂时中断生活来源的劳动者提供物质帮助，进而保障失业人员在失业期间的基本生活，以促进其再就业的一种社会保障制度。根据《失业保险条例》（中华人民共和国国务院令　第258号）对失业保险费缴纳的规定，城镇企事业单位应按照本单位工资总额的2%缴纳失业保险费，单位职工按照本人工资的1%缴纳失业保险费。根据我国《社会保险法》的规定，用人单位应当将与之建立劳动关系的进城就业农民工[①]纳入失业保险范围，并由用人单位和进城就业农民工按照国家规定的费用分担比例，共同缴纳失业保险费。各级政府及其相关部门应该针对进城就业农民工的实际情况，参照城镇职工失业保险实施办法，按照"以现

---

① 包括与用人单位签订了正式劳动合同、确立了正式劳动关系的进城就业农民工以及没有与用人单位签订正式劳动合同、但存在事实劳动关系的进城就业农民工。

行城镇职工失业保险为依托，兼顾进城就业农民工实际"的原则，制定进城就业农民工的失业保险措施。

1. 继续沿用城镇职工领取失业保险金的基本条件

进城就业农民工领取失业保险金的基本条件应该是：①失业前用人单位和进城就业农民工本人按照规定参加失业保险，并已履行失业保险缴费义务1年以上（含1年）；②非自愿性中断就业，即进城就业农民工本人不愿意中断就业，但因本人无法控制的原因而被迫中断就业；③已办理失业登记，并有求职意愿和要求。

2. 建立进城就业农民工失业保险费转移接续制度

进城就业农民工就业流动性比较大，其有可能在一个城市或一个用人单位工作5个月后，到另一个城市或另一个用人单位继续工作，也有可能在城市里的某个用人单位工作5个月后休息一段时间，再回到城市里的相同或不同用人单位继续工作。这就要求相关部门将进城就业农民工个人缴纳的失业保险费，以及用人单位在其就业期间为其缴纳的失业保险费进行无障碍的转移和接续，以便在进城就业农民工失业时，可以将其缴纳失业保险费的时间进行连续计算。否则，将大大挫伤进城就业农民工缴纳失业保险费的热情，进而导致进城就业农民工对缴纳失业保险费产生强烈的抵触情绪。

3. 制定进城就业农民工办理失业登记的基本条件和失业救济金领取办法

由于部分进城就业农民工在农村拥有承包地和宅基地，其在城市因各种主客观原因中断就业时，可以回到农村重操旧业，种地务农，这从本质上说，其并没有完全失业，只不过就业的地点和工种不同而已。如果这些在农村拥有承包地和宅基地，并不算完全失业的进城就业农民工在城市中断就业时，就能立即享受到全额失业保险金的救助，那么这对一旦中断就业就完全处于失业状态的原有城镇职工来说是相当不公平的。因此，各级政府及其相关部门应该根据进城就业农民工的不同情况①，制定进城就业

---

① 由于所有进城就业农民工都应该拥有居住证，所以进城就业农民工只有在农村无承包地、在农村有承包地但持有长期居住证以及在农村有承包地但持有临时居住证三种不同类型。

农民工办理失业登记的基本条件。

第一，对于长期在城市就业和生活并且已经将户口迁移到就业所在城市的农民工，他们已经完全脱离农村而成了城镇居民的平等一员，本质上已经不再是原始意义上的农民工了，当然应该享有与原有城镇居民一样的失业保险待遇。

第二，对于已退出农村承包地或因国家土地开发等原因而失去土地，并在城市（包括省级大型城市、地市级中等城市以及县镇级小型城市）就业和生活的农民工，无论他们持有长期居住证还是短期居住证，只要其具有就业意愿和要求，一旦失业就应该立即给他们办理失业登记，使他们能尽快享受失业保险金的资助。

第三，对于在城市就业和生活时间较长并持有城市长期居住证，但在农村拥有承包地和宅基地的农民工，如果他们和雇用他们的用人单位履行失业保险缴费义务累计年限在 2 年及 2 年以上，而且他们非自愿性中断就业时间在 3 个月或 3 个月以上，可以给他们办理失业登记。① 同时在他们领取失业保险金时，应该扣除其通过农村承包地可能获得的收益；也就是说，如果某个进城就业农民工按照失业保险合同规定应该获得每月 1000 元的失业救济金，但其农村承包地每月获得的可能收益为 300 元②，那么该进城就业农民工实际获得的失业救济金就应该为每月 700 元。

第四，对于持有城市临时居住证并在农村拥有承包地和宅基地的农民工，如果他们和雇用他们的用人单位履行失业保险缴费义务累计年限在 3 年及 3 年以上，而且他们非自愿性中断就业时间在半年或半年以上，可以给他们办理失业登记；同时在他们领取失业保险金时，也应该扣除其通过农村承包地可能获得的收益。

---

① 这些进城就业农民工虽然在城市就业和生活时间比较长，而且也拥有城市长期居住证，但是由于他们仍然可以从其拥有的农村承包地和宅基地中获得一定的收益，所以应该在领取失业救济金基本条件的基础上，相应提高他们缴纳失业保险费的年限和非自愿性失业时间的长度。

② 进城就业农民工农村承包地的收益可以按相同地区相同面积农村土地的年产出进行估算。

4. 加大监督和处罚力度，简化办理和申领程序，将进城就业农民工失业保险落到实处

一方面，进城就业农民工因法律知识欠缺、维权意识不强和就业市场竞争激烈等主客观因素，因而在与用人单位谈判过程中常常处于弱势地位，用人单位也常常借此通过各种办法损害进城就业农民工的失业保障权益。因此，各级政府及其相关部门应该加大监督和处罚力度，对用人单位不为其雇用的包括进城就业农民工在内的员工办理失业保险的行为要进行严厉打击。另一方面，进城就业农民工因自身文化水平较低、失业保险条款比较复杂等原因而不能透彻地理解失业保险的相关规定、实施细则及其办理和申领程序，难以有效地保护自身的失业保险权益。因此，各级政府及其相关部门应该在尽可能简化失业保险实施细则和操作程序的基础上，通过网络、电视、报纸等各种媒体进行广泛宣传，以增加和强化进城就业农民工的失业保险知识和维权意识。

6.6.7　全面推行最低生活保障制度

最低生活保障是指国家对家庭人均收入低于当地政府制定的最低生活标准的社会成员给予一定现金和物质资助，以满足其个人和家庭成员基本生活需要的社会保障制度；最低生活保障制度是保障社会困难群体基本生存和生活权益，维护社会的和谐稳定和公平正义，贯彻落实科学发展观的重要举措和基础性制度安排。我国 1999 年 10 月 1 日起正式施行的《城市居民生活最低保障条例》（国务院令　第 271 号），其第一条规定，对在全国范围内全面推行城市居民最低生活保障制度做出了安排，其第二条规定，持有非农业户口的城市居民，凡共同生活的家庭成员人均收入低于当地城市居民最低生活保障标准的，均有从当地人民政府获得基本生活物质帮助的权利。[①] 我

---

① 主要包括如下三类人：一是无生活来源、无劳动能力、无法定赡养人或抚养人的居民；二是领取失业救济金期间或失业救济期满仍未能重新就业、家庭人均收入低于最低生活保障标准的居民；三是在职人员和下岗人员在领取工资或最低工资、基本生活费后以及退休人员领取退休金后，其家庭人均收入仍低于最低生活保障标准的居民。

国劳动和社会保障部、民政部、财政部于 1999 年发布的《关于做好国有企业下岗职工基本生活保障失业保险和城市居民最低生活保障制度衔接工作的通知》（劳社部发〔1999〕13 号）规定，下岗职工、失业人员、企业离退休人员和在职职工，在领取基本生活费、失业保险金、养老金、职工工资期间，家庭人均收入低于当地最低生活保障标准的，可以申请城市居民最低生活保障金；各地劳动保障部门要定期将本地国有企业下岗职工基本生活费、失业保险金、离退休人员养老金发放情况通报同级民政部门，同级民政部门要将本地职工家庭享受城市居民最低生活保障情况，以及因未按时足额领取工资（最低工资）、基本生活费、失业保险金或养老金而造成家庭人均收入低于当地城市居民最低生活保障标准的情况，及时反馈给劳动和社会保障部以及财政部。2007 年中共中央一号文件《中共中央国务院关于积极发展现代农业扎实推进社会主义新农村建设的若干意见》（中发〔2007〕1 号）明确提出，要在全国范围内建立农村最低生活保障制度，并且鼓励已建立制度的地区完善制度，支持未建立制度的地区建立制度，中央财政对财政困难的地区给予适当补助。2012 年 9 月 26 日国务院发布的《国务院关于进一步加强和改进最低生活保障工作的意见》（国发〔2012〕45 号）强调，要完善城市最低生活保障与就业联动，农村最低生活保障与扶贫开发衔接机制，鼓励积极就业，加大对有劳动能力的最低生活保障对象的就业扶持力度；要把保障困难群众基本生活放到更加突出的位置，落实政府责任，加大政府投入，加强部门协作，强化监督问责，确保把所有符合条件的困难群众全部纳入最低生活保障范围。

上述相关文件和法律法规，虽然针对城镇居民和农村居民的最低生活保障问题分别做出了相应的规定和制度安排，但是并没有消除城镇居民和农村居民在最低生活保障问题上存在的差异和隔阂，也没有针对介于城镇居民和农村居民之间的进城就业农民工最低生活保障问题做出明确规定。因此，各级政府及其相关部门应该根据进城就业农民工并且同时具有城镇居民和农村居民两栖特征的实际情况，从而以构建城乡统一的最低生活保障制度①为目标，以保障弱势群体、杜绝懒惰行为为指导思想，以进一步优化城镇最低生活保障制度、大幅度提高农村最低生活保障水平，将进城就业农民工纳入城镇最低生活保障制度体系、促使最低生活保障制度在更高层次上实现城乡收敛为路径，全面推行进城就业农民工最低生活保障制度（见图6-5）。

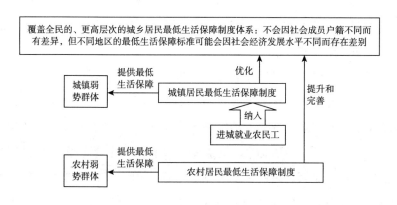

图6-5 最低生活保障制度演化路径和过程

1. 建立覆盖全民的城乡最低生活保障制度体系

"最低生活保障是全体公民的权利，而不是救济"，是包括进城就业农民工在内的全体社会成员都应该享有的最低生活保障权益，各级政府应该在财力、物力允许的条件下，最大限度地为全体社会成员提供最低生活保障，尽可能做到应保尽保。任何社会成员家庭，不论是农村户籍还是城镇户籍，只要其收入水平达不到当地政府制定的最低生活标准，政府就应该采用补差的方法，对该社会成员家庭进行补助，以确保其能够维持基本生活水平。

---

① 城乡统一的最低生活保障制度不是说不顾城乡经济发展和生活水平差异，制定城乡居民绝对相同的最低生活保障标准和实施办法，而是指在同一地区就业和生活的社会成员不会因其是农村户籍而得到较低的最低生活保障，也不会因其是城镇户籍而获得较高的最低生活保障，但不同地区的最低生活保障标准和实施办法可能会因社会经济发展水平和实际情况不同而存在差别。

2. 将进城就业农民工逐步纳入城镇居民最低生活保障制度体系

由于进城就业农民工在工作和生活等方面都与城镇居民和城镇职工具有较大相似性，其需要支付的生活成本也与城镇居民基本相同，所以理应获得与城镇居民相同或相近的最低生活保障；同时，将进城就业农民工纳入城镇居民社会保障制度体系，也是我国统筹城乡发展和构建城乡统一社会保障体系的基本要求，符合我国社会经济的发展方向。

3. 根据城镇居民最低生活保障制度科学制定进城就业农民工最低生活保障标准和具体实施办法

最低生活保障标准是国家和各级地方政府为保障城乡居民达到最低生活水平，在对地区社会人均生活水平、维持最低生活水平所必需的费用、经济发展水平和财政状况以及地区物价指数等众多因素进行综合考量的基础上制定的一种社会救济标准。是否符合实际和能否顺利实施，是判断最低生活保障标准是否合理的主要依据。标准定得太高，可能加重国家和地方政府的财政负担，助长社会成员的依赖思想，对社会经济发展产生负面效应；标准定得太低，又可能无法保障贫困社会成员的基本生活，有悖于制定最低生活保障制度的初衷。虽然现行城镇居民最低生活保障制度已经对城镇居民最低生活保障标准和具体实施办法做出了明确规定，但是，由于进城就业农民工与原有城镇居民之间在很多方面仍然存在较大差异，部分适用于城镇居民的标准和实施办法未必适用于进城就业农民工。因此，各级政府及其相关部门应该参照现行城镇居民最低生活保障制度和标准，在尽可能确保原有城镇居民既得利益不受损害，以及进城就业农民工与原有城镇居民实现相对公平的原则指导下，根据进城就业农民工实际情况，制定进城就业农民工最低生活保障标准及其具体实施方案。具体地说，主要包括如下几个方面。

第一，对于长期在城市就业和生活、已经将户口迁移到就业所在城市、在事实上已成为城镇居民的农民工及其家庭，理应被无条件地直接纳入城镇居民最低生活保障制度体系。

第二，对于已退出农村承包地或因国家土地开发等原因而失去土地，并在城市（包括省级大型城市、地市级中等城市以及县镇级小型城市）就业和生活的农民工及其家庭，由于他们已经不再有从农村土地获取收益的可能性，进而断开了与农村的联系，具备了城镇居民的基本特征，所以应尽快解决他们在就业所在城市落户问题的同时，也应将他们完全纳入城镇居民最低生活保障制度体系。

第三，对于在城市就业和生活时间较长、持有城市长期居住证，但在农村拥有承包地和宅基地的农民工及其家庭，由于他们在农村的承包地和住宅可能为他们创造一部分收益，所以在将他们纳入城镇居民最低生活保障制度体系时，应该在他们享受的城镇居民最低生活保障标准的基础上扣除他们因拥有农村承包地和住宅而可能产生的收益，否则就有可能对原有城镇居民造成反向歧视和不平等。例如，如果某个进城就业农民工家庭共有 4 口人（夫妇 2 人带 1 个小孩和 1 位老人），每月的总收入为 1200 元，其所在城市政府制定的城镇居民最低生活保障标准是每人每月 500 元，那么该进城就业农民工家庭按照城镇居民最低生活保障制度规定，可以每月从政府相关部门领到 800 元（即每人每月 200 元）的最低生活保障金；但是如果该进城就业农民工家庭在农村拥有 2 亩承包地和一栋 80 平方米的住宅，其每月从农村承包地和住宅获得的收益可能为 500 元①，那么该进城就业农民工家庭每月从政府相关部门领取的实际最低生活保障金就是每月 300 元。

第四，对于持有城市临时居住证、在农村拥有承包地和宅基地的农民工及其家庭，由于他们可能时而在城市就业和生活，时而回到农村种地务农，所以应该根据他们就业和生活所在地的变换确定其在不同地区的最低生活保障标准。当他们在城市就业和生活期间，可以将他们纳入城镇居民最低生活保障制度体系，但应该在他们享受的城镇居民最低生活保障标准基础上扣除他们因拥有农村承包地和住宅而可能产生的收益；在他们回到

---

① 进城就业农民工农村承包地和住宅的收益可以按相同地区相同面积农村土地和住宅的年产出收益进行估算。

农村种地务农期间，可以将他们纳入农村居民最低生活保障体系，按照农村最低生活保障制度实施办法给予他们最低生活保障金。

第五，对于家庭居住在农村、个人在城市打工挣钱养家的进城就业农民工，由于其在城市打工获得的收入除了支付自身在城市打工期间的生活费用外，还应该有所盈余，否则其就没有在城市打工的必要，所以该进城就业农民工在城市打工的收入应该不会低于该城市制定的个人最低生活保障标准，当然也就不可能获得该城市的最低生活保障救助。因此，这种类型的进城就业农民工及其家庭应该被纳入其家庭所在地的农村最低生活保障制度体系。例如，如果某个进城就业农民工家庭共有6口人（夫妇2人带2个小孩和2位老人），其在城市打工每月获得的收入为1500元，扣除其在城市生活的费用500元后还有1000元补贴家用；同时，该进城就业农民工家庭能够每月从其农村承包地获得200元的收入，其家庭所在地政府制定的农村最低生活保障标准是每人每月300元，那么该进城就业农民工家庭按照农村居民最低生活保障制度规定，可以每月从政府相关部门领到300元的最低生活保障金。①

4. 优化税收政策，强化亲情救助，减少贫困人口，降低政府面临的最低生活保障金支付压力

中国是一个城乡发展不平衡、贫富差距较大的人口大国，如果贫困人口数量过大，申请最低生活保障救助的人数过多，那么不仅不利于社会稳定，还有可能对各级政府造成巨大的财政压力。因此，各级政府应该充分利用税收杠杆，强化亲情救助，减少贫困人口的数量。

第一，国家在制定个人所得税政策时，应该以家庭平均收入，而不是个人收入为征税基础，以改善包括进城就业农民工在内的城乡居民家庭经济条件。例如，某个进城就业农民工每月收入为5500元，其家庭共有4口人（夫妇2人带1个小孩和1位老人），由于妻子要照顾老人和小孩，所

---

① 由于该进城就业农民工自身在城市打工，不需要纳入农村最低生活保障制度体系，所以在计算其家庭的最低生活保障金时，不能将该进城就业农民工本人计算在内。

以只有他一个人工作；每月 5500 元的总收入要供养 4 个人生活（包括租房、医疗、小孩读书等）本来就有点捉襟见肘，但按现行个人所得税征收方式，以个税起征点 3500 元和税率为 10% 计算，其每月还需要缴纳 200元个税，这对该进城就业农民工家庭来说无疑有点雪上加霜；如果以家庭平均收入为个税征收基础，那么该进城就业农民工家庭平均收入就处于个税起征点之下，每月就可以增加 200 元的收入。

第二，国家还可以通过个人所得税政策，调整强化亲情救助机制和社会救助机制。如果某位城镇居民对其来自农村的父母尽到了赡养和资助义务，对其进城就业和生活的兄弟姊妹家庭①以及其他需要帮助的，包括进城就业农民工在内的社会成员家庭进行了经济和物质上的资助，使他们脱离了城镇最低生活保障线，过上了相对舒适的生活。那么政府在对该城镇居民征收个人所得税时，应将该城镇居民赡养父母的合理费用和对其兄弟姊妹以及其他贫困社会成员资助的合理费用在税前扣除。例如，假设某位城镇居民每月对其来自农村没有收入的年老父母资助 1000 元生活费（父母两人每人 500 元），对其进城就业和生活的妹妹家庭资助 600 元生活费，使他们顺利脱离城市最低生活保障线，过上相对有尊严的城市生活，政府也相应减轻了自己的支付压力和社会责任。可以设想一下，如果该城镇居民没有支付其父母每月 1000 元的生活费和补助其妹妹家庭每月 600 元的生活费，那么这每月 1600 元钱就应该由政府支付，也就是说，该城镇居民对其父母和妹妹的资助行为减轻了政府每月 1600 元的支付负担，政府当然应该将这 1600 元钱从其应纳税基数中扣除；即使按最高税率为 50% 来计算，政府因扣除该城镇居民 1600 元征税基数，其少收的税款也只有 800 元，相比之下远远少于该城镇居民不资助其父母和妹妹家庭时政府应该支付的最低生活保障费。综合上述分析可以看到，政府通过个人所得税政策的调整

---

① 本质上说，该城镇居民来自农村的父母和兄弟姊妹都应该属于进城就业农民工的范畴。虽然赡养父母是每个公民应尽的义务，但是如果某个公民未对其父母尽到赡养义务，使其父母的生活处于贫困线以下，那么在该公民受到社会道德谴责的同时，政府也必须对其父母支付最低生活保障费。

可以实现政府、城镇居民和进城就业农民工三方共赢的状态。对来自农村的父母、兄弟姊妹和其他社会成员提供资助的城镇居民获得了亲情、友情以及良好的社会形象和声誉。进城就业农民工得到了足够的物质和资金资助，政府也减轻了财政支付压力和负担。

第三，国家应该通过企业税收优惠政策拓展就业渠道，提高收入水平。进城就业农民工自主创业以及用人单位增加就业岗位、提高员工工资水平是促进人们收入增加、降低贫困人口数量的有效途径。降低企业营业税和所得税等税率水平、对雇用进城就业农民工和城镇富余劳动力就业的企业实施财政补贴和税收优惠，显然有助于降低企业经营成本，提升企业利润空间，进而强化现有企业投资扩大生产规模的动机，激发包括进城就业农民工在内的社会成员投资创办企业的积极性，进而有利于提高社会总就业水平和社会成员的总收入水平。因此，国家和各级政府应该通过企业税收优惠政策，激发包括进城就业农民工在内的社会成员的自主创业潜能，鼓励用人单位通过扩大再生产增加就业岗位和提高员工工资水平。

5. 加强进城就业农民工最低生活保障与其他社会保障制度的有效衔接

最低生活保障制度只是解决包括进城就业农民工在内的社会成员临时性基本生活困难的应急措施，而不是根本办法。一个四肢健全、头脑正常的社会成员不可能一辈子都享受社会最低生活保障救助。由于工伤、疾病、失业等都有可能导致社会成员失去工作而陷入贫困境地，社会成员在年老、孕产时期也可能因失去劳动能力而陷入生活困难状态，如果他们能够及时得到工伤保险、医疗保险（包括大病保险）、养老保险、生育保险和失业保险的保障，也许就不会因重返贫困而申请最低生活保障金了。因此，各级政府应该将最低生活保障制度与工伤保险、医疗保险（包括大病保险）、养老保险、生育保险、失业保险等其他社会保障制度有效衔接起来，使包括进城就业农民工在内的适龄劳动者都能享有工伤保险、医疗保险（包括大病保险）、生育保险和失业保险保障以及就业扶持，使老年人能享有养老保险保障，使未成年人能得到教育救助，进而构建起涵盖工伤保险、医疗保险（包括大病保险）、养老保险、生育保险、失业保险和最低生活保障制度在内的全方位社会保障制度体系。

6. 建立进城就业农民工最低生活保障动态管理机制

由于进城就业农民工流动性比较大，收入变化比较频繁，所以针对进城就业农民工群体实施最低生活保障制度的难度也就比较大。各级政府及其相关部门应该建立进城就业农民工家庭人口、收入和财产状况月度定期检查和报告制度，将符合最低生活保障条件，但没有享受最低生活保障的进城就业农民工家庭纳入最低生活保障范围，将以前享受最低生活保障，但现在不再符合最低生活保障条件的进城就业农民工家庭及时清理出最低生活保障范围，形成保障对象有进有出、补助水平有升有降的进城就业农民工最低生活保障动态管理机制。

7. 加大进城就业农民工最低生活保障监管力度

最低生活保障制度保障的是无劳动能力的老弱病残幼群体以及因各种客观原因致贫而暂时需要救助的穷人，而不是衣食无忧的社会中上阶层人员以及有劳动能力、但主观上懒惰的流氓无产者和低收入者。因此，各级政府及其相关部门在对进城就业农民工实行最低生活保障制度时，应该加大监管力度，规范政府相关工作人员的执法行为和进城就业农民工的申领行为。

首先，在规范政府工作人员执行行为方面，各级政府财政、审计和监察部门要加强对包括进城就业农民工在内的社会成员最低生活保障资金管理和使用情况进行定期或不定期监督检查，同时还要尽可能将最低生活保障资金发放过程的所有信息通过网络、电视和报纸等媒体向全社会全面、及时、详细公布，以主动接受媒体和舆论监督，防止政府工作人员利用职务之便挤占、挪用和套取最低生活保障资金，杜绝在最低生活保障制度执行过程中的权力寻租行为。要建立起政府相关工作人员近亲属享受最低生活保障备案制度，以防止政府相关工作人员利用职务之便为自己的亲戚朋友牟取不正当利益。对于在最低生活保障审核审批过程中滥用职权、玩忽职守、徇私舞弊、失职渎职，并造成严重社会后果和负面影响的政府工作人员及其相关部门负责人，甚至地方政府主要官员，应该依纪依规依法追究责任，情节特别严重者应该移送司法机关处理。

其次，在规范进城就业农民工最低生活保障金申领行为方面，各级政府及其相关部门要加大宣传力度，让文化水平不是太高的进城就业农民工能够清晰理解最低生活保障制度的相关规定和实施办法；要对享受最低生活保障的进城就业农民工及其家庭的收入和支出状况按月度进行定期核查，并向其所在地区全体社会成员公布享受最低生活保障的社会成员及其家庭状况（包括家庭人口数量、家庭成年人员姓名、家庭收入、享受最低生活保障的时间和金额等信息），通过设置举报电话、咨询电话和投诉电话等方式接受全体社会成员的查询和监督，使最需要救助的社会成员及其家庭能得到最低生活保障资金；另外，还要对享受最低生活保障的社会成员及其家庭成员的消费行为进行监督和限制，应该及时发现并剥夺那些高消费群体人员（如经常乘坐飞机出差和旅游的人员、经常出入高档酒店会所消费的人员、住则豪宅出则豪车的人员等）享受的最低生活保障，并及时追回他们以前领取的最低生活保障金，杜绝"开着宝马车吃低保，年薪数十万高管吃低保，资产数百万大老板吃低保"的奇葩现象发生。对于钻政策空子、出具虚假证明材料、肆意骗取最低生活保障的、不符合最低生活保障申领条件的社会成员（包括进城就业农民工），应该加大查处力度，除追回其骗取的最低生活保障金外，还要依法给予其严厉的经济和行政处罚，并在社会征信系统将其拉入"不诚信公民"黑名单；情节严重涉嫌犯贪污罪、诈骗罪等罪行的，要毫不留情地移送司法机关惩处。对于无理取闹、采用自残或暴力威胁手段强行索要最低生活保障待遇的社会成员（包括进城就业农民工），公安机关应该在给予其批评教育的同时，通过网络、电视和报纸等媒体将其行为曝光于众，使那些原来因同情弱势群体而支持其行为的人了解真相和改变看法，引导社会舆论对其无理行为进行谴责，迫使其改变原来的错误做法，重新回归正道；如果其恣意一意孤行，逆社会正道而动，那么其必然会受到社会大众的强烈谴责，并自行承担由此带来的一切后果。

6.6.8　完善社会保障体系的具体对策措施

1. 降低社会保险费率，确保社会保障系统良性可持续运行

社会保险费率是指用人单位和个人缴纳的社会保险费占缴费工资总额的比例。我国城镇职工法定社会保险包括基本养老保险、基本医疗保险、失业保险、工伤保险和生育保险等 5 项，其中前 3 项由企业和职工共同缴费，后两项只由企业缴费。对于基本养老保险费率，单位一般为 20% 左右，职工个人为 8%，城镇个体工商户和灵活就业人员为 20%；对于基本医疗保险费率，单位一般为 6% 左右，职工个人为 2%，城镇个体工商户和灵活就业人员缴费率原则上按照当地企业和职工个人缴费率之和确定；对于失业保险费率，单位为 2%，职工 1%，参保的进城就业农民工个人不缴费；工伤保险费率为 0.5% ~ 2%，生育保险费率不超过工资总额的 1%，全部由单位缴纳。根据相关机构对世界上 173 个国家社会保险费率统计的结果，目前我国单位和个人缴纳的 5 项法定社会保险费率之和为 40% 左右，在列出统计数据的国家中居第 13 位，处于较高水平。在我国 5 项法定社会保险费率中，养老保险费率最高；其他 4 项法定社会保险费率之和大约为 12%，在列出统计数据的国家中居第 34 位，处于中等偏上水平。① 另据清华大学教授白重恩测算，我国 5 项法定社会保险费率约为"金砖四国"其他三国（不包括南非）平均水平的 2 倍、北欧五国的 3 倍、G7 国家的 2.8 倍和东亚邻国的 4.6 倍；同时，从 2015 年初开始，天津、重庆、福建、江西等地的社会保险缴费基数标准上浮了，与 2014 年相比，用人单位和职工需要缴纳的社会保险费用均有所上涨。可见，社会保险费率呈现进一步上涨的趋势。例如，天津市人力资源和社会保障局在 2015 年初宣布，2015 年天津市用人单位和职工缴纳城镇职工基本养老保险、城镇职工基本医疗保险、失业保险、工伤保险和生育保险费基数的最低和最高标准

① 资料来源：人保部网站文章《人社部：目前我国社会保险费率偏高》，2012 年 9 月 20 日人社部就社会保险费率问题答记者问。

分别为 2812 元（上调 282 元，涨幅为 11%）和 14058 元（上调 1278 元，涨幅为 10%），这意味着即便月工资不到 2000 元，企业和员工也得按照 2812 元的缴费基数下限缴纳社会保险费。[①]

　　尽管我国社会保险费率处于世界较高水平，养老保险费率更是其中翘楚，但是随着我国人口老龄化问题的提前到来，社会养老保险资金缺口已经逐渐显露，并呈现进一步恶化的趋势，这使我国同时面临着降低社会保险费率和充实养老保险资金的双重压力。如果不采取有效措施进行及时处理，仅仅依靠传统的"缴费统筹"的方式解决，那么势必导致企业和职工社会保险缴纳费率不断走高，政府的社会养老负担越来越沉重，最后可能走向社会养老保险资金难以为继、社会保障体系崩溃的可怕局面。事实上，按照惯常思维和传统做法，解决社会养老保险资金不足的最直接办法就是提高养老保险缴费率，以增加养老保险缴费数额，但提高养老保险缴费率又势必加重本已非常沉重的单位和个人经济负担，增加企业经营成本，降低社会成员消费能力，对企业发展和扩大再生产造成严重阻碍；作为社会财富直接创造者的企业得不到快速发展又将反过来降低社会财富的增长速度和社会经济发展水平，对企业经营效益和职工工资收入产生负面影响，企业经营收益和职工工资收入降低显然会相应减少养老保险缴费数额；[②] 养老保险缴费数额减少又将扩大养老保险资金缺口，养老保险资金缺口增大又要求进一步提高养老保险缴费费率；如此周而复始，形成恶性循环，最终导致企业经营停滞，社会经济发展缓慢，社会财富减少，包括养老保险在内的社会保险系统崩溃。因此，各级政府应该早做打算，采取有效措施降低社会保险费率，确保社会保障体系健康可持续运行；同时，保险机构、以企业为主体的社会经济主体以及全体社会成员也要积极配合政府，充分发挥各自的作用，共同实现降低社会保险费率的目标（见图 6-6）。

---

①　资料来源：四川在线—天府早报文章《社保费率偏高为何社保基数还在连年涨？》，2015 年 1 月 8 日。

②　养老保险缴费总额等于养老保险费率乘以缴费工资总额，如果养老保险费率提高导致企业经营效益和职工工资收入急剧下降，那么有可能导致养老保险缴费总额减少。

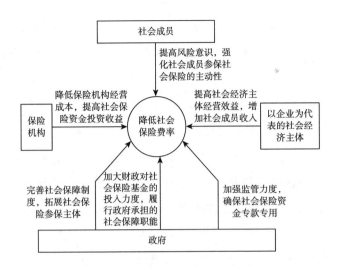

图 6 - 6　降低社会保险费率的途径

（1）加大政府财政对社会保险基金的投入力度，履行政府承担的社会保障职能

包括养老保险在内的社会保障对全体社会成员来说，既是一种公益性的社会福利，又是一种刚性需求，各级政府有责任和义务向包括养老保险在内的社会保险基金提供尽可能多的资金支持。据相关数据统计，2011年，我国社会保障支出仅占财政支出的 12%，远远低于西方发达国家 30% ~ 50% 的比例；我国社会保障支出仅占 GDP 总量的 2.4%，而美国社会保障支出占 GDP 的为 16.8% 左右，瑞典和芬兰甚至分别高达 35% 和 38%。这从一个侧面说明，我国在政府财政投入社会保险基金方面还有巨大的空间①，而且随着我国社会经济的快速发展和经济实力的逐步增强，这种空间将越来越大。现在的问题不是经济能力不够，而是政府重视不

---

① 例如，我国 2013 年的公共财政支出总额和 GDP 分别为 139744 亿元和 588019 亿元人民币，其中社会保障和就业支出为 14417 亿元，占财政支出总额和 GDP 的比重分别为 10.32% 和 2.45%。如果将社会保障支出占财政支出的比例提高到西方发达国家 30% 的最低水平，那么我国 2013 年的社会保障支出将有 27506.2 亿元的增加空间；如果将社会保障支出占 GDP 的比重提高到美国 16.8% 水平的一半，那么我国 2013 年的社会保障支出将有 34976.60 亿元的增加空间。

够。只要各级政府给予足够的重视，就一定能通过加大财政投入的方式部分解决我国社会保险费率偏高和养老保险资金不足的问题。在具体操作上，各级政府可以通过如下几种方式加大对社会保险基金的财政投入力度：一是在每年经各级人大会议审议通过的政府财政支出预算中提高社会保障支出所占的比重，使社会保障支出增加成为一种政府工作常态，由立法机关予以确认；二是在各级政府土地出让金或土地出让收益中提取一定比例的资金注入社会保障基金；① 三是加强经营性和竞争性国有资产转让力度，并从转让收益中提取一部分资金注入社会保险基金；四是将各级政府从国有企业利润中分得的一部分股权红利注入社会保险基金。②

（2）完善社会保障制度，拓展社会保险参保主体

从理论上说，保险分担风险的职能是建立在灾害事故发生的偶然性和必然性对立统一的基础之上的，即对个别投保单位和个人来说，灾害事故的发生是偶然的和不确定的，但对所有投保单位和个人来说，灾害事故的发生却是必然的和确定的。保险机制之所以能正常运转就是因为被保险人愿意以缴付小额确定的保险费来换取大额不确定损失的补偿，保险机构通过向众多投保成员收取保险费来分摊其中少数成员遭受的损失。随着投保个体的增加，平均损失的标准差（可作为风险度量单位）将减少，保险人对保险费的估计将变得更加精确，个别和少数保险单位和个人受损的不确定性将变为多数保险单位和个人可预见的损失。具体地说，养老保险就是长寿者分享了长寿本人和其他短命者缴纳的养老保险费及其投资收益③，

---

① 根据我国财政部提供的数据，我国各级地方政府在 2013 年的国有土地使用权出让收入高达 41266 亿元，其中地方政府土地出让金收入为 39073 亿元，占国有土地使用权出让收入的 94.69%；国有土地收益基金收入为 1259.67 亿元，占 3.05%；农业土地开发资金收入为 234.3 亿元，占 0.57%；新增建设用地土地有偿使用费收入为 699.22 亿元，占 1.69%。

② 根据中国财政部 2014 年 1 月 21 日发布的数据，2013 年中国国有企业累计实现利润总额约为 2.4 万亿元人民币，其中，中央国有企业利润约 1.6 万亿元，地方国有企业利润约 7397 亿元。

③ 基本养老保险还应该包括用人单位为职工缴纳的养老保险费和政府财政投入养老保险基金的资金及其投资收益。

从而抵御了长寿带来的风险；医疗保险就是生病者分享了生病者本人和其他未生病者缴纳的医疗保险费及其投资收益①，从而抵御了疾病带来的风险；失业保险就是失业者分享了用人单位为职工缴纳的失业保险费、政府财政投入失业保险基金的资金、失业者本人和其他未失业者缴纳的失业保险费及其投资收益，从而抵御了失业带来的风险；工伤保险就是受工伤者分享了用人单位为职工缴纳的工伤保险费和政府财政投入工伤保险基金的资金及其投资收益，从而抵御了工伤带来的风险；生育保险就是处于孕产或流产期间的女性劳动者分享了用人单位为女性职工缴纳的生育保险费和政府财政投入生育保险基金的资金及其投资收益，从而抵御了女性劳动者因在孕产或流产期间失去劳动能力带来的风险。根据保险基本原理，参保单位和个人数量越多，就越符合大数定律要求和保险基本规律，也就越能够分摊风险和使发生保险事故的社会成员得到必要保障。

因此，各级政府应该尽快完善社会保障制度，拓展社会保险参保主体，进而最大限度地使社会保险覆盖全体社会成员。具体措施包括，一是建立社会保障激励制度，提高社会成员参保缴费积极性。可以通过社会保险补贴、税收抵扣、允许社会保险费税前列支等优惠政策，鼓励用人单位积极为其雇用的员工（包括进城就业农民工）办理社会保险；也通过社会保险补助，将社会保险费在个税前列支等措施鼓励包括进城就业农民工在内的社会成员以个人名义积极参保社会保险。二是稳步推进社会保险并轨，将机关事业单位人员和进城就业农民工纳入社会保险参保主体。② 我国已经从 2014 年 10 月 1 日起，对机关事业单位工作人员养老保险制度进行了改革③，将近 4000 万机关事业单位工作人员纳入统一的城镇职工养老

① 基本医疗保险还应该包括用人单位为职工缴纳的医疗保险费和政府财政投入医疗保险基金的资金及其投资收益。
② 注意：机关事业单位人员是不交社会保险费就能享受到高于一般城镇职工的社会保险保障的，而进城就业农民工是没有被纳入城镇职工社会保险体系的，两者之间是有本质不同的。
③ 国务院 2015 年 1 月 14 日发布的《关于机关事业单位工作人员养老保险制度改革的决定》。

保险制度体系，使他们告别了"免缴费时代"，这显然将扩大社会保险参保缴费覆盖面，增加社会保险资金来源，从而有利于解决现时的社会保险资金缺口问题；我国还应该将进城就业农民工和其他自由职业者纳入统一的城镇职工社会保险制度体系，以进一步提升社会保险参保主体人数，拓展社会保险资金来源，强化社会保险基金的支付能力。三是推进社会保险统筹层次，优化社会保险资金配置和调节功能。从理论上说，社会保险统筹层次越高，纳入统一保险体系的参保人数就越多，也就越能满足保险要求的大数定律。所以，我国可以在国务院统一部署下，将社会保险统筹层次由地市级到省级、再到国家级逐步推进，以最终建立起国家级社会保险统筹制度。

（3）加强监管力度，确保社会保险资金专款专用

从本质上说，保险就是在保险合同规定的风险事故（如年老、生病、工伤、生育、失业等）发生时给予投保人或受益人一定的经济资助，以保障投保人或受益人的基本生活和生存需求。但是，在现实社会中，却常常发生将医保个人账户上的钱用于购买大米和牛奶等生活必需品以及其他滋补保健品和非医保药品的现象，部分医院和医生因患者有医保而实施过度医疗的现象，这种将保险金用于其他用途的行为显然不符合保险规律，不仅可能导致社会保险费居高不下，而且有可能使社会保险系统难以正常运行。因此，各级政府应该加大宣传力度和监督力度，对社会成员和相关单位（如部分兼营大米和牛奶的药房）滥用社会保险金的行为进行严厉打击，确保社会保险资金用到该用的地方，真正做到专款专用。

（4）降低保险机构经营成本，提高社会保险资金投资收益

在完全市场化情况下，保险机构收取的保险费应该等于预计损失赔付费用现值加上经营费用（如房租、水电、劳酬、意外损失准备金等）现值之和，再减去投资收益现值之差，其中预计损失赔付费用（也被称为纯保险费）是保险分摊损失职能的关键，一般是不能轻易削减的。因此，要有效降低社会保险费率，就必须从降低保险机构经营费用和提高保险资金投资收益入手。从现实情况来看，投资已经成为保险机构运用保险资金的主

要方式和获取收益的重要来源，以及扩大保险社会影响力的重要手段。因此，社会保险机构应该在降低经营成本的同时努力提高投资技能，充分利用金融市场构建有效投资组合，提升社会保险资金的管理和使用效益，在保证社会保险资金安全性的条件下，最大限度地增大社会保险资金投资收益。

（5）提高社会经济主体经营效益，增加社会成员收入

以企业为代表的社会经济主体是社会财富的直接创造者，其经营好坏和效益高低直接决定着社会经济发展水平和社会成员的收入水平。显然，当社会经济发展水平和社会成员收入水平提高的时候，即使社会保险费率略微降低，也不会导致社会保险资金减少。因此，各级政府及其相关部门应该制定鼓励以企业为代表的社会经济主体快速发展的政策措施，使他们能够快速提高经营绩效，增加其所雇用员工的收入，进而达到降低社会保险缴费率的目的。

（6）提高风险意识，强化社会成员参保社会保险的主动性

我国目前还有大量人员，特别是进城就业农民工没有参加社会保险的部分原因，是他们自己缺乏风险意识，存在比较严重的侥幸心理，认为意外事故不会降临到自己身上；一旦发生意外事故（如重大疾病等）导致他们生活难以为继、处于悲惨境地的时候，他们又常常以社会弱势群体的可怜姿态向政府和社会求助，这显然会加重政府的社会经济负担，弱化社会结构的稳定性。因此，各级政府及其相关部门应该加强对社会成员的保险教育，提高他们的风险意识，促使他们参加社会保险，以增加社会保险参保数量，降低社会保险缴费率。

2. 实施土地换社保制度

以土地换社保是指进城就业农民工在将其拥有的农村承包地经营权转让给政府及其相关机构后，被纳入城镇社会保障体系，享受与原有城镇居民一样的城镇社会保障。目前，大多数进城就业农民工在城市就业和生活的同时，仍然对其农村承包地拥有较大的依赖性，不愿意放弃其在农村的土地经营权。发生这种现象的根本原因在于：农民工虽然在城镇就业和生

活，但还没有被完全纳入城镇社会保障体系中，他们对城镇社会保障体系缺乏必要的认同感，对他们在城市的未来生活没有较强的信心，而土地能够使他们获得必要的生活保障效用（通过种地可以让他们从土地上获得基本生活品）、就业保障效用（在城市里找不到工作的时候，回老家种地也是一种就业方式）和直接经济效用（通过种地获得相应的经济收益）等诸多效用。可以说，一份土地在一定程度上解决了一个农村居民生养死葬和医病终老的所有问题，因此，在社会保障体系不完善的条件下，土地仍然是进城就业农民工十分重要的最后保障。在这种情况下，采取行政命令或其他强制手段强迫进城就业农民工非自愿地退出其农村承包地的行为，不仅不够人性化，而且有可能激起进城就业农民工的抵制情绪，从而对社会稳定产生负面影响。

一个可行的做法是，通过"土地换社保"制度将进城就业农民工完全纳入城镇社会保障体系，以全面的社会保障制度替代农村土地对进城就业农民工的保障功能，使进城就业农民工感受到城镇社会保障体系相比于农村土地保障更具优越性，进而使他们逐步摆脱对农村承包地的依赖而自愿退出其农村承包地。以"土地换社保"的方式将退出农村承包地的进城就业农民工完全纳入城镇社会保障体系的优点主要有：一是保障了失地进城就业农民工的合法权益，有效地化解了他们在城市生活的基本风险和后顾之忧；二是可以使进城就业农民工不再因缺乏社会保障而对农村土地产生"眷恋"情结，为进城就业农民工彻底摆脱农村土地束缚和完全融入城市社会生活打下了基础；三是减轻了各级政府将进城就业农民工纳入城镇社会保障体系所需承担的财政压力；① 四是为农村土地规模化和集约化经营提供了土地储备，为在保持社会基本稳定的条件下推动城镇化发展进程提供了可能性；五是可以避免因进城就业农民工被完全纳入城镇社会保障体系后，仍然在农村拥有承包地而对原有城镇居民产生的反

---

① "以土地换社保"制度的实质就是，政府将进城就业农民工出让其农村承包地的部分或全部补偿费用于抵扣他们所需缴纳的社会保险费用。

向不公平现象，在一定程度上保证了原有城镇居民与进城就业农民工之间的平等性。

3. 优化社会保险接续制度

鉴于进城就业农民工流动性较强和回乡务农可能性较大的特点，以及不同地区社会保障标准存在较大差异的现实情况，各级政府及其相关部门应该统筹协调，采取有效措施优化社会保险接续制度。

首先，国家要根据《社会保险法》的规定为每个公民建立全国统一的个人社会保障号码①，并在此基础上建立起比较完善的社会保障转移账户系统，尽快实现农村居民社会保障体系与城镇居民社会保障体系的有效接轨和跨地区的接续，从而方便进城就业农民工在工作地点变动或回乡就业后社会保障关系的转接，以保证进城就业农民工社会保险参保的延续性。至于进城就业农民工社会保障金的发放问题，应当由农民工就业所在地政府部门根据实际情况决定。

其次，应该基于农民工进城就业的间断性和终止性特征采用完全积累式社会保障模式，以确保那些因工作不稳定而不能连续缴纳社会保险费，或者在城市工作一段时间后回乡务农不再回城就业而停止缴纳社会保险费的农民工利益不会受到损害。在社会保险缴费时间的计算上，对于那些因工作不稳定而不能连续缴纳社会保险费的农民工，可以将他们缴纳社会保险费的不连续时间进行累积计算，只要其缴纳社会保险费的总时间长度达到规定标准，就可以在其年老时享受与城镇居民一样的城镇社会保障；也可以在他们到新的地方和单位就业后，让他们补齐因就业间断而没有缴纳的社会保险费。对于社会保险费缴费时间总长度未达到规定年限，并在其后较长时间内不再继续缴费的农民工，如果他们在停止缴费较长时间后，愿意重新缴纳和补齐社会保险费，那么在他们补足缴费年限后，仍然可以享受与城镇居民一样的城镇社会保障待遇；如果他们不愿再缴纳社会保险费，那么也应该根据他们以前缴纳社会保险费的时间长度和金额，在他们

---

① 可以直接将公民身份证号码作为个人社会保障号码使用。

年龄达到规定条件时给予合理的社会保障。① 在社会保障账户管理上，在目前社会保障体系还不完善的情况下，不仅应该将进城就业农民工的个人缴费全部记入个人社会保障账户，同时还应该将雇用农民工就业的用人单位所缴纳的大部分或全部社会保险费也记入个人社会保障账户；在条件成熟时，再根据城镇社会保障制度要求、按与城镇职工相同的比例记入社会保障统筹账户。对于那些终止或解除劳动关系后回到农村务农，因年老、伤残等各种原因而不再到城市就业的农民工，应该将其在城镇的社会保险关系和个人社会保障账户转移到他们户籍所在地的县、乡社会保险管理机构，并按规定享受与其缴费额度相匹配的社会保障待遇。

4. 加强社会保险信息查询制度建设

为了使社会保障体系在"阳光"下透明地运行，各级政府及其相关部门应该建立起比较完善的社会保险信息查询制度，并利用现代信息技术手段开发出全国联网、先进适用、稳定可靠、操作简单的社会保障查询信息系统，使包括进城就业农民工在内的每一位参保人员都能够凭借个人身份证（或个人社会保障号码）和个人密码，随时随地查询个人缴费情况和账户信息，了解国家有关社会保障的政策规定，以确保包括进城就业农民工在内的每一位参保人员能够随时随地、方便快捷和低成本地获取自己需要的社会保险信息，进而最大限度地保护全体社会成员的信息知情权和其他社会保障权益。

5. 杜绝一次性发放社会保险金行为，强化社会保险禁止退保制度建设

若允许进城就业农民工退保和用一次性领取的方式来享受其社会保险待遇，那么部分进城就业农民工将因眼光短浅、对社会保障系统没有信心、对个人未来生活缺乏长远规划以及现在急需用钱等主客观原因而选择退保和一次性领取保险金的方式，这显然不符合保险的基本规律，也对进

---

① 当然，这些未完全承担缴费义务的农民工获得的社会保障肯定低于完全履行缴费义务的农民工所获得的社会保障，否则就会对那些完全履行缴费义务的农民工造成事实上的不公平；而且，当社会公众在得知没有完全履行社会保障缴费义务的人也能获得完全一样的社会保障时，他们也会不完全履行社会保障缴费义务，最终导致社会保障系统的崩溃。

城就业农民工起不到任何社会保障作用。因此，有必要在严格执行《社会保险法》有关"个人账户不得提前支取"的规定、杜绝一次性发放社会保险金行为的同时，进一步强化社会保险禁止退保制度。

6. 健全进城就业农民工社会保障监管体系

加强政府和社会监管是解决进城就业农民工社会保障问题的重要环节，可以从如下四个方面健全进城就业农民工社会保障监管体系：

（1）加强用人单位劳动合同监管

劳动合同是保障进城就业农民工基本权益的重要凭证，雇主和用人单位在雇用农民工时，应该与农民工签订由政府人社部门拟定的、格式化的正规劳动合同，并将该劳动合同报人社部门审查和备案。各级政府人社部门通过加强劳动合同监管来督促雇主或用人单位严格遵守国家和地方政府制定的法律法规，切实履行为其雇用的农民工办理各种社会保险的义务。

（2）强化劳动监察队伍建设

劳动监察队伍是保证进城就业农民工基本权益得到保障的重要力量。提高劳动监察队伍人员综合素质，向进城就业农民工宣传国家和地方政府制定的社会保障政策，简化工作程序，提高办事效率，及时处理劳动纠纷，维护农民工合法权益，既是强化劳动监察队伍建设的重要内容，也是劳动监察部门的主要职责和应尽义务。

（3）疏通劳动保障举报渠道

劳动保障举报渠道畅通是政府相关部门对农民工劳动保障实施有效监管的重要途径。当进城就业农民工与雇主或用人单位因劳动保障问题产生纠纷时，处于弱势地位的农民工可以方便地通过举报渠道向政府部门反映。这不仅能使劳动纠纷得到及时解决，而且能使政府相关部门及时掌握农民工劳动保障情况，为加强劳动监管提供第一手资料。

（4）加大监管执行力度

对拒不缴纳进城就业农民工社会保障费用的雇主或用人单位，要严格按照《社会保险法》的相关规定进行处理。《社会保险法》相关条款规定，用人单位不办理社会保险登记的，由社会保险行政部门责令限期改正；逾期不改正的，对用人单位处以应缴社会保险费数额一倍以上三倍以下的罚款，对其直接负责的主管人员和其他直接责任人员处500元以上3000元以下的罚款。用人单位未按时足额缴纳社会保险费的，由社会保险费征收机构责令限期缴纳或者补足，并自欠缴之日起，按日加收万分之五的滞纳金；逾期仍不缴纳的，由有关行政部门处欠缴数额一倍以上三倍以下的罚款。除了按照《社会保险法》的上述条款执行外，还要将不按相关规定为进城就业农民工办理足额社会保险，并在相关监管部门调解劝诫后仍不整改的雇主和用人单位，通过网站、报纸、电视、电台等媒体向全社会公布，并把他们划入"不诚信雇主"的黑名单，使他们在社会声誉方面受到应有惩罚；当然，如果一个以前被划入"不诚信雇主"黑名单的雇主和用人单位经整改后，能很好地执行国家和地方政府的相关法律法规，那么也应该将他们从"不诚信雇主"黑名单中去掉，并通过网站、报纸、电视、电台等媒体向全社会公布，以建立起黑名单动态管理机制。

6.7 建立和完善可流转的土地政策

农民工进城就业安居问题主要涉及两个方面的土地政策：一是解决农民工住房问题涉及的土地政策（包括农村住房土地的退出和城镇住房建设用地的规划管理等）；二是把进城就业农民工从土地上解放出来涉及的农村土地政策。目前，进城就业农民工不愿意退出农村住房和土地的主要原因在于两个方面：一是进城就业农民工不能完全享受到城镇社会保障体系带来的好处，使他们对其在城市的未来生活缺乏信心；二是进城就业农民工不愿意放弃因农村土地开发而使农业用地转化为非农业用地过程中形成的土地增值收益，当他们预期其户籍所在地的土地因修建工厂、扩大城市、建设道路等原因而即将开发征用时，他们大多会紧紧地将其农村的土地和住房攥在自己手中，以便于享受土地开发带来的"一夜暴富"的盛宴。因此，各级政府有必要根据进城就业农民工的实际情况，以《关于农村土地征收、集体经营性建设用地入市、宅基地制度改革试点工作的意见》① 等国家相关法律法规为依据，以"激励与约束并行、公平与效率兼顾、个人利益与国家利益并重"为指导思想，以"完善土地征收制度、建立农村集体经营性建设用地入市制度、改革完善农村宅基地制度、在合理提高个人收益的基础上建立兼顾国家、集体和个人的土地增值收益分配机制"为目标，以市场化运作为主要手段，以"依法、自愿、有偿"为基本原则，加快改革集体建设用地使用制度和完善征地补偿制度，建立健全进城就业农民工农村土地和住房处置机制以及农村土地权益与城镇公共服务置换机制，借助土地流转和交易市场完善农村土地流转服务体系，有计划按步骤地推进农村土地承包经营权的有序流转。

6.7.1 农民工住房的土地政策

从理论上说，进城就业农民工在城镇通过城镇普通商品房、低价普通商品房、经济适用房、经济租赁房、廉租房、统租房、公租房等各种方式获得住所和定居后，应该退出其在农村拥有的住房，并将农村住房占用的土地交还给国家用于生产建设用地。② 但是从现实情况来看，大多数进城就业农民工都不愿意这么做，不到万不得已，他们都会把农村住房死死掌握在自己手中。究其原因，不外乎以下几点：一是部分进城就业农民工虽然在城镇购买了自有住房，但他们并没有完全融入城市生活，缺乏足够的安全感和归属感；二是他们预期在未来土地开发征用时有可能获得巨额财富；三是他们对祖祖辈辈生活过的地方和住房有着厚重的感情，保留农村住房可以使他们今后回老家走亲串户时有落脚地，并保持他们心灵深处的归属感。因此，在制定进城就业农民工农村住房土地政策时，一定要充分考虑他们对农村住房在物质和精神上的现实诉求；只有在他们的这些现实利益诉求得到满足时，作为理性经济人的进城就业农民工才会自愿退出其

---

① 2014 年 12 月 2 日经中央全面深化改革领导小组第七次会议审议通过，2015 年 1 月 11 日由中共中央办公厅和国务院办公厅联合发布。
② 包括农业生产、工业生产和公共基础设施等。

农村住房和承包地。

1. 制定进城就业农民工住房土地管理的长期规划，完善进城就业农民工住房土地占用和退出机制

进城就业农民工住房土地管理涉及政府、农民工、城镇居民、农村居民等众多利益相关者的利益，是一项比较复杂的系统工程，不可能在短时间内彻底解决，必须树立长期的思想，通过制定长期规划来完善进城就业农民工住房土地占用和退出机制。从长期来看，大多数进城就业农民工都将变为市民，享受与城镇居民一样的社会保障和公共服务，他们的住房问题也当然应该与城镇居民一样完全通过市场机制解决，其住房土地占用和退出也应该按照市场规律的要求统一实施。但从短期来看，由于进城就业农民工在收入水平、社会地位等方面都相对低下，他们所享受的社会保障和公共服务也与城镇居民存在差别，如果完全按市场化的方式进行处理，那么进城就业农民工将陷入非常困难的境地，这将造成事实上的不公平。因此，政府需要对农民工住房建设用地及其退出机制进行有针对性的设计，有必要采用划拨方式提供公租房与廉租房建设用地，并在住房建成后由政府按照公开、公平、公正的原则和市场化方式进行统一分配和管理；同时，考虑到进城就业农民工目前在城市就业和生活的现实困难，政府不能采用任何强制性行政手段，迫使已在城市就业和买房租房的农民工在短时间内退出其农村住房和土地，要给予他们充分的时间，循序渐进地进行。

2. 建立健全农村住房票制度，以市场化手段完善进城就业农民工农村住房退出机制

县、乡级政府以家庭为单位，对每户农村居民（包括在农村拥有自有住房的进城就业农民工）的现有合法住房①进行登记核实，根据占地面积、房屋结构、建造年限、交通便利度等影响住宅价值的因素，结合当地住房

---

① 以县级政府国土房管局发放的房产证和土地使用证为依据核实其住宅的合法性，对于没有合法房产证和土地使用证的违建住房，不仅不应该为其发放住房房票，还应该责令其限期拆除。

价格和土地价格水平，对农村住房价值（包括占用土地价值以及扣除土地价值之外的住房本身价值）进行测算后，为每户农村居民发放房票。房票上需要载明农村居民住宅户主姓名、所在位置、面积、结构、年限、总价值等信息，而且当地政府应该每隔一定年限（如5年）就对所有农村住房的价值进行更新，并将更新后的价值登记在房票上。该房票是一种记名证券，只能个人使用，并连同住宅一起转让，而不能单独交易。也就是说，房主在卖出房票的同时，房屋本身也同时变更了主人（房票上的户主姓名也要变动）。当进城就业农民工需要在其就业所在城市购买住房时，可以将其持有的农村住宅房票交给城市住宅开发商，以抵扣与房票所载最新价值相同的购房款；① 开发商在收到进城就业农民工交纳的房票后，可以凭借房票向所在地政府或房票发放地政府相关部门要回相应的房款；房票发放地政府在收到开发商交回的农村住房房票后，有义务无条件地按照房票上载明的最新价值将进城就业农民工购房款支付给开发商，同时按照相关规定及时收回该进城就业农民工在农村的住宅及其宅基地。可见，农村住房房票制度的建立，增强了进城就业农民工的城镇住房购买能力，缓解了县、乡级政府在开发征地时遇到的阻力，在一定程度上完善了进城就业农民工农村宅基地与城市住房置换的市场机制。

3. 加大进城就业农民工的权益保障力度，激励进城就业农民工自愿退出农村住房和宅基地

加大进城就业农民工的权益保障力度，强化进城就业农民工的生活安全感和归属感，消除进城就业农民工在城市生活和工作的后顾之忧和焦虑感，以情感手段激励进城就业农民工退出其农村住房。例如，各级政府可以针对进城就业农民工在子女入学、社会保险、公共服务、医疗卫生、就业工资等方面的现实困难，制定相应的优惠政策；可以采取一定激励措施

---

① 在进城就业农民工收入水平与城市房价水平还存在较大差距的情况下，那些进城就业多年、已基本习惯城市生活的农民工是愿意将他们手中持有的房票变现购买城市住宅的。

鼓励农村居民子女就读中高级职业技术学校和大专院校[①]，以提高农村居民子女的文化水平、专业技能和适应城市生活的能力，为下一代农民工进城就业和生活打下基础，为农村居民市民化和进城就业农民工自愿退出农村住房以及顺利实现农村居民住房土地规范化管理创造条件。

4. 构建城乡统一的住房建设用地管理体系，对农村居民住房建设用地及其退出机制实施统一规划和管理

对于已在城市就业和生活多年，并已购买了自有住房的农民工，如果他们愿意退出其空置的农村住房，那么在其农村住房被事实上拆除以及住房所占土地进入流转程序后，仍然可以在 3～5 年内保留他们的农村住房产权和土地使用权，一旦遇到征地拆迁，他们仍然可以享受合理的征地拆迁补偿；如果他们不愿意退出其空置的农村住房[②]，那么可以采用与城市居民一样的计算方法，将他们在农村和城市的住房加起来统一计算总面积，并按其家庭人口数量和相关标准核算超面积，对超面积部分征收一定的税收和土地占用费。对于没有在城市购房和不打算在城市定居的农民工[③]和农村居民，特别是那些处于城乡接合部[④]，即将因城市扩展而面临征地拆迁的农民工和农村居民，当地政府可以将其住房建设用地纳入城市建设用地管理体系进行统一规划和管理，统筹考虑低价位、普通住房和农民工住房用地供给和建设问题，在保证农民工和农村居民住房建设用地的同时，强化城乡土地管理的规范性和管理力度，彻底消除违法违规建设和土地乱占现象。

6.7.2 农民工农村承包地的土地政策

根据农村土地家庭承包经营的现行基本政策，农民工在进城就业和生

---

① 对中学学习成绩较好、能够考取大专院校的农村贫困家庭子女，政府要在其就读大学期间给予足够的资助，不让他们因家庭贫困而放弃读大学的机会；对中学学习成绩不好、不能考取大专院校的农村贫困家庭子女，政府要通过学费补贴等方式鼓励他们就读中高级职业技术学校。

② 进城就业农民工在城市购买住房时，如果没有使用他们的农村住房房票，那么他们是可以不退出其农村住房的。

③ 这些进城就业农民工在城市打工的目的就是挣钱补贴家庭。

④ 作为城市发展主要地区的城乡接合部的住房建设用地管理一直都比较混乱。

活后，只要没有将其户籍迁移到城市，就可以不退出自己在农村的承包土地。虽然这些承包地在产权上并不归农民所有，但包括部分进城就业农民工在内的农村居民仍然将其承包地看作他们安身立命的基础和命根子，是他们在城市就业和生活遇到挫折时的最基本和最可靠的保障。在现行社会保障体系还不健全的情况下，一半以上的进城就业农民工都希望在进城就业和生活后，仍然保留其农村承包地；但是进城就业农民工对土地使用方式的基本态度已经发生了变化，只要能使他们的农村承包地转化成现实收益，使他们的养老、医疗等有所保障，他们就不会在乎其农村承包地的使用形式。因此，各级政府及其相关部门应该根据进城就业农民工农村承包地的实际情况，在对进城就业农民工的基本利益诉求和城乡统筹发展目标进行全盘考虑的基础上，以"有利于推进城乡统筹发展、有利于提高农村土地经营效率、有利于改善包括进城就业农民工在内的城乡居民生活质量"为基本指导思想，对现行农村土地政策和实施方案进行重新设计和优化。

1. 完善并严格执行相关法律法规，规范进城就业农民工农村土地退让行为

《土地管理法》是规范进城就业农民工农村土地退让行为的基本法律，其第六十三条规定："农民集体所有的土地不得出让、转让或者出租用于非农建设用地。"制定该条款的基本出发点是限制农业用地在未经政府允许的情况下，非法转变为非农业用地，以达到保护农业用地的目的，但该条款并未对土地承包权所有人在满足土地用途不变的条件下处置其所承包土地的行为做出明确规定，没有明确限制农村土地承包人在保持土地用途不变条件下的出让、转让或出租行为。因此，进城就业农民工在没有时间和精力亲自耕种其拥有承包经营权的农村土地的情况下，可以根据自身效用最大化原则和外部环境条件，采用如下几种方式对其农村承包地进行处置。

（1）进城就业农民工可以在双方自愿的基础上，通过签署相关协议将其农村承包地出让、转让或出租给其他农户耕种，并按照协议从受让人或承租人处获得相应的补偿；也可以在政府引导下，将其农村承包地作为股权资产入股当地农业企业，或者直接转让给当地农业企业（包括以"龙头企业＋基地"或者"农协＋基地"等形式组织的农业企业以及当地农业生产能手或大农户建立的农业企业等）实行公司化、规模化、机械化和集约化经营。如果进城就业农民工将其承包土地入股农业企业，那么他们可以作为股东享有农业企业的剩余价值索取权和经营参与决策权，并每年从农业企业获得应有的收益；同时，进城就业农民工和其他农村居民也可以在其入股的农业企业工作，如同城市职工一样获得相应的工资和劳动收入。如果进城就业农民工将其承包土地直接出让给农业企业[①]，那么他们将获得合理的转让收益。为了保证失地农民和农民工在年老或丧失劳动能力的情况下能够继续生活，各级政府应该采取有效措施，促使失地农民和农民工把他们从农业企业获得的股权收益或转让收入用于购买各种社会保险。

（2）当政府因城市拓展、产业园区建设和道路交通基础设施建设等原因而需要征用农村土地时，农村居民和进城就业农民工有义务在其合理利益诉求得到补偿的条件下，将其承包土地和宅基地转让给政府作为建设用地。政府既可以以现金支付和办理社会保险的方式进行补偿，也可以以城镇住房置换农村住房、社会保障置换农村承包地的方式进行补偿，还可以以为失地农民或农民工提供就业机会、为失地农民或农民工子女提供就学和培训机会的方式进行补偿。无论采用哪种方式或哪几种方式，都应该在公开、公平、公正、透明和合理的原则下进行，当地政府部门要按照中央和上级政府的文件精神切实落实补偿政策，向当地农民广泛宣传补偿政策和方式，不能克扣和截留应该给予失地农民和农民工的补偿资金，也不能在操作过程中分亲疏内外，使农民心中产生不公平感。[②]

2. 制定有效激励政策，鼓励进城就业农民工自愿退出农村承包地

农民工在进城就业和生活后，大多无力再回去耕种和管理其在农村的

---

① 这种方式适合在城市就业和生活多年并打算在城市定居的农民工。

② 目前，政府征地拆迁过程中产生各种问题的原因大多不是因为补偿数量太少，而是因为政府在具体操作过程中存在信息不透明、补偿不公平等现象。

承包地，致使农村大量田地撂荒，造成有限土地资源的极大浪费。因此，各级政府应该制定有效的鼓励进城就业农民工自愿退让承包地的激励政策。从目前来看，政府可以采取如下几个方面的措施激励进城就业农民工退出其农村承包地。

（1）根据进城就业农民工农村承包地和宅基地所处的区位和其他实际情况，一次性给予合理的现金补偿，同时为他们保留一定年限（如3~5年）的农村承包地和宅基地增值收益权。也就是说，如果在未来一定年限内，因城市扩展、产业园区建设、道路交通基础设施建设等原因而需要征地拆迁时，进城就业农民工可以享受其原有承包地和宅基地的增值收益（即征地拆迁时的承包地和宅基地价值减去农民工退出承包地和宅基地时获得的现金补偿后的增值部分），进而从经济收益方面激励进城就业农民工退出其农村承包地。

（2）为自愿退出农村承包地的进城就业农民工提供城市住房安置优惠条件，优先享受公租房和廉租房安置或者合理住房补贴，进而从住房安置方面激励进城就业农民工退出其农村承包地。

（3）为自愿退出农村承包地的进城就业农民工提供适当的安家费，并简化其进城落户手续，进而从户籍转移方面激励进城就业农民工退出其农村承包地。

（4）以土地换社保方式为自愿退出农村承包地的进城就业农民工提供与城镇居民完全一样的各种社会保障和公共服务，进而从社会保障和公共服务方面激励进城就业农民工退出其农村承包地。

（5）为自愿退出农村承包地的进城就业农民工制定免费技能培训与再就业扶持政策，以提高他们的就业技能和城市生活能力；同时在其自谋职业或创业时，享受与城镇下岗人员一样的创业税费减免政策，进而从就业培训和创业方面激励进城就业农民工退出其农村承包地。

（6）为自愿退出农村承包地的进城就业农民工子女提供费用全免的义务教育和免费接受中高级职业技术教育的机会，进而从子女教育方面激励进城就业农民工退出其农村承包地。

3. 采取强有力驱动措施，促使满足条件的进城就业农民工退出农村承包地和宅基地

农民工在进城就业和生活的同时，还在农村拥有自己的承包土地和宅基地，这在事实上形成了不同于城镇居民的农民工两栖兼业行为模式，这种以农业小规模分散经营为基础的农民工两栖兼业行为模式，虽然在改革开放早期对于激发农民积极性、提高农民收入、刺激经济发展和缩小城乡差别发挥过积极作用，但是从长远来看，其是存在很大局限性和不利于我国农村经济发展的。事实上，农民工的两栖兼业行为将使大量农村土地分散掌握在根本不种地、或很少种地的进城就业农民工手中，这些进城就业农民工在城市工作和生活的同时不愿放弃其农村承包地和宅基地的目的，不是为了好好种地和获得最大的农业生产经营收益，而是将农村承包地和宅基地作为他们在城市工作和生活遇到困难时的最后保障，以化解他们在城市就业和生活的风险。当他们在城市就业和生活比较顺利时，他们往往会忽视农业生产，对农村承包地实行粗放式耕种，甚至直接撂荒。可见，农民工的这种两栖兼业行为模式对农民工个体来说无疑是非常有利的，是一种完全合乎理性的行为，其在一定程度上实现了农民工个体收益的最大化和风险承担的最小化；但是，农民工的这种两栖兼业行为模式对我国农业发展和农民工市民化进程来说又是非常有害的，其不仅不利于我国农村土地的规模化经营，致使农村土地资源生产效率低下，导致我国整体农业处于非效率状态，还有可能因进城就业农民工拥有退路而使他们产生不珍惜城市工作和生活的"怠惰"情绪，进而减缓进城就业农民工融入城市生活的速度，阻碍农民工市民化进程。因此，各级政府不仅要在完善并严格执行相关法律法规以规范进城就业农民工农村土地退让行为的基础上，制定有效激励政策来鼓励进城就业农民工自愿退让承包地和宅基地，而且应该采取强有力的驱动措施，促使满足条件的进城就业农民工退让农村承包地和宅基地；各级政府要坚持"激励与约束相结合"和"两手抓、两手都要硬"的原则，推动进城就业农民工退让承包地和宅基地的进程。从目前来看，政府可以采取如下几个方面的驱动措施，促使满足条件的进城就业农民工退出其农村承包地和宅基地。

（1）各级政府，特别是县、乡级政府要在对农村居民进城就业和生活状况、农村土地分配和利用效率状况等进行广泛深入调查的基础上，针对进城就业农民工的城市落户情况和农村土地使用情况，分门别类地制定出切实可行的进城就业农民工农村土地退出政策，为促使满足条件的进城就业农民工退出其农村土地提供政策依据。

（2）对于已经在城市就业和生活多年，并取得城市长期居住证 5 年以上的进城就业农民工，政府应当让他们在城市市民和农村居民之间进行自愿选择。对于愿意退出农村承包地和宅基地、落户城市成为城市居民的进城就业农民工，政府应该在他们退出其农村承包地和宅基地的同时，优先解决他们在就业所在地的户籍问题，并将他们纳入城镇社会保障体系，使其享受与城镇居民完全一样的社会保障和公共服务。对于不愿意退出农村承包地和宅基地的进城就业农民工，即使他们有落户城市、成为城市市民的愿望，政府也应该暂缓解决他们的城市落户和城镇社会保障问题。如果这些想落户城市，又不愿意退出农村承包地和宅基地的进城就业农民工在农村的承包地已经处于撂荒状态 3 年以上，那么政府应该要求这些进城就业农民工对其农村承包地进行妥善处置，对于不听劝告、继续让其农村承包地撂荒的，政府有权在给予他们一定补偿的条件下，强制收回其农村承包地，或者将其农村承包地强制流转给农业企业和大农户经营。

（3）对于已将户口迁移到城市就业所在地，并在城市落户生活一定年限、已被纳入城镇社会保障体系和成为城镇居民的进城就业农民工，其现落户所在地政府和原户籍所在地政府应该在对他们进行适度补偿（包括经济补偿和非经济补偿）的条件下，依法要求他们退出农村承包地和宅基地。对无正当理由拒不退出农村承包地和宅基地的，可以在社会保障、就业培训、住房优惠等方面给予一定处罚的同时，依法采取必要措施强制执行。这种措施既是必要的，也是可行的。事实上，如果一个已经成为城镇市民的进城就业农民工在享受城镇优越生活条件和工作条件的同时，还拥有农村承包地和宅基地，那么这不仅会造成农村土地资源的巨大浪费，而且对原有城镇居民来说也是不公平的，这有可能造成新的社会不公。同时，已成为城镇居民的进城就业农民工大多在城市拥有较高的经济收入和较好的工作环境，他们在城市获得的较高效用水平使他们不愿意再回乡务农。在这种情况下，只要制定出完善的进城就业农民工退出农村承包地和宅基地的法律法规，并根据相关法律法规采取一些不利于他们在城市就业和生活的强制措施，使他们认识到不根据相关法律法规规定退出他们在农村的承包地和宅基地，就很有可能失去他们在城市的舒适生活和工作，他们经过多年奋斗取得的成果也有可能受到损害，进而迫使他们在相关政策法律法规的外部压力驱动下，主动退出其农村承包地和宅基地。

6.8 农民工进城就业安居的相关配套制度政策、服务体系和法治环境优化

在推进农民工进城就业安居过程中，除了需要对户籍制度、劳动就业制度、住房制度、子女教育制度、社会保障制度、土地流转政策等基本制度和政策进行创新设计外，还需要对权益保障制度、行政管理制度、参军与转业安置制度、公共财政制度等相关配套制度以及公共服务体系和法治环境等进行优化和完善。

6.8.1 权益保障制度优化

1. 加强法律法规和制度建设，确保进城就业农民工合法权益得到应有保护

在完善现行法律法规和制度政策基础上，将进城就业农民工纳入相关法律法规和制度政策调节和保护范围，尊重并依法保护进城就业农民工通过合法经营和辛勤劳动获得合理报酬的权益；同时，要清晰界定各级政府相关部门的权力和责任，大力推行"首问负责制"，避免在进城就业农民工权益保护问题上发生相互推诿、"踢皮球"的不正常现象。

2. 实行"同命同价"的工伤补偿政策，确保进城就业农民工享有平等的工伤保障待遇

进城就业农民工因公受伤或死亡，应该享受与城镇居民一样的赔偿标准。以前以户籍为标准实施的"同命不同价"工伤补偿政策，不仅不符合人权保障和以人为本的要求，也违背了人人生而平等的社会主义核心价值观，是一种严重歧视进城就业农民工和农村居民的过时政策，应该及时予以摒弃和废除。

3. 建立健全工会制度，强化进城就业农民工的城市就业归属感

第一，全国总工会要负责监督《工会法》的实施，组织落实地区、行业和企业建立工会，吸纳进城就业农民工参加工会、职工大会或职工代表大会。任何组织和个人都不能剥夺进城就业农民工参加工会、职工大会或职工代表大会的权利。第二，要将全国总工会提出的，旨在保障包括进城就业农民工在内的全体社会成员合法权益的源头入会机制、双向维权机制、就业培训机制、工资支付保障机制、社会保障促进机制、群众安全生产监督机制、帮扶关爱机制、民主权利保障机制、用工诚信评价机制、法律援助机制等十项维权机制建设切实落到实处，促使县级以上工会组织尽快实现进城就业农民工入会全覆盖。第三，为了充分保障农民工在城市就业和生活的合法权益，既要广泛吸纳进城就业农民工参加已有的城镇用人单位工会组织，也要允许进城就业农民工以县、乡、社区和行业等为平台建立专门的农民工工会。第四，工会作为进城就业农民工利益的代表者和维护者，既要始终保持同进城就业农民工的密切联系，了解他们的愿望和要求，在法律法规范围内替他们说话办事，维护他们的合法权益，真正成为进城就业农民工的"职工之家"；又要重视和加强对进城就业农民工的思想教育，不断提高他们的思想政治觉悟和业务技术素质，确立与用人单位共谋发展的思想。

4. 完善法律援助和救济制度，确保进城就业农民工遇到的法律问题能够得到及时解决

第一，要在我国现行法律诉讼制度框架下，建立和完善专门针对进城就业农民工的法律援助机构，为处于弱势地位的进城就业农民工提供必要的法律援助。第二，司法机关、工会组织以及其他社会团体要通过设立进城就业农民工法律援助站①、农民工求助热线和维权举报电话等方式，为那些经济困难、不懂法律、有理没"票子"、没门路、没能力、没精力的进城就业农民工开辟法律援助绿色通道，及时为他们提供法律服务，切实加强针对进城就业农民工的法律援助工作。第三，要精简和强化劳动争议仲裁机构和队伍建设，对进城就业农民工申诉的劳动争议案件，要依法简化程序，减少环节，缩短时限，及时受理，快速审理，减免费用；对涉及进城就业农民工的法律诉讼案件，原则上都应该用简易程序快速审理，减免诉讼费，降低农民工诉讼的资金和时间成本，并及时采取诉讼保全措施，确保农民工的合法权益能得到有效维护。第四，探索建立业余仲裁员审理仲裁案件制度，聘请一些退休法官或司法人员以及在职大学教授和律师等，通过一定的资格和相关条件认定后，授予他们仲裁权力，使他们可以利用业余时间去仲裁一些劳动纠纷和案件，进而大大降低被侵权者的维权成本（唐凯娥，魏炼红，李忠云，2008）。第五，探索建立律师与法学专业学生无偿为进城就业农民工和其他弱势群体提供法律援助服务的制度。

6.8.2 行政管理制度优化

1. 改革城镇社会管理体制，将进城就业农民工纳入城镇社会管理体系

第一，应该进一步明确和强化各级政府在进城就业农民工管理问题上的责任和义务，将进城就业农民工政策落实情况和执行效果纳入各级政府及其相关职能部门考核范围，以包括进城就业农民工在内的辖区实际常住人口而不是以辖区户籍人口为依据，对各级政府及其相关职能部门的社会治理能力和绩效进行评价和考核，并将其作为各级政府及其相关职能部门主要官员提拔晋升的重要参考指标。第二，各级政府及其相关职能部门应该将在辖区内就业和生活的农民工全面纳入城镇社会管理体系，变以前的

① 到2020年，设立法律援助机构的县级以上工会组织所占的比重应该达到80%。

"劳动力管理模式"为"居民管理模式",对辖区内居住和生活的进城就业农民工与原有城镇居民实行无差别的一体化管理,接纳和善待进城就业农民工,使进城就业农民工能作为城镇居民的平等一员参与城镇社会的政治和社会生活。第三,持有长期居民证、已经退出或失去农村土地的进城就业农民工,应该在其就业所在地或居住地享有与原有城镇居民相同的政治权利,能够在其就业所在地或居住地参加选举和被选举等政治活动。

2. 强化城镇社区和居委会服务职能,全面推进进城就业农民工规范化管理

第一,各级政府及其相关部门要强化城镇社区组织对进城就业农民工的社会责任意识,引导城镇街道和社区政府机构将居住于辖区内的进城就业农民工纳入其服务范围,利用现代信息技术手段为进城就业农民工建立详细的台账、数据和档案资料,并在居住证办理、子女入学和社会保险参保等方面提供咨询和代办服务,使居住于辖区内的进城就业农民工尽快融入城市社会生活。第二,吸纳符合条件的进城就业农民工加入所在社区的城镇居民组织,将居住于辖区内的进城就业农民工党员纳入社区党支部,或者引导居住于辖区内的进城就业农民工党员按照党章规定程序成立自己的党支部,强化进城就业农民工的自我组织和管理,规范进城就业农民工的学习、教育、工作和生活行为,提高进城就业农民工对城市社会的归属感。第三,着力培育以进城就业农民工为服务对象的各类社区互助组织或公益性服务组织,强化对进城就业农民工的服务职能,消除进城就业农民工的孤立感。

3. 简化行政管理程序,降低农民工进城就业和生活成本

在传统的城乡分割二元结构体制下形成的,旨在阻止农村居民向城市流动的规章制度,政策措施和行政管理模式已经对城乡统筹发展和城镇化进程产生了严重阻碍,各级政府及其相关部门应该根据我国城乡统筹发展目标和进城就业农民工具体情况,逐步修正相关规章制度和政策措施,简化相关行政管理程序。第一,应该取消除身份证和居住证外的其他所有证件,以降低进城就业农民工办理各种证件所需的时间成本。第二,取消针对进城就业农民工的各种行政事业性收费项目,以及办理证件所需的工本费和手续费等费用，以降低进城就业农民工的经济成本。第三，对在城市自主创业的进城就业农民工，除了应该减少，甚至免收他们办理工商执照、税务登记证等手续的费用之外，还应该适当简化他们办理这些手续的程序，并在可能的情况下对他们实行必要的减税优惠。

6.8.3　参军与转业安置制度优化

在城乡分割的二元结构体制下，农村居民子女和城镇居民子女在参军转业安置方面享受的待遇有天壤之别。城镇居民子女在参军转业回到地方后，一般都能得到较好的就业安置，对于不愿就业或打算自谋职业的，还可以得到一笔数量不菲的安置费；而农村居民子女在参军转业后只能回到老家务农，难以享受到与城镇居民子女一样的就业安置待遇。[①] 这显然对农村居民子女来说是非常不公平的；随着与城镇居民有很多共同特征的进城就业农民工的逐渐增多，这种不公平性越来越显著。因此，各级政府及其相关部门应该根据进城就业农民工及其子女的实际情况，对以往的城乡分割的参军转业安置制度进行修正和优化，分批逐步解决进城就业农民工参军转业子女的就业安置、进城就业安居和市民化问题。

（1）对于长期在城市就业和生活、已经将户口迁移到就业所在城市、在事实上已成为城镇居民的农民工，其子女在参军和转业安置上应该无条件地享受与原有城镇居民子女相同的待遇。

（2）对于已退出农村承包地或因国家土地开发等原因而失去土地，并在城市（包括省级大型城市、地市级中等城市以及县镇级小型城市）就业和生活的农民工，由于他们及其子女都不可能再回到农村务农，他们已经在事实上成为没有城镇户口的城镇居民或者拥有农村户口的非农村居民，也应该享有与原有城镇居民相同的子女参军转业安置待遇。

（3）对于在城市就业和生活时间较长、持有城市长期居住证，但在农

---

① 当然，如果农村居民子女在参军服兵役期间能够升职或者被推荐到军校深造学习，那么情况也就不同了；但是，能够在参军服兵役期间获得升职或被推荐到军校就读的农村居民子女毕竟是极少数。

村拥有承包地和宅基地的农民工，由于他们在农村的承包地和宅基地除了可能为他们带来丰厚的收益（征地开发时可能获得巨额补偿）外，还能够为他们的参军转业子女创造事实上的就业机会（回到农村种地也是一种就业形式），所以在将他们的参军转业子女纳入城镇居民参军转业子女就业安置体系时，应该在就业选择权、就业安置费和就业安置岗位等方面有所区别①，否则就有可能造成对原有城镇居民的反向歧视和不平等。当然，如果这些进城就业农民工能够在获得合理补偿的条件下，自愿退出其农村承包地和宅基地，那么就可以将他们的参军转业子女无条件地完全纳入城镇居民参军转业子女的就业安置体系。

（4）对于持有城市临时居住证、在农村拥有承包地和宅基地的农民工，或者家庭居住在农村、个人在城市打工挣钱养家的进城就业农民工，其子女在参军和转业安置上应该暂时按照传统的农村居民参军转业子女就业安置方式进行；② 待条件成熟时，再将其有条件地纳入城镇居民参军转业子女就业安置体系。这些进城就业农民工参军转业子女经过军队较长时间的熏陶和磨炼后，已经具备较高的综合素质，政府即便不为他们分配就业岗位，也应该通过各种优惠政策扶持和鼓励他们自主择业和创业，使他们能够通过自主创业或自由择业过上体面而有尊严的生活。

6.8.4　公共财政制度优化

公共财政制度是在市场经济条件下，国家为满足社会公共需要而向社会公众筹集资金、提供公共产品或服务的政府财政收支和运行机制模式，具有公共性、非营利性、法制性和统筹性等基本特征。在传统的城乡分割二元结构体制下，我国一直在有意无意地实行着向城镇，特别是大城市倾斜的公共财政制度。城市，特别是少数大城市在大量公共财政资金的支持

---

① 例如，可以在转业安置费中扣除他们因拥有农村承包地和住宅而可能产生的收益；可以在政府为其分配转业就业地区和岗位时，将其限定在其农村承包地和住宅所在地附近的中小城市；等等。

② 在社会经济发展水平还没有达到一定程度、城乡差别还事实上存在时，也只能区别对待。

下获得了突飞猛进的发展，而缺少公共财政资金支持的广大农村地区却举步维艰，这必然使得城市，特别是少数大城市在基础设施建设、经济发展水平和社会文明程度等方面都远远高于农村，形成了"城市繁荣昌盛、农村萧条破败"的城市农村两重天景象。在这种情况下，作为理性经济人的农村居民在城市美好生活的吸引下，必然会大量涌入城市就业和生活，进而形成了我国特有的进城就业农民工阶层。近年来，虽然中央和各级地方政府相继出台了诸如"工业反哺农业""取消农业税""对种地农民按种地面积进行补贴""实施新农村合作医疗""加大农村基础设施建设投入力度"等旨在扶持农村社会经济发展和提高农村居民生活水平的政策措施，但仍然没有从根本上改变农村经济发展水平远远落后于城市的城乡不平衡发展局面。因此，国家和各级地方政府应该在稳步推进大中城市发展、不减少原有城镇居民既得利益的条件下，改革现行公共财政制度，适度向进城就业农民工和农村地区倾斜，具体措施包括以下几个方面。

1. 根据国务院及其相关部委出台的相关文件精神，加大对进城就业农民工的公共财政投入力度

进城就业农民工是农村居民的一部分，利用公共财政资金对处于弱势地位的进城就业农民工进行必要扶持，是我国公共财政向农村和农民适度倾斜的具体体现，是我国公共财政制度改革和解决我国"三农"问题的重要步骤和关键环节；可以说，通过公共财政制度改革解决了进城就业农民工进城就业安居问题，也就解决了农村和农村居民的一大半问题。财政部、劳动保障部、公安部、教育部和人口计生委五部委根据《中共中央、国务院关于做好农业和农村工作的意见》（中发〔2003〕3号）精神，于2003年12月25日联合发布的《关于将农民工管理等有关经费纳入财政预算支出范围有关问题的通知》要求，地方各级财政部门要将涉及农民工的治安管理、计划生育、劳动就业、子女教育等有关经费，纳入正常的财政预算支出范围。《国务院关于解决农民工问题的若干意见》（国发〔2006〕5号文件）提出，各级地方政府财政应该按照公共财政政策的要求，在财政支出上向进城就业农民工倾斜。《国务院关于进一步推进户籍制度改革的意见》（国发〔2014〕25 号）指出，要加强基本公共服务财力保障，建立财政转移支付同农业转移人口市民化挂钩机制；完善促进基本公共服务均等化的公共财政体系，逐步理顺事权关系，建立事权和支出责任相适应的制度，中央和地方按照事权划分相应承担和分担支出责任；深化税收制度改革，完善地方税体系；完善转移支付制度，加大财力均衡力度，保障地方政府提供基本公共服务的财力。国务院及其相关部委制定的上述政策措施，为各级地方政府实施向进城就业农民工适度倾斜的公共财政制度改革提供了政策基础和保障，各级地方政府应该根据国务院及其相关部委出台的相关文件精神，在就业服务、就业培训、社会保障、住房供给、公共卫生、子女教育等方面，加大对进城就业农民工的公共财政投入和扶持力度。

2. 加大公共财政对农村地区和县镇级中小城市的投入力度，提升农村基础设施建设和社会经济发展水平，减轻大中城市因农民工短时间过度涌入而承受的压力

随着我国城镇化进程的不断向前推进，我国农业人口占总人口的比例呈现逐年下降的趋势①。但是，由于我国人口基数巨大，农业人口绝对数量仍然是一个庞大的数字。数以亿计的农村居民在短时间内涌入大中城市就业和生活将远远超过大中城市的承载能力，进而可能使大中城市陷入混乱甚至瘫痪。所以，不能仅仅依靠拓展大中城市容量来推进我国城镇化进程，而应该通过加大公共财政对农村地区和县镇级中小城市的投入力度，来提升农村基础设施建设和社会经济发展水平，使农村地区和县镇级中小城市成为吸纳农村居民就近就业和生活的主阵地，进而减轻大中城市因农民工短时间过度涌入而承受的巨大压力。② 具体地说，主要路径有两条：

---

① 根据中国国家统计局发布的数据，2011 年、2012 年和 2013 年年末我国农业人口占总人口的比例分别为 48.7%、47.4%、46.27%。

② 事实上，提升社会经济发展水平较高的大中城市承载能力所需的边际成本可能远远高于提升社会经济发展水平较低的农村地区和县镇级中小城市承载能力所需的边际成本，这就如同一个目前已经考了 95 分的孩子要将其成绩提高到 98 分所花费的边际努力成本远远高于一个目前仅仅考了 50 分的孩子将其成绩提高到 80 分所需花费的边际努力成本一样，而且即使花费了较多的边际成本，也未必能达到预期目标。

一是通过公共财政投入将部分有条件的农村地区改造升级为农村居民集聚的小型集镇，例如，现在正在逐渐兴起的原本分散居住的农村居民向村社所在地集聚，进而将村社所在地逐步转变为小型城镇的趋势；二是通过加大公共财政投入，增强现行县镇级中小城市的承载能力，使部分有条件的农村居民向县镇级中小城市转移。

3. 完善公共财政资金筹集方式，拓展公共财政资金来源渠道，提高公共财政资金利用效率

要在稳步推进大中城市发展、不减少原有城镇居民既得利益的条件下，加大对进城就业农民工以及农村地区和县镇级中小城市的公共财政投入力度，就必须完善公共财政资金筹集方式，拓展公共财政资金来源渠道，从源头上解决公共财政资金筹集问题。具体措施包括如下几个方面：

第一，强化税收制度建设，加大税收征收执行力度。税收是公共财政资金的主要来源渠道和筹集方式，是调节社会收入差距、维护社会和谐和促进社会总效用水平提高的基本手段。国家和各级地方政府应该优化和完善现行税收制度和政策，强化税务部门服务职能，降低税务部门管理成本，提高税务部门工作效率，严厉打击税收征收过程中的权力寻租、偷税漏税等违法违规行为，使税收真正起到调节收入的作用。

第二，将各级政府国有土地使用权出让收入、经营性和竞争性国有资产转让收入以及从国有企业利润中分得的股权红利中的大部分资金纳入公共财政资金。

第三，通过发行公益性债券和基础设施建设债券等方式广泛吸纳社会民间资金投入公共事业领域，以弥补政府公共财政资金的不足。①

第四，变现行的公共财政资金多头管理方式为各级人大审核下的财政部（局）统一管理方式，以降低公共财政资金的管理成本，提高

---

① 民间资金也可以通过社会捐赠、为社会提供免费或部分免费服务等方式弥补政府公共财政资金的不足。

公共财政资金的使用效率。当然，这种相对集权的公共财政资金管理方式在增大了财政部（局）公共财政资金配置权力的同时，也相应加大了财政部（局）的责任。基于此，各级政府财政部门应该充分利用市场机制的调节作用，切实加强公共财政资金的透明化管理，同时还要主动接受社会公众的监督，将公共财政资金的管理、配置和使用置于"阳光之下"。

6.8.5 公共服务体系完善

公共服务体系是指以政府为主导，以社会团体和民间机构等为补充的供给主体建立的，旨在为全体社会成员及其相关组织提供基本公共服务保障的，涵盖服务内容、服务形式、服务机制和服务政策等在内的一系列制度安排，主要包括公共教育体系、公共卫生体系、公共文化服务体系、社会福利体系等内容。完善公共服务体系有助于促进企业健康发展，提高社会成员生活质量，维护社会的和谐稳定和建立资源节约型社会，是我国社会主义制度优越性的重要体现。党的十七大报告指出，要以社会保险、社会救助和社会福利为基础，以基本养老、基本医疗和最低生活保障制度为重点，以慈善事业、商业保险为补充，加快完善社会保障体系。党的十八大报告提出，要围绕构建中国特色社会主义社会管理体系，加快形成党委领导、政府负责、社会协同、公众参与、法治保障的社会管理体制，加快形成政府主导、覆盖城乡、可持续的基本公共服务体系。党的十八届三中全会报告要求，要统筹城乡基础设施建设和社区建设，推进城乡基本公共服务均等化；要稳步推进城镇基本公共服务常住人口全覆盖，把进城落户农民完全纳入城镇住房和社会保障体系，在农村参加的养老保险和医疗保险规范接入城镇社保体系。因此，各级政府及其相关部门应该合理利用公共财政资金，同时广泛吸纳社会民间资源，以市场化手段完善社会公共服务体系。具体措施包括以下几个方面。

（1）改革公共财政制度，使公共财政资金向公共服务领域倾斜。我国五级（包括中央、省级、地级、县级、镇级）政府2014年的支出总额超过了 20 万亿元，占 GDP 的 1/3。[①] 如此巨额的公共财政资金为我国完善公共服务体系提供了坚实的物质基础，只要各级政府制定的公共财政制度适当，执行措施得力，就一定能在较短时间内提高我国的公共服务水平。

（2）完善公共服务体制机制建设，构建城乡统一的公共服务体系，推进基本公共服务均等化，逐渐使进城就业农民工能够平等地享受城镇的公共资源与服务。

（3）完善公共卫生体系，将进城就业农民工纳入城镇疾病防控计划。各级政府及其相关部门应该在建立进城就业农民工公共卫生服务需求表达机制的基础上，将进城就业农民工群体的公共卫生服务需求纳入政府公共卫生部门提供的服务范围。

（4）完善公共文化服务体系，将进城就业农民工纳入城镇文化服务范围。所有的城镇公共文化服务体系都应该对进城就业农民工开放，使进城就业农民工能够享受与原有城镇居民一样的公共文化服务业。例如，公交IC 卡、图书馆（室）、城市公园、公共教育基础设施等对进城就业农民工实行免费开放和使用。

（5）加快制定社会管理和公共服务标准，不断健全公共服务标准体系，推进农村基层综合公共服务资源有效整合和设施共建共享，健全以农村和基层为重点的城乡公共服务网络；完善鼓励社会力量参与社会事业建设的政策措施，将适合采用市场化方式提供的、社会力量能够承担的公共服务，交由具备条件和资质、信誉良好的社会组织、机构和企业等社会力量承担，政府向社会力量购买服务；建立基本公共服务统计监测制度，形成监测评估长效机制。

6.8.6　法治环境改善

所谓法治，就是法律主治、依法而治，其是规范经济运行、推动社会

---

① 数据来源：中央财经大学财经研究院院长王雍君的文章《中期财政规划下预算改革：破解公款迷局》，2015 年 1 月 23 日。

进步的基本方式，是协调改革、发展、稳定三者关系的重要手段，是保障全体社会成员基本权益、维护社会稳定和谐发展的重要基石。法治环境就是在政府主导和全社会共同参与下建立起来的，将反映社会主体共同意志和根本利益的法律作为约束政府、个人和其他社会组织行为的至高无上权威，以"权力是否受到法律制约、公民权利是否得到确认和维护"为评价标准，将政府权力和个人权利无条件地置于法律权威之下的社会环境；法治环境的建立和完善是社会管理趋向文明过程中形成的制度化特征和必不可少的客观基础，是生产力的重要组成部分，对生产力发展起着维护、保障、促进、规范和巩固作用。进城就业农民工作为我国社会重要而平等的一员，理应被完全置于法治环境中，受到法律法规的有力保护；可以说，营造和改善法治环境是保障进城就业农民工基本权益的最有效手段，是解决进城就业农民工权益保护问题的治本之策。因此，各级政府及其相关部门应该努力建立健全法律法规，营造适合农民工进城就业安居的良好法治环境。具体措施包括以下几个方面：

1. 清理和修正现行相关法律法规，从法律法规层面为后续的立法和执法活动扫清障碍

各级人民代表大会和政府要对有损进城就业农民工权益的现行相关法规、规章和一般规范性文件进行清理和修正，清除现行法律法规中所有对农民工进城就业安居的歧视性规定和不平等性规定，消除过时法律法规对农民工进城就业安居的负面影响，从法律法规层面为后续的立法和执法活动扫清障碍，为营造适合农民工进城就业安居的良好法治环境打下基础。

2. 建立和完善保护进城就业农民工权益的法律法规规章体系，使进城农民工就业行为、就业过程、社会保障和权益保护有法可依，从立法层面为农民工进城就业安居营造良好的法治环境

（1）全国人民代表大会以立法形式制定《农民工权益保护条例》。针对进城就业农民工的实际情况，对农民工应该享有的劳动权益、劳动报酬权益、劳动休息权益、社会保障权益、自由择业权益、自由迁徙居住权益、文化教育权益、子女受教育权益、生命权益、健康权益、人格尊严权益和民主政治权益等做出全面而具体的阐述，对农民工权益保护的监管主体、监督职责和监管失职的法律后果，以及农民工权益救济机构、救济方式和途径等做出详细而明确的规定。

（2）全国人民代表大会以立法形式制定《反就业歧视法》或《反就业歧视条例》以及《就业机会平等条例》。平等就业是包括进城就业农民工在内的全体劳动者应该享有的基本权利，各级政府及其相关部门要注重规范用人单位在招聘雇用包括进城就业农民工在内的劳动者过程中的行为，消除针对劳动者个体，特别是进城就业农民工的就业歧视现象，保障包括进城就业农民工在内的全体劳动者平等就业的权利，促进就业。具体地说，一是要明确进城就业农民工在职业培训、就业指导、劳动条件、居住环境、政治权利、社会地位和待遇、子女入学等方面，享有与原有城镇居民相同的平等权利，将就业平等权利贯穿于受雇、解雇、晋升、培训等各个环节，确保进城就业农民工享有的就业平等权能够真正落到实处。二是要明确制定禁止就业歧视的法律条款，禁止任何组织和个人歧视进城就业农民工和侵犯进城就业农民工权益，清晰界定各种就业歧视行为，并详细阐明相应的具可操作性的法律责任承担方式。三是要明确规定各级政府及其相关部门履行对就业市场歧视行为的监管职责，严厉打击针对社会弱势群体，特别是进城就业农民工的就业歧视行为。

我国经过多年努力，已经在形式上基本形成了以市场为导向的劳动力就业机制。但是，由于我国人口数量巨大，就业市场长期处于买方市场状态，用人单位一直处于强势地位，这导致就业歧视现象频频发生且表现形式日益增多，极大地损害了包括进城就业农民工在内的众多劳动者的权益。2008 年 1 月 1 日开始实施的现行《中华人民共和国就业促进法》[①] 虽然明确规定"劳动者依法享有平等就业和自主择业的权利，劳动者就业不因民族、种族、性别、宗教信仰等不同而受歧视"，但是并没有针对进城

---

① 《中华人民共和国就业促进法》由第十届全国人民代表大会常务委员会第二十九次会议于 2007 年 8 月 30 日通过，自 2008 年 1 月 1 日起施行。

就业农民工这个弱势群体的平等就业保障问题做出规定，致使劳动力市场中针对进城就业农民工的就业歧视现象没有得到应有的遏制。因此，全国人民代表大会有必要在现行《中华人民共和国就业促进法》的基础上，进一步针对包括进城就业农民工在内的全体社会成员的就业歧视现象制定《反就业歧视法》或《反就业歧视条例》以及《就业机会平等条例》，以构建相对完善的就业保障法律体系。

（3）各级人民代表大会和政府要依据《劳动法》《劳动合同法》《劳动保障监察条例》等法律法规和国家有关政策，制定《农民工工资支付保障条例》《最低小时工资标准》等法规规章。

（4）国务院及其相关部委要根据《社会保险法》等相关法律法规，制定《农民工社会保险实施条例》或《社会保险法实施办法》①，详细阐明进城就业农民工享有的基本养老保险、基本医疗保险、失业保险、工伤保险和生育保险等社会保险的基本内容及其具体实施办法，明确规定进城就业农民工社会保险接续和转移办法，加大推进进城就业农民工参加社会保险的力度。

（5）各级政府及其相关部门要针对进城就业农民工就业形式多样性特征制定《非正规就业管理规定》。"非正规就业"是一个比较宽泛的概念，国内外学术界和实务界目前并未对这一概念的内涵和外延达成统一的共识。国际劳工组织对非正规就业的特征做出了广义和比较抽象的概括：容易进入或没有进入障碍；主要依赖本地资源；家庭所有制或自我雇用；经营规模小；采用劳动密集型的适用性技术；劳动技能不需要在正规学校获得；较少管制和竞争比较充分。我国人力资源和社会保障部对非正规就业的概念做出了比较狭义的解释，其将"非正规就业"定义为未签订劳动合同，但已形成事实劳动关系的就业行为。显然，我国人力资源和社会保障部对非正规就业概念的这一解释是不够全面的，其并未将诸如"重庆棒棒

---

① 也可以制定更详细的《养老保险实施办法》、《医疗保险实施办法》、《失业保险实施办法》、《工伤保险法实施办法》和《生育保险实施办法》。

军"这样的自由职业者、"钟点工"这样的家政服务工作者、微型网店经营者和家庭小作坊业主这样的自主择业者等包含在内。同时，我国《劳动法》已经从形式上取消了"正式工"和"临时工"的区别，表面上已经不存在一般就业和非正规就业的差异，凡是与用人单位建立劳动关系（雇佣关系）的都是"正式工"，用人单位都要按照相关法律法规的规定支付劳动者工资和报酬；如果用人单位不签订规范的劳动合同或者不按合同规定支付劳动者工资，相关部门就要按照劳动部颁布的《关于发布〈违反《劳动法》有关劳动合同规定的赔偿办法〉的通知》第二条第一款①的规定对其进行相应处理。但是，从我国目前的现实情况来看，非正规就业因其灵活、自由、进退成本相对较低等特点，为进城就业农民工提供了巨大的就业和生存空间。进城就业农民工从农村转移到城市从事非农职业后，有可能在很大程度上和较长时期内以非正规就业方式实现充分就业。中国人事科学研究院 2012 年 7 月 19 日发布的中国首部人力资源蓝皮书——《中国人力资源发展报告（2011～2012）》显示，我国就业结构性矛盾突出，大学生就业比较困难，劳动力市场保护不平等，非正规就业现象比较严重。因此，各级政府及其相关部门应该针对进城就业农民工就业形式的多样性特征，突破对非正规就业的狭义理解，充分认识非正规就业作为进城就业农民工就业形式的重要性，把握非正规就业的根本特征，在对《劳动法》等现行法律法规进行修正和补充的基础上，制定出适合进城就业农民工就业的《非正规就业管理规定》，将进城就业农民工的非正规就业行为纳入规范化管理的轨道。

（6）各级人民代表大会和政府要在国家相关法律法规和制度政策框架下，结合本地区的实际情况，制定出《居住证管理办法》，对包括进城就业农民工在内的社会成员居住证办理条件、办理程序、变更办法和使用范

---

① 劳动部颁布的《关于发布〈违反《劳动法》有关劳动合同规定的赔偿办法〉的通知》第二条第一款规定，用人单位故意拖延不订立劳动合同，即招用后故意不按规定订立劳动合同以及劳动合同到期后故意不及时续订劳动合同，对劳动者造成损害的，应赔偿劳动者损失。

围等做出详细规定。

（7）各级政府及其相关部门要在国家基本教育制度和教育部相关规章制度的指导下，结合本地区教育发展实际，制定出《进城就业农民工子女接受义务教育办法》，对进城就业农民工未成年子女就近入学的原则和办法以及应享有的相关权利等做出明确规定，对各级政府部门在进城就业农民工未成年子女义务教育问题上应该承担的职责做出清晰界定，形成针对进城就业农民工未成年子女义务教育的政府部门联动机制和流入地政府责任机制。

3. 加大执法力度，切实有效地执行法律法规，从执法层面为农民工进城就业安居营造良好的法治环境

有法不依、执法不严、违法不究，是我国当前社会问题突出和政府公信力缺失的根本原因，也是我国至今还未完全建成法治社会的根源所在。不仅仅是进城就业农民工，社会所有的组织和个人都期望国家制定的相关法律法规能够得到不折不扣的执行，政府制定的政策和做出的承诺能够相对稳定和完全兑现。因此，各级人民代表大会和政府不仅要努力修正和完善相关法律法规，而且还要加大执法力度，采取各种有效措施确保法律法规和制度政策能够得到有效实施，从执法层面为全体社会成员，特别是处于弱势地位的农民工进城就业安居营造良好的法治环境。

（1）强化监督和管理，切实维护进城就业农民工的合法权益。进城就业农民工权益保护工作，要走综合治理的道路，要从用人单位这个源头抓起，完善监督方式，促使用人单位严格遵守《劳动法》和《劳动合同法》等相关法律法规，确保用人单位切实维护进城就业农民工的合法权益。对侵害进城就业农民工合法权益的事件，要进行严肃查处，杜绝用人单位和雇主侵犯进城就业农民工权益的行为。在具体操作上，各级政府人社部门和其他相关部门可以联合设立进城就业农民工维权中心，以加大对进城就业农民工合法权益的保护力度；同时，还要加强对国家划拨的进城就业农民工专项经费使用的监督力度，确保国家划拨给进城就业农民工的各项补助、补贴等经费专款专用，绝不能挪作他用，更不能侵占、私吞。

（2）强有力地实施《劳动合同法》。劳动合同是建立、理顺和处理劳资关系的基本载体和首要依据，要有效维护进城就业农民工的合法权益，就必须从签订规范的劳动合同入手。这包括人社部门、工商部门、公安机关和劳动监察机构在内的政府相关部门要各司其职，密切配合，从农民工劳动合同签订和执行、劳动保障规范和实施、劳务纠纷介入和处理等方面切实加大检查力度，确保《劳动合同法》得到有效实施和进城就业农民工的合法权益得到有效保障。人社部门和工商部门要对用人单位不签订劳动合同、劳动合同不规范（包括强迫农民工签订霸王合同）、不严格履行劳动合同规定的义务、随意延长劳动时间、使用童工等违法违规行为进行坚决查处，公安机关和劳动监察机构要及时介入和处理劳动纠纷，严厉打击雇主和用人单位限制进城就业农民工人身自由，以各种借口克扣进城就业农民工报酬、使用童工等违法行为。

（3）增强法律法规实施的强制性和执行力。法律法规一旦制定，就应该不折不扣地得到执行；对于违反法律法规的行为，应该毫不留情地采取强制措施予以纠正和规范，以维护法律法规的尊严和无上权威。但是，我国在执行相关法律法规，特别是保护进城就业农民工合法权益的法律法规的过程中，常常出现执行力和强制性不足的现象，包括劳动监察机构、工商行政管理部门、人力资源和社会保障部门等在内的部分政府部门，常常以"不属于本部门管辖范围""本部门没有强制执法权"等为借口对用人单位侵害进城就业农民工合法权益的行为相互推诿，不予处理，致使进城就业农民工的合法权益得不到既定法律法规的有力保护，法律法规的权威性和强制性得不到充分体现。例如，虽然国家相关法律法规明确规定用人单位不能以任何理由克扣、拖欠进城就业农民工工资和劳动报酬，但是农民工艰难讨薪，甚至命丧讨薪路的事件仍然时有发生；虽然国家相关法律法规已经将基本养老保险、基本医疗保险、失业保险、工伤保险和生育保险等社会保险纳入国家强制性保险范围，但是在现实社会中，仍然有部分用人单位没有为进城就业农民工办理这些强制性社会保险，致使部分进城就业农民工在遭受重大工伤事故、重大职业病等伤害时陷入生活难以为继的悲惨境地。如果各级政府及其相关部门能够严格执行相关法律法规，强化法律法规实施的强制性和执行力，那么诸如"命丧讨薪路"、"开胸验肺"这样的严重伤害进城就业农民工基本权益的极端事件就不可能发生。

（4）依法严惩各种损害进城就业农民工合法权益的违法行为。根据国家相关法律法规废除农民工进城就业歧视政策，强化劳动力市场监督管理，规范农民工就业和培训市场秩序，是确保农民工顺利进城就业安居的有效途径。人社部门、工商部门和公安机关等政府相关部门应该坚决制止向进城就业农民工收费或变相收费的行为（如用人单位在雇用农民工时要求农民工缴纳一定数额的保证金、职业介绍机构在为农民工介绍职位时以各种名目向农民工收取中介费等），取缔各类以赚钱为唯一目的、经营行为不规范的非法职业中介机构，严厉打击职业介绍过程中的就业诈骗行为和以职业介绍为名进行的人口贩卖行为，以确保进城农民工在城市安全顺利就业。同时，政府相关部门还应该建立有效的用人单位支付农民工工资的日常巡查、举报专查和专项检查制度，以确保农民工劳动报酬得到及时、足额支付。对于拖欠农民工合法报酬的雇主或用人单位，政府相关部门应及时介入，依据国家相关法律法规劝诫雇主或用人单位足额支付农民工报酬；对于暂时确实有困难不能足额支付农民工报酬的雇主或用人单位，如果能拿出有诚意的解决方案，可以允许这些雇主或用人单位延期支付。对于不听劝诫、恶意拖欠农民工报酬的雇主或用人单位，政府相关执法部门应该在依法对其进行必要经济处罚（如罚款）的同时，暂停其招投标资格、降低或取消其从业资格、责令其停业整顿和吊销其营业执照；同时还应该将该雇主或用人单位的恶意拖欠行为记入社会信用档案，将雇主或用人单位划入"不诚信"黑名单，并向全社会公布，以使其受到社会声誉方面的惩罚。

4. 加强宣传教育，提升全体社会成员的法治意识，从法律意识层面为农民工进城就业安居营造良好的法治环境

为进城就业农民工营造良好生存环境，切实保障进城就业农民工合法权益，是新型工业化、城镇化、农业现代化、信息化同步发展和构建社会主义和谐社会的需要，更是社会公平与社会正义的现实体现。进城就业农民工权益保障制度能否建立和有效实施，不仅要从立法和执法层面强化制度建设，构建起比较完善的法律制度体系，还要加强宣传教育力度，让法治观念深入人心，提高包括政府、用人单位和农民工等在内的全体社会参与主体的法律知识水平，从法治意识层面为全体社会成员，特别是处于弱势地位的农民工营造良好的法治环境。

（1）加强对全体社会公民平等思想的宣传和教育。通过对社会公众的广泛宣传教育，消除原有城镇居民对进城就业农民工的歧视心理以及进城就业农民工自身的自卑心理，使进城就业农民工真正融入城市社会生活中。同时，广泛宣传公民平等思想还可以使社会公众认识到，尊重进城就业农民工的人格尊严和保障进城就业农民工的合法权益，不仅是一种社会进步的表现，而且自身还可以分享社会和谐和社会进步产生的红利。

（2）加强对用人单位的法律宣传和教育。通过广泛宣传和教育，使雇主和用人单位认识到，歧视进城就业农民工和损害进城就业农民工权益的行为不仅是一种道德水平低下的表现，更是一种违法犯罪行为，将受到社会道德的谴责和相关法律法规的制裁，会使自身遭受经济、精神和社会声誉损失，从而最终达到雇主和用人单位不敢、不能和不愿损害进城就业农民工合法权益的目的。

（3）加强对进城就业农民工的宣传和教育。进城就业农民工大多文化知识水平较低，法律意识比较淡薄，各级政府及其相关部门要通过广泛宣传和教育，使进城就业农民工掌握必要的法律法规知识，强化他们对诸如社会保障制度等相关法律制度的认同感，改变他们传统守旧、不合时宜、与城市生活格格不入的行为方式，增强他们在城市就业和生活的自信心，使他们在城市就业和生活的一切行为符合法律和道德规范，加快他们融入城市生活的进程，进而使农民工自身为营造良好法治环境做出自己的贡献。

6.9　本章小结

本章在对农民工进城就业安居保障制度创新和设计的指导思想、基本原则、政策和实践依据以及实现目标进行分析的基础上，从以下七个方面进行了总结。第一，从户籍制度改革的必要性、总体思想、难点重点、实施办法、实施步骤、实现路径、改革目标等方面，创新和设计城乡真正统一的户籍制度；第二，从就业制度、培训制度、用工制度、工资制度等方面，创新和设计公平、有效、无歧视的劳动就业制度，并从将农民工进城就业纳入各省（自治区、直辖市）经济和社会发展规划、加强对农民工劳动权益的依法保护、坚持把城镇化和大中小城镇协调发展作为吸纳就业的重要源泉、建立多元化的农民工就业培训投入机制、有组织有步骤地促进农民工就业优化、根据农民工的不同层次分类进行职业指导、广泛拓展就业渠道、建立规范的劳动力市场秩序和信用体系等方面，提出促进农民工进城就业的具体对策措施；第三，基于完善农民工住房制度的总体思想，从将农民工住房问题纳入社会经济发展规划与城镇建设规划、建立多元化的农民工住房供给制度、分层分类解决进城就业农民工住房问题以及建立相对公平的进城就业农民工住房分配制度等方面，创新和设计惠及农民工的住房制度；第四，从建立新型教育管理制度、新型就近上学制度、新型教育经费筹集与配置制度以及进城就业农民工子女教育援助制度等方面，创新和设计一视同仁的子女教育制度；第五，在对建立公平统一社会保障制度的总体思想、依据、原则、目标和模式选择进行分析的基础上，从强制实施工伤保险、大力实施医疗保险、加快完善养老保险、推进实施生育保险、逐步实施失业保险、全面推行最低生活保障制度等方面，创新和设计公平统一的社会保障制度，并从降低社会保险费率、实施土地换社保制度、优化社会保险接续制度、加强社会保险信息查询制度建设、杜绝一次性发放社会保险金行为、强化社会保险禁止退保制度建设、健全进城就业农民工社会保障监管体系等方面，提出完善社会保障体系的具体对策措施；第六，从农民工住房的土地政策和农民工农村承包地的土地政策两个方面，创新和设计可流转的土地制度；第七，从权益保障制度优化、行政管理制度优化、参军与转业安置制度优化、公共财政制度优化、公共服务体系完善、法治环境改善等方面，对农民工进城就业安居的相关配套制度政策、服务体系和法治环境进行优化设计。

7
农民工进城就业安居保障制度
创新的社会经济效应

统筹城乡发展，实现农民工进城就业安居是一项涉及政治、经济和社会各个层面的非常复杂的系统工程，不是一夜之间就能实现的，而是需要一个比较长期的过程。保障农民工进城就业安居的新制度新政策的实施，既可能产生提高进城就业农民工收入和生活水平、推动农村社会经济转型和快速发展、为城镇社会经济发展注入新活力和增强城镇经济竞争力、推动城镇化进程、促进城乡统筹发展、提高和优化人口素质等社会经济正效应，也可能产生城市就业压力和政府财政压力增大、城镇社会保障体系受到冲击以及城镇社会稳定受到扰动等社会经济负效应。各级政府及其相关部门在实施保障农民工进城就业安居的新制度新政策过程中，既要充分利用这些新制度新政策产生的社会经济正效应，推动社会经济发展和促进农民工进城就业安居，也要尽可能弱化这些新制度新政策产生的社会经济负效应对社会经济发展和农民工进城就业安居的阻碍作用；要根据城市就业承受能力和政府财政能力，在稳步提高原有城镇居民就业和生活水平、不牺牲原有城镇居民既得利益的条件下，有计划、分步骤地解决农民工进城就业安居问题。

7.1 农民工进城就业安居保障制度创新的社会经济正效应

农民工进城就业安居保障制度创新可能产生的社会经济正效应主要体现在如下几个方面。

7.1.1 进城就业农民工收入和生活水平提高效应

保障农民工进城就业安居的新制度和新政策的实施，一方面可以促进农民工进城稳定就业，确保进城就业农民工可以获得比较稳定和相比于农村更高的收入；另一方面，也可以使进城就业农民工享受与原有城镇居民基本相同的社会保障和基本权益，解除他们的后顾之忧，提高他们的生活水平和生活质量。

7.1.2 农村社会经济转型和快速发展推动效应

保障农民工进城就业安居的新制度新政策的实施，必然会加快农民工进城就业安居的进程，进而通过如下三条途径推动农村社会经济转型和快速发展：

一是部分进城就业农民工在城市就业和生活过程中，赚到了比较丰厚的收入，积累了比较充足的资金，掌握了比较扎实的实用技术，获得了比较丰富的创业信息，建立了比较强大的人脉关系网络；当他们在条件成熟回乡创业时，他们手中掌握的资金、技术、信息和人脉关系网络不仅有助于他们在农村成功创业，而且将在客观上为农村社会经济发展提供具有竞争力的资金、技术、信息和关系资源，缓解农村社会经济发展面临的资金匮乏、技术低下、信息闭塞、对外联系不畅等困境，为农村社会经济转型和快速发展注入新的活力。

二是部分进城就业农民工在城市稳定就业和生活，或者落户城市成为城镇居民后，必然会退出他们在农村的承包地和宅基地，这显然会缓解农业耕地日益减少的紧张局面，增加农村居民的人均土地保有量，提高农村居民的人均收入，进而促进农村社会经济快速发展。

三是在城市就业安居的农民工退出其农村承包地和宅基地，有助于各级政府对农村土地资源进行统筹规划，实现农村土地顺利流转和规模化经营，进而提高农村土地资源生产效率，推动农村社会经济转型和快速发展。

7.1.3　城镇社会经济发展新活力注入和经济竞争力提升效应

从理论上说，劳动力流动对任何社会经济"存量"的结构调整和"增量"的贡献都有重大意义，进城就业农民工从农村向城市转移可以改变城镇劳动力构成，进而在生产和需求两方面对城镇社会经济发展产生重要影响。保障农民工进城就业安居的新制度新政策的实施，必然会加快农村居民向城镇转移的速度，使城市人口数量、人口结构、劳动力结构和经济结构发生重大变化，进而通过如下三条路径为城镇社会经济发展注入新活力，增强城镇经济的竞争力。

一是经历过农村贫苦生活的进城就业农民工在城市就业时，不会对工作挑三拣四，只要不违法，并能够获得合理报酬，他们都愿意不辞辛劳去做，所以农民工进城就业安居不仅不会抢夺原有城镇居民的饭碗，反而可以与原有城镇居民实现错位就业，从事原有城镇居民不愿意做的脏活、苦活、累活和危险活，甚至创造出一些城市里原来不存在，但城镇居民工作生活又需要、能为城镇居民工作生活带来方便的行业。① 这显然可以扩展城镇行业种类，细化城镇行业和劳动分工，填补城镇低端就业市场和部分行业空白，提高城镇生产经营效率，为城镇居民生活提供方便，为城镇社会经济发展注入新的活力。

二是进城就业农民工相对低廉的工资要求可以降低企业生产经营成

---

① 例如，重庆城里广泛存在的"棒棒军"从事的纯粹出卖体力的行业以及"钟点工"等家政服务行业等。

本，提升城镇社会经济发展的竞争力。中国能成为全球制造业基地和世界第二大经济体，其核心竞争力之一就是低廉的劳动力成本和巨大的人口红利，而从改革开放初期到现在的数亿进城就业农民工无疑是我国低成本劳动力的主要提供者。

三是农民工在城市就业和生活还可以提升城镇消费能力，带动城镇社会经济发展。消费、投资和出口是拉动一个国家经济增长的"三驾马车"。农民工进城就业和生活，不仅需要解决衣食住行、疾病就医、子女入学等基本家庭生活问题，而且还有可能因城市生活需要和自身收入提高而进行远远高于农村的消费，这显然会提升农民工就业所在地的消费能力和水平，进而拉动当地经济增长。

7.1.4 城镇化进程推动效应

从理论上说，城镇化就是由以农业（第一产业）为主的传统乡村社会向以工业（第二产业）、服务业（第三产业）、高新技术产业和信息产业（第四产业）为主的现代城市社会逐渐转变的历史过程。保障农民工进城就业安居的新制度新政策的实施，将通过如下三条途径推动我国城镇化进程。

一是将农业人口转化为非农业人口，实现人口结构的变化。随着保障农民工进城就业安居的新制度新政策的逐步实施，将会有越来越多的进城就业农民工及其家庭落户城市，成为名副其实的城镇居民，进而实现农业人口向非农业人口的转化。

二是将农村地域转化为非农村地域，实现土地和地域空间的变化。进城就业农民工要成为城镇居民，并在城市就业安居，就必然要求拓展城市地域，扩大城市容量，进而推动原有城市（镇）向周边地区扩展或者在条件适宜的农村地区建成小型城镇①，这必然会将原有城市（镇）周边的农

---

① 当然，原有城市（镇）区域拓展和新城镇建设必然要求已市民化的进城就业农民工退出其在农村的承包地和宅基地，以维持我国农业耕地面积的基本平衡。

村地域或者条件适宜的部分农村地域转化为非农村地域。

三是将农业活动转化为非农业活动，实现人口职业和产业结构的变化。进城就业农民工市民化的必然结果是从事农业生产活动的人数减少，从事工业、服务业甚至高新技术产业和信息产业的人数增多；第一产业在国民经济中所占的比重减少；第二产业、第三产业、第四产业在国民经济中所占的比重增多；进而实现农业活动向非农业活动、农业产业向非农业产业转化。

7.1.5　城乡统筹发展促进效应

城乡统筹发展的最终目标是，使包括进城就业农民工和农村居民在内的全体社会成员享有平等的权利、均等化的公共服务、同质化的生活条件，使他们同步过上全面小康的幸福生活。保障农民工进城就业安居的新制度新政策的实施，将通过如下四条途径促进城乡统筹发展目标的实现。

一是通过推动城乡统一产业政策的实施，促进城乡平衡发展，缩小城乡差距，使进城就业农民工和农村居民获得平等发展的权利。

二是通过建立公平有效无歧视的城乡统一的劳动就业制度，使包括进城就业农民工在内的全体社会成员享有平等就业、自由流动的权利。

三是通过统筹城乡公益事业建设，完善公共服务体系，使包括进城就业农民工在内的全体社会成员享有均等化的公共服务和同质化的生活条件。

四是通过建立健全公平统一的社会保障制度，将包括进城就业农民工在内的全体社会成员纳入社会保障体系，同步过上全面小康的幸福生活，进而保障社会公平，维护社会稳定。

7.1.6　人口素质提高和优化效应

全社会人口总体素质是由包括进城就业农民工、农村居民和城镇居民在内的众多单一个体素质组成的。只有进城就业农民工、农村居民和城镇居民等各个社会群体中的每一个个体的素质都提高了，整个社会人口总体素质才能得到提高。保障农民工进城就业安居的新制度新政策在实施过程中，可能通过如下四条途径实现人口素质提高和优化效应。

一是农民工在城市就业和生活过程中，可以通过职业技能培训，甚至学历教育提高自己的文化素质和职业技能，通过耳闻目睹和城市社会熏陶掌握更多的信息和社会知识，通过与不同阶层社会群体接触和交流拓展自己的交际网络，进而提升综合素质。

二是进城就业农民工在收入和经济条件改善后，一般都会对其子女教育毫不吝啬地进行大力投资，这将全面提高进城就业农民工子女的文化素质和综合素质。

三是在城市取得成功的进城就业民工往往会回乡二次创业，或者帮助家乡人进城就业，这又会带动更多的农村居民奔上脱贫致富路，进而提升更多人的综合素质。

四是进城就业农民工的吃苦耐劳和努力进取精神，还可能对原有城镇居民构成竞争压力与冲击，加大原有城镇居民提高自身综合素质和职业技能的紧迫感，进而推动原有城镇居民进一步提高自身素质。

7.2　农民工进城就业安居保障制度创新的社会经济负效应

农民工进城就业安居保障制度创新可能产生的社会经济负效应主要体现在如下几个方面。

7.2.1　城市就业压力增大和挤压效应

1. 大批农民工进城无疑会增加城镇就业压力

农民工进城就业虽然可以在一定程度上促进城市经济发展和增加城市就业岗位，但是城市社会经济发展的速度不可能无限快，在一定经济发展速度下增加的城市就业岗位数量也应该是有限的。因此，当大量农民工在短时间内同时涌入城市就业时，就很有可能超过城市吸纳农民工就业的能力，进而对城市造成极大的就业压力。当进城就业农民工数量远远超过城市所能吸纳农民工就业的容量时，就极有可能对城市社会稳定产生负面影响，甚至造成城市社会秩序混乱，进而阻碍城市社会经济发展。因此，各级政府首先应该及时、全面、准确、持续不断地在网络、报纸、电视、电台等媒体上发布所在地城市的就业岗位信息和农民工就业情况，通过透明信息对农民工进城就业进行有效引导，促使农民工在进城就业地区、时间、行业、岗位、就业方式等方面做出理性选择，避免因农民工盲目进城就业而可能造成的城市就业压力和社会混乱。其次，各级政府还应该按照文化水平、道德水准、①　就业能力、经济收入、就业稳定性、城市就业和生活时间长度、城市生活适应性等指标，对进城就业农民工进行合理分类，并针对不同类型农民工采取不同的就业激励和约束措施，分门别类地有序解决农民工进城就业和生活问题。②　最后，各级政府还可以通过大力鼓励城市民营经济发展增加就业岗位来解决进城就业农民工的就业问题。事实上，近年来我国劳动力的需求主体已经由以前的国有和集体单位变成了个体、民营企业和外资企业，大力发展民营经济不失为解决农民工进城就业和农民工就业分流问题的一条有效途径。

2. 对城镇劳动力可能产生挤压效应

通常认为，进城就业农民工大多从事的是一些城镇居民不愿意做的脏活、苦活、累活，他们与城镇劳动力之间存在较强的就业结构互补性。但是，进城就业农民工数量大量增加，也可能对城镇劳动力，特别是处于中低端就业岗位从事简单劳动和非技术性劳动的城镇劳动力产生较强的挤压效应，进而引起原有城镇居民的不满和抱怨，导致原有城镇

---

①　可以以进城就业农民工的信用记录和遵纪守法记录为判定标准。

②　对于就业能力较强、道德水平较高、能够为城市社会经济发展做出较大贡献的进城就业农民工，政府应该有限解决他们的城市落户、子女入学等问题；对于就业能力较低、有违法乱纪前科、可能对城市社会经济发展产生负面作用的农民工，政府应该采取有效措施遏制他们的进城就业欲望。

居民与进城就业农民工之间的矛盾恶化。这种挤压效应主要体现在如下两个方面：

（1）对就业岗位产生的挤压效应。大量农民工进城就业可能造成城市中低端劳动力市场严重饱和，使原有城镇居民在就业市场上难以轻松地找到满意的工作岗位，进而在客观上挤压原有城镇居民的就业空间和挤占原有城镇居民的一部分中低端就业岗位。

（2）对工资报酬和福利待遇产生的挤压效应。以成本最小化和利润最大化为目标的雇主和用人单位为了减少费用支出，降低人力成本，在不影响产出的情况下，常常会雇用报酬要求更低、吃苦耐劳能力更强、就业市场谈判力更弱的进城就业农民工。部分雇主和用人单位甚至还可能以中低端劳动力市场供过于求为谈判筹码，迫使在中低端岗位就业的原有城镇居民接受更低的工资报酬和福利，否则用等待就业的进城就业农民工将其替换，进而达到降薪增效或换员增效的目的。同时，因大量农民工进城就业而造成的中低端就业市场激烈竞争，显然会削弱原有城镇居民在就业市场的谈判力，不得不接受较低的工资报酬和福利，进而对他们的工资报酬和福利待遇产生挤压效应。可见，大量农民工进城就业可能在短时间内提升雇主和用人单位的盈利能力和利润空间，但是拉低了原有城镇居民和进城就业农民工应得的工资报酬和福利待遇，这导致劳动者整体收入水平下降，劳动者整体收入水平下滑又可能导致社会消费能力降低和社会需求减少，作为拉动经济增长"三驾马车"之一的社会需求减少又有可能使企业产品销售量下降和社会经济增长动力减弱，进而在长期内使国民经济陷入恶性循环。

要避免农民工进城就业对工资报酬和福利待遇产生的挤压效应，就必须将进城就业农民工和原有城镇居民纳入统一的就业规划，进行统筹安排；在有序解决农民工进城就业和生活的同时，根据进城就业农民工和原有城镇居民的劳动力异质性和互补性，合理安排进城就业农民工和原有城镇居民的错位就业，按照市场化手段实现劳动力供给与需求之间的均衡匹配和动态平衡。

3. 要求用人单位购买社会保险，可能会使用人单位减少雇佣农民工，进而对社会就业率产生挤压效应

农民工固有的能吃苦、不怕累精神以及低廉的工资和对购买社会保险没有强烈要求等特点受到很多用人单位的青睐。据调查，一些企业大量使用农民工而不用正规高校毕业的大中专学生，就是因为雇佣农民工不用缴纳社会保险费。如果相关政策规定必须为进城就业农民工办理与城镇居民相同的社会保险，那么势必增加用人单位的人力成本，用人单位有可能因此而减少农民工的雇用数量。同时，根据劳动力需求的异质性，一份由文化水平和就业技能不高的农民工就能完成的工作，用人单位在不存在技术进步和因雇佣员工素质不同而产生巨大回报差异的情况下，一般都不会雇佣期望报酬和福利待遇较高的城镇居民和大中专毕业生①。因此，在用人单位被强制要求为其雇用的进城就业农民工购买社会保险的条件下，用人单位有可能在减少农民工雇佣数量的同时，也不会相应增加城镇居民和大中专毕业生的雇佣数量；如果因需要购买社会保险而增加的人力成本将用人单位的合理利润空间挤压到低于用人单位所能承受的最低限度水平（即用人单位所有者的资金投入和劳动投入所要求的最低回报水平，也就是用人单位所有者人财物力投入的机会成本），那么用人单位还有可能不再雇用员工，甚至关闭企业后改行从事其他行业，这显然会减少企业数量，阻碍经济发展和增加社会劳动力冗余量，进而降低社会劳动力就业水平，对社会就业率产生挤压效应。我们在实地访谈和调研过程中就发现了这样一

---

① 例如，在不需要为雇用员工购买社会保险的情况下，一个大排档餐馆老板可能会雇用 5 名农民工来维持其餐馆的正常运营；但是在相关政策和制度要求其为所雇用员工购买社会保险时，该餐馆老板可能会减少农民工雇用数量，只雇用 3 名农民工。只雇用 3 名农民工可能会降低该餐馆的服务质量和营业额，对餐馆经营造成一定的负面影响，但是只要节约的雇用员工人力成本高于餐馆因减少员工数量损失的毛利润，餐馆老板就会毫不犹豫地减少农民工的雇用数量。同时，由于大排档餐馆的服务工作并不需要员工具有太高的文化水平和工作技能，也不会因员工文化素质和就业技能的提高而使该大排档餐馆的经营效益巨额增加，只要工作态度好、积极肯干就行，所以该餐馆老板一般都不会因减少农民工雇用数量而去雇用文化水平和就业技能较强、报酬和福利要求也较高的城镇居民和大中专毕业生。

个案例。

在重庆市的一个县城，一位来自农村的小老板（其户口现在仍然在农村）于2008年前后租用一个20余平方米的当街店铺，开了一家米粉馆，雇用了2名农民工做帮手。刚开始的时候，店铺租金大约为每月4000元，雇用的每名农民工费用为每月2000元（1600元工资加上包吃包住产生的隐性费用400元）。由于店面位置比较好，人流量比较大，平均每天的营业额大约在1200元（每天可卖出大约200碗米粉），每月营业额大约36000元，按照餐饮行业50%的毛利润计算（扣除原材料、水电气等费用），该米粉馆每月毛利润大约为18000元，扣除两名雇佣员工费用4000元和店面租金4000元，该小老板每月大约还有1万元的税前收入，这在当时的工资和物价水平下还是勉强可以接受的。到了2013年，该小老板的店面租期到期，需要重新签订店面租赁合同，房东根据市场价格行情将租金提高到每月8000元；员工工资已由刚开始时的每月1600元陆续涨到了每月3000元，包吃包住产生的隐性费用为每人每月600元左右，由于新政策规定必须为每位员工购买社会保险，每人每月大约需要支出200元；米粉价格已由每碗5元上涨到每碗8元，但由于此时该店面周围开办了很多家餐饮店，竞争更加激烈，所以平均每天的营业额大约只有1600元，每月营业额约为48000元，仍然按照前面的测算方法，该小老板每月的税前收入大约为8400元。该小老板夫妻两人每天都在店里忙碌，起早贪黑，平均每人4200元的税前收入远远低于他们的心理预期和机会成本。事实上，如果他们到其他企业打工，以他们拥有的就业能力和水平，所获得的收入也应该不止税前4200元，何况他们还对该店投入了大量的资金、物力和精力。在这种情况下，他们决定从2014年1月开始关闭店面，遣散所雇用的2名农民工，停止营业。

当然，如果用人单位在因需要为其雇用的进城就业农民工购买社会保险而面临人力成本大幅度增加时，能够通过雇用文化素质更高和能力水平更强的城镇劳动力和大中专毕业生来大幅度提高其经营业绩和利润空间，进而冲销其因购买社会保险和支付高素质劳动力报酬而增加的人力成本①，那么作为理性经济人的用人单位必然会聘用就业能力更高的城镇劳动力和大中专毕业生来替代进城就业农民工，进而在进城就业农民工就业水平下降的同时，带来了城镇劳动力和大中专毕业生就业水平的提高，此消彼长，不仅可能使整个社会的劳动力就业水平保持不变，甚至略有提升，而且还可能使整个社会的劳动力就业结构得到优化。在这种情况下，农民工进城就业安居保障制度和政策对社会就业率产生的挤压效应将缩小，甚至消失。另外，用人单位在进城就业农民工的低人力成本优势消失后，转而聘用人力成本较高、综合素质也较高的城镇劳动力和大中专毕业生，这将有利于提高用人单位自身的研发水平、创新能力、盈利能力和核心竞争力，进而为整个社会创造更多的财富和价值；同时，这还可能对进城就业农民工产生巨大就业压力和动力，迫使进城就业农民工通过学习、培训等渠道不断提高自身的技能水平和综合素质，进而有利于使整个社会更加重视教育和提高全体国民整体素质。

综合上述分析可以看到，农民工进城就业安居保障政策和制度从短期来看，可能会对技术含量低、附加值小、创新能力不足的低端就业市场产生负面影响，对社会整体就业率产生挤压效应；但从长期来看，将有利于企业技术进步和创新能力提高，有利于提升全社会教育水平和国民整体素质，其对社会就业率的挤压效应也将逐步减小，甚至消失。因此，各级政府应该循序渐进地推进农民工进城就业安居政策和制度的制定和执行，通过劳动力供给异质性和需求异质性的优化匹配将其在短期内对社会就业率产生的挤压效应降到最低，突出其在长期内对企业创新能力和国民综合素质产生的正面效应。

---

① 在公平统一的社会保障制度下，不论是进城就业农民工还是城镇居民和大中专毕业生，用人单位为其购买的社会保险都应该是一样的，用人单位在购买社会保险方面支出的成本应该不会有大的差异。

7.2.2 政府财政压力增大效应

要推进农民工进城就业安居，就必须解决进城就业农民工在城市的住房问题、就业问题、社会保障问题和子女教育问题，这些与进城就业农民工切身利益密切相关的问题都不同程度地具有一定公益性，都不能仅仅依靠市场去解决，而需要在政府主导下有计划、按步骤地进行分类处理，都需要强大的公共财政资金支持，这显然会增大各级政府的财政压力，进而产生政府财政压力增大效应。下面，我们从就业扶持资金压力、城镇住房资金压力、社会保障资金压力和子女教育资金压力等方面进行阐述。

1. 进城就业农民工就业扶持资金压力

就业是农民工进城就业安居需要解决的首要问题。一般来说，政府对进城就业农民工的就业扶持及其产生的财政资金压力主要包括如下五个方面的内容。

（1）为进城就业农民工提供免费或低收费职业介绍服务可能给政府带来的财政资金压力。政府既可以通过自己创办具有事业单位性质的非营利性公共职业介绍机构，也可以通过向民间营利性职业介绍机构购买公共服务的形式向包括进城就业农民工在内的社会弱势群体提供免费或低收费职业介绍服务。无论采用哪种方式，都需要政府提供足够的财政资金支持，都可能对政府产生一定的财政资金支付压力。从实际执行情况来看，由于第一种方式需要增设政府机构和增加政府人员编制而与我国政治体制改革方向相背离，所以政府常常采用第二种方式对进城就业农民工提供免费或低收费的职业介绍服务。①

（2）为进城就业农民工提供就业和再就业培训服务可能给政府带来的财政资金压力。政府既可以通过向大中专学校、民间职业培训机构和用人单位提供财政补贴的方式，也可以通过向进城就业农民工发放"职业技能

---

①   当然，第二种方式也有弊端，其有可能因民间营利性职业介绍机构的逐利性而产生比较严重的"委托 – 代理"风险，但这可以通过政府和社会加强监督来进行规避，所以相比较而言，第二种方式更为合适和有利。

培训券"的方式对进城就业农民工提供就业和再就业培训服务。显然，上述两种方式都需要政府支付足够的财政资金才能完成；相较而言，第二种方式更加灵活，更有利于提高进城就业农民工的职业技能和就业水平，所以在实践中政府常常采用第二种方式为进城就业农民工提供就业和再就业培训服务。①

（3）制定并实施针对进城就业农民工的就业和创业激励制度可能给政府带来的财政资金压力。政府既可以通过向招用农民工就业，并签订规范劳动合同的用人单位按雇用人数提供财政补贴和税收优惠的方式激励用人单位聘用进城就业农民工，也可以通过向进城创办小微企业的进城就业农民工提供财政补贴、税收优惠和创业资金的方式激励进城就业农民工自主创业和自主就业。上述两种方式都是解决农民工进城就业问题的有效举措，可以同步进行，但也需要政府提供足够的财政资金支持。

（4）制定并实施针对进城就业农民工的继续教育激励政策可能给政府带来的财政资金压力。继续教育是促进包括进城就业农民工在内的全体社会成员稳定就业和提高综合素质的有效途径，政府可以通过向参加继续教育，并取得相应学历学位证书或职业技能等级证书的进城就业农民工提供奖励和报销学费的方式激励他们利用业余时间积极参加继续教育，并将实施奖励政策所需的资金纳入政府财政支出预算范围。

（5）为进城就业农民工提供失业救济和援助可能给政府带来的财政资金压力。"天有不测风云、人有旦夕祸福"，部分进城就业农民工可能因其个人或家庭发生变故、社会经济发展处于低潮期、用人单位裁员或破产关闭等各种原因而暂时失去工作，这导致家庭经济和生活陷入困境。政府在这种情况下，有责任和义务通过发放失业救济金、困难补助金和最低生活保障金等方式为符合条件的进城就业农民工提供失业救济和援助，以帮助他们尽快渡过难关，重新找到工作，重回正常生活轨道。显然，政府向符

---

① 当然，第二种方式也不是没有弊端，其有可能因进城就业农民工的自利性而使进城就业农民工和培训机构合谋套利，但这可以通过政府严格实施培训效果评价制度来进行规范。

合条件的失业进城就业农民工群体发放的失业救济金、困难补助金和最低生活保障金除少部分可以从失业保险金支付外，大部分也只能从公共财政资金预算中列支。

综合上述分析可以看到，政府在对进城就业农民工进行就业扶持过程中所需支付资金的项目是比较多的。随着保障农民工进城就业安居的新制度、新政策的逐步实施，需要进行就业扶持的进城就业农民工数量将不断增多，政府面临的农民工就业扶持资金压力也将随之增大。

2. 进城就业农民工城镇住房资金压力

住房是农民工进城就业安居需要解决的基本问题。一般来说，可以通过城镇普通商品房、低价普通商品房、经济适用房、廉租房、公租房、经济租赁房和统租房等房源形式，解决不同类型进城就业农民工的城镇住房问题。其中，城镇普通商品房适合长期在城市就业和生活、有足够经济实力的进城就业农民工按市场价格购买，政府无须为其提供任何财政资金支持；而低价普通商品房、经济适用房、廉租房、公租房、经济租赁房和统租房等都是政府用来满足包括进城就业农民工在内的、经济条件一般或较差的社会成员住房需求的，都需要政府提供必要的政策或财政资金支持。① 例如，低价普通商品房建设需要政府在土地划拨、税收收费等方面提供优惠政策；经济适用房建设除了需要政府提供低价普通商品房建设所需的优惠政策外，还需要政府提供必要财政补贴支持；廉租房、公租房和经济租赁房都需要政府先投入财政资金修建，然后再以成本价或远远低于市场价的价格出租给包括进城就业农民工在内的低收入群体居住，这就需要政府利用财政资金对其中的差价提供显性或隐性支持；② 统租房需要政府利用财政资金补贴市场房源业主租出价与进城就业农民工承租价之间的租金差价。

---

① 政府提供的税收优惠、土地免费划拨等政策支持，既相当于政府将部分税收和土地出让金用于进城就业农民工城镇住房建设，也可以看作政府对进城就业农民工城镇住房建设提供了财政资金支持。

② 当然，廉租房、公租房和经济租赁房所需政府补贴差价的额度是不同的。

随着保障农民工进城就业安居的新制度新政策的逐步实施，进城就业农民工的数量不断增多，对低价普通商品房、经济适用房、廉租房、公租房、经济租赁房和统租房等福利性低端公共住房的需求量也将相应增大①，政府也就会面临更大的财政资金压力。以我国西部某大城市为例，假设低价普通商品房、经济适用房、廉租房、公租房、经济租赁房和统租房等房源的平均面积都为 50 平方米，政府每年对每套新增低价普通商品房的隐性补贴是 3 万元，对每套新增经济适用房的隐性和显性补贴是 6 万元，对每套新增廉租房、公租房和经济租赁房的建设资金投入平均为 10 万元、存量运营成本补贴平均为 200 元，对每套统租房补贴的租金差价为 200 元；如果某年度农民工进城就业安居需要新增的低价普通商品房和经济适用房各为 5000 套，廉租房、公租房和经济租赁房增量为 1 万套（即新建）、存量为 50 万套（已全部被租住），统租房存量为 5 万套（已全部被租住）；那么政府在该年度所需支出的财政资金大约为 15.6 亿元。

3. 进城就业农民工社会保障资金压力

社会保障是农民工进城就业安居需要解决的重要问题。一般来说，农民工进城就业安居对政府产生的社会保障资金压力主要来源于社会保险费缴纳和社会保险金支付等两个层面。

首先，在社会保险费缴纳层面，虽然国家相关法律法规对基本养老保险、基本医疗保险、失业保险、工伤保险和生育保险等强制性社会保险所需缴纳的保险费占工资总额的比例，以及用人单位与职工各自的费用分摊比例都做出了明确而具体的规定②，但是我国社会保险费缴纳比例居高不下的现实已经给用人单位和社会公众造成了沉重的负担，致使部分用人单

---

① 由于进城就业农民工大多不具备购买城镇普通商品房的经济实力，所以他们对城镇住房的需求应该集中在低价普通商品房、经济适用房、廉租房、公租房、经济租赁房和统租房等福利性低的公共住房上。

② 对于基本养老保险费率，单位一般为 20% 左右，职工个人为 8%，城镇个体工商户和灵活就业人员为 20%；对于基本医疗保险费率，单位一般为 6% 左右，职工个人为 2%，城镇个体工商户和灵活就业人员缴费费率原则上按当地企业和职工个人缴费费率之和确定；对于失业保险费率，单位为 2%，职工为 1%，参保的进城就业农民工个人不缴费；工伤保险费率为 0.5% ~2%，生育保险费率不超过工资总额的 1%，全部由单位缴纳。

位因社会保险费支出过大而产生过高的人力成本和经营成本，进而萌生了减员或裁员增效的动机。部分社会成员，特别是自主择业的社会成员因社会保险费缴纳金额过高而不堪重负①，对社会产生了一定的不满情绪。对收入本来就比较低的进城就业农民工来说，缴纳社会保险费带来的负担更是可想而知；特别是在当前社会保险费转移接续还不太顺畅的情况下，要求就业具有时间间断性的进城就业农民工在其没有受雇于用人单位期间，每年全额缴纳数千元，甚至上万元的社会保险费，更是难上加难。在这种情况下，要推进保障农民工进城就业安居的新制度新政策的顺利实施，要将包括进城就业农民工在内的社会低收入群体纳入社会保障范围，使他们在城市就业安居，政府就必须加大财政投入力度，在逐步降低社会保险费缴纳比例和数量的同时，对进城就业农民工和其他城市低收入群体所需缴纳的社会保险费进行补助，这显然会相应增大政府的财政资金支付压力。假设某个城市的进城就业农民工数量为 100 万人，政府每年对每位进城就业农民工补助的社会保险费为 1200 元（平均每月 100 元），那么政府每年用于进城就业农民工社会保险费补助的费用就高达 12 亿元。

其次，在社会保险金支付方面，从理论上说，社会保险费缴纳和社会保险金支付应该实现动态平衡，进而使社会保险系统封闭、良性、可持续运行。但是，我国政治经济和社会发展的不连续性，使我国社会保险系统呈现不连续的跳跃状态。原先未被纳入城镇社会保障系统、没有缴纳相应社会保险费的进城就业农民工，现在要被纳入城镇社会保障系统，享受与城镇居民一样的城市社会保障权益，这势必会破坏原有城镇社会保障系统的资金平衡，致使城镇社会保险资金入不敷出，出现巨额亏空和缺口，甚至导致城市社会保障系统崩溃。例如，原来按农村社会保险体系缴纳较少养老保险费的进城就业农民工被纳入城镇养老保障体系后，在缴费年限相同的情况下，将领取到与城镇居民一样的养老保险金，这势必使城镇养老

---

① 我们在走访调查过程中发现，自主择业者因没有雇主或用人单位而需要自己承担全部社会保险费，他们每年需缴纳的社会保险费总额大约为 4000 元到 2 万元。

保险系统资金失去平衡。原来按新农村合作医疗体系缴纳较少医疗保险费的进城就业农民工被纳入城镇医疗保险体系后，在生病治疗时将获得与城镇居民一样的医疗保险金支付权利，这势必使城镇医疗保险系统资金入不敷出。在这种情况下，要推进保障农民工进城就业安居的新制度新政策的顺利实施，要使城镇社会保障系统在将进城就业农民工纳入后仍然能保持资金平衡和良性运行，政府就必须加大对社会保险基金的财政投入力度，通过财政资金注入方式填补将进城就业农民工纳入城镇社会保障系统造成的资金缺口。随着进城就业农民工的增多，城镇社会保障系统资金缺口也将增大，政府面临的财政资金支付压力也就越大。

4. 进城就业农民工子女教育资金压力

子女教育是农民工进城就业安居需要解决的长远规划问题。一般来说，进城就业农民工子女教育对政府产生的财政资金压力主要来源于如下四个方面。

（1）政府为接纳进城就业农民工未成年子女就近入学而扩建城镇中小学校、完善教育教学基础设施和充实义务教育师资力量所产生的财政资金压力。要接纳进城就业农民工未成年子女在其就业所在城市就近入学，就必须对现有城镇中小学办学规模进行扩展，完善城镇中小学校教育教学基础设施，广泛吸纳高等院校优秀毕业生（包括本科生、硕士生和博士生等）到城镇中小学校从事基础教育教学工作，提高城镇中小学校的学生容量；而教育，特别是中小学教育属于公益性非常强的义务教育范畴，所以扩建城镇中小学校、完善教育教学基础设施、充实义务教育师资力量的任务只能在政府主导下，主要通过财政资金投入完成，这就要求政府为城镇中小学校提供更多的建设和发展资金。随着保障农民工进城就业安居的新制度新政策的逐步实施，扩充城镇中小学校办学规模、吸纳更多进城就业农民工子女就近入学的要求将越来越强烈，政府面临的城镇中小学校教育基础设施建设和发展资金压力也就越来越大。

（2）政府为接纳进城就业农民工未成年子女入学的中小学校按人头提供财政补贴所产生的财政资金压力。除了城镇中小学校基础设施建设和发展资金外，政府还要按人头向接纳进城就业农民工未成年子女就近入学的中小学校提供财政补贴，以满足这些学校因接纳进城就业农民工子女入学而增加的运行费用需求；① 虽然农民工就业所在地政府教育部门可以通过教育经费转拨的方式从农民工户籍所在地政府得到一部分教育经费补偿，但由于地区社会经济发展不平衡以及教育经费额度存在城乡差异和地区差异，所以农民工就业所在地政府教育部门从农民工户籍所在地政府得到的划拨经费有可能远远不能满足进城就业农民工未成年子女接受城镇良好教育的需求。随着保障农民工进城就业安居的新制度新政策的逐步实施，在城镇中小学校上学的进城就业农民工未成年子女也将逐渐增多，政府需要为进城就业农民工未成年子女就近上学支付的财政补贴资金额度也将越来越大。

（3）政府为进城就业农民工子女就读高等院校和中高级职业技术学校开辟绿色通道和提供奖助学金所产生的财政资金压力。支持学习成绩一般或较差的进城就业农民工子女在义务教育阶段结束后进入中高级职业技术学校接受职业技术教育和培训，鼓励学习成绩较好、有发展潜力的进城就业农民工子女进入高等院校接受高等教育，是实现农民工进城就业安居的长久大计和彻底解决农民工进城就业安居问题的重要措施。但是，高等教育和中高级职业技术教育已经不属于义务教育的范畴，高昂的学杂费可能使经济条件拮据的进城就业农民工子女望而却步，进而可能被阻隔在高等教育或中高级职业技术教育大门之外。针对这种情况，政府有责任和义务为家庭经济困难的进城就业农民工子女就读高等院校或中高级职业技术学校开辟绿色通道和提供奖助学金，这就要求政府将为进城就业农民工子女开辟入学绿色通道和提供奖助学金所需的资金纳入财政支出预算范围，这显然会对政府造成一定的财政支付压力。随着保障农民工进城就业安居的新制度新政策的逐步实施，就读高等院校和中高级职业技术学校的进城就

---

① 事实上，学校每接纳一名学生入学，就会相应增加一定数量的办学成本，也就需要增加一定数量的办学经费。

业农民工子女数量也将增加，由此产生的政府财政支付压力也可能进一步
增大。

（4）政府设立进城就业农民工未成年子女教育救助基金和为进城就业
农民工未成年子女提供保险补贴所产生的财政资金压力。设立教育救助基
金和提供保险补贴是确保经济条件拮据的进城就业农民工未成年子女免受
意外事故风险伤害的有效途径。从理论上说，中小学生基本医疗保险、意
外伤害保险和重大疾病保险等都属于自愿参保的商业保险范围，其保险费
应该由中小学生监护人（主要是父母）承担；但是在城镇中小学校上学的
进城就业农民工未成年子女可能因家庭经济条件不宽裕以及父母对保险认
识不足和存在侥幸心理等原因而不参加这些保险。针对这种情况，政府除
了要加大宣传力度、促使进城就业农民工转变意识和观念之外，还有必要
设立进城就业农民工未成年子女教育救助基金和为进城就业农民工未成年
子女提供保险补贴，并将所需资金纳入政府年度财政支出预算范围。显
然，这部分财政支出也可能对本来就不是太宽裕的政府财政产生一定压
力。随着保障农民工进城就业安居的新制度新政策的逐步实施，政府为进
城就业农民工未成年子女设立教育救助基金和提供保险补贴所需的资金数
额也将增多，对政府财政造成的压力也有可能增大。

7.2.3　城镇社会保障体系冲击效应

**1. 将进城就业农民工大量纳入城镇社会保障体系可能会对比较脆弱的
城镇社会保障体系产生巨大冲击**

社会保障制度作为现代国家的一项基本社会经济制度，是为保障全社
会成员基本生存与生活需求，特别是保障公民在年老、疾病、伤残、失
业、生育、死亡、遭遇灾害和面临生活困难时的特殊需要，通过立法制定
涵盖社会保险、社会救济、社会福利、优抚安置和社会互助等在内的一系
列制度的总称，通常由国家通过国民收入分配和再分配实现。社会保障制
度的核心是社会保险，社会保险是国家通过立法强制建立的，通过政府财
政预算、用人单位和公民个人共同出资，在公民因遭遇生、老、病、死、

伤残等风险而丧失劳动能力和失去报酬收入时，给予一定物质帮助，以保障社会大众基本生活、维护社会基本公平、维持社会稳定和促进经济发展的一项社会保障制度，主要包括养老保险、医疗保险、工伤保险、生育保险、失业保险和大病保险等几种主要类型。可见，以社会保险为主体和核心的社会保障制度要能够持续稳定运行，就必须要有源源不断的大量资金注入和较高的资金运作管理水平。从我国现实情况来看，传统的城镇社会保障制度是在计划经济体制下建立起来的，其既缺乏必要的资金积累，又没有高水平的资金运作管理，在计划经济体制下也许还能勉强满足数量相对较少的城镇居民的基本社会保障要求。随着大量农民工进入城市就业和生活，如果将这些进城就业农民工同时纳入城镇社会保障体系，那么享受城镇社会保障的人员数量将急剧增加，进而突破城镇社会保障体系的容量极限，致使我国城镇社会保障体系在还没有来得及改革之前就因进城就业农民工的大量纳入而崩溃了；城镇社会保障体系的崩溃必然会对整个社会产生难以估量的损失，进而导致整个社会保障体系的坍塌，甚至整个社会的混乱。因此，各级政府必须高度重视大量农民工进城就业和生活对城市社会保障体系可能产生的冲击和负面效应，一方面要对原有的城市社会保障体系进行大刀阔斧的改革，尽可能增加社会保障资金的积累和提高社会保障资金的运营管理水平，为接纳进城就业农民工进入城市社会保障体系和提高城镇居民社会保障水平提供充足的资金支持；另一方面要根据进城就业农民工的不同类型和城市社会保障体系的容量，分期分批、有计划、按步骤地将进城就业农民工纳入城市社会保障体系。

2. 进城就业农民工社会保障知识的匮乏和认识误区有可能对城市社会保障体系产生严重伤害

进城就业农民工因自身收入水平较低、对社会保障的认识和信任度不足、存在侥幸心理等各种主客观原因而不愿意缴纳社会保险费和参与社会保险。部分进城就业农民工即使勉强缴纳了社会保险费并参与了社会保险，他们也可能因担心自己缴纳的社会保险费拿不回来而通过非法手段在没有发生社会保险事故的情况下，提前要回全部或部分保险费；为了满足这种不合理的需求，社会上也相应出现了非法套取社会保险费和将社会保险费用于其他用途的不良个体和商家。例如，医疗保险本来是用于保障被保险人在生病时有钱看病的，应该是一种专门用于医疗治病的保险资金，但是某些进城就业农民工和城镇居民却在没有生病时将医保卡中的钱（包括个人缴纳部分和用人单位缴纳部分）用于购买药店出售的牛奶、大米、食用油等与医病无关的事项①，这显然违背了医疗保险的基本原理。这些不愿缴纳社会保险费或将社会保险金非法挪作他用的进城就业农民工和城镇居民一旦发生年老、疾病、伤残、失业、生育、死亡和遭遇灾害等风险而面临生活困难时，他们又常常通过媒体示弱和乞怜来寻求社会公众和社会保障系统的帮助，进而对各级政府和城市社会保障体系形成一种"倒逼"机制。这种"倒逼"机制将通过如下两种途径对城市社会保障体系产生非常严重的危害。一方面，因部分进城就业农民工和城市居民不愿足额缴纳社会保险费或将社会保险金非法挪作他用，致使城市社会保障系统资金来源不畅和资金严重不足。另一方面，当这些不愿足额缴纳社会保险费或将社会保险金非法挪作他用的进城就业农民工和城市居民发生年老、疾病、伤残、失业、生育、死亡和遭遇灾害等风险而面临生活困难时，各级政府和城市社会保障系统在"倒逼"机制下又不得不给予他们适当的帮助，致使这些按照市场规律和保险基本原理本来不应该得到补偿的人获得了补偿，这导致城市社会保障系统支出增加；更加严重的是，城市社会保障系统在这种"倒逼"机制下对那些本来不应该得到补偿的人进行补偿的行为将产生很坏的示范效应，可能致使那些原来足额缴纳社会保险费和没有将社会保险金非法挪作他用的人也产生不足额缴纳社会保险费或将社会保险金非法挪作他用的动机，进而导致城市社会保障系统收入越来越少，支出越来越多，最终可能因入不敷出而达到崩溃的边

---

① 目前，社会上出现了很多兼业大米、牛奶、食用油等食品的医保卡指定使用药店。当人们持医保卡到这些药店购买大米、牛奶和食用油等食品时，药店工作人员会给购买者随便搭配几种医保卡能够购买的药品，只要金额相同就行。这样，从医保卡刷卡系统里看到的是药品交易，而实质上交易的却是大米、牛奶和食用油等生活必需品。

缘，社会保障制度改革也将成为一句空话。因此，各级政府在将进城就业农民工纳入城市社会保障体系时，必须认识到这个问题的长期性和复杂性，要首先将那些收入水平较高、对社会保障认识较透彻、愿意足额缴纳社会保险费的遵纪守法的进城就业农民工纳入城市社会保障体系；然后对那些不愿意足额缴纳社会保险费或故意将社会保险金非法挪作他用的进城就业农民工进行说服教育，待他们达到要求后再将他们纳入城市社会保障体系。

3. 部分雇主和用人单位在为进城就业农民工缴纳社会保险费时的消极行为可能对城镇社会保障系统产生负面影响

部分雇主和用人单位为了降低人力成本和追求最大利润，常常不按相关政策规定为进城就业农民工足额缴纳社会保险费；还有部分勉强为进城就业农民工缴纳了社会保险费的雇主或用人单位，常常将本来应该由他们承担的社会保险费从农民工应得的工资中扣除，采取"羊毛出在羊身上"的方式变相降低农民工工资，或者通过延长农民工劳动时间来补偿其为农民工缴纳社会保险费的损失。部分雇主或用人单位的这种消极应对农民工社会保险费征缴的行为，有可能破坏城市社会保障体系的资金供给渠道，致使城市社会保障体系资金难以满足不断提高的社会保障需求，进而阻碍整个社会保障制度改革的顺利进行；同时，这种行为还将使进城就业农民工对城市社会保障体系的信心进一步下降，这显然也不利于整个社会保障制度的改革和优化。因此，各级政府应该按照发达国家和地区的通行做法，将雇主和用人单位承担的进城就业农民工"五险一金"费率控制在农民工应缴社会保险费工资基数的25%左右（我国现在普遍高达40%），以降低雇主和用人单位的人力成本，使雇主和用人单位不会因为进城就业农民工足额缴纳社会保险费而背上沉重负担，为雇主和用人单位自愿足额缴纳农民工社会保险费奠定基础；同时增加对雇主和用人单位不为进城就业农民工足额缴纳社会保险费的违法成本，使雇主和用人单位不为进城就业农民工足额缴纳社会保险费的违法成本高于其按相关法律法规为农民工缴纳社会保险费所损失的效用，促使雇主和用人单位在外部法律法规约束下，为其所雇用的农民工足额缴纳社会保险费。

7.2.4　城镇社会稳定扰动效应

1. 原有城镇居民因相对于进城就业农民工和农村居民的比较优势缩小、甚至消失而对农民工进城就业安居产生的抵触情绪可能成为城镇社会稳定的负面影响因素

根据理性经济人假设和公平偏好理论，行为人的效用大小不仅取决于其自身拥有的绝对财富数量，而且还取决于其与周围邻居的比较优势（劣势）。例如，风险中性行为人的效用函数可以表示为：[①]

$$U(W_0, W_1, W_2, \cdots, W_n) = W_0 + \sum_{i=1}^{n} \alpha_i \max(W_0 - W_i, 0) - \sum_{i=1}^{n} \beta_i \max(W_i - W_0, 0)$$

$$(7.1)$$

其中，W_0 为风险中性行为人拥有的绝对财富数量，$W_i(i=1,2,\cdots,n)$ 分别为风险中性行为人所有邻居拥有的绝对财富数量，$U(W_0, W_1, W_2, \cdots, W_n)$ 为风险中性行为人的效用函数，$\alpha_i \geq 0$，$i=1,2,\cdots,n$ 为风险中性行为人针对不同邻居具有的自我满足偏好程度[②]，$\beta_i \geq 0$，$i=1,2,\cdots,n$ 为风险中性行为人针对不同邻居具有的嫉妒偏好程度。风险中性行为人的上述效用函数表明，在理性经济人假设下，当风险中性行为人拥有的财富数量多于周围邻居时，其可能因自身尊严得到满足而使自己效用水平增加；当风险中性行为人拥有的财富数量少于周围邻居时，其又可能因自身尊严受到伤

[①]　需要特别说明的是，基于公平偏好理论的行为人效用函数是比较复杂的，其表达形式也可以是千变万化的，这里用来说明原有城镇居民和进城就业农民工效用变化的效用函数只是其中最简单的形式。

[②]　有的学者认为，行为人应该具有同情偏好，即当自己拥有的财富数量多于周围邻居时，也会因对周围邻居产生同情感而使自己的效用水平降低，进而将该变量定义为 $\alpha_i \leq 0$，$i=1,2,\cdots,n$。但是，我们经过认真研究后认为，在理性经济人假设下，只有当行为人财富数量达到相当高的水平或者行为人财富数量远远高于其周围邻居时，行为人才有可能产生同情偏好；而在行为人与其周围邻居的财富数量都不是太多或者差距不是太大的情况下，行为人不仅不会产生同情偏好，反而可能因自身财富数量多于周围邻居而产生自我满足偏好。

害或感到社会不公平而使自己效用水平降低。

随着保障农民工进城就业安居的新制度新政策的逐步实施，进城就业农民工和农村居民的收入和经济条件将不断得到改善，他们与原有城镇居民在经济收入、财富水平和社会地位等方面的差距也将不断缩小。在这种情况下，根据（7.1）的效用函数，即使原有城镇居民的财富数量有所增加，其效用水平也可能因其比较优势减少甚至消失而降低，进而使原有城镇居民对农民工进城就业安居产生抵触情绪。由于原有城镇居民在现在和未来较长的时间内都会在城镇生产生活中占主导地位，在城镇社会经济发展中拥有较大话语权，所以原有城镇居民对农民工进城就业安居的抵触情绪一旦转化为抵制保障农民工进城就业安居新制度新政策实施的实际行动，那么就必将对农民工进城就业安居进程产生巨大阻力，进而对城镇社会稳定产生很大的负面影响。

2. 进城就业农民工因相比于原有城镇居民的劣势地位而产生的自卑心理和社会不公思想可能对城镇社会稳定造成很大的冲击

农民工进城就业安居不是短时间就能完成的，而是需要一个比较长期的过程。在这个漫长的过程中，进城就业农民工可能在经济收入、生活条件和社会地位等方面都远远低于原有城镇居民。根据（7.1）的效用函数，即使进城就业农民工在城市获得的绝对财富数量高于其在农村获得的财富水平，也有可能因其与城镇居民邻居的差距远远大于其在农村时与农村居民邻居的差距而使其效用水平减少[①]，致使他们感受不到城市就业和生活带来的效用和快乐，有的甚至处于艰难的苦熬和忍耐状态。在城市挣钱回家改善生活条件，以使子女在城市接受良好教育，成

---

① 这可能是我国长期存在的"不患贫而患不均"思想在进城就业农民工群体中的具体体现。部分进城就业农民工在农村务农时即使处于缺食少穿的经济拮据状态，也可能因与周围邻居不存在差距，或者略好于周围邻居而感到快乐；他们在进城就业和生活后，即使自身经济条件相比以前有很大改善，也可能因与城镇居民邻居存在巨大差距而感到失落和不幸福。

为他们继续在城市就业和生活的重要原动力。① 这种现象的长期存在有可能使进城就业农民工及其未成年子女产生强烈的自卑心理和城镇社会不公思想，进而对城镇社会和原有城镇居民产生比较褊狭的极端情绪，这显然会对城镇社会的稳定造成不良影响。特别是部分学习成绩不好、在义务教育阶段结束后不能升入高一级学校继续读书的进城就业农民工子女，有可能因年龄太小（大多 15 岁左右）和没有一技之长而难以在城市找到合适的工作，同时他们又因长期跟随进城就业的农民工父母在城市生活而早已不适应农村的生活方式，难以重新回到农村务农，这些具有农村户籍的城市青少年因其农民工父母所处的弱势地位而有可能成为新的城市无业者和无产者，这些不具备父母辈那样的承受力和忍耐力的进城就业农民工子女在找不到较高收入和较好就业环境的工作，又渴望过上与城镇居民一样的体面生活的情况下，有可能在城市社会物欲环境和坏人的诱惑下走上吸毒贩毒、偷扒摸抢，甚至杀人放火等危害社会的犯罪道路，对城市社会稳定造成冲击和破坏。

3. 原有城镇居民和进城就业农民工之间因生活习性和文化意识等差异而产生的行为冲突可能导致原来稳定的城镇社会失去平衡

我国几十年来实行的城乡二元分割结构体制已经在事实上形成了城镇居民（非农业人口）和农村居民（农业人口）两大群体，在各级政府的资金和政策支持下，城市地区社会经济发展水平远远高于农村地区，居住在城市的城镇居民在经济收入、政治权利、社会保障、享有权益等各个方面都远远优于居住在农村地区的农村居民，形成了城乡社会经济发展严重不平衡、城乡居民享有权益严重不平等的失调格局。在改革开放之前，尽管城镇居民与农村居民之间存在很大差异，但在国家严厉禁止农村居民向城

---

① 我们在走访调查过程中也发现，部分农民工进城就业和生活的主要原因是在城市打工挣钱比在农村容易、城市教学质量好于农村、便于子女读书接受良好教育，他们在城市就业和生活的主要目的也仅仅局限于挣钱养家糊口、在城市挣到钱后拿回家盖房和改善生活以取得与周围邻居的比较优势，以及使子女通过接受城市良好教育而在未来有较好的发展前途，而城市就业和生活本身并未给他们自己带来高于农村务农和生活的效用和乐趣。

市流动的制度和政策约束下①，城镇居民和农村居民这两个有本质差异的群体互不关联，过着自己该过的生活，相安无事，因没有太多接触而不会产生系统性的冲突和矛盾；即使部分农村居民有时羡慕和向往城市生活，梦想自己有一天也能过上城市人的生活，这也仅仅是羡慕和梦想而已。

改革开放 30 余年来，随着人口流动政策的逐步放宽，进城就业农民工已经呈现不断增多的趋势；随着保障农民工进城就业安居的新制度新政策的逐步实施，部分进城就业农民工不仅仅作为外来打工者在城市临时就业和生活，还有可能转化为城市社会稳定的一员在城市长期工作和生活，这势必导致在城市长期就业和生活，甚至落户城市转化为城镇居民的进城就业农民工数量不断增加，进而形成进城就业农民工与原有城镇居民混居的局面。② 如果各级政府的政策措施得力，宣传协调到位，进城就业农民工和原有城镇居民都本着相互欣赏的心态去看待和接纳对方，那么就可能建成一个原有城镇居民和进城就业农民工相互融合的真正和谐社会，这是各级政府和全体社会成员都愿意看到的均衡局面和美好情景。但是，在我国社会经济发展水平还不够高、物质财富还不够丰富、精神文明建设还有待于进一步提升的情况下，原有城镇居民和进城就业农民工双方有可能因经济条件、社会地位、文化意识、生活习性和主客身份等方面的巨大差异以及物质财富、就业岗位等客观条件的限制约束而产生心理隔阂。原有城镇居民看不起进城就业农民工，进城就业农民工也可能因此对原有城镇居民产生仇视心理，这导致双方在心理上互不接受，在行动上产生矛盾和冲突，最终导致城市社会不稳定。

4. 农民工进城就业安居形成的社会矛盾集聚效应可能对城镇社会稳定产生负面影响

在我国改革开放之前，城镇居民和农村居民这两大群体在不同地域

---

① 在那个时期，由于城镇居民生活条件优于农村居民，所以城镇居民一般不会主动向农村流动，也就无需制定制度和政策来约束城镇居民向农村流动。改革开放后大量下乡知青要求回城就业和生活就是明显的例证。

② 从某种意义上说，这种混居局面现在已经初见端倪。

分开居住，互不干扰，社会冲突和矛盾也分散存在于这两个群体内部；即使双方之间存在利益冲突，那也只是隐性的，可以通过各级政府出台政策和制度进行抚慰和协调解决。随着改革开放的不断深化，特别是保障农民工进城就业安居的新制度新政策的逐步实施，大量农村居民转移到城镇就业和生活，并享受到与原有城镇居民基本相同的社会保障和权益，这虽然可以在一定程度上减少农村居民群体内部的矛盾冲突①，但也势必将原来隐性存在于城镇居民群体和农村居民群体之间的利益冲突显性化，将原来存在于城镇居民群体内部的矛盾冲突扩大化，将原来分散存在于城镇居民和农村居民这两个群体内部及其之间的社会矛盾冲突集聚到城市社会之中，形成社会矛盾的城市集聚效应。如果这种社会矛盾集聚效应不能得到及时有效化解，那么势必成为破坏城市社会稳定的负面影响因素。

7.3　本章小结

农民工进城就业安居保障制度创新既有可能产生正的社会经济效应，也可能产生负的社会经济效应。本章从进城就业农民工收入和生活水平提高效应、农村社会经济转型和快速发展推动效应、城镇社会经济发展新活力注入和经济竞争力提升效应、城镇化进程推动效应、城乡统筹发展促进效应以及人口素质提高和优化效应等方面，分析了农民工进城就业安居保障制度创新可能产生的社会经济正效应，从城市就业压力增大和挤压效应、政府财政压力增大效应、城镇社会保障体系冲击效应以及城镇社会稳定扰动效应等方面，分析了农民工进城就业安居制度创新可能产生的负效

---

① 我们在走访调查过程中发现，农村居民在进城就业和生活之前，常常会因争夺一分一厘的农村相邻宅基地、住宅采光权和风水独享权等而大打出手，因争夺"田边边、土角角"等微小利益而发生激烈冲突；在他们进城就业和生活后，原来存在于农村居民群体内部的这些矛盾冲突明显减少了。

应。各级政府及其相关部门应该不断强化农民工进城就业安居保障制度创新对社会经济发展的正向效应，弱化农民工进城就业安居保障制度创新对社会经济发展的负向效应，在不牺牲原有城镇居民既得利益的条件下，因地制宜地分步解决农民工进城就业安居问题。

8

主要研究结论与政策建议

8.1　主要研究结论

本书在广泛参阅相关研究文献和对进城就业农民工进行广泛走访调查的基础上，采用文献研究与理论分析相结合、问卷调查、实地访谈与统计分析相结合、定性推理与归纳演绎相结合的方法，按照文献评述—现实问题分析—制度障碍剖析—制度障碍成因—制度创新和设计—社会经济效应分析—结论和政策建议的思路和行文脉络对农民工进城就业安居制度保障创新问题展开研究，得到了如下主要研究结果：

（1）从农民工进城就业和生活的现状来看，队伍庞杂、无组织且地位弱势、就业机会有限、职业危险性和劳动强度大、工资待遇不平等、工作不稳定、居住环境恶劣、医疗卫生条件差、子女教育受限、社会保障水平低、存在潜在社会稳定风险等是农民工进城就业安居普遍存在的现实问题。

（2）现行不完善和不健全的户籍与落户准入制度、就业制度、用工制度、工资制度、住房制度、子女教育制度、社会保障制度、土地制度、医疗卫生防疫制度、权益保障制度和公共服务制度构成了农民工进城就业安居的制度障碍；而城乡分割的二元户籍结构、经济发展水平不高、政府职能转变不到位、政府部门理念偏差与地方保护主义严重、社会公众的偏见和冷漠歧视、农民工自身综合素质较低、相关法律法规不够完善、法律法规执行力不强等是产生农民工进城就业安居制度障碍的根本成因。

（3）应该基于农民工进城就业安居存在的现实问题、制度障碍及成因，构建涵盖户籍制度、劳动就业制度、住房制度、子女教育制度、社会保障制度、土地流转制度、权益保障制度、行政管理制度、参军与转业安置制度、公共财政制度以及公共服务体系和法治环境在内的、适合农民工进城就业安居的多层次、立体化制度创新体系。同时，还要认清农民工进城就业安居保障制度创新可能产生的进城就业农民工收入和生活水平提高效应、农村社会经济转型和快速发展推动效应、城镇社会经济发展新活力注入和经济竞争力提升效应、城镇化进程推动效应、城乡统筹发展促进效应、人口素质提高和优化效应等社会经济正效应，以及城市就业压力增大和挤压效应、政府财政压力增大效应、城镇社会保障体系冲击效应、城镇社会稳定扰动效应等社会经济负效应；各级政府及其相关部门应该在不断强化农民工进城就业安居保障制度创新的社会经济正效应、弱化农民工进城就业安居保障制度创新的社会经济负效应的基础上，在稳步提高原有城镇居民就业和生活水平、不牺牲原有城镇居民既得利益的条件下，因地制宜地分步解决农民工进城就业安居问题。

8.2　政策建议

农民工进城就业安居是统筹城乡发展与构建和谐社会的关键性问题，涉及包括进城就业农民工和原有城市居民在内的所有社会成员的根本利益，涵盖户籍制度、劳动就业制度、住房制度、子女教育制度、社会保障制度、土地流转制度以及权益保障制度、行政管理制度、参军与转业安置制度、公共财政制度、公共服务体系和法治环境在内的一系列制度体系，这是一项"牵一发而动全身"的复杂系统工程。因此，设计农民工进城就业安居保障制度和政策既要大胆创新，又要遵循我国客观实际，既要加快推进改革，又不能急躁冒进。基于对农民工进城就业安居问题的研究结果以及解决农民工进城就业安居问题的复杂性和系统性、紧迫性和政治性、长期性和艰巨性，本书提出如下几个方面的政策建议。

8.2.1 基于农民工进城就业安居问题复杂性和系统性的政策建议

解决农民工进城就业安居问题是一项非常复杂的系统工程，必须在解决过程中充分利用系统工程的理论和方法进行全盘考虑和周密谋划。各级政府要在对农民工进城就业安居存在的现实问题、制度障碍及其成因进行深入分析和准确判断的基础上，以"建立城乡统一的户籍制度和公平合理的就业安居制度、实现城乡居民共同发展"为目标，按照公平统一原则，稳步推进原则，主次、轻重、缓急相结合原则，非禁即准和非限即许原则以及政府引导和市场化运作相结合原则，建立涵盖户籍制度、劳动就业制度、住房制度、子女教育制度、社会保障制度、土地流转制度以及权益保障制度、行政管理制度、参军与转业安置制度、公共财政制度以及公共服务体系和法治环境在内的、适合于农民工进城就业安居的多层次、立体化制度创新体系。

8.2.2 基于农民工进城就业安居问题紧迫性和政治性的政策建议

解决农民工进城就业安居问题是一项非常紧迫的政治任务，必须以社会公众利益和需求为基础，以改革发展和公平统一为总纲，以法规完善和制度建设为先导，以政府引导和市场运作为手段，平稳、快速、持续地推进农民工进城就业安居。各级政府要通过广泛宣传和教育，提高社会公众认识，统一社会公众思想，引导全社会共同努力，集聚尽可能多的社会资源保障进城就业农民工"上岗有培训、劳动有合同、工资有保障、伤病有保险、维权有渠道、环境有改善"，确保进城就业农民工共享改革发展成

果、稳定就业并乐业安居，为统筹城乡发展、构建和谐社会打下坚实基
础。具体地说，各级政府可以从如下几个方面推进农民工进城就业安居
进程。

1. 尽快建立城乡真正统一的户籍制度

针对现行二元户籍制度的弊端，以"切断户籍利益关联、还原公民权
益"为指导思想，以"建立城乡统一户籍制度、消除农业户口与非农业户
口之间的二元结构壁垒"为目标，加快推进居住证制度，建立实有人口动
态管理机制，分期、分层、分批落实进城就业农民工户口迁移和城市落户
政策；取消农业户口和非农业户口之间的利益差异，制定城乡统一的户口
登记制度，建立覆盖全国的国家人口基础信息库，完善特殊人群管理和服
务政策；切断户口与利益的关联，使农村居民与城镇居民享受同样的"国
民待遇"。

2. 尽快建立公平有效无歧视的劳动就业制度

针对现行就业制度可能对进城就业农民工造成的就业不平等性，以
"创新就业制度、拓展就业培训、规范用工制度、保障报酬权益、促进稳
定就业"为总体指导思想，从完善以权利为基点的农民工就业制度、建立
统一的劳动力市场、建立广覆盖的信息公开制度、建立一视同仁的就业服
务制度、建立平等的就业激励制度、建立公平的就业援助制度等方面设计
农民工就业制度；从把农民工纳入国民培训教育体系、落实农民工职业技
能培训责任制、建立农民工职业技能培训协调机制、建立全民就业培训制
度、建立一站式就业培训制度、建立覆盖城乡的职业教育和培训体系、推
行职业技能鉴定评级、职业资格证书和职业准入制度、建立"以免费为
主、收费为辅"的半公益性培训制度、建立进城就业农民工培训激励制
度、建立培训质量评估与监督制度等方面重构进城就业农民工培训体系；
从规范用人单位与进城就业农民工之间的劳动关系、实行用人单位法定代
表人负责制、确保进城就业农民工享有与用人单位其他职工相同的平等待
遇、规范用人单位、包工头和农民工三者之间的劳动雇佣关系、切实保障
进城就业农民工参加用人单位工会组织和职代会的权利、建立劳动用工备

案制度、建立与实施职业危害说明和预防制度等方面完善进城就业农民工用工制度；从制定合理的进城就业农民工工资标准、确保最低工资制度覆盖全体进城就业农民工、建立健全进城就业农民工工资合理增长机制、建立健全同工同酬制度、重视集体协商和集体合同制度对进城就业农民工工资的保障作用、建立健全工资支付保障制度等方面规范进城就业农民工工资制度；从将农民工进城就业纳入各省（自治区、直辖市）经济和社会发展规划、加强对农民工劳动权益的依法保护、坚持把城镇化和大中小城镇协调发展作为吸纳就业的重要源泉、建立多元化的农民工就业培训投入机制、有组织有步骤地促进农民工就业优化、根据农民工的不同层次分类进行职业指导、广泛拓展就业渠道、建立规范的劳动力市场秩序和信用体系等方面制定促进农民工进城就业的具体对策措施。

3. 尽快建立惠及农民工的住房制度

针对目前进城就业农民工住房条件比较恶劣的现实情况，应该以政府土地划拨和税收减免等优惠政策为基础，以市场化运作为主要手段，以财政资金和社会资金为主要资金来源，以各级政府为主要监管主体，以房地产企业为住房建设主体，以城镇普通商品房、低价普通商品房、经济适用房、廉租房、公租房、经济租赁房和统租房等为主要形式，构建起政府监管、市场主导、住房类型多样、参与主体广泛、资金来源多元的多层次、立体化农民工住房建设和供给体系；以进城就业农民工实际情况为依据，以满足各层次农民工住房需求为目标，以公开公平公正和价廉物美为原则，以租售相结合为主要手段，构建起兼顾效率与公平的农民工住房分配制度体系；从建立完善的进城就业农民工公共住房退出机制和监督制度、完善住房补贴制度，鼓励进城就业农民工自主租赁或购买住房、健全进城就业农民工以农村宅基地置换城镇住房的制度、完善住房公积金制度、明确进城就业农民工购买或租赁城镇公共住房的条件等方面建立相对公平的住房分配制度。

4. 尽快建立一视同仁的农民工子女教育制度

针对目前进城就业农民工子女入学难、不能无障碍地享受九年义务教育的现实情况，应该以全面普及义务教育、实现进城就业农民工子女和城镇居民子女平等入学为主要目标，以受教育权平等和就近入学为基本原则，以相对固定的合法实际居住地而不是以户籍所在地为依据确定入学学校和入学资格，以向包括进城就业农民工子女在内的全体适龄儿童和青少年发放"教育券"为主要手段，以"中央统筹安排、省级政府管理"为主要财政管理制度，建立起平等、公正、惠及全民的新型义务教育制度体系。具体地说，应该从明确教育目标、制定教育改革基本原则、建立义务教育登记制度、改革现行"地方负责、分级管理"教育体制、强化教师奖惩制度和交流换岗制度等方面建立新型教育管理制度；从按照"适度控制省地市级大中型城市、全面放开县镇级小型城市"的原则分别制定进城就业农民工未成年子女就近入学制度，以"兼顾各方利益诉求、促进城乡居民共同发展"为原则制定进城就业农民工随迁子女就近参加中考和高考的制度和条件、针对不同经济能力农民工的现实需求构建收费学校与不收费学校并存的多元化教育供给体系等方面建立新型就近上学制度；从优化基础教育经费筹集模式、拓展基础教育资金来源渠道、基于"教育券"制度优化基础教育财政资源配置模式等方面优化基础教育经费筹集和配置制度；从设立进城就业农民工未成年子女教育救助基金、建立进城就业农民工未成年子女社会救济制度和收养制度、建立城镇居民家庭与进城就业农民工家庭之间的对口帮扶制度，将进城就业农民工未成年子女纳入城镇医疗保险、意外伤害保险和重大疾病保险计划、完善进城就业农民工子女入读高等院校和中高级职业技术学校的绿色通道和无息助学贷款制度、建立进城就业农民工子女奖助学金制度、构建进城就业农民工未成年子女行为偏差防治和矫正机制等方面建立进城就业农民工子女教育援助制度。

5. 尽快建立健全公平统一的社会保障制度

针对现行二元社会保障制度对进城就业农民工的歧视性和不公平性，应该以"社会保障标准统一、城乡居民全面覆盖、资金筹集渠道多样、责任划分明确清晰、解后顾之忧促和谐发展"为总体指导思想，以"在全国范围内建立公平统一的、农村居民与城镇居民同等的、可以转移接续的社会保障制度，从总体上实现社会保障全民覆盖"为目标，以《社会保险法》规定的城镇社会保障体系为主要模式，以政府财政、用人单位和劳动者个人共同分担为资金筹集机制，以建立全国统一的个人社会保障号码（可以将公民身份号码作为个人社会保障号码）为实施途径，在公共性与协调性相结合原则、轻重缓急和实际需要相结合原则指导下，构建起涵盖社会保险、社会救济、社会福利、优抚安置和社会互助等在内的全面社会保障制度体系以及涵盖工伤保险、医疗保险、养老保险、生育保险、最低生活保障与失业保险、大病保险等在内的全方位社会保险体系。具体地说，就是要做到以下几点。

一是强制实施工伤保险。实行"同命同价"政策，农民工受伤或死亡，赔偿标准与城镇居民一样；同时，通过强制用人单位和进城就业农民工个人购买工伤保险、对进城就业农民工较为集中的行业和企业予以重点关注、构建合理有效的工伤预防制度体系，将职业伤害和职业病纳入工伤保险的范畴，建立和完善职业病预防、鉴定、救助和补偿机制等措施，强化工伤保险执行力度和优化工伤保险执行效果。

二是大力鼓励进城就业农民工参加医疗保险。各级政府要通过拓展城镇基本医疗保险参保和受益主体，建立医疗保险救助制度，强化新型农村合作医疗保险的辅助社会保障作用，广泛吸引民间资本，推进社区医院和民营医院建设，优化医疗资源配置，以及加强医德医风建设、健全奖惩机制、杜绝过度医疗等措施，大力鼓励进城就业农民工参加医疗保险和提高医疗资源使用效率，以确保进城就业农民工看得起病，防止因病致贫、因病返贫。

三是加快完善农民工养老保险。各级政府要通过强制用人单位为其聘用的进城就业农民工办理城镇居民养老保险、拓展城镇基本养老保险参保和受益主体、建立养老保险救助制度、加强养老保险的科学化管理、强化新型农村社会养老保险的辅助社会保障功能、鼓励进城就业农民工用农村承包地换取养老保险等措施，促使更多进城就业农民工获得社会养老保障。

四是强力推进实施生育保险。各级政府及其相关部门应该进一步完善有关生育保险的相关法律法规，强化生育保险法律法规的可操作性和可行性，加大执法力度，严厉打击用人单位不为包括进城就业农民工在内的全体女性职工购买生育保险的违法违规行为；同时将无雇主的个体工商户（含农民工）、非全日制从业人员（含农民工）以及其他灵活就业人员（含农民工）纳入生育保险范围，并逐步向未进城就业和生活的农村居民推进，争取在较短时间内实现生育保险对包括进城就业农民工在内的城乡居民的全覆盖。

五是逐步实施失业保险。各级政府及其相关部门应该针对进城就业农民工实际情况，参照城镇职工失业保险实施办法，按照"以现行城镇职工失业保险为依托，兼顾进城就业农民工实际"的原则，继续沿用城镇职工领取失业保险金的基本条件，建立进城就业农民工失业保险费转移接续制度，制定进城就业农民工办理失业登记的基本条件和失业救济金领取办法，加大监督和处罚力度，简化办理和申领程序等措施，将进城就业农民工失业保险落到实处。

六是全面推行最低生活保障制度。各级政府及其相关部门应该根据进城就业农民工同时具有城镇居民和农村居民两栖特征的现实情况，以构建城乡统一的最低生活保障制度为目标，以保障弱势群体、杜绝懒惰行为为指导思想，以进一步优化城镇最低生活保障制度、大幅度提高农村最低生活保障水平，将进城就业农民工纳入城镇最低生活保障制度体系、促使最低生活保障制度在更高层次上实现城乡收敛路径，以建立覆盖全民的城乡最低生活保障制度体系，将进城就业农民工逐步纳入城镇居民最低生活保障制度体系，根据城镇居民最低生活保障制度，科学制定进城就业农民工最低生活保障标准和具体实施办法，优化税收政策、强化亲情救助、减少贫困人口、降低政府面临的最低生活保障金支付压力，加强进城就业农民工最低生活保障与其他社会保障制度的有效衔接，建立进城就业农民工最低生活保障动态管理机制，以及加大进城就业农民工最低生活保障监管力度为具体措施，全面推行进城就业农民工最低生活保障制度。

总之，各级政府应该通过降低社会保险费率、实施土地换社保制度、优化社会保险接续制度、加强社会保险信息查询制度建设、杜绝一次性发放社会保险金行为、强化社会保险禁止退保制度建设、健全进城就业农民工社会保障监管体系等措施完善社会保障体系，确保社会保障系统良性可持续运行。

6. 尽快建立和完善可流转的土地政策

针对目前农村土地流转政策在执行过程中面临的现实困境，各级政府应该以进城就业农民工的精神和物质利益诉求及其面临的现实困难为基础，以"建流转励退出、激励约束并行、驱顾虑促进城就业安居"为总体指导思想，从进城就业农民工住房土地政策和农村承包地土地政策两个方面建立和完善可流转的土地政策。在进城就业农民工住房土地政策方面，可以采用如下措施和途径进行完善和优化：一是制定进城就业农民工住房土地管理的长期规划，完善进城就业农民工住房土地占用和退出机制；二是建立健全农村住房房票制度，以市场化手段完善进城就业农民工农村住房退出机制；三是加大进城就业农民工的权益保障力度，强化进城就业农民工的生活安全感和归属感，消除进城就业农民工在城市生活和工作的后顾之忧和焦虑感，以情感手段激励进城就业农民工退出其农村住房；四是构建城乡统一的住房建设用地管理体系，对农村居民住房建设用地及其退出机制实施统一规划和管理。在进城就业农民工农村承包地土地政策方面，可以从激励和约束两个方面采取有效措施，构建农民工农村承包地土地流转制度体系：一是完善并严格执行相关法律法规，规范进城就业农民工农村土地退让行为；二是制定有效激励政策，鼓励进城就业农民工自愿退让承包地；三是采取强有力驱动措施，促使满足条件的进城就业农民工退让农村承包地和宅基地。

7. 加强农民工进城就业安居的相关配套政策建设

农民工进城就业安居是一项复杂的系统工程，除了需要尽快对户籍制度、劳动就业制度、住房制度、子女教育制度、社会保障制度和土地流转制度等主要制度建设进行完善和优化之外，还应该加强权益保障制度、行

政管理制度、参军与转业安置制度、公共财政制度、公共服务体系和法治
环境等配套制度体系建设。

8.2.3 基于农民工进城就业安居问题长期性和艰巨性的政策建议

解决农民工进城就业安居问题，是一项长期而艰巨的任务，必须基于我
国城乡发展的现实情况和社会经济发展水平，稳扎稳打，逐步有序推进。目
前，我国城乡二元结构矛盾还比较突出，东西部差距还比较大，各地政府
要根据所在地区的客观条件，因地制宜制定有效政策和措施，积极稳
妥地推进，确保针对农民工进城就业安居问题的各项改革落到实处。

**1. 树立"持久战"思想，充分认识农民工进城就业安居问题的长期
性、艰巨性和复杂性**

农民工进城就业安居既涉及城乡居民之间的利益调整，也涉及户籍制
度、劳动就业制度、住房制度、子女教育制度、社会保障制度等一系列制
度体系的创新和重构，需要较长的时间才能在社会、经济和政治发展进程
中逐步解决，任何"速战速决""急躁冒进""急于求成"地试图在短时
间内完全解决农民工进城就业安居问题的想法和做法，都是不现实和违反
客观规律的，也是注定不能取得成功的。因此，各级政府在解决农民工进
城就业安居问题的过程中，应当充分认识到这个问题的艰巨性和复杂性，
应当构建"持久战"的长期思想，应当将时间作为弥合城乡差异、解决农
民工进城就业安居问题的一剂良药；应当以我国社会经济发展水平为基
础，充分遵循社会经济发展规律，借鉴国外，特别是西方发达资本主义国
家城市化进程的经验教训，在充分考虑进城就业农民工的合理利益和情感
诉求、农民工与用人单位的接受心理和能力以及城镇居民与城市社会对农
民工进城就业的容纳度的基础上，逐步解决农民工进城就业的安居问题。
这既不能不顾农民工意愿，动用政府行政权力，采取强力措施强制农民工
进城，也不能不顾城市的社会经济发展水平和容纳能力，片面追求城市化
和市民化速度，突破城市吸纳农民工进城就业和生活的最大容量，进而对

城市经济发展和社会稳定产生严重负面影响。例如，美国在短短50年左右的时间内基本消除了农村居民和城市居民之间的身份差异和流动限制，实现了农村社会向城市社会的转变，但是这种完全按照市场规律进行的社会结构转型，因其速度太快而使城市社会组织和管理手段难以达到要求，从而导致美国在农村社会向城市社会转变的早期，出现了交通拥挤、住房紧张、社会不稳、犯罪率上升等所谓的"城市病"现象。

2. 加大宣传力度，逐步提升全社会对农民工进城就业安居的认同感

新中国成立以来，我国实行的城乡分治制度，虽然对我国经济发展和社会稳定发挥过重要作用，这在当时的社会经济条件下应该是合理的和必要的，但是随着我国改革开放的不断深入和社会经济的不断发展，这种城乡分治的二元结构已经对社会生产力发展产生了巨大阻碍。农村居民期望进城就业和生活，并享受与城镇居民相同社会权益的呼声和欲望越来越强烈。农民工进城就业安居已经成为统筹城乡发展、解决"三农"问题、实现全面建设小康社会奋斗目标的重要途径。但是，几十年来形成的"农民以及从农民群体中分化出来的农民工低人一等"的思想在社会公众[①]中已经根深蒂固，不可能在短时间内彻底改变社会公众，特别是城市居民心目中的这种固有思维模式。因此，各级政府需要充分利用各种媒体加大对广大社会公众，特别是原有城市居民的宣传教育力度，并通过长期的宣传教育使原有城市居民认识到，农村居民特别是进城就业农民工也是社会主义建设的重要力量，也对社会经济发展和社会主义现代化建设做出了重要贡献。农民工有序地进城就业和生活，不仅没有抢原有城市居民的饭碗，也没有挤占原有城市居民的生活空间，反而促进了城市社会经济的发展，方便了原有城市居民的生活；同时，使农村居民特别是进城就业农民工认识到，自己无论在农村还是在城市都是社会主义的合格建设者，都是我国社会主义大家庭中的平等一员，都在凭借自己的诚实劳动和努力工作

---

① 包括大多数农民和农民工自己心目中都认为自己比城市市民低贱。同时，这不仅仅是我国解放后实行城乡分制制度的结果，而且在我国几千年的封建社会中也存在着类似的思想。

挣钱养家糊口，既没有成为社会的累赘，也没有在感情和物质上拖欠社会任何东西，自己的社会地位和人格并不比原有城市居民低贱，只是社会分工不同而已。通过长期而有力度的宣传教育，逐步消除原有城市居民对农村居民，特别是进城就业农民工的居高临下的优越感和根深蒂固的歧视思想，进而从原有城市居民层面逐步提升全社会对农民工进城就业安居的认同感；同时提升农村居民，特别是进城就业农民工对自身价值和社会地位的认识水平，消除扎根于农村居民，特别是进城就业农民工心目中低人一等的自卑思想，进而从农村居民和进城就业农民工层面逐步提升全社会对农民工进城就业安居的认同感。另外，各级政府还应该通过广泛而深入的宣传教育，强化社会公平体系建设，在各级政府文件和社会媒体上逐步取消带有歧视性质的"农民工"及其相关称谓，将已经进城就业落户和生活的农民工直接称为"城市居民"，将在城市就业但未在城市落户的农民工，或者长期在农村就业和生活的农民统一称为"农村居民"，以从形式和实质上消除农村居民和进城就业农民工的弱势地位和自卑感。

3. 加强制度建设，逐步改善农民工进城就业安居的制度环境

农民工进城就业安居保障制度是包括户籍制度、劳动就业制度、住房制度、子女教育制度、社会保障制度、土地流转制度以及权益保障制度、行政管理制度、参军与转业安置制度、公共财政制度、公共服务体系和法治环境等在内的，旨在确保城乡统一、全民平等的一系列制度体系，不可能在一夜之间完成全部制定和修订工作，即使能在较短时间内制定出所有的相关制度，也需要在实践过程中逐步完善和修正。同时，各级政府在农民工进城就业安居保障制度的制定和修订过程中，还要充分考虑原有城市居民的既得利益，一定不能以牺牲原有城市居民的既得利益来片面保障进城就业农民工的权益，而应该在确保原有城市居民既得利益不受损害，甚至还略有增加的前提条件下，充分保障进城就业农民工的相关权益。否则，制定出的农民工进城就业安居保障制度必将受到原有城市居民的强烈反对和阻挠，其可行性和执行效果将大打折扣，甚至难以推行和实施；这

显然将增加农民工进城就业安居保障制度的制定难度和延长其完善时间。因此，各级政府在制定和实施农民工进城就业安居保障制度体系过程中，应该本着"先易后难、循序渐进、逐步深入、反复修正"的原则，有计划、按步骤地有序推进农民工进城就业安居保障制度体系的制定和完善工作，逐步改善农民工进城就业安居的制度环境，并在此基础上逐步实现农民工进城就业安居目标。

4. 推动经济快速发展，逐步夯实农民工进城就业安居的经济基础

经济发展是推动农民工进城就业安居的原动力，但是经济发展又是一个比较缓慢而持久的过程。我国改革开放以来，经过 30 余年的快速发展，已经在经济总量上成为世界第二大经济体，但是从人均经济指标、科技发展水平、社会创新能力和公共服务水平等方面来看，我国仍然处于社会主义初级阶段和发展中国家行列，相对于西方发达资本主义国家和地区仍然比较落后，还有大量农村居民和部分城市居民的生活质量有待提高和改善。经济发展和农民工进城就业安居是两个相互联系、相互促进、相互推动的问题，是一枚硬币的两个面，经济发展可以提升农民工进城就业安居的速度和质量，而农民工进城就业安居又可以反过来促进社会经济快速发展。事实上，经济发展可以从如下两条途径推动农民工进城就业安居：一是经济发展可以带动城市各行各业繁荣昌盛，进而增加就业岗位，为进城就业农民工提供更多就业机会；二是经济发展将提升地区开发速度，促进城市规模扩大，进而为农民工进城就业安居提供更多的就业岗位和生活住所。同时，农民工进城就业安居又将为城市带来更多相对廉价的劳动力，进而降低城市人力成本；拉动城市消费需求，提升消费对经济增长的推动力，进而促进城市经济增长。因此，各级政府应该根据社会经济发展水平和速度，有序推进农民工进城就业安居；同时又要通过农民工进城就业安居促进社会经济快速发展。

5. 拓展教育广度和深度，逐步提升全社会文化素质和人力资本价值，增强农民工进城就业安居的能力和稳定性

教育是全面提高全体人民（包括农村居民和城市居民）文化素质和劳

动技能、培养德智体全面发展的社会主义新型建设者的重要途径，是确保农村劳动力真正有效转移和推进农民工进城就业安居。把综合素质较差的农村居民彻底转变为社会主义新型农民和城市市民的有效措施，是顺利实现城乡统筹共同富裕发展目标的根本保证。通过教育推进农民工进城就业安居也需要一个长期的过程，不可能在短短几年的时间内完成，而需要在政府和全社会的共同努力下、经过一两代人的漫长时间才能从根本上实现全面提高农村居民文化素质和综合素质、彻底消除农村居民和城市居民界限的宏伟目标。从中国目前的农村居民和农民工及其子女教育现状来看，通过教育推进农民工进城就业安居的任务艰巨，也许需要更长时间才能完成。事实上，由于进城就业农民工自身文化素质较低、缺乏必要劳动技能，他们在城市里从事的多是城镇居民不愿意做的劳动报酬低、稳定性弱、流动性强、几乎没有任何劳动保障的脏活、苦活、累活[1]，这些工作的报酬虽然高于他们在农村种地的收入，但是还远远不能满足他们在城市获得稳定住房和未成年子女能在城市读书、接受相对良好教育的基本愿望[2]。由此，在当前农村，特别是边远地区的农村产生了非常严重的"留守儿童、空巢老人"的问题，致使大量儿童和青少年失去了父母的亲身关爱和教育；再加上农村的基础教育设施和质量比较低劣，使得大多农村居民和进城就业农民工子女在初中毕业后就流落社会，形成新一代的低素质城市打工族；更严重的问题是，部分从小缺乏父母关爱和教育、文化水平和综合素质比较低、没有吃苦耐劳和安贫乐道精神的新生代农民工进入城市以后，很容易受到城市里灯红酒绿、光怪陆离的花花世界所吸引和诱

---

[1] 这些工作的劳动报酬相对于城镇居民来说是比较低的，但是相对于进城就业农民工在农村的种地收入来说，仍然处于较高水平，所以农民工依然愿意背井离乡进城从事这些城镇居民不愿意做的工作。例如，处于完全流动状态下的重庆城里广泛存在的"棒棒"（即力哥）平均一天的收入大约在 50～100 元，一个月的收入在 2000～3000 元，一年的收入在 3 万元左右；而其在农村种地一年的收入不超过 1 万元。在这种情况下，他们当然愿意进城打工，即使从事的是城镇居民不愿意做的苦活、脏活、累活，也不能阻止他们进城就业的愿望。

[2] 部分地区虽然放宽了进城就业农民工未成年子女在城市入学的限制，但在具体执行过程中仍然面临很多约束。

惑，他们在自己通过诚实劳动无法获得较高收入，而父母又没有足够财富支持他们过上城市相对富足生活的时候，极有可能在外界不良风气的诱惑下走上危害社会和犯罪的不归路。如此一代一代周而复始，恶性循环，不仅不能实现城乡统筹发展和农民工进城就业安居目标，还可能对原有的良好城市社会秩序产生极大破坏，进而阻碍整个社会经济的持续健康快速发展。可见，中国农村居民和进城就业农民工及其子女目前的教育状况是完全不能满足进城就业安居要求的。通过教育推进城乡统筹发展和农民工进城就业安居还有很长的路要走。

各级政府应该高度重视全社会，特别是农村地区的教育培训工作，拓展教育的广度和深度，提高教育水平，鼓励各种不同类别的农村居民和进城就业农民工及其子女参加适合自身条件的培训和学习，以提高农村居民和进城就业农民工及其子女的文化素质，使其转变为城镇居民的潜力，在未来5~10年，甚至更长的时间内逐步提升全社会的文化素质和人力资本价值，增强农民工进城就业安居的能力和稳定性，进而促进城乡统筹发展和全民共同富裕目标的尽快实现。具体地说，各级政府可以采取如下三条途径和措施保障农村居民和进城就业农民工及其子女的受教育权利，以提高农村居民和进城就业农民工及其子女的文化素质，稳步推进城乡统筹发展和农民工进城就业安居进程（见图8-1）。

第一，对于目前正在城市就业、有强烈继续学习愿望和较强学习能力的农民工，特别是45岁以下中青年农民工，各级政府应该通过减免用人单位一定数量税收、资助一定数额学费，或在拿到毕业证、相关技术等级证书和从业资格证书后给予报销部分学杂费等方式，鼓励他们利用业余时间参加各种职业培训和学历教育，以提高他们的文化水平、综合素质和劳动技能，使他们能够在城市获得更高的报酬和收入，有能力将其在农村的未成年子女接到城市里一起生活和接受城市里的良好教育，进而使他们自身能够更加稳定地在城市就业和安居的同时，也使他们的子女能够在将来拥有更加美好的发展前途，能够成为新一代的城镇居民和城市社会建设者。

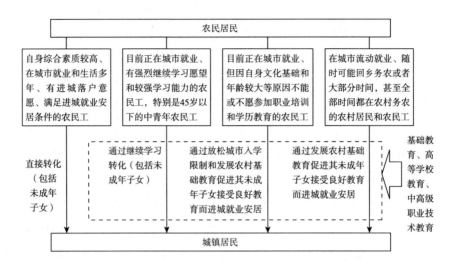

图8-1 通过教育推动农民工进城安居的途径

第二，对于目前正在城市就业，但因自身文化基础和年龄较大等原因不能或不愿参加职业培训和学历教育的农民工，如果他们因自身经济条件和城市入学规定等限制而不能将其未成年子女带在身边上学，那么各级政府应该充分考虑这部分进城就业农民工的实际困难，采用适当放宽入学条件、给予适当经济资助等措施，保障他们的未成年子女能够在其就业所在地入学接受教育；也可以通过大幅度提高这些进城就业农民工家乡的基础教育水平和质量，来保障他们的未成年子女在家乡接受比较良好的教育。无论采用哪种方式，都不能因上一代经济拮据或其他任何原因而剥夺无辜的下一代接受良好教育的权利。对于这部分接受过良好基础教育的进城就业农民工子女，学习成绩拔尖的可能进入大学学习，甚至成为硕士、博士等高学历人才；学习成绩一般或不是太好的可能进入中、高级职业技术学校（院）学习，掌握一门专业技术，成为学有所长的中、高级技术人才。无论哪种类型的人才，他们都可能因拥有一定专长而在城市获得一席之地，为自己真正转变为城镇居民打下坚实基础；当他们真正成为城市居民后，有可能带动他们身份仍是农民的父母或兄弟姊妹进城就业安居和生活。

第三，对于在城市流动就业、随时可能回乡务农或者大部分时间，甚至全部时间都在农村务农的农村居民和农民工，他们自身也许不存在进城长期就业和生活的愿望，但是他们现在在农村接受中小学基础教育的下一代极有可能在长大成人后有进城就业安居的强烈意愿，因此，各级政府应该通过加大农村基础教育投入、完善农村基础教育设施、吸引包括本科生和研究生在内的正规高校高学历毕业生到农村中小学任教①等措施，大力提高农村中小学教育水平和质量，以保障这部分农村居民和农民工的未成年子女能够在农村接受良好的中小学教育，为他们将来接受更高级教育和成为国家专门人才打下坚实的基础。同样，这部分接受过良好基础教育的农村居民和农民工子女既可能进入大学学习，成为高学历人才，也可能进入中、高级职业技术学校（院）学习，成为学有所长的中、高级技术人才，进而顺利转变为城市居民，从较高水平上自动实现农民工进城就业安居的目标；当这些通过自身努力学习顺利转变为城市居民的农村居民和农民工子女在城市里拥有良好的工作和生活条件后，他们往往会将自己在农村的父母接到城市一起居住，并帮助自己仍在农村务农的兄弟姊妹及其子女到城市里就业、学习和生活，这就在不增加国家和政府负担的情况下，自然而然地推进了农民工进城就业安居的进程。

上述三条路径和措施要能有效实施并产生预期的效果，除了适当放松进城就业农民工子女城市入学限制和大力发展农村基础教育以外，还应该在稳步推进高等学校教育的同时，从质量和规模两个方面快速推进中、高级职业技术教育的发展，争取在未来10～15年内将全民义务教育时间从现

---

① 从目前来看，我国社会中存在着若干怪现象：一边是城市里聚集了大量找不到合适工作的高学历毕业生，另一边是农村地区缺乏高素质的教师资源；一边是国民经济高速发展，另一边是农村基础教育投入不足和基础设施极端落后；一边是部分官员和老板大手大脚花钱，另一边是农村儿童上课无一张完好的课桌；等等。从总量上，我国目前的财力资源和人力资源应该能够较好地支撑我国的基础教育，如果各级政府能够合理配置财力资源和人力资源，适当加大对农村地区的教育投入力度，将农村中小学教师、特别是高素质中小学教师的收入提高到略高于城市中小学教师的收入水平，大量高学历高校毕业生应该是愿意到农村中小学任教的。

在的 9 年（即小学和初中）延长到 12 年（即小学、初中和高中），并实现高等学校教育和中高级职业技术教育对包括原有城镇居民子女和农村居民子女在内的全体青少年的全覆盖。[①] 城镇居民子女和农村居民子女在 9 年（或 12 年）义务教育结束后，学习成绩较好、考核成绩达到高等学校入学条件的学生，可以升入高等学校读本科，甚至硕士、博士研究生，成为高科技和高层次创新性人才；学习成绩一般、考核成绩达到高等职业技术学校（院）入学条件的学生，可以进入高等职业技术学校（院）读专科、高职，成为高级技术型人才；学习成绩不太好、对理论学习不感兴趣的学生，可以进入中等职业技术学校读中专和学习技术，成为中级技术工人。由于农村居民和进城就业农民工家庭一般都不是太富裕，有的经济甚至还比较拮据，所以各级政府应该通过设立助学贷款、开通绿色通道、给予适当资助等方式，鼓励和帮助他们的子女完成基础教育和高等学校教育或中、高级职业技术教育，争取不让一个适龄青少年因经济拮据而失去学习和深造的机会，最大限度地减少非自愿性失学现象的发生。同时，各级政府还应该通过拓展教育的广度和深度，强化全社会终身学习机制和开通社会群体上升通道，在创建学习型社会的同时，为全体社会成员营造一个能够利用知识改变命运、能够通过自身诚实劳动赢得优越生活、能够凭借自身能力水平获得较高社会地位的公平竞争的发展环境；为青少年时期不努力学习而进入社会工作后，愿意通过继续学习获得更高文凭和更多知识的中青年社会成员提供良好的继续学习环境；为青少年时期因各种原因犯过错误，而现在想改邪归正、奋发图强的社会成员提供改过自新的机会；为出身贫寒、家庭背景较差，但自身能力很强、拥有远大理想抱负的草根精英提供进入上层社会的合理上升空间；为目前处于社会弱势地位的农村居民和进城就业农民工及其子女提供一个通过教育改变自身处境的有效途径。

---

① 以我国目前的社会经济发展水平和速度，这个目标应该是能够实现的。

参考文献

[1] 陈春、冯长春：《农民工住房状况与留城意愿研究》，《经济体制改革》2011 年第 1 期。

[2] 陈会广、刘忠原、石晓平：《土地权益在农民工城乡迁移决策中的作用研究——以南京市 1062 份农民工问卷为分析对象》，《农业经济问题》2012 年第 7 期。

[3] 陈金田：《农民工失业保险问题探究》，《保险研究》2012 年第 4 期。

[4] 陈旭峰、钱民辉：《农民工的资本状况对土地流转的影响研究》，《中共浙江省委党校学报》2012 年第 2 期。

[5] 陈昭玖、谢秦华：《产业转型背景下中部地区农民工就业流动研究——以江西省为例》，《农业经济问题》2014 年第 3 期。

[6] 陈至发、张玲、郭如平：《新生代农民工就业能力及个体差异研究——基于 1613 个样本数据》，《调研世界》2014 年第 6 期。

[7] 崔世泉、王红：《建立农民工子女义务教育经费保障机制的思考——以广州市为例》，《教育发展研究》2012 年第 7 期。

[8] 丁富军、吕萍：《转型时期的农民工住房问题——一种政策过程的视角》，《公共管理学报》2010 年第 1 期。

[9] 丁建兵：《中国发展面临"半城市化"挑战》，《调研世界》2008 年第 1 期。

[10] 董昕、张翼：《农民工住房消费的影响因素分析》，《中国农村经济》2012年第10期。

[11] 董昕：《中国农民工的住房政策及评价（1978~2012年）》，《经济体制改革》2013年第2期。

[12] 冯虹、何勤、艾小青：《行业分割视角下的农民工就业歧视量化研究》，《经济与管理研究》2013年第12期。

[13] 冯虹、汪昕宇、陈雄鹰：《农民工城市就业待遇与其行为失范的关系研究——基于北京农民工调查的实证分析》，《管理世界》2013年第11期。

[14] 冯虹、杨桂宏：《户籍制度与农民工就业歧视辨析》，《人口与经济》2013年第2期。

[15] 傅晨、任辉：《农业转移人口市民化背景下农村土地制度创新的机理：一个分析框架》，《经济学家》2014年第3期。

[16] 高和荣、杜选：《我国农民工失业保险模式比较与选择——基于福建、江苏、广东三地的数据》，《中国人力资源开发》2014年第1期。

[17] 葛晓巍、叶俊涛：《刘易斯拐点下农民工就业结构及产业结构变化——基于苏、浙、粤的调查》，《经济学家》2014年第2期。

[18] 龚宝成、胡志琦、殷世东：《农民工子女义务阶段后教育：问题与对策》，《教育发展研究》2012年第7期。

[19] 郭凤鸣、张世伟：《教育和户籍歧视对城镇工和农民工工资差异的影响》，《农业经济问题》2011年第6期。

[20] 郭青：《我国财政分权体制下农民工公共服务权利的缺失》，《财经科学》2011年第5期。

[21] 郭晓鸣、张克俊：《让农民带着"土地财产权"进城》，《农业经济问题》2013年第7期。

[22] 韩丹：《中国农民工住房保障的基本框架和发展策略》，《前沿》2011年第18期。

[23] 韩俊强、孟颖颖、姚紫薇：《完善农民工社会保障体系的对策》，《经

济纵横》2012 年第 12 期。

[24] 郝保英:《新生代农民工社会保障权实现路径辨析》,《河北师范大学学报》(哲学社会科学版),2014 年第 3 期。

[25] 何军、李庆:《代际差异视角下的农民工土地流转行为研究》,《农业技术经济》2014 年第 1 期。

[26] 何燕:《农民工权益保障:问题、原因及对策——成都市的实证分析》,《农村经济》2013 年第 6 期。

[27] 何亦名、王翠先、黄秋萍:《珠三角新生代农民工就业趋势与就业质量调查分析》,《青年探索》2012 年第 1 期。

[28] 侯爱琴:《农民工失业保险工作的现状与对策》,《湖北农业科学》2012 年第 13 期。

[29] 胡仕勇、姜秀芬、邹丽娟:《女性农民工参与生育保险的现状、问题与对策——基于武汉市女性农民工个案的分析》,《社会福利》(理论版),2012 年第 12 期。

[30] 胡书芝、刘桂生:《住房获得与乡城移民家庭的城市融入》,《经济地理》2012 年第 4 期。

[31] 胡秀锦:《农民工随迁子女高考升学政策思考——基于上海的研究》,《教育发展研究》2011 年第 3 期。

[32] 黄春华:《新生代农民工社会保障现状及对策》,《特区经济》2012 年第 9 期。

[33] 黄家亮、邢朝国:《农民工法律意识的代际比较研究——以北京市建筑行业新生代农民工为例》,《中国青年研究》2012 年第 6 期。

[34] 黄锟:《深化户籍制度改革与农民工市民化》,《城市发展研究》2009 年第 2 期。

[35] 黄锟:《农村土地制度对新生代农民工市民化的影响与制度创新》,《农业现代化研究》2011 年第 2 期。

[36] 黄庆玲、张广胜:《农民工定居中小城市的优势、意愿及政策选择》,《农村经济》2013 年第 8 期。

［37］黄先政：《论统筹城乡背景下学校在农民工子女教育中的有效作用》，《当代教育科学》2014 年第 2 期。

［38］江海潮：《农民工城市就业融合维度与模式研究》，《求索》2014 年第 4 期。

［39］蒋云赟：《我国农民工养老保险方案的再研究——基于财政负担视角的代际核算模拟》，《财经研究》2013 年第 10 期。

［40］金三林：《统筹解决农民工住房问题》，《中国发展观察》2010 年第 8 期。

［41］雷万鹏：《新生代农民工子女教育调查与思考》，《华中师范大学学报》（人文社会科学版），2013 年第 5 期。

［42］李斌：《社会排斥理论与中国城市住房改革制度》，《社会科学研究》2002 年第 3 期。

［43］李承政、邱俊杰：《二元经济下最低工资的就业效应：理论和证据》，《经济体制改革》2013 年第 4 期。

［44］李丹、李玉凤：《新生代农民工市民化问题探析——基于生活满意度视角》，《中国人口资源与环境》2012 年第 7 期。

［45］李慧、杨颖秀：《农民工子女初中后就学的利益冲突与政策选择》，《现代教育管理》2011 年第 8 期。

［46］李晶：《"农民工"住房问题及市民化发展趋势下的住房政策调研》，《现代经济探讨》2008 年第 9 期。

［47］李龙、贾让成：《我国农民工社会保险制度比较研究》，《上海经济研究》2012 年第 10 期。

［48］李旻骐：《解决农民工住房问题的对策思考——以山西为例》，《生产力研究》2013 年第 4 期。

［49］李强、胡宝荣：《户籍制度改革与农民工市民化的路径》，《社会学评论》2013 年第 1 期。

［50］李锐：《基于国外经验的视角研究中国农民工权益保障问题》，《世界农业》2012 年第 4 期。

［51］李仕波、陈开江：《农民工市民化面临的制约因素及破解路径》，《城市问题》2014年第5期。

［52］李素梅、殷世东：《农民工子女教育歧视现象与消除对策——基于社会支持主体向度的考量》，《长江师范学院学报》2014年第1期。

［53］李友根、朱晓菱：《城乡统筹背景下的农民工养老保险模式设计》，《生态经济》2010年第10期。

［54］刘传江、程建林：《双重"户籍墙"对农民工市民化的影响》，《经济学家》2009年第10期。

［55］刘传江：《迁徙条件、生存状态与农民工市民化的现实进路》，《改革》2013年第4期。

［56］刘功求、王健：《农民工城市住房问题及对策分析——以湖南省为例》，《特区经济》2013年第3期。

［57］刘家强、王春蕊、刘嘉汉：《农民工就业地选择决策的影响因素分析》，《人口研究》2011年第2期。

［58］刘万霞：《职业教育对农民工就业的影响——基于对全国农民工调查的实证分析》，《管理世界》2013年第5期。

［59］罗辉：《城市化进程中新生代农民工社会保障问题研究》，《广西社会科学》2013年第5期。

［60］罗明忠、卢颖霞、卢泽旋：《农民工进城、土地流转及其迁移生态——基于广东省的问卷调查与分析》，《农村经济》2012年第2期。

［61］吕萍、周滔：《农民工住房保障问题认识与对策研究——基于成本－效益分析》，《城市发展研究》2008年第3期。

［62］孟繁瑜、李莉、房文斌：《小额信贷与农民工居住问题的缓解》，《城市问题》2009年第7期。

［63］潘烜、程名望：《农民工就业满意度与市民化关系的实证分析》，《经济体制改革》2014年第4期。

［64］彭华民、唐慧慧：《排斥与融入：低收入农民工城市住房困境与住房保障政策》，《山东社会科学》2012年第8期。

[65] 秦莹、王宁：《农民工融入城市的户籍制度改革探讨》，《现代农业科技》2012 年第 12 期。

[66] 单永旭、钟志明：《建设以农民工市民化为核心的中国特色新型城镇化》，《新视野》2013 年第 4 期。

[67] 商春荣、王曾惠：《农村已婚女性非农就业与农户土地转包》，《南京农业大学学报》（社会科学版），2014 年第 3 期。

[68] 史岩斐、刘恩财：《农民工生活状况与权益保障相关问题探讨——基于辽宁部分地区 500 名农民工的调查》，《广东农业科学》2012 年第 5 期。

[69] 石丹淅、赖德胜、李宏兵：《新生代农民工就业质量及其影响因素研究》，《经济经纬》2014 年第 3 期。

[70] 石智雷、朱明宝：《农民工的就业稳定性与社会融合分析》，《中南财经政法大学学报》2014 年第 3 期。

[71] 宋高远：《农民工的户籍歧视、消极情绪与反生产行为关系研究》，吉林大学学位论文，2013。

[72] 孙国峰、张旭晨：《新生代农民工社会保障问题实证分析——以甘肃省为例》，《调研世界》2013 年第 12 期。

[73] 谭恩、张步振、谭钰嫔：《农民工医疗保险存在的问题及解决之道》，《中国医疗保险》2012 年第 1 期。

[74] 唐骏、郭莉滨、向一波：《重庆市统筹城乡户籍制度改革研究》，《科学咨询》（科技·管理），2011 年第 7 期。

[75] 唐凯娥、魏炼红、李忠云：《农民工进城就业保障制度创新研究》，《重庆工商大学学报》（西部论坛），2008 年第 18 期。

[76] 田红艳、宋星、李世龙：《新生代农民工住房需求特征与政策回应研究——基于重庆的调查》，《西北人口》2014 年第 3 期。

[77] 王崇举：《农民工转户进城的问题与解决思路》，《经济体制改革》2012 年第 2 期。

[78] 王春蕊、姜伟：《限制与重构：农民工融入城市的对策研究——基于

河北省的调查分析》,《河北师范大学学报》（哲学社会科学版）,
2013 年第 4 期。

[79] 王桂新、陈冠春、魏星:《城市农民工市民化意愿影响因素考察——
以上海市为例》,《人口与发展》2010 年第 2 期。

[80] 王建华、马玉婷、李俏:《农民工就业信息不对称的原因及改进对
策》,《西北农林科技大学学报》（社会科学版）,2014 年第 1 期。

[81] 王丽英:《提升河北省农民工法律意识的路径探析》,《河北学刊》
2012 年第 5 期。

[82] 王琳:《论中国农民工医疗保障制度的完善》,《科学社会主义》2012
年第 1 期。

[83] 王琼、胡静:《农民工市民化与户籍制度改革：进程与思考》,《生产
力研究》2013 年第 9 期。

[84] 王守恒、邵秀娟:《农民工子女教育：难题与对策》,《教育科学研
究》2011 年第 1 期。

[85] 王晓慧:《农民工子女教育：研究态势及其引申》,《重庆社会科学》
2013 年第 5 期。

[86] 王星:《市场与政府的双重失灵——新生代农民工住房问题的政策分
析》,《江海学刊》2013 年第 1 期。

[87] 王兆林、杨庆媛、范垚:《农户土地退出风险认知及规避能力的影响
因素分析》,《经济地理》2013 年第 7 期。

[88] 王竹林、王征兵:《农民工市民化的制度阐释》,《商业研究》2008
年第 2 期。

[89] 魏博洋、耿平、张严冰:《城乡统筹背景下农民工权益保障的法律思
考》,《农业经济》2013 年第 2 期。

[90] 吴玲、刘玉安:《农民工子女义务教育问题中的政府责任》,《山东社
会科学》2013 年第 2 期。

[91] 吴适、王平安:《新生代农民工融入城市的困境及对策研究——基于
重庆市新生代农民工问题的调研》,《广东农业科学》2012 年第 8 期。

[92] 肖庆华:《农民工子女教育研究的立场》,《教育发展研究》2012 年第 7 期。

[93] 谢建社、牛喜霞、谢宇:《流动农民工随迁子女教育问题研究——以珠三角城镇地区为例》,《中国人口科学》2011 年第 1 期。

[94] 谢勇:《外出农民工的土地处置方式及其影响因素研究——基于江苏省的调研数据》,《中国土地科学》2012 年第 8 期。

[95] 熊易寒:《城市化的孩子:农民工子女的城乡认知与身份意识》,《中国农村观察》2009 年第 2 期。

[96] 熊易寒、杨肖光:《学校类型对农民工子女价值观与行为模式的影响——基于上海的实证研究》,《青年研究》2012 年第 1 期。

[97] 徐增阳:《农民工的公共服务获得机制与"同城待遇"——对中山市"积分制"的调查与思考》,《经济社会体制比较》2011 年第 5 期。

[98] 徐增阳、翟延涛:《农民工公共服务的现状与意愿——基于广东省 Z 市调查的分析》,《社会科学研究》2012 年第 6 期。

[99] 许恒周、郭玉燕、吴冠岑、金晶:《代际差异视角下农民工土地流转意愿的影响因素分析——基于天津 613 份调查问卷的实证研究》,《资源科学》2012 年第 10 期。

[100] 许恒周、殷红春、石淑芹:《代际差异视角下农民工乡城迁移与宅基地退出影响因素分析——基于推拉理论的实证研究》,《中国人口·资源与环境》2013 年第 8 期。

[101] 许丽英、李明然:《新生代农民工法律援助机制探析》,《学术交流》2012 年第 5 期。

[102] 闫小欢、霍学喜:《农民就业、农村社会保障和土地流转——基于河南省 479 个农户调查的分析》,《农业技术经济》2013 年第 7 期。

[103] 杨桂宏、熊煜:《户籍制度与农民工就业歧视的实证分析》,《中国农业大学学报》(社会科学版),2014 年第 3 期。

[104] 杨军:《中国农民工社会保障制度构建研究》,《北京社会科学》2013 年第 5 期。

[105] 杨水红、徐芳：《农民工子女义务教育公平问题及对策分析》，《职教论坛》2013 年第 17 期。

[106] 杨秀丽、李录堂：《基于二分因变量农民工职业化意愿的实证检验》，《统计与决策》2014 年第 12 期。

[107] 杨哲、王小丽：《新生代农民工参与养老保险约束条件及路径设计》，《经济与管理》2012 年第 7 期。

[108] 杨志平、刘军、张为杰：《农民工社会保障状况的考察、思考与政策选择——以辽宁省为例》，《哈尔滨商业大学学报》（社会科学版），2012 年第 6 期。

[109] 姚先国、赖普清：《中国劳资关系的城乡户籍差异》，《经济研究》2004 年第 7 期。

[110] 姚先国、许庆明：《中国户籍制度改革与农民工市民化》，《国际社会科学杂志（中文版）》，2013 年第 4 期。

[111] 姚缘、张广胜：《信息获取与新生代农民工职业流动——基于对大中小城市新生代农民工的调研》，《农业技术经济》2013 年第 9 期。

[112] 袁中友：《农民工城镇住房解决模式与路径选择》，《改革与战略》2008 年第 6 期。

[113] 岳华：《农民工社会保障需求现状与对策研究》，《农村经济》2012 年第 8 期。

[114] 章元、高汉：《城市二元劳动力市场对农民工的户籍与地域歧视——以上海市为例》，《中国人口科学》2011 年第 5 期。

[115] 张春泥：《农民工为何频繁变换工作户籍制度下农民工的工作流动研究》，《社会》2011 年第 6 期。

[116] 张建伟、胡隽：《居者有其屋：农民工市民化的落脚点》，《求实》2005 年第 9 期。

[117] 张建武、李楠、赵勋：《农民工就业流动性影响因素研究——基于深圳的调查》，《农业技术经济》2012 年第 11 期。

[118] 张庆：《农民工就业问题调查研究》，《经济纵横》2013 年第 6 期。

[119] 张若恬、周敏：《我国农民工法律援助制度：意蕴、困境与优化路径——基于西安市区农民工生存状况的调查研究》，《当代经济科学》2013 年第 6 期。

[120] 张胜军：《农民工培训有效供给的制度建设——一个制度结构的分析视角》，《职教论坛》2012 年第 25 期。

[121] 张姝：《农民工社会保险问题的解决思路》，《法学》2012 年第 11 期。

[122] 张协奎、袁红叶：《城市农民工住房保障问题研究——以南宁市为例》，《广西大学学报》（哲学社会科学版），2010 年第 3 期。

[123] 张雪、吕斌：《农民工市民化用时差异的影响因素》，《城市问题》2013 年第 12 期。

[124] 张艳华、沈琴琴：《农民工就业稳定性及其影响因素——基于 4 个城市调查基础上的实证研究》，《管理世界》2013 年第 3 期。

[125] 张志胜：《新生代农民工住房保障的阙如与重构》，《城市问题》2011 年第 2 期。

[126] 赵德铸：《中国社会保障的社会排斥问题分析——以新生代农民工社会保障为例》，《济南大学学报》（社会科学版），2012 年第 5 期。

[127] 赵君彦、郭洪生：《统筹城乡背景下农民工住房保障问题研究——以河北省为例》，《广东农业科学》2011 年第 22 期。

[128] 郑思齐、廖俊平、任荣荣、曹洋：《农民工住房政策与经济增长》，《经济研究》2011 年第 2 期。

[129] 郑维勇：《美国 MEP 对解决我国农民工子女教育问题的启示》，《教育学术月刊》2012 年第 9 期。

[130] 钟德友、陈银容：《破解农民工市民化障碍的制度创新——以重庆为例证的分析》，《农村经济》2012 年第 1 期。

[131] 周长征：《社会转型视野下农民工养老保险权利的法律救济：以去私法化为中心》，《法学评论》2012 年第 2 期。

[132] 周德魁：《对我国户籍改革政策的反思》，《农业经济》2008 年第

4 期。

[133] 周国华、郭元凯：《农民工子女教育进入转折期后的政策取向分析》，《基础教育》2012 年第 5 期。

[134] 周建华、刘建江：《农民工城市住房支持的政策因应》，《农村经济》2014 年第 7 期。

[135] 周建华、周倩：《高房价背景下农民工居住空间的分异——以长沙市为例》，《城市问题》2013 年第 8 期。

[136] 周滔、吕萍：《农民工住房的消费特征与供应策略》，《建筑经济》2011 年第 3 期。

[137] 周小刚、李丽清：《区域分割、职业背景、户籍特征与城市农民工收入水平差异分析——来自全国 106 个城市的证据》，《软科学》2012 年第 2 期。

[138] 周小刚：《新生代农民工职业培训质量及其提升路径》，《江西社会科学》2014 年第 7 期。

[139] 朱磊：《走出困境：共同体再造与价值重构——对新生代农民工居住状况的分析》，《学习与实践》2013 年第 11 期。

[140] 祝志芬：《农民工子女义务教育政策分析——基于社会福利政策的视角》，《教育发展研究》2011 年第 3 期。

附录1
农民工进城就业和生活状况调查问卷

亲爱的农民工兄弟姐妹们：你们好！

近年来，国家非常重视农民工，党的十八大有 26 名农民工党员代表，并提出，"让广大农民平等参与现代化进程、共同分享现代化成果"，"积极推动农民工子女平等接受教育，让每个孩子都能成为有用之才"。目前，我国教育、就业、社会保障、医疗、住房等关系农民工切身利益的问题仍然较多。为切实解决好农民工问题，实现十八大报告确定的"到二〇二〇年国内生产总值和城乡居民人均收入比二〇一〇年翻一番"的目标，《统筹城乡发展农民工进城就业安居制度保障创新研究》课题已经由教育部批准立项，专门对农民工进城就业安居的一系列问题进行全面、系统、深入的研究。为了了解进城就业农民工的实际情况和真实想法、做好本课题研究工作，本课题组通过问卷形式列出了很多有关农民工进城就业安居的问题，请你们认真回答和填写。本课题组会对你们提供的情况严格保密，所有问题和答案只局限于本课题组成员知晓。

非常感谢各位农民工朋友的支持和帮助！

教育部人文社会科学研究一般项目

《统筹城乡发展农民工进城就业安居制度保障创新研究》课题组

二〇一二年十二月

　　姓名：_____，户口地：_____，工作地：_____，联系电话：_____。

一、基本情况

　　1. 年龄：_____ 16 岁以下，16 ~ 18 岁，18 ~ 29 岁，30 ~ 39 岁，40 ~ 49 岁，50 ~ 59 岁，60 岁及以上。

　　2. 性别：_____男，女。

　　3. 文化程度？_____没有上过学，小学没毕业，小学毕业，初中，高中，中专，大专，本科，研究生。

　　4. 有什么特长？_____（请填清楚）；这些特长怎么学来的？（1）自学，（2）工作积累的，（3）学校学的，（4）政府培训的，（5）单位培训的，（6）其他方式（请写清楚）。

　　5. 是否希望学会一门新技能？_____希望，不希望，没考虑。

　　6. 在城里工作生活多久？_____不满1年，1 ~ 3 年，4 ~ 5 年，5 ~ 9 年，10 ~ 15 年，16 ~ 20 年，21 年以上。

　　7. 怎样来城里的？_____（1）自己从农村来的，（2）亲友或老乡介绍来的，（3）随父母来城里的，（4）其他（请写清楚）。

　　8. 是否已习惯城镇工作与生活？_____（1）习惯，（2）不习惯。

二、就业与工作情况

　　9. 从事什么工作？_____（1）在企业打工：体力活、服务员、保安、技能工、技术人员、管理人员，（2）个体经营，（3）办企业，（4）自由工作，（5）工作不固定，（6）等待找工作：等多久了？1 个月，2 ~ 3 个月，4 ~ 6 个月，7 ~ 12 个月，1 ~ 2 年，2 年以上。

　　10. 从事上述工作多久？_____不满1年，1 ~ 3 年，4 ~ 5 年，5 ~ 9 年，10 年以上。

　　11. 现在的工作是谁介绍的？_____（1）亲友或老乡介绍的，（2）通过劳务市场找的，（3）网上找的，（4）街上广告找，（5）自己找的，（6）其他办法（请写清楚）。

　　12. 找工作难吗？_____（1）不难；（2）难。难的原因：①不知道招工消息②没有关系③没有特长（技能）④其他原因（请写清楚）。

13. 是否愿意到劳务市场找工作？_____（1）愿意，（2）不愿意。

不愿意的原因_____：不可信，曾经受骗过，要交钱，不了解，其他原因（请填清楚）。

14. 现在的工作是否稳定？_____稳定，基本稳定，不稳定，不知道。

15. 对现在的工作是否满意？_____满意，基本满意，不满意，不知道。

16. 工作性质？_____（1）脏，一般，干净；（2）苦，一般，不苦；（3）累，一般，轻松；（4）危险，一般，安全；（5）是否容易患职业病？已有职业病，还没有职业病，不容易患职业病，不知道。

17. 每天工作多久？_____（1）7小时以下，（2）7~8小时，（3）8~10小时，（4）10~12小时，（5）12~14小时，（6）14小时以上。

18. 每个星期休息多久？_____（1）没有，（2）半天，（3）1天，（4）1天半，（5）2天以上。

19. 现在每月收入多少？_____（1）500元以下（2）500~1000元（3）1000~1500元（4）1500~2000元（5）2000~3000元（6）3000~5000元（7）5000~1万元（8）1万元以上。

20. 每个月的工资标准是谁确定？_____（1）单位确定（2）包工头确定（3）单位与职工商量确定（4）合同规定（5）没有单位、自己找多少算多少（6）其他（请写清楚）。

21. 单位是否升降工资？_____（1）要升降（2）不升降。

单位是否升降职务？_____（1）要升降（2）不升降。

22. 单位是否有文化生活设施或文化生活？_____（1）没有设施，有简单设施，有较完善设施；（2）有文化生活：一周1次，一周2~3次，一月1次，三个月1次，半年1次，一年1次。

23. 工作待遇与城里人有什么不同？_____完全一样，略有不同，大不一样。不一样表现在哪些方面？找工作很大不同，工资很大不同，工种很大不同，福利待遇很大不同，人们的看法很大不同，其他不同（请填清楚）。

24. 单位加班是否有加班工资？_____ （1）没有，（2）有。

25. 是否与企业签订了劳动合同？

（1）没有签订合同，原因：_____①企业不签②自己不签③与包工头签订了合同④与劳务派遣公司签⑤以项目定工作：有项目就做、没项目就不做。

（2）与企业签订了合同：_____①3个月以下②4～6个月③7～10月④11～12个月⑤1～2年⑥2～3年以上⑦3年以上。

26. 单位是否拖欠工资？_____ （1）没有（2）有时拖欠，（3）经常拖欠。

27. 是否辞过职或失去过工作？_____ （1）没有；（2）有过，离开原单位原因：自己辞职，企业随意解聘，由于自己原因被企业辞退，项目结束，企业减员，其他原因（请写清楚）。

28. 愿意在哪务工？_____ （1）回家种地，（2）在家就近务工，（3）在大城市务工，（4）只要能挣钱、哪里都可以。

是否愿意回乡创业？_____ （1）不愿意，（2）愿意，还没考虑。

三、住房情况

29. 是否希望在城里定居？（1）不希望，不希望定居的原因_____：①农村好，②农村有土地，③习惯农村生活，④城里人看不起农村人，⑤城里难找工作，⑥城里没有住房，⑦子女教育困难，⑧城里花费太高，⑨城里生活没有保障，⑩其他原因。

（2）希望，希望定居的原因_____：①城里好，②城里有住房和工作，③城里好培养子女，④城里好赚钱，⑤已经习惯城市生活，⑥从小生活在城里，⑦其他原因。

30. 进城打工的住宿情况如何？_____ （1）是否有固定住房？没有，有；（2）面积多少？（3）几个人住？（4）房源：工棚，单位集体宿舍，租廉租房，租公租房，租私房，买的经济适用房，买的低价房，买的商品房；（5）住宿条件与环境好不好？好，一般，差极差，恶劣。

31. 是否有买房的经济实力？_____（1）都没有（2）有租房实力（3）有买房实力。

四、户籍与落户情况

32. 现在是什么户口？_____（1）农业户口（2）城镇户口。农业户口对你有影响吗？没有，影响不大，影响大，不知道。

33. 是否想在城镇落户？_____（1）不想，（2）想在小镇落户，（3）想在区、县城落户，想在大城市落户。

34. 想在城镇落户而没有落户的原因是什么？_____（1）户口不在城镇，（2）没有住房，（3）找不到工作，（4）现在的政策不准许，（5）农村有土地，（6）其他原因（请写清楚）。

五、社会保障情况

35. 单位是否给你办理了社会保险等？（1）没有办保险，原因_____：单位不办，自己不愿意办，其他原因（请写清楚）。

（2）办了保险，包括_____：工伤保险，医疗保险，失业保险，养老保险，住房公积金，生育保险。

36. 是否享受最低生活保障？_____（1）没有，原因：①有收入，②农村户口，③其他原因（请写清楚）。（2）已经享受，每个月领多少钱？元。

37. 自己每月要承担多少保险费用？_____元，能承担得起吗？_____能，不能。

38. 生病了是否看病？_____（1）立即去看病，（2）严重了再去看病，（3）随便买点药，（4）不去看也不买药。不去医院看病的原因是什么？没钱，医院太贵，看病难，不相信医院，相信迷信，其他原因（请写清楚）。

39. 2012年看病花了多少钱？_____没有看过病，不到100元，100～500元，500～1000元，1000～2000元，2000～5000元，5000～1万

元，10000 以上。

40. 看病的费用由谁承担？_____全部由自己承担，全部由单位承担，全部由医保承担；自己承担大部分、单位负责少部分，自己承担大部分、医保负责少部分，自己承担少部分、单位负责大部分；自己承担少部分、医保负责大部分。

六、农村土地情况

41. 农村是否有土地？_____（1）没有；（2）有，多少？亩；

42. 现在在城里打工，农村的土地怎么办？_____荒着没用，无偿让给别人使用，包给别人使用，抽空回家种植，其他方法使用（请写清楚）。

43. 每年进城打工多少时间？_____（1）6个月以下，（2）6~10个月，（3）10个月以上，（4）全年。

44. 进城落户，农村的土地怎么办？_____（1）荒着不用，（2）无偿让给别人使用，（3）包给别人使用，（4）每年回去种，（5）退回给集体，（6）使用权卖给国家，（7）只要政策许可，使用权卖给别人，（8）用土地换社会保险，（9）用土地换城里的住房，（10）其他（请写清楚）。

七、子女教育情况

45. 子女是否上幼儿园、上学？_____（1）已经上学：在老家，在身边，寄养他处上学。（2）没有上学：没到上学年龄，老家没有幼儿园，子女不愿意上学，父母不愿意送，无钱上学，其他原因（请写清楚）。

46. 为什么没有把子女带在身边读幼儿园、上学？_____（1）城里的学校不同意，（2）城里的学费太贵，（3）身边没有住房，（4）其他（请写清楚）。

47. 子女在城里上什么幼儿园、学校？_____（1）民办幼儿园、学校，（2）公办幼儿园、学校，（3）农民工学校，（4）其他幼儿园、学校（请写清楚）。

48. 子女在城里上幼儿园、上学是否受歧视？_____（1）没有；

②要受歧视，受什么样的歧视？（请写清楚）。

49. 子女在城里上幼儿园、上学是否要交费？_____（1）不要交费；（2）要交费：借读费、赞助费元，其他费元（请写清楚）；（3）为什么要交费？原因：①户口不在本地，②要上好幼儿园、好学校，③其他原因（请写清楚）。

八、权益保护情况

50. 单位是否进行安全检查？_____（1）没有，（2）每月一次，（3）每3个月一次，（4）每半年一次，（5）每1年一次，（6）几年一次。

51. 农民工因工致残、死亡，单位是否赔偿？_____（1）不赔偿，（2）赔偿1万元以下，（3）赔偿1万~3万元，（4）赔偿3万~5万元，（5）赔偿5万~10万元，（6）赔偿10万~15万元，（7）赔偿15万~20万元，（8）赔偿20万元以上。

52. 因工受伤的同事有多少？_____（请写清楚）。

患上职业病的同事有多少？_____（请写清楚）。

因工或职业病致残、死亡的同事有多少？_____（请写清楚）。

53. 是否受到过权益损害？_____（1）没有，（2）遭过，表现在：工资，人身伤害，人身攻击，遭扣留身份证，搜身检查，遭体罚打骂，其他。

54. 自己的权利受到侵害会想什么办法保护？_____（1）请律师打官司；（2）找法律援助中心帮助；（3）直接找单位领导讨还公道；（4）找人通过暴力保护；（5）找人报复；（6）自认倒霉，自认倒霉的原因：①自己能量小，②无钱打官司，③多一事不如少事，④其他原因。

55. 是否参加单位工会组织？_____（1）单位没有工会；（2）有工会，但单位没有组织农民工参加工会；（3）自己没有参加工会；（4）参加了工会。

56. 单位是否开过职工大会或职工代表大会？_____（1）没有，（2）开过，（3）不知道；有农民工参加职工大会或职工代表大会吗？（1）没有，（2）有，（3）不知道。

九、其他情况

57. 夫妻是否分居？＿＿＿＿＿（1）没有分居；（2）分居：一年分居半年以下，一年分居半年以上，偶尔住在一起，多久了？（请写清楚）。

58. 是否参加住宿地的社区活动？＿＿＿＿＿（1）不参加，（2）有时参加，（3）经常参加。

59. 现在离开农村进城要办哪些证？（1）暂住证＿＿，收费＿＿元；（2）就业证＿＿，收费＿＿元；（3）务工证＿＿，收费＿＿元；（4）健康证＿＿，收费＿＿元；（5）未婚证＿＿，收费＿＿元；（6）婚育证＿＿，收费＿＿元；（8）其他证件与费用＿＿。（请写清楚）。

60. 是否对现在的工作生活情况感到满意＿＿＿＿＿（1）满意（2）基本满意（3）不满意。

对政府解决农民工就业、住房、户口、社会保障、子女上学、权益保护等问题的建议与意见：

附录 2
农民工进城就业和生活状况调查结果统计

　　经过将近一年时间的面对面访谈和调查，共获得 455 份有效调查问卷，下面是农民工进城就业和生活状况的调查统计结果。

接受调查的农民工户籍地分布情况

地区	重庆市	四川省	云南省	广西壮族自治区	江西省	湖南省	河南省
人数	239	13	7	1	28	2	62
百分比（%）	52.53	2.86	1.54	0.22	6.15	0.44	13.63

地区	河北省	安徽省	福建省	山东省	浙江省	江苏省	总计
人数	2	2	6	49	10	34	455
百分比（%）	0.44	0.44	1.32	10.77	2.20	7.47	100

接受调查的农民工工作地分布情况

地区	江苏省	北京市	福建省	广东省	浙江省	贵州省	河北省	河南省	湖北省
人数	61	6	22	25	34	6	2	46	3
百分比（%）	13.41	1.32	4.84	5.49	7.47	1.32	0.44	10.11	0.66

地区	湖南省	山东省	江西省	辽宁省	安徽省	山西省	陕西省	上海市	天津市
人数	3	32	21	1	6	3	2	3	4
百分比（%）	0.66	7.03	4.62	0.22	1.32	0.66	0.44	0.66	0.88

地区	重庆市	新疆维吾尔自治区	四川省	云南省	广西壮族自治区	不固定	总计
人数	144	2	7	14	2	6	455
百分比（%）	31.65	0.44	1.54	3.08	0.44	1.32	100

一、基本情况

1. 年龄分布

选项	16 以下	16 ~ 18	18 ~ 29	30 ~ 39	40 ~ 49	50 ~ 59	60 ~ 69	合计
人数	1	11	133	128	136	39	7	455
百分比(%)	0.22	2.42	29.23	28.13	29.89	8.57	1.54	100

2. 性别分布

选项	男	女	合计
人数	319	136	455
百分比(%)	70.11	29.89	100

3. 文化程度

选项	没上学过	小学没毕业	小学毕业	初中	高中	中专	大专	本科	研究生	合计
人数	1	39	57	246	55	33	17	7	0	455
百分比(%)	0.22	8.57	12.53	54.07	12.09	7.25	3.74	1.54	0.00	100

4. 特长（由有特长得农民工填写）

选项	自学的	工作积累的	学校学的	政府培训的	单位培训的	其他方式	合计
人数	115	75	47	3	27	19	286
百分比(%)	40.21	26.22	16.43	1.05	9.44	6.64	100

5. 是否希望学会一门新技能

选项	希望	不希望	没考虑	合计
人数	286	29	140	455
百分比(%)	62.86	6.37	30.77	100

6. 在城里工作生活多久

选项	不满 1 年	1~3 年	4~5 年	5~9 年	10~15 年	16~20 年	21 年以上	不清楚	合计
人数	25	100	90	100	85	26	21	8	455
百分比（%）	5.49	21.98	19.78	21.98	18.68	5.71	4.62	1.76	100

7. 怎样来城里的

选项	自己从农村来的	亲友或老乡介绍的	随父母来城里的	其他	合计
人数	229	189	16	21	455
百分比（%）	50.33	41.54	3.52	4.62	100

8. 是否已习惯城镇工作与生活

选项	习惯	不习惯	不好说	合计
人数	414	34	7	455
百分比（%）	90.99	7.47	1.54	100

二、就业与工作情况

9. 从事工作类型（多选）

选项	在企业打工						个体经营	办企业	自由工作	工作不固定	等待找工作					
	体力活	服务员	保安	技能工	技术人员	管理人员					1 个月	2~3 个月	4~6 个月	7~12 个月	1~2 年	2 年以上
人数	148	42	17	93	29	21	34	0	59	64	4	5	1	1	1	6
百分比（%）	32.53	9.23	3.74	20.44	6.37	4.62	7.47	0.00	12.97	14.07	0.88	1.10	0.22	0.22	0.22	1.32

10. 从事上述工作多久

选项	不满 1 年	1~3 年	4~5 年	5~9 年	10 年以上	不知道	合计
人数	47	156	69	78	95	10	455
百分比(%)	10.33	34.29	15.16	17.14	20.88	2.20	100

11. 现在的工作是谁介绍的

选项	亲友或老乡介绍的	通过劳务市场找的	网上找的	街上广告找的	自己找的	其他办法	合计
人数	242	10	6	6	183	8	455
百分比(%)	53.19	2.20	1.32	1.32	40.22	1.76	100

12. 找工作难易情况

（1）找工作难吗

选项	不难	难	不确定	合计
人数	253	199	3	455
百分比(%)	55.60	43.74	0.66	100

（2）找工作难的原因（多选，由认为找工作难的进城就业农民工填写）

选项	不知道招工消息	没有关系	没有特长（技能）	其他原因
人数	47	60	80	13
百分比(%)	23.62	30.15	40.20	6.53

13. 是否愿意到劳务市场找工作？

（1）是否愿意到劳务市场找工作

选项	愿意	不愿意	不好说	合计
人数	109	332	14	455
百分比(%)	23.96	72.97	3.08	100

（2）不愿意的原因（多选，由不愿意到劳务市场找工作的农民工填写）

选项	不可信	曾经受骗过	要交钱	不了解	其他原因
人数	47	24	63	190	13
百分比（%）	14.16	7.23	18.98	57.23	3.92

14. 现在的工作是否稳定？

选项	稳定	基本稳定	不稳定	不知道	合计
人数	91	213	121	30	455
百分比（%）	20.00	46.81	26.59	6.59	100

15. 对现在的工作是否满意？

选项	满意	基本满意	不满意	不知道	合计
人数	75	245	113	22	455
百分比（%）	16.48	53.85	24.84	4.84	100

16. 工作性质

选项		人数	百分比（%）
是否脏	脏	164	36.04
	一般	196	43.08
	干净	85	18.68
	不知道	10	2.20
	合计	455	100
是否苦	苦	200	43.96
	一般	212	46.59
	不苦	27	5.93
	不知道	16	3.52
	合计	455	100

选　项		人数	百分比(%)
是否累	累	218	47.91
	一般	199	43.74
	轻松	30	6.59
	不知道	8	1.76
	合计	455	100
是否安全	危险	78	17.14
	一般	223	49.01
	安全	133	29.23
	不知道	21	4.62
	合计	455	100
是否容易患职业病	已有职业病	53	11.65
	还没有职业病	139	30.55
	不容易患职业病	102	22.42
	不知道	161	35.38
	合计	455	100

17. 每天的工作时间

选项	7 小时以下	7~8 小时	8~10 小时	10~12 小时	12~14 小时	14 小时以上	不确定	合计
人数	16	81	189	121	38	8	2	455
百分比(%)	3.52	17.80	41.54	26.59	8.35	1.76	0.44	100

18. 每个星期的休息时间

选项	没有	半天	1 天	1 天半	2 天以上	不确定	合计
人数	234	28	127	19	38	9	455
百分比(%)	51.43	6.15	27.91	4.18	8.35	1.98	100

19. 现在的月收入

选项	500元以下	500~1000	1000~1500年	1500~2000	2000~3000	3000~5000	5000~10000	10000以上	不确定	合计
人数	3	16	53	89	148	122	17	4	3	455
百分比(%)	0.66	3.52	11.65	19.56	32.53	26.81	3.74	0.88	0.66	100

20. 每月的工资标准由谁确定

选项	单位确定	包工头确定	单位与职工商量确定	合同规定	没有单位、自己找多少算多少	其他	合计
人数	154	109	37	42	101	12	455
百分比(%)	33.85	23.96	8.13	9.23	22.20	2.64	100

21. 单位工资、职务升降情况

(1) 工资升降情况

选项	要升降	不升降	不确定	合计
人数	233	178	44	455
百分比(%)	51.21	39.12	9.67	100

(2) 职务升降情况

选项	要升降	不升降	不确定	合计
人数	106	278	71	455
百分比(%)	23.30	61.10	15.60	100

22. 单位是否有文化生活设施或文化生活

(1) 文化设施方面

选项	没有设施	有简单设施	有较完善设施	不知道	合计
人数	307	87	16	45	455
百分比(%)	67.47	19.12	3.52	9.89	100

（2）文化生活方面

选项	一周 1 次	一周 2~3 次	一月 1 次	三月 1 次	半年 1 次	一年 1 次	没有	合计
人数	18	1	23	12	16	26	359	455
百分比(%)	3.96	0.22	5.05	2.64	3.52	5.71	78.90	100

23. 工作待遇情况

（1）工作待遇与城里人有什么不同

选项	完全一样	略有不同	大不一样	不知道	合计
人数	115	137	188	15	455
百分比(%)	25.27	30.11	41.32	3.30	100

（2）不一样表现在哪些方面（多选，由认为工作待遇与城里人有不同的农民工填写）

选项	找工作有很大不同	工资很大不同	工种很大不同	福利待遇很大不同	人们的看法很大不同	其他不同
人数	44	120	107	162	106	5
百分比(%)	13.54	36.92	32.92	49.85	32.62	1.54

24. 单位加班是否有加班工资

选项	没有	有	不知道	合计
人数	164	263	28	455
百分比(%)	36.04	57.80	6.16	100%

25. 是否与企业签订了劳动合同?

（1）是否与企业签订了劳动合同

选项	没有签订合同	与企业签订了合同	其他（包括自主择业等情况）	合计
人数	292	147	16	455
百分比（%）	64.17	32.31	3.52	100

（2）没有签订合同的原因（由没有签订劳动合同的农民工填写）

选项	企业不签	自己不签	与包工头签订了合同	与劳务派遣公司签	以项目定工作	其他原因	合计
人数	120	75	12	9	69	7	292
百分比（%）	41.10	25.68	4.11	3.08	23.63	2.40	100

（3）签订合同的期限（由签订了劳动合同的农民工填写）

选项	3个月以下	4～6个月	7～10个月	11～12个月	1～2年	2～3年	3年以上	合计
人数	3	4	4	26	62	26	22	147
百分比（%）	2.04	2.72	2.72	17.69	42.18	17.69	14.97	100

26. 单位是否拖欠工资

选项	没有	有时拖欠	经常拖欠	不确定	合计
人数	267	148	16	24	455
百分比（%）	58.68	32.53	3.52	5.27	100

27. 工作辞职情况

（1）是否辞过职或失去过工作

选项	没有	有过	不确定	合计
人数	147	284	24	455
百分比（%）	32.31	62.42	5.27	100

（2）离开单位原因（由辞过职或失去过工作得农民工填写）

选项	自己辞职	企业随意解聘	因自己原因被企业辞退	项目结束	企业减员	其他原因	合计
人数	167	14	8	69	12	14	284
百分比(%)	58.80	4.93	2.82	24.30	4.23	4.93	100

28. 务工情况

（1）愿意在哪里务工

选项	回家种地	在家就近务工	在大城市务工	只要能挣钱、哪里都可以	不确定	合计
人数	13	130	50	261	1	455
百分比(%)	2.86	28.57	10.99	57.36	0.22	100

（2）是否愿意回乡创业

选项	不愿意	愿意	还没考虑	不确定	合计
人数	46	163	227	19	455
百分比(%)	10.11	35.82	49.89	4.18	100

三、住房情况

29. 定居愿望

（1）是否希望在城市定居

选项	不希望	希望	合计
人数	257	198	455
百分比(%)	56.48	43.52	100

（2）不希望在城市定居定居的原因（多选，由不希望在城市定居的农民工填写）

选项	农村好	农村有土地	习惯农村生活	城里人看不起农村人	城里难找工作	城里没有住房	子女教育困难	城里花费太高	城里生活没有保障	其他原因
人数	98	60	108	40	26	75	30	104	44	6
百分比(%)	38.13	23.35	42.02	15.56	10.12	29.18	11.67	40.47	17.12	2.33

（3）希望定居城市的原因（多选，由希望在城市定居的农民工填写）

选项	城里好	城里有住房和工作	城里好培养子女	城里好赚钱	已经习惯城市生活	从小生活在城里	其他原因
人数	72	26	64	62	53	1	4
百分比(%)	36.36	13.13	32.32	31.31	26.77	0.51	2.02

30. 进城打工的住宿情况

（1）是否有固定住房

选项	没有	有	不确定	合计
人数	193	259	3	455
百分比(%)	42.42	56.92	0.66	100

（2）面积、几个人住？

由于具体数字各不相同，所以未在此处进行详细统计。

（3）住所情况

选项	工棚	单位集体宿舍	租廉租房	租公租房	租私房	买的经济适用房	买的低价房	买的商品房	其他	合计
人数	97	96	23	5	112	5	5	13	99	455
百分比(%)	21.32	21.10	5.05	1.10	24.62	1.10	1.10	2.86	21.76	100

（4）住宿条件与环境

选项	好	一般	差	极差	恶劣	不好说	合计
人数	32	227	84	13	10	89	455
百分比（%）	7.03	49.89	18.46	2.86	2.20	19.56	100

31. 是否有买房实力

选项	都没有	有租房实力	有买房实力	不好说	合计
人数	227	171	39	18	455
百分比（%）	49.89	37.58	8.57	3.96	100

四、户籍与落户情况

32. 户口情况

（1）户口类型

选项	农业户口	城镇户口	合计
人数	432	23	455
百分比（%）	94.95	5.05	100

（2）农业户口是否有影响

选项	没有	影响不大	影响大	不知道	合计
人数	150	141	15	149	455
百分比（%）	32.97	30.99	3.30	32.75	100

33. 是否想在城镇落户

选项	不想	想在小镇落户	想在区、县落户	想在大城市落户	其他	合计
人数	196	54	81	99	25	455
百分比（%）	43.08	11.87	17.80	21.76	5.49	100

34. 想在城镇落户而没有落户的原因（多选，由想在城镇落户，但还没有落户的农民工填写）

选项	户口不在城镇	没有住房	找不到工作	现在的政策不准许	农村有土地	其他原因
人数	58	154	28	10	43	14
百分比（%）	24.79	65.81	11.97	4.27	18.38	5.98

五、社会保障情况

35. 社会保险

（1）单位是否给你办理了社会保险

选项	没有办保险	办了保险	不知道	合计
人数	275	164	16	455
百分比（%）	60.44	36.04	3.52	100

（2）没办保险的原因（由没有办理社会保险的农民工填写）

选项	单位不办	自己不愿意办	其他原因	合计
人数	139	57	79	275
百分比（%）	50.55	20.73	28.72	100

（3）办了哪些保险（多选，由已经办理了社会保险的农民工填写）

选项	工伤保险	医疗保险	失业保险	养老保险	生育保险	住房公积金
人数	129	123	72	91	59	30
百分比（%）	78.66	75.00	43.90	55.49	35.98	18.29

36. 最低生活保障情况

（1）是否享受过最低生活保障

选项	没有享受	已经享受	合计
人数	450	5	455
百分比(%)	98.90	1.10	100

（2）没有享受最低生活保障的原因（由没有享受过最低收获保障的农民工填写）

选项	有收入	农村户口	其他原因(不知道原因)	合计
人数	244	111	95	450
百分比(%)	54.22	24.67	21.11	100

37. 自己的保险费情况

（1）每月承担的保险费用（由已经办理了社会保险的农民工填写）

保险费用等级	0~50元	50~100元	100~150元	150~200元	200~250元	250~300元	300元以上	合计
人数	55	17	18	19	18	7	30	164
百分比(%)	33.54	10.37	10.98	11.59	10.98	4.27	18.29	100

（2）能否承担每月保险费用（由已经办理了社会保险的农民工填写）

选项	能承担	不能承担	合计
人数	134	30	164
百分比(%)	81.71	18.29	100

38. 看病情况

（1）生病后的看病情况

选项	立即去看病	严重了再去看病	随便买点药	不去看也不买药	合计
人数	141	115	188	11	455
百分比(%)	30.99	25.27	41.32	2.42	100

（2）不去医院看病的原因（多选，由生病后不去看病的农民工填写）

选项	没钱	医院太贵	看病难	不相信医院	相信迷信	其他原因
人数	29	129	33	4	0	6
百分比(%)	14.57	64.82	16.58	2.01	0.00	3.02

39. 2012 年的看病费用

选项	没有看过病	不到100元	100~500元	500~1000元	1000~2000元	2000~5000元	5000~1万元	1万元以上	不清楚	合计
人数	63	112	161	43	32	23	5	5	11	455
百分比(%)	13.85	24.62	35.38	9.45	7.03	5.05	1.10	1.10	2.42	100

40. 看病费用由谁承担

选项	全部由自己承担	全部由单位承担	全部由医保承担	自己承担大部分、单位负责少部分	自己承担大部分、医保负责少部分	自己承担少部分、单位负责大部分	自己承担少部分、医保承担大部分	不清楚	合计
人数	329	2	6	10	68	10	22	8	455
百分比(%)	72.31	0.44	1.32	2.20	14.95	2.20	4.84	1.76	100

六、农村土地情况

41. 农村是否有土地

选项	没有	有	不清楚	合计
人数	65	387	3	455
百分比(%)	14.29	85.05	0.66	100

42. 现在进城打工，农村的土地怎么办

选项	荒着没用	无偿让给别人使用	包给别人使用	抽空回家种植	其他方法使用	不清楚	合计
人数	26	132	51	117	58	71	455
百分比(%)	5.71	29.01	11.21	25.71	12.75	15.60	100

43. 每年进城打工时间

选项	6个月以下	6~10个月	10个月以上	全年	时间不确定	合计
人数	19	100	128	190	18	455
百分比(%)	4.18	21.98	28.13	41.76	3.96	100

44. 如果能进城落户，打算如何处置农村的土地

选项	荒着不用	无偿让给别人使用	包给别人使用	每年回去种	退回给集体	使用权卖给国家	只要政策许可，使用权卖给别人	用土地换社会保险	用土地换城里的住房	不清楚	合计
人数	23	95	116	46	1	5	9	9	19	132	455
百分比(%)	5.05	20.88	25.49	10.11	0.22	1.10	1.98	1.98	4.18	29.01	100

七、子女教育情况

45. 子女上学情况

（1）子女是否上幼儿园、上学

选项	已经上学	没有上学	其他（如无子女或子女已成年等）	合计
人数	241	167	47	455
百分比（%）	52.97	36.70	10.33	100

（2）已经上学的，在何处上学（由有小孩上学的农民工填写）

选项	在老家	在身边	寄养他处上学	其他情况	合计
人数	150	71	19	1	241
百分比（%）	62.24	29.46	7.89	0.41	100

（3）没有上学的原因（由小孩没有上学的农民工填写）

选项	没到上学年龄	老家没有幼儿园	子女不愿意上学	父母不愿意送	无钱上学	其他原因	合计
人数	41	0	4	0	0	122	167
百分比（%）	24.55	0.00	2.40	0.00	0.00	73.05	100

46. 为什么没有把子女带在身边读幼儿园、上学（多选，由小孩不在身边上学的农民工填写）

选项	城里的学校不同意	城里的学费太贵	身边没有住房	其他
人数	20	98	60	13
百分比（%）	11.76	57.65	35.29	7.65

47. 子女在城里上什么幼儿园、学校（由小孩在城里上学的农民工填写）

选项	民办幼儿园、学校	公办幼儿园、学校	农民工学校	其他幼儿园、学校	合计
人数	28	27	15	1	71
百分比（%）	39.43	38.03	21.13	1.41	100

48. 子女在城里上幼儿园、上学是否受歧视

选项	没有受歧视	要受歧视	不清楚	合计
人数	54	6	11	71
百分比（%）	76.06	8.45	15.49	100

49. 交费情况

（1）子女在城里上幼儿园、上学是否要交费

选项	不要缴费	要缴费	不清楚	合计
人数	12	57	2	71
百分比（%）	16.90	80.28	2.82	100

（2）交费原因（由子女上学需要交费的农民工填写）

选项	户口不在本地	要上好幼儿园、好学校	其他原因	合计
人数	21	5	31	57
百分比（%）	36.84	8.77	54.39	100

八、权益保障情况

50. 单位是否进行安全检查

选项	没有	每月一次	每3个月一次	每半年一次	每1年一次	几年一次	不清楚	合计
人数	150	155	49	39	37	6	19	455
百分比（%）	32.97	34.07	10.77	8.57	8.13	1.32	4.18	100

51. 农民工因工致残、死亡，单位是否赔偿

选项	不赔偿	赔偿1万元以下	赔偿1万~3万元	赔偿3万~5万元	赔偿5万~10万元	赔偿10万~15万元	赔偿15万~20万元	赔偿20万元以上	不清楚	合计
人数	49	23	26	31	26	12	37	143	108	455
百分比(%)	10.77	5.05	5.71	6.81	5.71	2.64	8.13	31.43	23.74	100

52. 因工受伤、患职业病、致残及死亡情况

由于具体数字各不相同，所以未在此处进行详细统计。

53. 权益损害情况

（1）是否遭过权益损害

选项	没有遭过权益损害	遭过权益损害	不清楚	合计
人数	301	129	25	455
百分比(%)	66.15	28.36	5.49	100%

（2）遭过哪些方面的权益损害（多选，有权益遭受过损害的农民工填写）

选项	工资	人身伤害	人身攻击	遭扣留身份证	搜身检查	遭体罚打骂	其他
人数	99	6	13	10	4	2	4
百分比(%)	76.74	4.65	10.08	7.75	3.10	1.55	3.10

54. 权利维护情况

（1）自己的权利受到侵害时会想什么办法保护（多选）

选项	请律师打官司	找法律援助中心帮助	直接找单位领导讨还公道	找人通过暴力保护	找人报复	自认倒霉	不知道怎么办
人数	45	82	184	10	1	120	52
百分比(%)	9.89	18.02	40.44	2.20	0.22	26.37	11.43

（2）自认倒霉的原因（多选，由权利受到伤害时自认倒霉的农民工填写）

选项	自己能量小	无钱打官司	多一事不如少一事	其他原因
人数	86	28	34	1
百分比(%)	71.67	23.33	28.33	0.83

55. 是否参加单位工会组织

选项	单位没有工会	有工会,但单位没有组织农民工参加工会	自己没有参加工会	参加了工会	合计
人数	306	23	92	34	455
百分比(%)	67.25	5.05	20.22	7.47	100

56. 单位是否开过职工大会或职工代表大会以及是否有农民工参加职工大会或职工代表大会

（1）单位是否开过职工大会或职工代表大会

选项	没有	开过	不知道	合计
人数	244	125	86	455
百分比(%)	53.63	27.47	18.90	100%

（2）是否有农民工参加职工大会或职工代表大会

选项	没有	有	不知道	合计
人数	205	96	154	455
百分比(%)	45.05	21.10	33.85	100

九、其他情况

57. 夫妻是否分居

选项	没有分居	一年分居 半年以下	一年分居 半年以上	偶尔住 在一起	其他（未婚、 离婚等）	不便 透露	合计
人数	219	28	82	39	55	32	455
百分比（%）	48.13	6.15	18.02	8.57	12.09	7.03	100

58. 是否参加住所所在地的社区活动

选项	没有参加	有时参加	经常参加	合计
人数	366	82	7	455
百分比（%）	80.44	18.02	1.54	100

59. 现在离开农村进城就业要办哪些证件（多选）

选项	暂住证	就业证	务工证	健康证	未婚证	婚育证	其他证件
人数	165	26	22	80	6	22	2
百分比（%）	36.26	5.71	4.84	17.58	1.32	4.84	0.44

60. 是否对现在的工作和生活情况感到满意

选项	满意	基本满意	不满意	不好说	合计
人数	63	269	105	18	455
百分比（%）	13.85	59.12	23.08	3.96	100

后　记

　　本书是教育部人文社会科学研究一般项目"统筹城乡发展农民工进城就业安居制度保障创新研究"（项目编号：11YJAZH013）的研究成果。我们在本书研究和撰写过程中，得到了许多老师和朋友的支持和帮助。在本书付梓之际，我们要向他们奉上真诚的谢意和崇高的敬意！

　　首先，要感谢教育部将《统筹城乡发展农民工进城就业安居制度保障创新研究》批准立项为人文社会科学研究一般项目，并对该项目研究工作提供资助和支持。

　　其次，要感谢重庆大学经济与工商管理学院为本书出版提供的资金资助，感谢刘星院长和但斌副院长在本书出版过程中给予我们的帮助和支持。

　　再次，要感谢社会科学文献出版社的许秀江和于飞编辑，他们为本书的编辑出版付出了大量的心血和劳动。

　　最后，要感谢笔者的研究生朱敏、李红强、解成锋、张红真、方鹏宇、李飞、刘艾萍、郭桢、杜方舟和陈抒妤，朱敏、李红强、解成锋、张红真、方鹏宇、李飞、刘艾萍、郭桢等同学参加了对进城就业农民工的问卷调查工作和资料收集工作，刘艾萍和郭桢参加了农民工进城就业和生活状况调查结果的统计工作，刘艾萍、杜方舟和陈抒妤全程参与了本书的校对工作。

另外，在本书研究和撰写过程中，作者还查阅了大量的中外专业书籍、论文资料等参考文献，它们对本书的研究形成了坚实的支撑。但由于时间仓促，作者水平有限，书中难免会出现纰漏，恳请专家学者和广大读者朋友不吝指正。

陈其安　唐凯娥　李忠云

2015 年 1 月于重庆大学

图书在版编目（CIP）数据

农民工进城：就业安居保障制度创新设计/陈其安，
唐凯娥，李忠云著. —北京：社会科学文献出版社，
2015.4
ISBN 978 - 7 - 5097 - 7371 - 0

Ⅰ.①农…　Ⅱ.①陈…②唐…③李…　Ⅲ.①民工 -
社会保障制度 - 研究 - 中国　Ⅳ.①F323.89

中国版本图书馆 CIP 数据核字（2015）第 076219 号

农民工进城：就业安居保障制度创新设计

著　　者 / 陈其安　唐凯娥　李忠云

出 版 人 / 谢寿光
项目统筹 / 恽　薇
责任编辑 / 许秀江　于　飞

出　　版 / 社会科学文献出版社·经济与管理出版分社（010）59367226
　　　　　　地址：北京市北三环中路甲 29 号院华龙大厦　邮编：100029
　　　　　　网址：www. caijingbu@ ssap. cn
发　　行 / 市场营销中心（010）59367081　　59367090
　　　　　　读者服务中心（010）59367028
印　　装 / 三河市尚艺印装有限公司

规　　格 / 开　本：787mm × 1092mm　1/16
　　　　　　印　张：23.75　字　数：349 千字
版　　次 / 2015 年 4 月第 1 版　2015 年 4 月第 1 次印刷
书　　号 / ISBN 978 - 7 - 5097 - 7371 - 0
定　　价 / 98.00 元